ERSHISHIJIZHONGGUO

《二十世纪之中国——乡村与城市社会的历史变迁》丛书

2012年列入"十二五"国家重点图书出版规划增补项目
2013年入选新闻出版总署国家出版基金资助项目
2013年入选新闻出版总署新闻出版改革发展项目
2012年列入山西出版传媒集团重大出版工程项目

丛书主编　王先明

二十世纪之中国——乡村与城市社会的历史变迁

复而不兴：战前江苏省保甲制度研究

（1927—1937）

杨红运　著

山西出版传媒集团
山西人民出版社　山西经济出版社

图书在版编目（CIP）数据

复而不兴：战前江苏省保甲制度研究：1927~1937 / 杨红运著.
—太原：山西人民出版社，2013.11
（二十世纪之中国——乡村与城市社会的历史变迁 / 王先明主编）
ISBN 978-7-203-08329-0

Ⅰ.①复… Ⅱ.①杨… Ⅲ.①地方政府-政治制度-研究-江苏省-1927~1937 Ⅳ.① D 693.62

中国版本图书馆 CIP 数据核字（2013）第 248281 号

复而不兴：战前江苏省保甲制度研究：1927~1937

著　　者：	杨红运
责任编辑：	刘小玲　赵虹霞
装帧设计：	柏学玲
出 版 者：	山西出版传媒集团·山西人民出版社　山西经济出版社
地　　址：	太原市建设南路21号
邮　　编：	030012
发行营销：	0351-4922220　4955996　4956039
	0351-4922127（传真）　　4956038（邮购）
E-mail：	sxskcb@163.com　发行部
	sxskcb@126.com　总编室
网　　址：	www.sxskcb.com
经 销 者：	山西出版传媒集团·山西人民出版社　山西经济出版社
承 印 者：	山西出版传媒集团·山西新华印业有限公司
开　　本：	787mm×1092mm　1/16
印　　张：	25.75
字　　数：	380 千字
印　　数：	1-3 000 册
版　　次：	2013 年 11 月第 1 版
印　　次：	2013 年 11 月第 1 次印刷
书　　号：	ISBN 978-7-203-08329-0
定　　价：	60.00 元

如有印装质量问题请与本社联系调换

总 序 GENERAL PREFACE

ERSHI SHIJI ZHI ZHONGGUO

  20世纪的中国，经历着史无前例的社会变迁。这一变动的时代性特征之一，一定程度上体现为传统时代的城乡一体化发展进程逆转为城乡背离化发展态势。伴随着中国与西方交锋以来军事、政治与经济的挫败，以及由此而来的知识分子的传统文化认同危机，现代化（或西方化）与城市化成为显而易见的社会潮流，传统城乡"无差别的统一"为日益扩大的城乡差异所代替，近代农民群体也从"士农工商"的中层政治身份一变而为"乡下人"这一饱含歧视色彩的社会底层，由此形成的城乡社会—经济与文化断裂不仅是20世纪社会结构畸形化与不平衡性的显著现象，也是至今仍横亘在中国现代化进程中的重大社会问题之一。

  即使在当代社会发展进程中，巨大的城乡分离化也不容忽视，明显的城乡对比已经成为社会认同危机的主要表现之一。当新农村建设如火如荼却面临种种困惑时，当乡村人才的空心化现象日益突出时，当城市化的进程突飞猛进时，当城市景观和生活方式与国际接轨时，城市人与乡下人成为国人赫然的身份标识,现代日益扩大的城乡失衡与传统中国城乡之间的无差别的统一体形成鲜明对比时,深入研究城乡关系的历史变迁就成为一个理解当下中国政治、经济与文化发展的必要途径。此外,对于近代中国社会的认识,无论是政治家、社会学家还是经济学家,都不约而同地将之解析为城市与乡村两大基本单位,中国近代社会之不平衡性、半封建性、半殖民性等特点均可从城市和乡村社会结构的析分中被实证;而城乡之间的关系与特征,亦成为深度理解和把握近代中国历史的不可回避的焦点问题。

有时我们不得不惊叹"历史惊人地相似"!从20世纪二三十年代的"农业破产"、"农村衰败"、"农民贫困"成为举国至重的话题,到新世纪以来被广泛关注的"农民真苦、农村真穷、农业真危险"的当代"三农"话语;从1926年王骏声提出的"新农村建设"问题,到新世纪以来持续推进的"社会主义新农村建设",尽管不同时代条件下,它所聚焦的时代主题内容会有所不同,但如此一致的话语或命题的背后却应该深伏着共趋性或同质性的深层致因。这至少给我们一个基本的提示,即农业、农村与农民问题,是百年来中国社会发展或乡村变迁中始终存在的一个重大课题。它是伴随着工业化、城市化与现代化进程而导致的传统城乡一体化发展模式破解后,乡村社会走向边缘化、贫困化、荒漠化和失序化的一个历史过程。"三农"的困境生成于工业化、城市化与现代化进程之中,这是近代以来城乡背离化发展态势下生成的一个"发展问题"。"三农"从来就不是一个孤立存在的问题,如果没有工业化、城市化、现代化进程的发生,"三农"不会凸现为时代性问题。当然,这并不意味着传统时代没有社会问题,但是问题的呈现和表达不会如此集中在"三农"方面。一个多世纪以来的历史演进的客观事实的确显示了"三化"(工业化、城市化与现代化)与"三农"二者的相关性。问题在于,会是怎样的相关?如何揭示二者互相影响和相互制约的内在关系,并寻求最佳的或最有效的协调方略?

传统农业始终是一个低产出的行业,大部分农民的收入不可能迅速提高,得到高收入的人都是进城从事其他行业的人。社会分工、社会分化始终伴随着城乡背离式发展趋向前行，从而整体上的贫富差距在城乡之间成为一种显性的社会不平等。人口逐渐从农村迁向城市，城乡之间的收入差别就是这种活动的推动力。但在先进国家里，这个工业化过程是在200多年里完成的。在此过程中总体的经济年增长率也不过2%~3%。这部分增长不是靠农业，而是靠在城市中发展起来的工业和服务业。农业生产的收入总是低的。为了平衡城乡之间的收入差距，政府都采取对农业补贴的办法，几百年来已经成为传统。反观我国的情况，在新中国成立后的30年工业化的过程中非但没有补贴农民，反而是剥削农民；再加上对农民的身份歧视，事实上农民成为低人一等的群体，造成严重的城乡二元化结构，城乡收入差别变得极其突出。改革开放后我国经济增长率达到10%左右，这部分增长几乎都是在城市中发生的，所以农业产出占GDP的比重从33%(1983年)降低到2005年的12%。在此过程中幸亏有几亿农民进城打工，沾上了工业化的光，否则城乡收入差距还会更大。我国农村金融的衰败，将大量农民储蓄调动到城市里搞非农项目，进一步使得农民收入增长困难。这一人类社会发展的共同规律，说明了总体上收入差距发生的过程是相伴着工业化过程而发生的。这也是库兹涅茨研究收入分配的倒"U"形曲线的原因。

"三农"问题形成的历史成因和时代特征，如果仅仅局限于现实的考量，或将既无法捕捉到问题的实质，恐也难以探寻到真正的求解之道。事实上，百年来关于中国乡村发展论争的各种主张和方案，以及由此展开的各种区域实验与社会实践，其丰富与多样、繁难与简约，已经有着足够的样本意义和理论认知价值。在百年中国的历史进程中审视"三农"问题的历史演变，或许会有更深刻的思想领悟！历史的选择和运行有着它既有的逻辑进程，因此有关中国乡村道路选择的理论思考和种种分歧，却依然为我们的历史反思和长时段观察提供了理性辨析的基础。

近年来，对于近代城乡关系的研究存在诸多薄弱之处。学界研究的主要态势要么关注城市化历史，要么偏重于乡村史研究，城乡关系仅仅作为这些研究的副产品而出现；城市与乡村是一个预设的、对立的地域单元。

但是事实上,无论是城市化进程还是现代化进程,从根本上来说其实就是一个乡村社会变迁的过程:从农业社会转变为工业社会,从农耕文明转变为城市文明,从传统生活方式向现代生活方式的演变过程。如何广阔而全面地呈现20世纪中国社会历史的变迁,并深入揭示一个世纪以来的历史演进轨迹与规律,从而为当代中国发展的路向选择和理论思维提供丰厚的历史经验与启示,当是这一丛书设计的基本诉求或宗旨。

王先明

2013年1月7日于津城阳光100国际新城西园

目 录 CONTENTS
ERSHI SHIJI ZHI ZHONGGUO

导 言
一、研究意义 …………………………………………… 1
二、学术回顾 …………………………………………… 6
三、研究资料 …………………………………………… 19
四、研究思路 …………………………………………… 21

第一章 农村社会的失控与江苏保甲的嬗变
第一节 社会背景 ……………………………………… 25
　一、农村经济的破产 ………………………………… 25
　二、圩寨林立的地方政治 …………………………… 33
　三、匪患、烟毒与讼风 ……………………………… 40
　四、中共的挑战 ……………………………………… 47
第二节 江苏保甲的历史演变 ………………………… 53
　一、清末、北洋政府时期的地方自治(1908—1927) … 53
　二、"南京十年"的江苏保甲制度(1927—1937) …… 55

三、战争时期的江苏保甲制度(1937—1949) ……………… 67
小结 …………………………………………………………… 74

第二章 江苏保甲的施政纲要
第一节 制度设计 …………………………………………… 79
一、孙中山、蒋介石与民国保甲复兴的关系 ……………… 79
二、江苏保甲实施的特殊性 ………………………………… 86
三、自治型保甲设计的意义 ………………………………… 93
第二节 人事要求 …………………………………………… 100
一、保甲督导人员的职责 …………………………………… 101
二、保甲组织人员的职责 …………………………………… 109
第三节 实施步骤 …………………………………………… 115
一、分区推行 ………………………………………………… 115
二、按步实施 ………………………………………………… 122
小结 …………………………………………………………… 131

第三章 保甲纲要的实施
第一节 编查时期的活动 …………………………………… 134
一、"灌输以保甲知识"：扩大保甲宣传 …………………… 134
二、视导与奖惩 ……………………………………………… 144
第二节 训练乡镇保甲长 …………………………………… 158
一、精神训练 ………………………………………………… 159
二、军事训练 ………………………………………………… 165
三、知识训练 ………………………………………………… 169
四、训练效果 ………………………………………………… 174
第三节 整理保甲 …………………………………………… 180
一、户口总复查 ……………………………………………… 181
二、全面整理 ………………………………………………… 189

小结 ··· 197

第四章　幕后与台前：士绅与保甲
第一节　从忧惧到合作：士绅的反应
　　一、政府打击土豪劣绅的压力 ······························· 201
　　二、"胡萝卜加大棒"：政权整合绅权的一种策略 ······ 210
　　三、士绅回应"铁血政治" ······································ 214
第二节　乡镇保甲长社会权威的树立
　　一、年龄结构 ·· 223
　　二、文化结构 ·· 229
　　三、经济地位 ·· 235
　　四、社会声望 ·· 244
第三节　绅权与政权合一的趋势
　　一、协助推进保甲：上层士绅的反应 ······················ 250
　　二、乡保长与乡村领袖合一的趋势 ························· 261
　　小结 ··· 273

第五章　冲突与合作：农民与保甲
第一节　农民生存的政治逻辑
　　一、农民的物质生活 ··· 277
　　二、农民的精神生活 ··· 285
　　三、农民生存的政治逻辑 ······································ 289
第二节　农民与保甲的冲突
　　一、抵制保甲的编查 ··· 300
　　二、抑制与约束乡镇保甲长的所为 ························· 313
第三节　农民与保甲的合作
　　一、检举盗匪、讼棍和刑事案犯 ···························· 324
　　二、防治病虫害 ·· 333

三、抗拒地方官吏和国家政策的侵扰 ……………………………… 338
小结 …………………………………………………………………… 344

余论　无序与有序：保甲与乡村社会控制

第一节　乡村社会控制的加强 …………………………………… 347
第二节　江苏保甲制度的局限性 ………………………………… 357
第三节　区域比较视野下的江苏保甲制度 ……………………… 363

参考文献 ……………………………………………………………… 373
后　　记 ……………………………………………………………… 397

导 言 INTRODUCTION

ERSHI SHIJI ZHI ZHONGGUO

一、研究意义

"王保长,芝麻官,狗腿子一个,乱收捐。抓壮丁,开当铺,人民骂他是狗官。"

电视剧《王保长》的片尾曲,寥寥几句,生动地刻画了国民党政权统治下的一个保长那卑微而又令人憎恨的角色。位卑权轻的保长何以能激起如此大的民愤,并不算作政府官员的保长又何以让人们骂作是"狗官",其答案自然与保甲行政人员从事的收捐和征丁等事情有着密切的关系。从20世纪政治现代化的进程来看,保甲长所承担的不起眼的任务,不仅拉开了国民党政权向乡村社会权力扩张的序幕,更是20世纪国家与社会关系不断调适过程中的一个重要片段。因此,对于保甲制度的研究,可以作为透视20世纪中国乡村社会变迁的一扇窗口。

自鸦片战争到中华人民共和国成立的一个世纪时间里,总体性民族生存危机是中国现代化不容回避的焦点问题,而应对这一危机的必经之路就是实现民族独立和建立统一国家。自清末以来的历届政府，都试图用自上而下的中央集权的方式，以期改变权力分散和政治无序的现状。进入20世纪20年代，"社会经济改革的旗帜由分散的知识分子传到了有组织的政党手中"，新的政治观念、机制和秩序正是通过政党向社会全面输入。① 1927年国民党建立的南京国民政府，不仅是中国历史上第一个党治政权，更是全能主义政治②的忠实信奉者。南京国民政府希望通过高度的政治动员去整合社会，进而将社会边缘纳入政治体系，以建立党治为核心的政治霸权体系。③为此，蒋介石领导下的国民党政权开启了两条战线：军事上镇压军阀的挑战和"围剿"中国共产党领导的革命根据地，政治上整合地方势力。就前者而言，自1930年中原大战后，军阀势力不再有问鼎中央政权的实力。再加上红军在第五次反"围剿"中的失败，国民党政权的军事势力为之大增。就后者而言，国民党采用了一系列强化政治统治的举措，如实行省级政府合议制、县级政府裁局改科、收编地方治安团队、分区设置、推行乡镇保甲制等。保甲制度不仅是南京国民政府权力扩张的重要环节之一，更是其改造农村社会权力结构的一个重要手段。

不过，国民党推行保甲制度的最初目的却是为了镇压中国共产党领导的乡村革命。1927年后，中国共产党领导的乡村革命，动摇着国民党政权的基层统治。中原大战后，获得胜利的蒋介石集团即将矛头指向红军。1930年10月，蒋介石调集10万军队，向中央革命根据地发动了第一次"围剿"。1931年2月，蒋介石又调集了20万军队，对中央革命根据地进行了第二次"围剿"。鉴于前两次"围剿"红军的失败，蒋介石采纳了鄂豫皖"剿匪"总司令部秘书长杨永泰的"三分军事，七分政治"的主张，遂于1931年6月在江西修水等43个县

---

① [美]詹姆斯·R.汤森、布兰特利·沃马克：《中国政治》，顾速、董方译，江苏人民出版社1994年版，第51~55页。

② "全能主义"是美国学者邹谠提出的一个概念，它指的是"政治机构的权力可以随时无限制地侵入和控制社会每一个阶层和每一个领域的指导思想。全能主义政治，指的是以这个指导思想为基础的政治社会"。参见[美]邹谠：《二十世纪中国政治：从宏观历史与微观行动的角度看》，香港：牛津大学出版社1994年版，第3页。

③ 许纪霖、陈达凯主编：《中国现代化史》第1卷(1800—1949)，"总论"，学林出版社2006年版，第7~12页。

试办保甲,随后,他又将保甲制度推广至鄂豫皖等"剿匪区"。1934年10月,红军第五次反"围剿"失败后,被迫长征,这进一步引起了蒋介石对保甲制度的重视。于是,保甲制度被推广至江苏、湖南、福建等13个省及平、津二市,成为南京国民政府推行最力、实行时间最长的基层政权组织。① 与"剿匪区"保甲制度不同的是,江苏、浙江、湖南等省采用了"纳自治于保甲"的模式:它保留了原有区乡镇一级的自治组织,只是把乡镇下面的闾、邻两级取消,兼顾了自治与保甲。②

本书选择"战前江苏省保甲制度"作为研究对象,主要基于以下三方面考虑:

第一,通过对战前江苏省保甲制度的研究,力图透视国民党在其统治的最佳时间(战前)、最佳地区(江苏省)乡村执政能力的限度。在20世纪以来的现代化变革中,农村在国家的政治生活中起着关键作用,它决定着一个政权的安危。一个缺乏农村支持或默认的政府,其政治稳定性的基础很难存在。③ 在20世纪的中国,国共两党都通过不同的方式来动员和整合乡村社会,国民党采取了自上而下的政治统治,中国共产党采取了自下而上的群众动员。中国共产党成功地动员了数千年来在政治领域里无足轻重的农民阶级,并将其变成政治生活的重要角色。这个过程改变了自秦汉以来政治运动和政治参与的形式,最终导致了国民党的失败和中共的成功。④ 实践证明,中国共产党领导的革命路线更符合中国国情,但这并不意味着国民党在改造农村政治方面没有做过任何积极的探索,战前的江苏省就颇具代表性。

从时间段上讲,1927—1937年,又被一些学者称为国民政府统治的"黄金十年",这一时期国民政府所推行的政策的效果曾引起了学术界的注意。如罗

---

① 冉绵惠、李慧宇:《民国时期保甲制度研究》,四川大学出版社2005年版,第64页。
② 魏宏运主编:《民国史纪事本末》第3册(上),辽宁人民出版社2000年版,第390页。
③ [美]塞缪尔·P.亨廷顿:《变动社会的政治秩序》,张岱山、聂振雄等译,上海译文出版社1989年版,第316~317页。
④ [美]邹谠:《二十世纪中国政治:从宏观历史与微观行动的角度看》,香港:牛津大学出版社1994年版,第19~58页。

兹曼认为的那样：战前国民党政权所掌握的具有现代化的军队，已开始向国家和革命目标效忠，这超越了自19世纪50年代以来影响中国政治命运的军阀主义。并且，南京政府十年提供了新而强大的国家象征，这为战时动员铺平了道路。①正是战前国民党政府的各项建设，使得中国"终究坚持了自卫，且在图生存的关头获得百余年来在国际战争中的第一次胜利"②。费正清认为：战前的南京政府是自1912年以来中国前所未有的、最现代的政府，南京十年也是一个最充满希望的时期。③因此，对于抗战前国民政府的研究，有利于廓清其执政能力的极限。

从地域上讲，笔者选取江苏省作为考察对象，是出于以下考虑的。由于南京政府真正能够控制的地区不出长江下游一带，其他各省只不过是名义上承认国民党政权而已。因此，在国民党不能直接控制的地区，其政策的执行力度要大打折扣。不过，作为南京国民政府统治的核心地区——江苏省，由于"国民党在这里势力最大，不仅省党政大权都掌握在忠于中央的人手里，而且党组织已深入到县级，甚至县以下，对基层政治具有强大的影响力"④，其政策的执行更能体现党治政权的意志。1933年，陈果夫就任江苏省主席之后，倡导为民众谋福利和做实事。为此，他在江苏实施了一系列政治革新举措，使得江苏省的各项建设成为其他各省建设的样板。行政督察专员不兼县长的实验、江北匪患的平息、禁烟上的成就，这些都赢得了蒋介石的夸奖，并被其他省份所效仿。在自治实验方面，邹平、定县和镇平等实验区，曾派人参观了江苏萧县的自治实验。参观之后，这些参观团甚至自认为他们所办的自治是失败的。⑤社会各界更是赞不绝口，如张季鸾在《大公报》上对江苏省政进行了

---

① [美]吉尔伯特·罗兹曼等：《中国的现代化》，江苏人民出版社1995年版，第360~363页。与罗兹曼观点相同的还有蒋永敬和张玉法。见蒋永敬：《统一与建设·导言》，台湾"教育部"编：《中华民国建国史》第三编"统一与建设"，台北："国立"编译馆1985年版，第34页；张玉法：《中国现代史》，台北：东华书局1977年版，第572~573页。

② [美]黄仁宇：《中国大历史》，生活·读书·新知三联书店1997年版，第297页。

③ [美]费正清：《美国与中国》，世界知识出版社1999年版，第228~230页。

④ 崔之清：《国民党政治与社会结构之演变》中编，社会科学文献出版社2007年版，第948页。

⑤ 陈果夫：《苏政回忆》，台北：正中书局1951年版，第14页，南京图书馆藏。

大量宣传,黄炎培对江苏省政的赞扬令陈果夫本人都感到"肉麻",以冷御秋为代表的江苏省商联会还向省府献旗上匾,甚至以"开元"和"天宝"来比拟江苏政治。① 如果说战前是国民党统治的"黄金十年"的话,那么,陈果夫主政下的江苏更是国民党统治"黄金十年"中的一片"白金区域"。即保甲的推行情况而言,与多数省份有名无实的保甲制度相比,江苏省却是最为有效的省份之一。② 那么,对于党治政权下的江苏保甲制度的研究,不仅可以勾画出国民党党治体制下基层政权建设的极限(即国民党改造乡村权力结构的力度),更可以窥出战前陈氏主政下的江苏农村建设的实效,这无疑体现了普遍性和特殊性的统一。只有随着这些研究的加深,我们才能更为全面地审视和评析国民党的乡村治理能力,从而为今日农村社会基层政权建设提供借鉴。

第二,通过对战前江苏省保甲制度的研究,试图对民国乡村政治史的主流理论——"国家政权内卷化"予以审视。"国家政权内卷化",是美国学者黄宗智、杜赞奇在研究20世纪前期华北乡村社会时所提出的一个理论。其基本内容是:随着国家权力向乡村的扩张,国家加大了对乡村的榨取与掠夺。在这个过程中,为地方代言的保护型精英退出了乡村舞台,恶霸和地痞之流填充了权力真空,基层官员的腐败和贪污盛行,加剧了国家与农民之间的对抗,致使政府的合法性最终丧失。只有中国共产党领导下的新政权才可以遏制"内卷化"。由于这种理论较好地解释了国民党如何失去乡村和中国共产党领导的革命何以成功,因而大多数研究民国乡村政治的中国学者,从各自研究的问题出发,从不同的角度采用或认同了这一理论。不过,这种理论在适用性方面也遇到了挑战。彭慕兰和李怀印等人就认为:杜赞奇等人的研究主要是依据20世纪三四十年代"满铁"在华北6个村庄的调查,而"满铁"调查的区域只是华北地区的边缘地带,该地带地瘠民贫,村社涣散,无力应对税负的增加,这才引起村庄精英解体和土豪劣绅把持村政。但在那些华北的核心地区,由于生态安全和社会稳定,税负的增加并未引起精英的解体;相反,他们还顺利进入新的权力体系,继续领导民众与国家进行讨价还价的斗争,核心地区呈现

---

① 陈果夫:《苏政回忆》,台北:正中书局1951年版,第142页,南京图书馆藏。
② 王奇生:《战前中国的区乡行政:以江苏省为中心》,《民国档案》2006年第1期。

出国家与社会共强的局面。还有的学者认为,乡村政治变迁并非单一的"内卷化"模式,它往往呈现出多种形态,这是研究者需要注意的。就本书的研究对象而言,笔者倾向于彭、李的看法。毕竟"内卷化"理论应有一个适用范围问题。从时间上说,它未必完全适宜于战前的乡村基层政权建设。从空间上说,它较难适宜于核心区的乡村政治研究。面对国家权力的扩张,士绅们究竟是采取了退出还是合作的方式,其背后的政治逻辑又是什么,这对乡村政治有何影响,此乃本书研究的第二个目的。

第三,通过对战前江苏省保甲制度的研究,力图对农民的政治行为予以探析。以往有关农民与保甲关系的研究中,有的学者强调保甲对农民的控制和束缚,农民似乎成了国家可以任意摆布的小卒;有的学者强调农民是如何用敷衍、冷漠、逃亡等方式去抵制保甲制度。简言之,学者们只是强调保甲与农民之间的冲突。在这种冲突视角下,学者们更多地从国家视角去讨论国家是如何控制和压迫农民,很少从农民视角去看待他们如何利用保甲乃至国家来维护自己的利益,这不符合唯物辩证法所主张的对立统一的方法论。因此,本书将尝试着探析国家——士绅(或保甲长)——农民三者关系的复杂性。在由三者构成的乡村权力结构中,有时他们的目标几乎完全一致,有时则由其中的两者联合起来约束第三者的所为。各方力量的冲突与合作呈现出犬牙交错的态势。农民各种政治行为的背后,究竟是什么力量在起着作用?通过这种研究路径所获得的知识,无疑会丰富和修正中国农民的印象,更有利于理解国共两党动员民众的差异性和复杂性,这是本书研究的第三个目的。

二、学术回顾

关于民国保甲制度的研究,自国民政府30年代保甲推行以来就已经开始,不断有研究著作面世。①这一时期的出版物已有十几种,而各省县的民政、县政、区政等刊物涉及保甲的论述,更是数不胜数。大致看来,这些著作有着以下几个特征。首先,这些著作在一定程度上是为了配合保甲运动的宣传,它们对于保甲制度的历史沿革、法令、操作和意义进行了详细阐述,在内容编排上多有重叠之处。其次,它们对于保甲制度的肯定与称颂达到无以复加的地步,几乎一致认为保甲是国家富强、民族复兴和政令畅通的万能工具。"这些著作带有过于急功近利的现实性,并且将学术研究本身完全服务于不同的现实政治需求,这在一定程度上阻碍了中国乡村学术探讨的深入和持久。"②李宗黄的《现行保甲制度》一书,正是为了"使我国80万保甲长,知其职责之重大,自觉自动发挥保甲效能"③而写的。即使最具代表性的闻钧天的《中国保甲制度》和周中一的《保甲研究》两书也不例外。前者是为了使国人对此有明确的认识,以使保甲推行能合于当时各方面环境的需要。④后者主要是为了"供给中下级干部人员的应用"⑤。最后,笔者同意沈成飞的看法:这些著作多以政府决策者的外部视角去研究问题,基本上没有从农民的内部视角来做具体的研究,望文生义和主观臆断的成分自然不少。⑥

尽管热情洋溢的称赞是该时期保甲研究的主流,但也有一些研究者毫不隐讳保甲的弊端。如胡次威在《乡镇自治提要》一书中指出:"谈到'保甲'二

---

① 闻钧天:《中国保甲制度》,上海:商务印书馆1935年版;叶木青:《中国保甲制度之发展与运用》,上海:世界书局1936年版;黄强:《中国保甲实验新编》,南京:正中书局1938年版;董浩:《现行保甲制度》,上海:春明书店1942年版;李宗黄:《现行保甲制度》,上海:中华书局1945年版;周中一:《保甲研究》,北平:独立出版社1947年版。其中以闻钧天的《中国保甲制度》和周中一的《保甲研究》最为详细。黄强的《中国保甲实验新编》比较了中外村制的不同,着重对于江西的临川、南昌、安义等保甲编组情况作了阐述。李宗黄的《现行保甲制度》则是对于抗战大后方的保甲与地方自治进行了阐述。

② 王先明:《中国近现代乡村史研究及展望》,《近代史研究》2002年第2期。

③ 李宗黄:《现行保甲制度·序》,上海:中华书局1945年版。

④ 闻钧天:《中国保甲制度》,上海:商务印书馆1935年版。

⑤ 周中一:《保甲研究》,北平:独立出版社1947年版。

⑥ 沈成飞:《近十年来民国保甲制度研究述评》,《福建论坛》(人文社会科学版)2003年第6期。

字,实在是一个不祥的名称,因为各方面对于保甲已有不少的非难。在起草组织纲要的时候,也曾注意到这一点,本不想用保甲这个名称的。"他认为:保甲之所以令人讨厌,其原因在于"保甲在人事上的不健全和推行战时政令所种下的仇恨"。①陈之迈认为,国家行政力量自上而下将"委办事项"压在乡镇保甲肩上,这是许多政令不能得到真正落实的原因。"如果乡镇保甲都可以办理国家行政任务,则'乡镇为法人'的规定便失去了意义,地方自治事项也便须因乡镇能力之不能兼顾而受损失。"②陈柏心甚至感慨道:因推行保甲而停办自治不过是一种舍本逐末之举。③他指出:战时保甲组织并未能发挥其功用,原因在于它的内部组织过于简陋,没有其他人员的辅助。"何况乡镇长联保主任保甲长,未能由干练有为公正严明之士充任,而待遇亦不足以供养廉之需,以致土劣地痞,遂得乘虚而入,利用法定组织为其营私舞弊剥削平民的工具,反成为农村破产的动力。对于这样简陋的组织,我们不仅不能抱过大的奢望,事实上只能求其与农民相安无事,消极的不致骚扰人民,已属万幸"④。

此外,一些社会学家和人类学家则从社会结构的角度去理解政府推行的保甲制度,他们都看到了保甲制度对传统绅权的削弱。如费孝通所说,保甲制度是想把自上而下的政治轨道铺筑到每家门口,它破坏了原有的社区单位,结果是"中央的政令容易到达了,地方的公务却僵持了"。保甲成了中央政府要钱要人的工具,而非地方自治团体。它虽然加强了中央权力,却堵住了自下而上的政治轨道。中央与地方的协调关系遭到了破坏,基层行政陷入僵化。⑤胡庆钧批评该时期的保甲制度不过是政府向基层扩张的手段,它导致了绅权的减弱。"保长的存在并没有表示中国民主政治的产生。保甲只是一个自上而下的权力系统,在地方政治的美名下,通过官绅的勾结,作为压榨与剥削人民

---

① 胡次威:《乡镇自治提要》,上海:大东书局 1947 年版,第 95 页。
② 陈之迈:《中国政府》第 3 册,上海:商务印书馆 1946 年版,第 126 页。
③ 陈柏心:《中国的地方制度及其改革》,广西建设研究会,1939 年版,第 77 页。
④ 陈柏心:《中国县制改造》,重庆:国民图书出版社 1942 年版,第 191 页。
⑤ 费孝通:《乡土重建》,上海:上海观察社 1948 年版,第 51~54 页。

的工具。"①周荣德在云南的调查也强调了这一点:"自从1940年昆阳开始实行乡镇和保甲制度以后,政治的轨道已从顶层下达到各个人家,士绅的许多功能已被政府接管了。当时客观的政治社会情势压力的存在,致使士绅无法积极行事,因而意志消沉。"②

新中国成立后,学术界对于保甲制度的研究出现了长期的沉寂。直到20世纪80年代后,相关的研究才开始起步。这一时期关于保甲制度的研究的论述,多散落在学者们所编著的《中国现代史》、《中国政治制度史》和《中华民国史》等书及相关论文中。自20世纪90年代以来,民国保甲的研究步入高潮,研究保甲的论文有30余篇,其他散见在民国乡村和自治为题的著作,更不胜枚举。由于民国保甲的述评已有5篇③,因此,本文拟略人所详、详人所略,着重梳理保甲制度与乡村社会控制的相关研究成果。

到目前为止,有关保甲制度的研究专著有三部。第一部就是朱德新的《二十世纪三四十年代河南冀东保甲制度研究》,该书对20世纪三四十年代河南、冀东地方保甲的建设、结构与人员进行了研究,作者对于共产党与保甲、统治者与保甲、农民与保甲等关系进行了探讨。该书的优点在于利用了大量的口述访谈资料,拉近了现实与历史的距离,对保甲制度的研究做出了有益的尝试。第二部是冉绵惠、李慧宇的《民国时期保甲制度研究》一书。该书概述了民国时期保甲制度兴起的原因、起源和推行概况,初步地研究了四川和重庆的保甲制度。④第三部是冉绵惠的近著《民国时期四川保甲制度与基层政

---

① 胡庆钧:《两种权力夹缝中的保长》,见吴晗、费孝通:《皇权与绅权》,上海:上海观察社1949年版,第130~132页。

② 周荣德:《中国社会的阶层与流动:一个社区中士绅身份的研究》,学林出版社2000年版,第109~110页。

③ 朱德新:《民国保甲制度研究述评》,《安徽史学》1996年第1期;沈成飞:《近十年来民国保甲制度研究述评》,《福建论坛》(人文社会科学版)2003年第6期;冉绵惠:《近年来国内有关民国时期保甲制度研究的新趋势》,《民国档案》2007年第2期;程郁华、李复:《南京国民政府时期保甲制度述评》,《探索》2008年第4期;杨华:《南京国民政府时期保甲制度研究综述》,《乐山师范学院学报》2010年第9期。

④ 冉绵惠、李慧宇:《民国时期保甲制度研究》,四川大学出版社2005年版。

治》一书。该书系统地研究了民国时期四川保甲制度的沿革、功能、作用和成败因素，尤其详细地考察了保甲制度与基层政治的关系，力图揭示国家政权与基层社会之间的互动关系。①

关于民国时期保甲制度的研究的博士论文目前为止只有一部，即沈成飞的《抗战时期的广东保甲制度研究》，该文概述了战前广东省保甲制度的沿革，讨论了保甲与自治、战时保甲的重建、国民党和日伪政权的保甲建设、各个政权（国民党、日伪和共产党）对保甲制度的利用。

总之，关于民国时期保甲制度的研究，已经取得了累累硕果。就研究地域而言，以往研究涵盖了豫、冀东、沪（沦陷时期）、川、甘、浙、粤、赣、皖（沦陷时期）、鄂、鲁、滇、新等全国12个省份和1个直辖市，研究区域呈现出中心向边缘扩展的趋势。就研究专题而论，这些研究集中讨论了民国保甲兴起的原因、保甲（包括日伪保甲）的推行概况、保甲与自治的关系、保甲长的群体分析、保甲制度的性质、抗战时期各方力量对保甲的争夺等。这些成果为推动民国保甲制度全面深入的研究提供了方便。

不过，需要指出的是，以往关于民国保甲制度的研究，多集中于国民党统治的边缘区。这些地区在保甲政策的执行力度和执行理念上，究竟在多大程度上能体现党治政权的意志，颇令人生疑。因此，加强对国民党统治核心区的保甲制度研究，势在必行。就时间上而言，以往研究多集中于战争时期（抗战和国共内战时期）。战争时期特殊的环境，致使国家利用保甲加大了对乡村的榨取，这使得学者们更多地关注保甲的掠夺功能，很少去关注和平时期保甲对树立政治权威和治理地方上的功能，后者恰是国民党乡村执政能力的重要体现。因此，加强和平时期保甲制度的研究，具有重要意义。就研究焦点而言，还有很多问题尚缺乏微观和深入的研究。众所周知，在传统乡村中，士绅是政府和农民之间的缓冲和媒介。政府只有通过士绅，才能与人民建立联系。因此，传统士绅在乡村权力格局中起着支配性的作用。1927年成立的南京国民政府，它同样面临着自清末以来的一个难题：如何将传统士绅势力纳入国家

---

① 冉绵惠：《民国时期四川保甲制度与基层政治》，社会科学文献出版社2010年版，第5~7页。

体系,使得国家权力与一般民众直接建立联系,以动员广大农村的资源为现代国家建设服务。编组保甲正是国民政府加强地方控制所采行的手段。①那么,民国保甲制度推行后,国家与乡村的关系如何?保甲能否实现对乡村的有效控制?或者说党治理念指导下的国民党保甲制度,能否改变乡村的权力结构?它又是以怎样的方式将士绅和农民纳入国家体系?士绅和农民又是以何种方式感受和回应国家权力的扩张?

学术界关于国民党保甲制度的社会控制,主要有三种论点。第一种观点倾向于严密控制论,即国家已经实现对乡村的严密控制,乡村已完全被纳入国家体系。这种观点主要以教科书和相关论文研究为代表。这些学者认为,保甲具有"封建性"、"法西斯性"、"反革命性"和"为了维护蒋介石个人独裁和一党专政"等特征。保甲不仅是强加给广大人民的统治枷锁,也是用于镇压广大农民反抗斗争的工具。因此,它激起了人民的愤恨。②不仅如此,这些学者毫不客气地批判了这种制度的残酷性和落后性,认为这种制度不得人心。如邵德门说:"需要指出,国民党政府在市、县的基层组织保甲制度,继承和发展了封建时代的保甲制。不仅在反动本质上如出一辙,而且在反动作用上更甚于封建时代。因此,它对人民群众是穷凶极恶的。"③正是基于对保甲制度的全盘否定,这些学者对于保甲长的评价也是消极的。他们认为,保甲长或是由无恶不作、鱼肉乡里的土豪劣绅充任,或是由豪绅地主的爪牙来担任。在地方政府的庇护下,保甲长的权力很大,他们可以私设公堂,严刑拷打群众,简直是地方上的土皇帝和独裁者。④尽管保甲制度被土豪劣绅窃据,招致了人民的愤恨,但上述学者仍然相信,保甲制度的推行,使得"国民党法西斯统治深入到中国

---

① 沈松侨:《从自治到保甲:近代河南地方基层政治的演变(1908—1935)》,《中央研究院近代史研究所集刊》第18期,第216~218页。

② 王文泉、赵呈元编:《中国现代史》,中国矿业大学出版社1988年版,第252页;赵小平:《国民党保甲制述论》,《许昌学院学报》1990年第3期。

③ 邵德门:《中国政治制度史》,吉林人民出版社1988年版,第360页。

④ 参见王维礼:《中国现代史》,辽宁人民出版社1984年版,第293页;张宪文编:《中华民国史纲》,河南人民出版社1985年版,第418~419页;毛园芳:《试析国民党南京政府保甲制度的反动作用》,《湖州师专学报》1990年第2期。

社会的最基层,白色恐怖蔓延到各个角落"①。国民党政权以此建立起严密的基层统治网。②人民群众已经像囚犯一样处于国民党的严密控制之下,他们生活的各个方面都处于保甲组织的暴力威胁之下。③这些学者们进一步争辩道:保甲制度的推行,使国家政权能够顺利深入农村,它加强了国民政府对城乡人民的控制和束缚,加强了该政权对革命力量的限制和镇压,强化了南京国民政府的基层统治。④简言之,这些学者认为:保甲制度已能够让国民党政权严密地控制基层社会,能让乡村社会体现出国民党政权的意志来,广大民众已经成为国家政权可以任意摆布的小卒。在乡村权力格局的争夺战中,国家成了最后的赢家。

第二种观点倾向于不能控制论,认为民国保甲不能实现对乡村的控制。这种观点主要是以杜赞奇、黄宗智等人的"国家政权内卷化"为代表。杜赞奇对华北乡村的研究表明:随着国家权力向乡村的扩张,国家对乡村的榨取和掠夺能力增强,导致了代表地方利益的精英分子(保护型经纪)退出了乡村政权,从而留下了权力真空,结果乡村政权被土豪劣绅(赢利型经纪)所取代。因此,腐败和贪污中饱的发生,极大地损害了政权在民众心目中的合法性。⑤与杜赞奇的看法较为相近,黄宗智认为,在那些半无产化或高度分化松散的村庄中,随着外部压力的增大,导致了原有政治结构的崩溃以及权力的真空,恶霸、暴徒乘机崛起,他们滥用政权、蹂躏村庄,造成了国家与乡村之间的紧张。⑥与华北乡村相比,长江三角洲乡村更多是由同族集团联络,村级政治组织较为缺乏。无论是清政府还是南京国民政府,都没有实质性地改变这个状态。国家

---

① 韦庆远、柏桦:《中国政治制度史》,中国人民大学出版社2005年版,第657页。
② 王桧林编:《中国现代史》(上),高等教育出版社2003年版,第208页。
③ 谢增寿:《国民党南京政府保甲制度述论》,《西华师范大学学报》1984年第4期。
④ 张宪文编:《中华民国史纲》,河南人民出版社1985年版,第419页;郑德荣:《国共政权十年对峙史(1927—1937)》,高等教育出版社1990年版,第359~360页;张华腾等编:《中国现代史》,高等教育出版社1999年版,第120页。
⑤ [美]杜赞奇:《文化、权力与国家:1900—1942年的华北农村》,王福明译,江苏人民出版社1996年版,第57~58页、第149页、第226页。
⑥ [美]黄宗智:《华北的小农经济与社会变迁》,中华书局1986年版,第256~257页、第313页。

对农民的日常生活几乎没有影响。①易劳逸和孔飞力等人也基本同意国民政府与士绅之间的对抗与敌意。据易劳逸的研究,由于害怕群众运动、社会政治变乱和共产主义,国民党政权与乡绅们暂时结成松散的联盟。不过,国民党当局从未放弃控制乡绅们的企图,保甲和警察机构便是当局消除乡绅们影响的工具。即便是在江苏这个国民党统治最为严密的地方,国家政权与地方权贵的争斗也一直没有停息。②沈松侨较早运用这一理论分析了河南基层政治的演变,他认为,在缺乏社会、经济等下层结构的有力支撑下,国民党改自治为保甲,强行推进大规模的政治改革,得到只是下层行政机构的臃肿膨胀和地方政务的废弛毁坏,政治整合和民众动员仍属于遥不可及的事情,这个演变过程体现了政治的内卷化。③

正是在"国家政权内卷化"范式的影响下,多数中国的学者在研究民国保甲制度时,基本上认同或支持杜、黄的观点。最早对此观点作出支持的是朱德新的研究,朱认为,保甲制度的推行造成了基层政治精英的疏离和农民的反抗,"因为保甲并未触动乡村原有的权力结构。在这些地区,绅士或土劣仍然主宰地方。建保甲只意味着应付上司,基层政治组织的形变质不变。各级机构

---

① [美]黄宗智:《长江三角洲小农家庭与乡村发展》,中华书局1992年版,第158~159页。当然,黄宗智也在不断地反思其早期的研究。在黄宗智所编《中国研究的范式问题讨论》一书中,收录了他的两篇文章,即《学术理论与中国近现代史研究——四个陷阱和一个问题》与《中国的"公共领域"与"市民社会"?——国家与社会间的第三领域》。在前一篇文章中,黄提醒学者们不可机械地运用理论模型,因为"乡村生活极其复杂而多维,以至于无法轻易地完全符合一个现成的模式"。在后一篇文章中,黄对其早期的观点有了很大的修正,已不再强调国家与乡村之间的冲突,更为强调国家权力与社会力量的合作,"比起社会自主性的增长或官僚制控制的加强,社会与国家两方在第三区域里的持续合作更加引人注目。"参见黄宗智主编:《中国研究的范式问题讨论》,社会科学文献出版社2003年版,第105页,第276页。

② [美]易劳逸:《流产的革命:1927—1937年国民党统治下的中国》,陈谦平、陈红民等译,中国青年出版社1992年版,第291~293页;[美]孔飞力:《中华帝国晚期的叛乱及其敌人:1796—1864年的军事化与社会结构》,谢亮生、杨品泉、谢思炜译,中国社会科学出版社1990年版,第23页。

③ 沈松侨:《从自治到保甲:近代河南地方基层政治的演变(1908—1935)》,《中央研究院近代史研究所集刊》第18期,第218~219页。

普遍滥用权力,他们贪污挥霍,向农民索取"。"坏人把持政治,只知阿谀官吏,从中谋利,何暇为民众计及兴利除弊之道。他们有权越权,颠倒是非,以致失去民众信仰,而民众与政府反倒日趋隔膜。""保甲制度这部政治强控机器并没有按统治者的意志运转,不用说在农村建立政治秩序的问题,就连对人财物的征集在许多情况下都是官方依靠军警、保甲武装去强制抢征"。①随后,张益民对此也有类似看法,他认为,国民党采用了纯粹具有封建意义的保甲制度,完全是一种饮鸩止渴和不择手段之举。"事实上,这种朝令夕改的地方组织仅仅是造成了中国政制史上的紊乱状态,在加强对乡村的控制方面也走上希望的反面。"其表现便是:土豪劣绅所代表的乡村保守力量获得了前所未有的合法性,也造成了广大农民的不合作或反抗。②乔志强等人对民国时期华北保甲制度的看法并无二致,他们认为,"在华北现代化的过程中,由于国家对乡村的过度索取,以保甲为代表的行政机构成了鱼肉百姓的工具。这种做法是以牺牲乡村为代价的,造成了农村社会的动荡不安,国家在各方面失去了乡村的支持,人心向背已经走到了极端。"③王先明从乡村社会控制体系变迁的角度讨论了保甲制度,他认为:"由于政府一味地对乡村掠夺,漠视农民的生存需要,致使农民生存状况恶化,因而,民众对此消极抵抗。所以,保甲制度失去了其作用。"④王奇生对战前国民政府基层组织的研究表明:"随着区乡保甲体制的建立,国家对乡村社会的榨取力度加大,导致了官民利益的冲突,政府与精英的关系恶化,乡村社会沦为贫穷和动荡的深渊。"⑤王兆刚从国民党训政角度讨论了保甲制度,他认为:"国民党开始训政后,试图通过政府任命正式行政人员来加强对农村的控制,然而,由于缺乏取代旧有统治体系的人才和经

---

① 朱德新:《二十世纪三四十年代河南冀东保甲制度研究》,中国社会科学出版社 1994 年版,第 190~195 页、第 224~225 页。

② 张益民:《国民政府对农村渗透的失败》,见许纪霖、陈达凯主编:《中国现代化史》第一卷(1800—1949),学林出版社 2006 年版,第 401 页。

③ 乔志强主编:《近代华北农村社会变迁》,人民出版社 1998 年版,第 788~807 页。

④ 王先明:《辛亥革命后中国乡村控制体制的演变——民国初期的乡制演变与保甲制的复活》,《社会科学研究》2003 年第 6 期。

⑤ 王奇生:《战前中国的区乡行政:以江苏省为中心》,《民国档案》2006 年第 1 期。

费,国民党只好依赖农村旧有的统治力量。原先公正士绅因而逐步退出了地方的管理事务。国民党利用赢利型经纪,抛弃了社会管理,无法对其进行有效的监督和制约。这不仅弱化了国民党对乡村的控制和资源提取能力,严重地削弱了政府在农民中的信仰,也使得政府的政策推行在农村中大打折扣,阻碍了乡村社会的发展。"①金太军、施从美等从村民自治角度考察了民国保甲制度,他们认为,南京国民政府未能翻转旧有的农村社会关系,没有触动传统社会的基础,保甲组织反而被土豪劣绅化。结果,保甲变成了欺压农民而非动员农民的工具,致使农民对其信任度降低。"以保甲制度为中介,对传统势力的借重与传统势力对旧有秩序的维护,成为南京政府实行向农村渗透努力失败的关键。"②李涛对20世纪浙江乡村政治的研究表明,由于国民党政权不加甄别地将保甲干部和土豪劣绅吸纳为党员,致使掠夺性经纪垄断了乡村资源,严重地损害了国民党自身的权力基础,因此,国民政府的"国家政权建设"未能取得成功。③张鸣从乡村权力和文化结构的角度讨论了保甲制度。他认为,由于地方精英的扭曲、农村传统的抵制和国民政府自身政策的失误等三种因素的影响,"国民党政府的社会动员能力在农村几乎为零,除了暴力强制,甚至连收税和劳役都无法实现"。相反,地方土豪劣绅的恶行却得以合法化,最终导致了国民党政权雪崩式的失败。因此,国民党所推行的保甲制是完全的败笔。④总之,上述学者认为,作为国民政府向基层扩张权力的保甲制,由于民众的反对和地方势力的阻碍,国家不仅无法有效地控制乡村,反而引起了国家与乡村的对立,国民党改造乡村权力结构的尝试是失败的。

第三种观点倾向于有限控制论,强调民国保甲制度可以有限地控制乡村,至少在整合地方士绅方面取得了相当的成功。这种观点是以彭慕兰、李怀印

---

① 王兆刚:《国民党训政体制研究》,中国社会科学出版社2004年版,第140页。
② 金太军、施从美:《乡村关系与村民自治》,广东人民出版社2002年版,第63~64页。
③ 李涛:《士绅阶层衰落化过程中的乡村政治——以20世纪二三十年代的浙江省为例》,《南京师大学报》2010年第1期。
④ 张鸣:《乡村社会权力和文化结构的变迁(1903—1953)》,广西人民出版社2001年版,第120~122页。

等人的"国家与精英之间的合作"为代表,彭、李并不赞同杜赞奇等人"国家政权内卷化"的观点。彭慕兰对华北核心地区的研究表明:民国政府在核心地区采取"优先发展"战略,因此,国家不仅是一个"更加成功的榨取者",也是一个"更加成功的捐献者",因为它在警察、公共卫生和其他关键服务中得到了确实的改善。地方精英和越来越活跃的国家对县级行政人员进行了约束,有效地遏制了杜赞奇等人所强调的赢利型经纪的发生。这个过程与欧洲早期阶段并没有太大的区别。就农村建设而言,"尽管在农村地区的基层影响力很弱,但仍具有许多新的创新能力"。士绅虽然有城市化的倾向,但他们在农村仍保持有影响力。① 李怀印也有类似的看法,据他对华北村治的研究表明:自晚清至国民党时期,由于乡地制的存在,村庄精英并未退出政治舞台;相反,他们还进入了国家行政体系,继续发挥着国家与乡村间讨价还价的政治调和力量。这使得乡村社会的"国家政权建设"(即中央控制下的全国性制度取代非正式地方实践的过程),无疑取得了某些进步。② 裴宜理对淮北红枪会的研究表明:抗战前国民党政权能够有效地整合士绅势力。南京政府十年统治时期,国民党采取了调适政策,通过减轻赋税和提供物质刺激,政府与地方权威人士取得一定程度的合作。到了1930年,调适取得前所未有的进展,绝大多数地方防卫组织被纳入政府创设的民团系统。③ 白凯对长江下游地区农民抗租斗争的研究表明:由于民国政府(尤其是南京国民政府)警察的职业化和军事单位的增加,政府对农村的救济、兴修水利和催讨地租等方面的干预力度不断加强,地主感受到了日益增加的压力,农村的权力关系在一定程度上得到了改变。因此,国家政权控制乡村社会的能力得到了提高。④

---

① [美]彭慕兰:《腹地的构建:华北内地的国家、社会和经济(1853—1937)》,马俊亚译,社会科学文献出版社2005年版,第305~310页。

② [美]李怀印:《华北村治——晚清和民国时期的国家和乡村》,岁有生、王士皓译,中华书局2008年版,第4页、第312页。

③ [美]裴宜理:《华北的叛乱者与革命者》,池子华、刘东译,商务印书馆2007年版,第186页。

④ [美]白凯:《长江下游地区的地租、赋税与农民的反抗斗争:1840—1950》,林枫译,上海书店2005年版,第274~325页。

同样,有相当一批学者的研究开始沿着"合作范式"进行,他们强调保甲推行后政府与士绅之间的合作关系。如罗兹曼讲道:"通过恢复保甲制度,国民党使自己与力图保持现状的乡绅们结成了联盟。正是保甲制度和整顿内部纪律的运用,国家权力得以扩展到帝制时代神圣的监视领域。"①张信对战前河南地方精英的研究表明:"在官僚化政权建设方面,国民政府利用保甲制度取代了地方精英所控制的区一级机构,最终成功地增强了其对地方社会的控制,它正在成为一个现代化国家。"②马若孟通过对华北16个村庄的研究,肯定了保甲制度的复活使得村庄领导人"比过去任何时候对村庄的控制力都更强",国家在建立与村庄更紧密联系方面取得了部分成功。③韩敏则通过对皖北李村的实地研究,证实了担任保甲长的必须是"名声好而且与上层官员有良好关系的人",乡绅在保甲体制中发挥着重要作用。④魏光奇对20世纪中国县制的研究表明:国民党采用区乡镇保甲制后,使相当一批新乡绅进入了国家体系,这就为国家深入农村基层、改变乡村的无序状态提供了组织保证。⑤于建嵘对岳村的研究表明:清末以来地方精英退出乡村社会只是表面的现象,相反,他们是在谋求更高的职位和更大范围的权力空间。就地方政治的影响方式而言,地方精英一改过去的幕后操控为直接参与。由于"地方自治"所倡导的"乡人治乡"的影响,大量士绅进入地方行政体系,对乡村具有更大的影响力,尤其是在保甲体系半行政化后更为明显。"更多的乡村知识分子开始关注这一与国家相联系的最低职位。具体来说,在实行乡村建设时期,乡镇长任命的保长,基本上都是地方有名的知识分子"。因此,随着国家权力的下沉、保甲职位从"民"到"官"的转换,地方精英选择了与国家合作而不是对立,绅权和基层

---

① [美]吉尔伯特·罗兹曼编:《中国的现代化》,江苏人民出版社1995年版,第462页。
② [美]张信:《二十世纪初期中国社会之演变:国家与河南地方精英(1900—1937)》,岳谦厚、张玮译,中华书局2004年版,第257页。
③ [美]马若孟:《中国农民经济——河北和山东的农业发展(1890—1949)》,周文彬、张慕贞译,江苏人民出版社1999年版,第292~297页。
④ [日]韩敏:《回应革命与改革:皖北李村的社会变迁与延续》,陆益龙、徐新玉译,江苏人民出版社2007年版,第78页。
⑤ 魏光奇:《官治与自治:20世纪上半期的中国县制》,商务印书馆2004年版,第376~390页。

政权有合二为一的趋势。①根据吴毅对双村的调查："在磐石乡那样的穷乡，富绅很少。不过，正是由于普遍的贫苦，加之向上流动的机会极少，所以，有一定文化、见识之人还是愿意出任保长的。在这些人看来，当保长毕竟有一点补贴，也算一份'公职'，与乡上的人打交道，也显得有头有脸。因此，不乏一些有知识的青年抱着想干一点事情的想法出任保长。"②冉绵惠对于抗战时期四川保甲制度的研究表明：士绅直接担任保甲长的情况较为普遍。比如在新县制实行后，一方面，蒋介石非常尊重保甲长，有意提倡士绅们充任保甲长；另一方面，国民政府对阻碍政令的土豪劣绅予以防范和打击，使得士绅担任乡镇保甲长保持较高的比例。③根据王铭铭对闽台村落的调查，民国保甲制度推行后，由耆老和族贤管理的村政，开始向政府任命的新式权力人物转移。一方面，国家将家族合而治之，试图将族房长势力服务于政府；另一方面，政府所推行的一系列改造运动，使得国家政权逐步在乡村立足。④台湾的学者李国祁同样认为：战前国民党政权区乡镇保甲制的建立，"使两千多年来我国政治上的脱节现象加以改正，其贡献自亦不可言喻。而且自清末以来，我国在社会上其领导阶层士绅知识分子已渐有与社会基层农民及其劳动者分离的情况，以及城市与乡村脱节的现象，而经此政治革新，自亦改正其缺陷不少"⑤。简而言之，上述学者认为保甲在整合士绅和改造乡村权力结构方面取得了一些成功，乡村政权并没有出现杜赞奇等人所说的"内卷化"倾向，它在一定程度上能够控制乡村。但是，他们并不否认保甲对社会控制的有限性：由于20世纪上半叶低水平农业社会不足以支撑政治现代化的社会转型，战争环境和政治

---

① 于建嵘：《岳村政治：转型时期中国乡村政治结构的变迁》，商务印书馆2001年版，第198~199页。

② 吴毅：《村治变迁中的权威与秩序》，中国社会科学出版社2002年版，第69页。

③ 冉绵惠：《民国时期四川保甲制度与基层政治》，社会科学文献出版社2010年版，第118~127页。

④ 王铭铭：《村落视野中的文化与权力：闽台三村五论》，生活·读书·新知三联书店1997年版，第43页、第89页。

⑤ 李国祁：《地方政制之改革》，见台湾"教育部"编：《中华民国建国史》第三编"统一与建设"（二），台北："国立"编译馆1985年版，第866页。

腐败又加大了国家与农民的对立①,保甲长们可能采取欺上瞒下的行为,有时他们与国家合作欺压农民,从中渔利;有时保甲长会受制于乡土习惯,相机保护农民,抵制国家的非法索取;有时他们会在二者之间走钢丝和摆平衡,充当不同社会阶层的缓冲角色;有时保甲长会选择采取敷衍塞责的不作为等。②保甲长作为国家政权在基层的代理人,其表现出多种政治行为,说明基层政权并不必然导致土豪劣绅化,国家只能对乡村进行有限的控制。

综上所述,关于民国保甲与乡村社会控制的研究上,持严密控制论的学者,更多从意识形态的视角来看当时的政策法令,较少运用丰富资料,缺乏说服力和论证性;持不能控制论的学者基本上以"内卷化"范式看待国家与乡村之间的关系,更多强调国民党利用保甲制度改造乡村政治的失败;持有限控制论的学者多以"合作范式"来论证,侧重于国民党乡村政权建设所取得的成功。必须承认:国民党保甲制度因不同时期面临的挑战有所不同,各个地区社会环境条件的差异,使得学术界关于保甲推行后国家与乡村关系的争论,都在一定程度上成立。尽管学术界对于民国保甲的研究已是遍地开花,但尚无学者从社会控制的角度对江苏省保甲制度予以专题研究,这正是本书的努力方向。

三、研究资料

本书的研究资料,分成四种类型。

1.档案史料:笔者赴中国第二历史档案馆、江苏省档案馆查阅与本课题相关的资料,这些资料包括了各种会议记录、颁布的法令、官员的奖惩、统计表格、行政计划等,这为本书的写作提供了充实的史料。中国第二历史档案馆出

---

① 于建嵘:《岳村政治:转型时期中国乡村政治结构的变迁》,商务印书馆2001年版,第217页。

② 吴毅:《村治变迁中的权威与秩序》,中国社会科学出版社2002年版,第73~75页;冉绵惠:《民国时期四川保甲制度与基层政治》,社会科学文献出版社2010年版,第129页;庄孔韶:《银翅:中国的地方社会与文化变迁(1920—1990)》,生活·读书·新知三联书店2000年版,第50~51页。

版的档案资料汇编,对本书的写作具有辅助作用。同时,《江苏省政府公报》保存得比较完整,几乎每天都刊登省政府各方面施政的实况,这对于理解决策机关的理念和动向无疑具有很大的裨益。其中,有关司法部分涉及保甲长的案件纠纷,有利于我们了解保甲运作过程的各种权力关系。

2.报刊资料:国家图书馆所藏的《江苏保甲》,构成了本书核心资料之一。《江苏保甲》是由江苏省民政厅主办的刊物,出版时间为1935年2月至1937年5月,共计52期500余篇文章,这是民国时期刊载江苏保甲各县实施情况的刊物。尽管该刊物所载文章的系统性很强,但学者们对此的利用率是非常低的。至今为止,学术界对此的引用尚不超过10篇(其中,王奇生引用3篇,李巨澜引用6篇),因此,这个刊物对于本书的研究来说,无疑是宝贵的史料。

《申报》每天都有关于江苏省(尤其是苏南)新闻事件的记载,涉及江苏省各级政权建设和农村社会的实况,其中不乏一些关于保甲实施和保甲长个人的报道。这些记载是从微观上理解制度建设的有益史料。此外,江苏省各级党政机关所编的各种刊物,如《江苏民政》、《江苏月报》、《江苏保卫季刊》、《江苏建设》、《民教半月刊》、《淮海》、《生力月刊》、《澄清》、《苏衡》、《东海民教》、《行政研究》、《乡村教育》、《政教合一》等,保存了许多保甲实施的史料。

3.时人著述、调查报告和日记:涉及江苏省保甲的著作和报告如下:闻钧天的《中国保甲制度》、董浩的《现行保甲制度》、李宗黄的《现行保甲制度》、陈果夫的《江苏省政述要》、张立瀛的《江苏保甲》等。江苏省民政厅所编的《江苏省保甲总报告》、昆山县政府所编的《昆山县县政报告》和许健的《萧县县政调查报告》等。尤其是藏于南京图书馆的《萧县县政调查报告》,至今尚未被学界了解和运用。由于萧县是江苏保甲成效最为显著的县份之一,该报告对于了解保甲的运作情况显得格外珍贵。农村调查资料方面,如《中国农村经济资料》、《中国农村描写》、《江苏省农村调查》等。此外,江苏省地政局组织学员深入乡村调查后所撰写的报告和日记(调查的范围包括镇江、常熟、嘉定、武进、无锡、溧阳、奉贤、阜宁、盐城、铜山、连云港等区域)比较客观地记载了该时期的租佃、赋税和农村社会状况等内容,这些资料均收录到萧铮所主编的"民国二十年代中国大陆土地问题资料"丛书。其可以与档案和报刊方面的资料相互对照和印证,有利于寻求历史的真实。

4.方志、文史资料和回忆录：方志类包括民国时期所修的省志（如《江苏省鉴》和《江苏省乡土志》）和1949年新中国成立后所新修的各县志等。值得一提的是：江苏省各县的文史资料里面，保存了丰富的回忆史料，有利于把握时人对于民国基层政治的亲身感受。陈果夫的《苏政回忆》、邓翔海（曾于抗战前担任过沭阳和吴县县长）的回忆录《七十浮生尘影录》等，里面谈及不少关于政府与士绅关系的事例，其对于理解战前乡村权力结构是难得的第一手资料。

四、研究思路

去伪存真是史学工作者不灭的追求。然而，拨开历史的迷雾，则需要史学工作者具有"火眼金睛"的本事——即理论的指导和方法的运用。目前，跨学科的对话，给史学研究带来了全新的空气。史学研究似乎须在"立足历史"和"走出历史"之间寻找平衡。因此，一方面，本书拟在占有翔实的史料基础上，运用考据法、比较法和唯物辩证法去爬梳和分析史料；另一方面，本书也借鉴社会学、政治学等相关理论，以开阔思考视野。

由于国民党保甲制度主要是为了加强乡村社会控制、扩大国家在乡村的影响力，重建乡村秩序无疑成为国民党最为关注的事情。因此，本书关于战前江苏保甲制度的研究，主要围绕战前江苏省农村社会从无序到有序的进程而展开。在这一进程中，尽管国家权力自上而下的扩张和全国性制度代替地方性制度是该时期的主流，但乡村社会并非是被动的接受者。乡村社会的回应，很大程度上限制着国家权力扩张的方式、范围和效果。显然，从乡村社会的角度看待国家的扩张，也是不能忽视的。

本书分成五章，主要内容如下：

第一章是"农村社会的失控与江苏保甲的嬗变"。该章首先分析了20世纪30年代前期江苏省农村社会的失控（具体表现在经济、政治、社会等方面），由此引发了江苏保甲的兴起。随后，该章还概述了民国江苏保甲制度的历史演变。

第二章是"江苏保甲的施政纲要"。本章围绕江苏保甲的制度设计、人事要求和实施步骤，详细讨论了江苏保甲施政纲要的特殊性及其意义。

第三章是"保甲纲要的实施"。本章讨论了政府与保甲的关系。本章从编查时期的活动、训练乡镇保甲长和整理保甲三个方面,分析了国民党政权调适保甲制度的措施及其成效,力图展示国民党保甲制度的实际运作。

第四章是"幕后与台前:士绅与保甲"。本章考察了士绅与保甲的关系。保甲推行前,面对国家权力的扩张,士绅已逐步感受到了政权的威慑。保甲推行后,上层士绅对保甲的反应经历了对抗、观望、暗中阻挠到合作的过程。与此同时,一批年富力强、经济和文化地位较高的下层士绅担任了乡镇保甲长,增强了国家在乡村社会的影响力。

第五章是"冲突与合作:农民与保甲"。该章从农民的政治逻辑入手,认为农民生存的政治逻辑带有冲突与合作的双重性。这种双重性进而影响到农民与保甲的关系。一方面,农民消极地抵制保甲的编查,以上诉和集体反抗约束保甲人员的各种非法行为;另一方面,农民为了维护自己的利益,又与保甲进行不同程度的合作,以抵制外来势力的侵入(无论是盗匪、天灾,还是国家政策)。

余论是"无序与有序:保甲与乡村社会控制"。这一章是本书的结论。随着保甲制度的建立,国家对于乡村社会的控制大大增强。不过,这种控制也存在着严重的缺陷:由于这种控制成本高、代价大,难以长久维持;又未能唤起广大民众的参与,乡村权力结构未能得到质的变化,社会危机难以根除。

第一章

农村社会的失控与江苏保甲的嬗变

　　保甲制度是中国传统王朝控制乡村社会最基本的手段,它滥觞于西周,完备于北宋,明清在此基础上进一步发展和巩固。清末民初,随着地方自治的兴起,保甲制度一度沉寂。进入20世纪30年代,乡村社会秩序动荡,国民党政权又一次诉诸于保甲制度。于是,保甲制度成为南京国民政府推行最力、实行时间最长的基层政权组织。①

　　江苏地处江淮平原,山地较少,跨江滨海,河湖众多,水网密布,全省总面积为10.67万平方公里。气候温和,雨量适中,宜于耕种和灌溉。自宋代以来,工商业发达,人文荟萃,社会风气较为开放。②国民党政权定都南

---

① 冉绵惠、李慧宇:《民国时期保甲制度研究》,四川大学出版社2005年版,第64页。

② 王树槐:《中国现代化的区域研究:江苏省(1860—1916)》,台北:"中央研究院"近代史研究所,1984年版,第4~44页。

京以后,江苏成为国民党统治的核心地区,其政治地位举足轻重。尽管如此,20世纪30年代前期,正如其他省份一样,江苏省广大乡村地区也是危机四伏,这些因素引发了江苏保甲的兴起。本章将从江苏省实施保甲制度的社会背景入手,进而详述江苏保甲的历史演变。

第一节 社会背景

ERSHI SHIJI ZHI ZHONGGUO

一、农村经济的破产

1927年,南京国民政府建立后,它宣称要继承孙中山重建国家的遗志。因此,在抗战前的十年间,南京国民政府在金融、交通、工业和教育等领域取得了显著的进步,社会呈现出一些新气象。然而,与城市经济成就相比,国民政府在农村建设方面非但毫无起色,反而加速了农村的破产。即使在向来富庶的江苏,农村的萧条也不例外。当时就有报纸指出:晚岁以来的江苏农村,因国内外经济和政治势力的摧残,已经陷入"奄奄一息"和"濒于待毙"的境地。①

首先,不断的内战和频繁的天灾加剧了江苏农村的衰败。国民政府定都南京后,它对农村并没有投入较多的精力,却让农村饱受战乱之苦。有学者统计,1927—1930年间,国民政府统治初期,10万人以上的各种内战就有20次左右。②频繁的内战,造成了政府和军队对供应、劳力和土地无休止的需索。军队所过之处,就如降临在该地区上的瘟疫,他们不仅强占财产和房屋,任意索

---

① 曾济宽:《发展苏省农业刍议》,《江苏月报》第3卷第5期,1935年5月。
② 杨奎松:《中国近代通史》第8卷《内战与危机》,江苏人民出版社2007年版,第62页。

取食物、牲畜和车辆，还无偿征用劳力修筑那些用于军事行动的公路和铁路。军队的索取无疑加重了农民的负担，常常使得农民陷入赤贫。①

与人祸相伴随的是天灾。1931年发生了全国性的大水灾，江苏省是受灾严重的省份之一。进入6月，江苏全省一直被风雨所笼罩着，江、淮、沭、泗等均有大涨，洪涝并乘。淮北、淮南成了一片泽国，太湖流域也发生了大面积水灾。在六合，2/3以上的地区被洪水淹没，房屋被毁坏1万余间，灾民达10万余户。海门、南通、江都、镇江和如皋等县，县城大量积水。江阴等地，颗粒无收。8月，淮河暴涨，运河东西堤决口不下40处。江都的邵伯镇，数千百姓被洪水淹死。随后，高邮、兴化、东台、盐城、阜宁、淮安等地也被水淹。据当局对此次受灾情况的统计，江苏省有近2/3的县份全境受灾，连同部分受灾县份，全省受灾面积达到了85%以上，灾民达654万人，死亡人数为2.33万人，财产损失达到了2.89亿元。②1934年，江南的32个县于入夏以后遭遇了60年来罕见的旱灾。数月无雨，河道搁浅，水井枯竭，田地龟裂，受灾田地达2000万亩，仅粮食损失就达10亿公斤。③灾后，饥民们扶老携幼，向其他地方乞食。他们用糠秕、野菜、草根、金刚藤等来充饥，甚至还以风化石填充饥饿的肚子。逃亡在外的饥民以一二十元不等的价格把子女卖给别人。④

其次，1931年以后农产品价格的跌落，也是加剧农村危机的一个重要原因。1921年至1931年，当西方国家陷入经济危机时，中国因自身银元贬值，出口数量尚能保持增长势头。然而，"九一八"事变后东北市场的丧失，1933年至1934年美国提高银价后引起中国白银外流，1934年的进口额比1923年增加

---

① [美]易劳逸：《流产的革命：1927—1937年国民党统治下的中国》，陈谦平、陈红民等译，中国青年出版社1992年版，第255~256页。

② 魏宏运主编：《民国史纪事本末》第3册（上），辽宁人民出版社2000年版，第378~379页。关于受灾面积百分比的数据，笔者是根据魏宏运的《民国史纪事本末》和赵如珩主编的《江苏省鉴》有关数据计算而来的。据《民国史纪事本末》记载，1931年度江苏省全境受灾县份为35个，受灾面积达9.25万平方公里。《江苏省鉴》记载全省61个县份，面积为10 682平方公里。参见赵如珩：《江苏省鉴·总说》，新中国建设学会，1935年版，第22页。

③ 江苏省地方志编纂委员会编：《江苏省志·民政志》，方志出版社2002年版，第869页。

④ 《高邮灾区饥民掘食金刚藤》，《申报》1935年5月13日；《宜溧难民鬻卖子女》，《申报》1935年1月18日。

了8200万两白银,同期出口额则下降了2.2亿两。出口的下降,造成银根急剧紧缩,农产品价格顿时跌落。①据时人对1931年至1933年农产品价格的统计,3年间,除去麦价和棉价所受影响较小外,其他如米价跌落了45%,茶价跌落了58%,茧价跌落了57%,花生价跌落了60%。②农产品价格则在1934年达到了最低点,农民的购买力在1931年至1934年间跌落了近31%。③

　　农产品价格低落,农民收入顿减,农村经济因而萧条不堪。在江苏,向来以棉花出产为大宗的通海一带,因销路日渐恐慌,农民只能以麦稻和杂粮的栽培作为农家收入的唯一源泉。④在江南,由于外来洋布的倾销,丝跌茧廉,丝价从80元/担跌落到16元/担。因此,农民副业陷入绝路,"以江阴而论,七八年前,全县蚕季收入,年约250万~260万元。近年不满50万元。过去布匹收入畅销于外,织工日以继夜,今则外销呆滞,存货堆积,机杼停而厂门关,时有所闻。"⑤在常熟,农妇每日的织布收入仅为30年代以前的1/4,她们不得不靠出外雇佣为生。⑥甚至在一些地方,茧价跌落,使得农民对桑蚕失去了兴趣。如在无锡,农民听任桑树自然生长,并不加以培植,致使田地日益贫瘠,荒芜满目。桑树长不到一尺,产量自然减少。又加上叶价极低,农民见无利可图,相率锄桑植稻。在丹阳的东南乡,曾经蚕户占到了半数。然而,进入30年代,人们已很难找到养蚕的人家。⑦在武进,农民对于蚕桑除了叹息,再也没有表达苦闷的途径。蚕桑失败之后,他们相率将桑田改为稻田,"家家这样改变计划去做,好像有谁下了总动员令似的,任凭政府怎样的劝导提倡,竭力改善,他们是置

---

①　陈灿生:《中国农村崩溃与挽救》,《江苏月报》第4卷第4期,1935年10月。

②　黄光祖:《中国农村经济之崩溃与挽救》,《江苏月报》第3卷第3期,1935年3月。

③　[美]易劳逸:《流产的革命:1927—1937年国民党统治下的中国》,陈谦平、陈红民等译,中国青年出版社1992年版,第226页。

④　《江北农村的副业》,《江苏月报》第4卷第1期,1935年7月。

⑤　《江南之中落与复兴》,《江苏月报》第4卷第1期,1935年7月。

⑥　章有义主编:《中国近代农业史资料》第3辑,北京:三联书店1957年版,第792页。

⑦　《江苏省蚕桑改良区二十三年度事业计划书》,《江苏建设》第2卷第2期,1935年2月;阮荫槐:《无锡之土地整理》,见萧铮主编:《民国二十年代中国大陆土地问题资料》第35辑,台北:成文出版社1977年版,第17422页。

之不理,像是前途决无希望,命里注定他们落难"①。

除了洋布之外,其他农村副业也在外货的冲击之下,每况愈下。据当时的农村调查,30年代以前,苏、锡、常一带的刺绣业较为兴盛,每家约一二人从事此业,每年可获30元。30年代后,由于销路停滞,价格下跌,大半农家只得放弃这种副业。同期毛毡业的收入,尚不及最盛时的1/5。②以出产大蒜闻名的启东,东北沦陷后,该县大蒜销路受到限制,每年损失达20万元。③如素负盛名的武进梳篦业,因外国染织厂吸纳了大量资金,梳篦业的金融周转困难,致使该行业一落千丈。④在苏州,农民们曾以编蓑衣、剖灯草和做荷包等副业维持生计。30年代后,灯草、荷包、草席等手工业,因竞争而自然淘汰了。"至于蓑衣、芦席的销路也一落千丈。如是农民用以辅助耕田不足生活的副业,全被时代的巨浪将它吞没,只好靠着农产品从不等价交换中,换取其他日用品,受着都市商人的剥削"⑤。在南通,洋网业曾经年收入达20万元,当地十有八七的妇女曾从事织洋网,"近因洋网滞销,价格低廉,农民收入亦随之减少矣。"⑥当时,无锡的一位教师感慨道:"洋火、煤油、洋布、肥皂、手巾、洋袜,这些哪一样不是外国货,哪一样不是叫老百姓出钱的?从前老百姓自己家里制造出来的土碱、土布、豆油没人买了。"⑦由于外货充斥,土货滞销,曾经的富裕之家,变成了中产之家;曾经的中产之家,跌落为中下之家;曾经的中下之家,仅能免于冻饿而已。"至于大多数之贫农,终岁辛苦,犹不能获一饱,亦食殆不继,皆是以稻作物换得之金钱,不得不行高利贷。故一般农民均衣破旧不堪之衣服,

---

① 章有义主编:《中国近代农业史资料》第3辑,北京:三联书店1957年版,第752页。

② 何梦雷:《苏州无锡常熟三县佃租制度调查》,见萧铮主编:《民国二十年代中国大陆土地问题资料》第63辑,台北:成文出版社1977年版,第33023~33024页。

③ 行政院农村复兴委员会编:《江苏省农村调查》,上海:商务印书馆1934年版,第9页。

④ 王培棠:《江苏省乡土志》,上海:商务印书馆1938年版,第454页。

⑤ 魏译之:《江苏山西实习调查报告》,见萧铮主编:《民国二十年代中国大陆土地问题资料》第107辑,台北:成文出版社1977年版,第56885页。

⑥ 张惠群:《江苏土地局南通盐垦公司实习总报告》,见萧铮主编:《民国二十年代中国大陆土地问题资料》第108辑,台北:成文出版社1977年版,第57386页。

⑦ 章有义主编:《中国近代农业史资料》第3辑,北京:三联书店1957年版,第790页。

住简陋之草房,甚且盘糙米而无之,甚至有食麦麸。"①

最后,苛捐杂税也是加剧农村经济破产的一个重要原因。民国以来,名目繁多的苛捐杂税和通货膨胀等直接倾轧到广大农民身上。尤其是田赋征派,自清朝灭亡后,成为了地方军政当局的囊中物。国民党政权将其划为地方财政后,各地对于田赋和附加税的追逐,令清王朝也望尘莫及。②以江苏为例,该省田赋税率呈现出增加的趋势,如下表所示:

表1 江苏省田赋占地价之百分率统计表

年别＼田类	水田	平原高地	山坡旱地
民国元年	1.39%	1.57%	2.00%
民国二十年	1.52%	1.52%	1.95%
民国二十一年	1.89%	1.77%	2.49%
民国二十二年	3.11%	2.40%	3.13%

资料来源:曾济宽:《发展苏省农业刍议》,《江苏月报》第3卷第5期,1935年5月。

从上表可见,1912—1933年间,田赋增加了半倍以上。据陈灿生的调查,1912—1928年间,江苏的田赋税率增加了1.39倍。1928年后,田赋正税增加率更为明显。以无锡而论,1932年的田赋税率比1928年的增长了1.26倍。③尽管国民政府计划田赋征收应是地价的1%,事实上,江苏61个县中,有50个县的田赋都超过了这个比例,其中东海县田赋占地价的比例甚至达到了3.5%。田赋税率增加了,但江苏省政府的田赋收入并未随之增加。除了农村经济衰败的因素外,各地在田赋征收中的舞弊和隐匿,造成了严重的积欠。仅1927—

---

① 徐洪奎、沈时可:《嘉定县土地局实习总报告》,见萧铮主编:《民国二十年代中国大陆土地问题资料》第104辑,台北:成文出版社1977年版,第55066页。
② 夏明方:《民国时期自然灾害与乡村社会》,中华书局2000年版,第338页。
③ 陈灿生:《中国农村崩溃与挽救》,《江苏月报》第4卷第4期,1935年10月。

1931年间，各地积欠已超过700万元。当局为此不得不一再催征，直到1934年5月，才追起旧赋100万元。① 与正税相比，田赋附税的增加更为惊人。江南地区土地肥沃，田赋附加不超过正税的两三倍，但其田赋正税较重。江北地区因土地贫瘠，正税较轻，其附税却超过正税8倍或10倍，甚至有十五六倍以至二十五六倍的。田赋附加的名目，多以教育、公安、自治、党务和建设等名目摊派。② 截至1936年，江苏省宣布已废除的苛捐杂税为633种，合计124万余元③，已废除的苛捐种类尚且如此之多，可以想象当时存在的苛杂是多么惊人了。由于各县编造出不同名目的附税，并不等待财政厅的批示，省当局无法得知各县附税的用途，更无从知悉地方附税的标准。因此，曾主编过《江苏省鉴》的赵如珩毫不讳言地指出："江苏附税之繁杂，吾人固无庸讳言。人民对于附税之感受痛苦，亦以附税为最甚。"④

由于上述原因，江苏农村经济呈现出萧条不堪的景象，其表现在以下三个方面。

其一，自耕农日益减少，贫穷佃农有增加的趋势。据时人的估计，1912年至1933年的20余年间，江苏的佃农所占农户的比例从31%上升到37%，自耕农所占的比例从45%降为37%。⑤ 如果说这样的数字尚无法显示农村变动的实况的话，那么，行政院农村复兴委员会对江苏农村的调查，则足以展现了这种变动。据调查者的观察，"农村中衰落的情形，已到一种无可掩饰的程度。走遍这28个村子，绝少有若干新兴的气象。"在他们所调查的村庄中，调查者几乎看不到地主的身影。在其调查的952户中，只有7户地主，且多为小地主。农村金融的枯竭，中等地主以上的人家绝少居住在乡村。⑥ 不仅如此，农村社会结构的变动，也呈现出一种贫困化的倾向：即富农向中农滑落，中农降为贫农。

---

① 王培棠：《江苏省乡土志》，上海：商务印书馆1938年版，第285~288页。
② 行政院农村复兴委员会编：《江苏省农村调查》，上海：商务印书馆1934年版，第62~64页。
③ 王培棠：《江苏省乡土志》，上海：商务印书馆1938年版，第296页。
④ 赵如珩：《江苏省鉴·财政》，新中国建设学会，1935年版，第12页。
⑤ 朱福成：《解决中国今日土地问题之途径》，《江苏月报》第4卷第2期，1935年8月。
⑥ 行政院农村复兴委员会编：《江苏省农村调查》，上海：商务印书馆1934年版，第7页。

1928—1933年间,盐城的28户富农,有4家沦为中农;59户中农,有2户降为贫农。启东的变化更为明显,33家富农,有3家降为中农,甚至有3家跌落为贫农。1/5的中农降为贫农。①在常熟,同样有1/5的中农落入贫农。调查者感慨道:"五年中,江苏农村中不论江南江北都充满着衰败的景象,贫农的数量在一年年增加,家家都追想着以前的盛况。中农的摇落已显著的很,令人触目惊心的便是江北富农的衰落,这一批成为经营中最有希望的分子,不但没有发展的前途,还不能保持原有的地位。"②

其二,农村经济的破产造成了农民生活的困苦。虽然江苏土地较肥沃,工商业较为发达,但江苏农民的生活状况依然惨淡。在苏北,在兵灾匪乱和苛捐杂税的重压下,不少农民秋后就举家外流,或到海滩拾柴割草,或到阜宁一带以捡山芋萝卜为生,或把本应当作肥料的豆饼煮熟后充饥。20%~35%之多③饥饿的农民,或沦为乞丐,或流向江南的都市。他们在江南从事着小贩、厂工、黄包车等在当地人看来下贱的职业。有的农户在江南充当了乡村的雇工,他们为当地开垦荒田,住着一两间与清秀丰腴田野不大相称的草棚。④由于大量农户抛弃了土地,因此,徐州及海州12个县的荒地面积在1928年至

---

① 另外一份关于启东县第一区两乡百家农户的调查,也有类似的结论。这份调查说,1928年至1936年间,富农所占的比例从9.4%降到6%,中农所占的比例则从36.3%降到了27%,贫农从50.8%上升到63%,足见富农阶层的没落和贫农阶层扩大的现象。参见岫青:《启东农村经济与租佃制度》,见李文海主编:《民国时期社会调查丛编(二编)·乡村经济卷》下册,福建教育出版社2009年版,第661页。

② 行政院农村复兴委员会编:《江苏省农村调查》,上海:商务印书馆1934年版,第17~19页。

③ 以上数据根据时人对沛县和盐城的3个村庄的调查得知。盐城东尤庄的调查表明,该村一年中22.4%讨饭人口需要在外讨饭,34.5%的人需要流浪在外;而沛县五段村和单楼村的调查显示,拥有100余户的五段村却有87户农民需要讨饭为生,附近的有75人的单楼村,在外讨饭的人口是25人,其比例占35.7%。见建湖县地方志编委会编:《建湖县志》,江苏人民出版社1994年版,第773页;江苏省沛县地方志编纂委员会编:《沛县志》,中华书局1995年版,第793页。

④ 冯和法主编:《中国农村经济资料》,黎明书局1935年版,第361页;泰县县志编纂委员会编:《泰县志》,江苏古籍出版社1993年版,第135页。

1932年间增加了142倍有余。①江苏多数的贫农只能吃稀粥,一部分贫农还用糠皮菱头煮饭。"启东的农民,十八九家并无食粮,只有用首蓿野菜充饥,大都鸠形鹄面,营养不足,他们这种惨苦情形,实难笔墨所形容。"②在苏南,农户们的生活相对要好一些,但也仅是维持温饱而已。当时诸多农村调查,展示了农户们不容乐观的生活状况。在无锡,一个拥有10.6亩的自耕农家庭,种植粳稻,每年仅能盈余32.32元。多数佃雇农交完租税后,很难熬过年关。③同时期有人对上海的马桥俞塘调查显示,将近88.3%的农户收不抵支。④在宝山,时人对彭浦、江湾和吴淞等较为富庶乡镇的6410户农民生活作了调查,难以温饱的农户也占到了41.15%。⑤向来富庶的苏南吴县,乡村经济的萧条情形在一位返乡者的笔下跃然浮现:"原先七八十元的黄牛只能卖二十多元,村上挂着的卤肉卤鸡没有了,连年的茧子卖不出钱,人们只好把桑树砍掉。这个村子还属于有一点粥可吃。横泾乡村里,人们只好以煮烂的豆饼和草根为食。"⑥

其三,农村经济破产引起了剧烈的社会动荡。因饥饿引起的抢粮风潮,成了灾民们为争取生存而采取的一种最原始的反抗,它常带有浓厚的"剥夺剥夺者"的进攻意味。⑦如1931年水灾之后的泰县,数千难民聚集在观南寺李氏宗祠和陆陈公所,嗷嗷待哺。⑧在常熟,由于当局漠视赈灾和免租,数千灾民向区公所抗议。他们与警队发生了冲突,致使2人死亡,10余人被逮捕。⑨

---

① 刘承章:《铜山县乡村信用及其与地权异动之关系》,见萧铮主编:《民国二十年代中国大陆土地问题资料》第90辑,台北:成文出版社1977年版,第47441页。

② 陈灿生:《中国农村崩溃与挽救》,《江苏月报》第4卷第4期,1935年10月。

③ 赵如珩:《江苏省鉴·社会》,新中国建设学会1935年版,第12页。

④ 上海市上海县县志编纂委员会编:《上海县志》,上海人民出版社1993年版,第1073页。

⑤ 朱保和主编:《上海市宝山县志》,上海人民出版社1992年版,第979页。

⑥ 张潜九:《吴县东山农村素描》,见中国经济研究会编:《中国农村描写》,上海:新知书店1936年版,第86~87页。

⑦ 夏明方:《民国时期自然灾害与乡村社会》,中华书局2000年版,第265页。

⑧ 泰县县志编纂委员会编:《泰县志》,江苏古籍出版社1993年版,第26页。

⑨ 常熟市地方志编纂委员会编:《常熟市志》,上海人民出版社1990年版,第21页。

1932年春天,饥荒变得更为严重,农民与地主的冲突接连发生。在涟水,在一位革命者的领导下,饥饿的农民强行打开了一位地主的仓库,分掉了这位地主家30多笸元麦,4石多芝麻,30多石秋豆。同年2月,溧阳前马村500余户农民为度过灾荒,集体向公堂请求借贷。在遭到族长拒绝的情况下,愤怒的农民采取了抢米和吃大户的行动,他们将土豪劣绅捆绑起来游街。这次斗争迅速波及全县,持续了半年之久。① 同年5月11日—6月10日间,仅无锡一县因饥饿发生的抢米风潮,就不下25起。② 到了12月份,海门的饥民们还自发组织了"共吃团",集体到附近地主家中吃饭分粮。③ 1934年旱灾之后,7—8月间,金坛、松江枫泾、江浦桥林镇以及吴江震泽镇、宜兴新芳桥等地,频繁地发生了数起灾民抢米事件,人数少有数十人,多达数千人。④ 正是农民各种形式的反抗,引起了国民党当局和地主们的恐慌。国民党的报纸惊呼"若不急为救济,则地方治安不堪设想"⑤。足见,即使在国民党统治的核心区,社会动荡仍不能避免。

二、圩寨林立的地方政治

农村经济破产的同时,江苏县以下的地方政权又多被地方势力所控制,呈现出一种"独立王国"的倾向。传统中国的行政权力只抵达县一级,县以下广袤的乡村区域为乡绅和宗族控制。不过,自1905年科举废除之后,靠儒学考取功名的乡绅被排挤出了政府,很快被新式学校出身的官吏所取代。民国以后,公众影响和财富取代了功名,作为判断乡绅身份的主要特征。在新的政治秩

---

① 溧阳县志编纂委员会编:《溧阳县志》,江苏人民出版社1992年版,第19页。类似的抢米风潮还发生在宝应。见宝应县地方志编纂委员会编:《宝应县志》,江苏人民出版社1994年版,第21页。

② 章有义主编:《中国近代农业史资料》第3辑,北京:三联书店1957年版,第1029页。

③ 海门市地方志编纂委员会编:《海门县志》,江苏科学技术出版社1996年版,第23页。

④ 中共江苏省委党史工作委员会、江苏省档案馆编:《江苏革命斗争纪略》,中国档案出版社1987年版,第698页。

⑤ 启东县志编纂委员会编:《启东县志》,中华书局1993年版,第21页。

序中,新乡绅在意识形态的一致性上要较以前少得多。①他们放弃了对农民的庇护,却加大了对农村的索取。城市的奢侈和舒适吸引着士绅离开乡村,他们将在城里与日俱增的费用也转移到了农民的头上。②乡绅们逐渐抛弃了公职高于其他职业的理念,不再受当地政府的监督和地方环境的约束。因此,20世纪的中国农村精英,确实在许多方面是堕落了。③无怪乎20世纪20年代,社会上已将"土豪劣绅"作为一个使用频繁的政治口号。如北伐时期,国共两党都将打击土豪劣绅作为社会动员的一个重要手段。北伐后,国民政府完成了表面上的统一,但地方政治却多操于军阀、官僚、乡绅之手,即使在统治较为严密的江苏省也不例外。当时,报纸称,江苏乡村社会出现了"江北多土豪,江南多劣绅"的特征。④土豪劣绅控制下的乡村,呈现出独立于政府威权的割据态势。

北伐以后,土豪劣绅以治安为名控制了地方的武装组织,巩固其在乡村的统治势力。江苏各县的保卫团,"区乡自为主宰,村镇据为私有,或掌握于三五豪绅,或把持于一二份子,而慷慨更将旨在保卫乡土者,仅属少数"。这些各自为政的武装组织,编制和饷源从没有统一的标准。⑤在苏北,地方军事化色彩尤为明显。据吴寿彭的观察,苏北人民生活在一个用砖石或泥土砌成的"土围子"或叫"寨子"里,四周竖着炮楼。寨子中心是一个高大瓦房,数百户农家住在这颇似宫殿的瓦房周围。土寨四五里外,散布着卫星般的村落,许多佃户耕种着寨主的土地。寨主们在寨里组织民团,拥有了甚至超过县公安局的武力。如邳县郁楼乡一个寨子所控制的枪支,竟是县公安局的三四

---

① [美]周荣德:《中国社会的阶层与流动:一个社区中士绅身份的研究》,学林出版社2000年版,第5页。
② [美]米格代尔:《农民、政治与革命——第三世界政治与社会变革的压力》,李玉琪、袁宁译,中央编译出版社1996年版,第85页。
③ [美]吉尔伯特·罗兹曼编:《中国的现代化》,江苏人民出版社1995年版,第381~382页。
④ 李巨澜:《失范与重构:1927—1937年苏北地方政权秩序化研究》,华东师范大学2005年博士论文,第59页。
⑤ 《太仓保卫之沿革》,《江苏保安季刊》第1卷第4期,1934年10月。

倍。①据冯和法的估计,江北散落在民间的枪械已达到20万支,除去1/3属于匪类外,大部分为这些民团组织所控制。②另据陈斯龄对于铜山区自卫组织293个发起人的调查,他们所拥有的土地,不少已超过200亩。他们的权力并非源于政府委派或民选,而是靠民团获得。其中,只有13%的人深得地方人民信仰,多数人并没有国家思想和地方观念。因此,陈斯龄尖锐地指出:这些发起人所办的组织,虽美其名曰为人民自卫团,但其事实上不过是豪绅压榨穷人的私人工具。号称"天王"、"老太爷"和"司令"之类的自卫领袖,不过是地方自卫的蟊贼。这些自卫领袖买通官府,广布爪牙,操纵舆论,地方政治若不经他们的同意,没有一件事可以办得通。③即使在苏南,豪绅们对于地方武装的控制,也并非毫无兴趣。如在南汇县四墩乡,顾姓20多户地主组织了一支百余人的自卫队。在太仓,地主陆兰田持有枪械,强迫农民参加他的自卫队,无偿为其防夜。在常熟的沙洲区,10名土豪各备武器,霸占一方,被人们形象地称为"五虎、四石、一条龙"。④由于国民党当局曾提出打倒军阀和土豪劣绅的口号,地方豪绅因而与国民党当局发生着激烈的冲突。如1929年2月,宿迁极乐庵里的大地主声称,他们奉德州部师祖爷之命,要下江南保主,并在南京建都。于是,这些地主率领着佃农和刀会会众,打着"大同革命仁义兴龙军"的旗号,攻破了宿迁县城,捣毁了一些学校,杀害了一些国民党官员。⑤随后,赣榆的刀会暴动,也是一位地方豪绅发起的。赣榆青口镇豪绅许鼎馨,曾任青口团练局局长达15年之久。1928年,许被地方政府逮捕。不久,许买通了驻军团长

---

① 吴寿彭:《逗留于农村经济时代的徐海各属》,见冯和法主编:《中国农村经济资料》,上海:黎明书局1935年版,第330~331页。

② 冯和法:《农村社会学大纲》,上海:黎明书店1934年版,第482页。

③ 陈斯龄:《铜山区农民自卫概况》,《江苏月报》第4卷第5、6期合刊,1935年12月。同样的观察出现在另外的一位调查者眼中,"宝庄马戴四姓是邳县的大地主,他们各自建立了很坚固的堡塞,环保着他们的高堂大厦,还训练了许多卫队,供他们驱使。"见行政院农村复兴委员会编:《江苏省农村调查》,上海:商务印书馆1934年版,第71页。

④ 段本洛、单强:《近代江南农村》,江苏人民出版社1994年版,第290~291页。

⑤ 刘承章:《铜山县乡村信用及其与地权异动之关系》,见萧铮主编:《民国二十年代中国大陆土地问题资料》第90辑,台北:成文出版社1977年版,第47451~47547页。

而逃脱。1930年,新旧军阀混战之际,许认为时机来了,便潜回家乡,鼓动千余名大刀会会众,打着"打党爱国"的旗号,抢劫了一些官员的财物,击毙了县队七八人,当地因而损失惨重。待到省政府派军队镇压时,许鼎馨再次到青岛"隐遁",此事便不了了之。①

在掌握军事组织的同时,地方势力也竭力把持地方政权。1927年国民党执掌全国政权后,放弃了阶级斗争和暴力革命,竭力要维持旧的政治和社会秩序,以便与旧秩序中的既得利益者达成妥协。②南京国民政府时期,县府执政人员任期较长,接触了繁多的地方事务。于是,地方士绅、恶霸、地痞、土豪乘机而起,出入公门,百般钻营,拉拢官府,内外勾结,上下其手,欺善压良,残害百姓,荼毒地方。旧有土豪劣绅摇身一变,即以县党部委员、团总和区乡镇长的名目出现,继续把持地方政权。③如在30年代前期的睢宁邱集,由于女婿张岫青担任了县商会会长,邱心斋便安排其子担任西安乡乡长。不管哪任县长上任,邱心斋都能牢牢掌握邱集的政权。④在太仓,区公所的位置也能引起三个乡地方势力的明争暗斗,各乡势力都想让区公所设在有利于自己的位置。当一派企图以其所掌握的县政会议来施压时,其他两派也不甘示弱,他们发起了"争设区治的群众运动",纷纷向民政厅请愿。为了缓和各派矛盾,民政厅只好准允将区公所设在四周并无村落的三乡交界处。⑤又如该县最大的地主陈士勤,前清考过秀才,拥有出租田地达13 000亩。陈先后担任乡董、参议员和评租委员会主任委员等职,他的三个儿子分别担任了乡董、催租局长和参

---

① 孙宜武:《往事六则》,见政协赣榆县文史资料研究委员会编:《赣榆文史资料》第6辑,1988年,第39~40页。

② 王奇生:《党员、党权与党争——1924—1949年中国国民党的组织形态》,上海书店出版社2003年版,第113~114页。

③ 邱子玉:《国民党统治时期宿迁县政片段》,见政协宿迁县文史资料研究委员会编:《宿迁文史资料》第3辑,1984年版,第29页。

④ 时垣卿:《邱锡康其人》,见政协睢宁县文史资料研究委员会编:《睢宁文史资料》第3辑,1986年版,第117页。

⑤ 陆桐生、郑凤石:《解放前太仓县行政区划的变迁》,见中国人民政治协商会议江苏省太仓县委员会编:《太仓文史资料辑存》第2辑,1984年版,第13页。

议员等职,陈家出入公门,成为该县政坛的"不倒翁"。①在无锡礼社,薛姓地主控制了地方上镇公所、党部、商团和农会组织,巩固其统治权力,"更上之区公所,本系地主集团,镇压农民,惟恐不力。至公安分局,则惟地主之命是听,催租讨债,仆仆道途,为地主最有力之工具"②。在盐城,有的保卫团总竟擅自诬告良民为匪,县长偏听团总的一面之词,不做调查,就查封了被告者的财产。③在南通,平潮区长王振纲利用手中掌握的保卫团,逼迫当地农民缴纳亩捐,擅自枪杀4名农民,打伤数人,逮捕了多名农民。④豪绅的飞扬跋扈可见一斑。

　　豪绅对地方政治的影响并不限于区乡一级,还能对县政府指手画脚,致使县长难有作为,官帽不保。如砀山县长方绍奏,由于"地方恶派邪道以不容于县府整齐之熏陶,而诡谋捏控,要皆竟派委彻查",他便被省府免去了职务。⑤就连当时的"模范县长"王公玙也不得不感慨:"彼一是非,此一是非,致县政多牵制,少助力,几难于措施,动辄得咎。"⑥与王公玙等县长相比,一些正直的县长则成了土豪劣绅擅权的牺牲品。宿迁县长冯沛三和江阴县长鲍思信,即为两个典型的例子。当冯沛三得知洋河镇商会的投机倒把事情后,为了维护商民利益,冯通令商会必须限期向群众兑现流通券,否则就要逮捕当事人。然而,镇商会请出了省保安处长韩德勤出面讲情,希望冯能从缓从宽处理,但冯沛三为良心所驱使,依然按原决定处理。结果,冯被省政府降为扬中县长。随后,上级又以挪用省款催逼,地方势力心存观望,冯在压力之下,绝望地投江

---

① 段本洛、单强:《近代江南农村》,江苏人民出版社1994年版,第290页。
② 章有义编:《中国近代农业史资料》第3辑,北京:三联书店1957年版,第380页。
③ 《中央惩戒委员会函送盐城县长杜炜被传惩戒书议决》,见江苏省政府秘书处编:《江苏省政府公报》第1580期,1934年2月1日。
④ 中国第二历史档案馆编:《中华民国史档案资料汇编》第五辑第一编"政治"(四),江苏古籍出版社1994年版,第569~570页。
⑤ 方绍奏:《关于请求复议的呈文》(1934年1月6日),江苏省档案馆藏,卷宗号:1002-乙-447。
⑥ 王公玙:《我在铜山任上》,见政协江苏省铜山县委员会文史资料研究委员会编:《铜山文史资料》第5辑,1985年版,第110页。

自杀。①江阴县长鲍思信,为政清廉,政绩卓著。该县兴修水利和征工筑路时,鲍常亲赴工地慰问民工,深受百姓爱戴。鲍素来坚决反对贪污,严厉禁烟。生病期间,地方豪绅竟诬告他吸食鸦片。得知此事后,鲍病情加剧,不久去世,时年仅36岁。②

在拥有军事暴力和政治强权的基础上,土豪劣绅对农民的压迫和剥削却是毫不留情。如铜山县毛寨圩董刘大申,通过对乡邻的盘剥,拥有的土地从1顷多增加到10余顷。不仅如此,刘还拥有成群的骡马,掌握着一支10余乡丁组成的队伍。刘为人心狠手毒,臭名昭著,曾以"通匪"的罪名,差点将一名12岁的孩子置于死地。更为人不齿的是,刘曾奸污了堂叔家一个十五六岁的小孙女。③在高邮,"黑脸太岁"张其沄执掌当地"总董"大权,残酷剥削农民,一跃成为当时该县最大的地主。张家收租是极为苛刻的,张要求佃户所交的麦子必须小伏天两晒,大伏天三晒,晒得焦干才收;稻租要以水碗选稻籽,必须颗颗沉底。收租时,张用自造的庄斛,一担要多收4升。另外,张还要向佃户征收看青费。他的账房下乡收租时,自带厨师,点菜吃饭,早茶要佃户供烧饼油条、肉包子。如果佃户欠租不交,即坐吃坐索,不交不走。张曾因催租逼死了一名佃户,还收回这名佃户的田地。1931年水灾期间,张趁机大放高利贷,将一名拥有土地48亩的农民逼为乞丐。这年冬天,张指使家丁挑拨百姓与灾民发生冲突,打死了10余名灾民。事发后,县政府慑于张家的势力,并不敢为难张,只是惩处了他的家丁了事。④

不仅如此,土豪劣绅还通过一定的日常仪式来强化自己的威权。在当时的

---

① 文史资料研究委员会:《国民党宿迁县长冯沛三》,见政协宿迁县文史资料研究委员会编:《宿迁文史资料》第2辑,1983年版,第56~57页。

② 杨过、洪夫:《为政勤勉的鲍思信》,见中国人民政治协商会议宝山区委员会文史资料委员会编:《宝山史话(续集)》,1991年版,第37页。

③ 李冰:《抗战前夕铜北三区爆发的一场群众斗争》,见政协江苏省铜山县委员会编:《铜山文史资料》第2辑,1983年版,第75页。

④ 周庆禄:《"黑脸太岁"张其沄》,见高邮县政协文史资料研究委员会编:《高邮文史资料》第4辑,1986年版,第164~165页。

乡村,凡是佃农到了地主家中,不问男女老幼,都要特别亲切地称呼。佃户与地主家说话时,必须保持站立。吃饭时,杂伙役入厨房。地主对佃农可以吆来喝去,话不投机,桌子一拍,便将佃户骂得狗血喷头,八代翻身。佃户若不屈服,地主便擅自扣押佃户一两天。如果佃户仍不屈服,地主就会给他们扣上"抗租滋扰"的帽子,县政府和公安局将以此拘押佃户。①如涟水大地主徐淑扬,既是集主又是团董,拥有30多顷田地。佃户稍不随他意,徐就大骂,迫使佃户们拆房退租。他规定:凡佃户进门,都应称他为"大爷",否则,便是犯上;佃户不得盖砖房,否则,就要让佃户将其房子吊在空中,因为徐觉得只有他才配盖砖房。徐还常用藤鞭打佃户,轻则让人跪下,重则命令狗腿子吊打佃户,还常把佃户送进监狱。有时,徐还将死驴的驴鸟割下来,灌水后当做刑具,极大地侮辱那些令他不满意的佃户。一个眼睛近视的佃户因抽烟时未能向徐打招呼,便被徐打了两个嘴巴,还受了驴鸟之刑罚;一位佃户弄丢徐家一只小鸡后,便被徐鞭打一顿,在徐看来,佃户命贱,不如一只小鸡值钱;一位佃户因没能孝敬好租头,便被徐打得跳入粪坑;一位伙计因被徐怀疑偷了徐家的东西,便被徐吊打,并送进监狱,活活饿死。②"算盘一响,眼泪直淌","稻把丢,稀粥溜","早也忙,晚也忙,两手空空见阎王"③等之类的歌谣,正说明当时农民的生活有多么艰难。

土豪劣绅对农民的剥削和压迫,不仅加剧了农村的破产,"生计日蹙,大好区域,变为盗匪渊薮。闾阎之碉堡相望,深夜而习斗声闻,烽烟迭起,萑苻遍地"④,还加剧了乡村社会的动荡。

---

① 许叔彪:《淮安农村概况》,《淮海》第1期,1935年6月。

② 张景良:《"大爷"的画像》,见涟水县政协文史资料研究委员会编:《涟水文史资料》第3辑,1984年版,第81~82页。

③ 李仰华整理:《陈家集小记》,见仪征县政协文史资料研究委员会编:《仪征文史资料》第1辑,1984年版,第115页。

④ 贾韫山:《徐海剿匪感言》,《江苏保安季刊》第1卷第3期,1934年7月。

三、匪患、烟毒与讼风

伴随着农村经济的破产和地方政权的土豪劣绅化,乡村出现了严重的社会问题,其突出表现为匪患、烟毒和讼风等三个方面的盛行。

第一,土匪活动猖獗。江苏省虽向为富庶地区,又是国民党统治的核心地区,盗匪充斥却是不争的事实。正如贝思飞认为的那样,由于民国以来不断的战祸和经济混乱,土匪活动开始从贫穷的边缘地区向富裕的太平中心地区扩展。就江苏而言,匪区开始从徐州一带向中部和苏南水乡蔓延。到了1930年,政府不得不承认江苏为匪患严重的地区。①当时,政府在一份报告中指出:苏北与鲁皖交界的地区,常被土匪所利用。淮阴、涟水、宿迁、泗阳等县,活跃着50余股土匪,共计两三千人。盐城区和东海区一带,土匪也并非少数。②土匪不仅人数众多,还拥有了钢枪和盒子炮等现代化的武器,"揭竿为旗,聚众千人,横行乡曲,集镇为墟。每破一圩,死伤者以百计。"③1930年5月,王存江和魏友三所率领的股匪,攻破了宿迁西南的韩圩,杀死了300余名官民,将衣物、财产和牲畜洗劫一空。到了1932年,魏友三率200名匪徒潜入外圩,绑架了与县政府一墙之隔的马姓幼子,用白大布将人质垂下出城。④1933年夏季,张志高率领260余名匪徒,洗劫了较为繁荣的泗阳益林镇300余户居民,抢劫数万元财物,绑走了200名肉票。战斗中,官民伤亡26人。⑤窜扰中国10多个省市的巨匪刘桂堂,拥众数千人,不时滋扰苏北,刘曾于1934年4月2日夜攻陷了赣榆县城,县长缒城而逃。刘匪在城内大肆奸淫掳掠,甚至连十一二岁的幼女也惨

---

① [英]贝思飞著,徐有威等译:《民国时期的土匪》,上海人民出版社1992年版,第41~46页。

② 陈果夫主编:《江苏省政述要·保安编》,见沈云龙主编:《近代中国史料丛刊续编》第97辑,台北:文海出版社1983年版,第5页。

③ 冯和法主编:《中国农村经济资料》,上海:黎明书局1935年版,第492页。

④ 张荣轩:《宿迁匪祸四十年》,见宿迁县政协文史资料研究委员会编:《宿迁文史资料》第6辑,1985年版,第133~134页。

⑤ 杨欣吾:《泗阳股匪洗劫益林》,见中国人民政治协商会议江苏省阜宁县委员会文史资料研究委员会编:《阜宁文史资料》第1辑,1984年版,第86~89页。

遭蹂躏。这次劫掠中,土匪杀害了承审员程某以下240余名官民。①与上述规模较大的土匪活动相比,分散零星的土匪更为频繁。时人的调查日记里,留下一些带有硝烟气息的文字记述:"谭墩原来很富庶,十六年为匪陷落,烧毁过半,断墙残屋,历历犹在。……归途,闻炮声阵阵,兵与匪战,入晚在对抗中。"②

在苏北,匪祸已经成了司空见惯的事情,几乎无日不发生盗案或杀人案件。土匪洗劫村庄和绑架勒赎,并不算奇闻。③春秋两季,土匪多以绑架肉票来勒索钱财。每到年关,土匪往往抢劫抬价,一般农民在快乐中突遭厄运,骤然变成流离失所的饥民。夏季,土匪占据了村庄,烧杀奸淫,终岁勤劳、难获一饱的农民常会遭遇飞来的横祸。时人不无夸张地讲道:"在淮、宿、涟、灌、邳等县,随便你到哪个乡村里走走,不是看见高耸入云防匪的炮楼,就会看见被匪洗劫令人悲惨的残迹。假如你再能和老百姓接近接近,只要他不是土匪,他那种风声鹤唳、草木皆兵的状态,自然会使你肌肉紧张,为江北农民叫苦不止。"④由于土匪会随时割掉农户的麦子,掠夺农户们的耕牛或驴子,耕作时,一些农民只好背枪前往农田。晚上,农民多聚居在土围子里。稍有不慎,农民便会遭到土匪的劫掠。由于日夜备枪防匪,农民多憔悴不堪。民国以来,未遭匪难的农民可谓寥寥无几。⑤

通如海启一带,海匪活动相当频繁。海匪匪首潘开渠,自称"江浙水上司令",挟匪千余人,不时滋扰四县,地方军警不敢相抗。1929年,四县苦于清剿无方,只好将潘招抚为四县联合保安团的团长,随后又设计将其击毙。然而,潘死后,旧部化整为零,互不统属,互相兼并,聚散无常,危害较以前更烈。⑥如

---

① 孙宜武:《往事六则》,见政协赣榆县文史资料研究委员会编:《赣榆文史资料》第6辑,1988年版,第37~38页;赣榆县志编纂委员会编:《赣榆县志》,中华书局1997年版,第55页。

② 行政院农村复兴委员会编:《江苏省农村调查》,上海:商务印书馆1934年版,第67页。

③ 冯和法主编:《中国农村经济资料》,上海:黎明书局1935年版,第355页。

④ 《揭开江北地方制造土匪的几个原因》,《江苏月报》第3卷第3期,1935年3月。

⑤ 冯和法主编:《中国农村经济资料》,上海:黎明书局1935年版,第492页。

⑥ 陈石林:《匪首潘开渠及沿海匪患》,见南通政协文史研究会编:《南通文史资料选辑》第4辑,第132~144页。

在1934年5月中的12天内,海匪在如皋一带抢劫10只渔船,烧毁1只渔船,绑架渔民42人,劫走82担黄花鱼。①同年12月,海匪不仅劫去大量牛羊猪骡及家禽,临行时还绑走男女54人,滨海商民渔户,只好逃避一空。②

在苏南,客省及苏北散落在该地的难民,一旦不能生存,便流为盗匪,组成海州、河南、浦东帮匪等。有的帮匪还设有办事处,每隔两三天便要操练一次。如1929年,金山钱圩的徐书生(太保阿书)与平湖王阿美(绰号猪猡阿美)聚众2000余人,打着"天下第一军"的旗号在刘家堰起事。直到1931年4月,国民政府才镇压了这支湖匪,将王、徐二人斩首示众。③土匪不仅在太湖航道上截船掠物,还不时深入各县、乡打家劫舍。有时,连公安局和保卫团也不能幸免于难。因此,太湖沿岸各地居民、船民一提起"太湖强盗",无不色变。④湖匪劫掠同样比较频繁,有时一日数起。因此,有些家产丰厚的人家,便迁居到城市。那些不愿逃走的人家,必须日宿夜守,破衣缩食,当他们求助于乡邻时,还会遭到乡邻们的讥笑,"资产者反以资产为苦,而贫穷者以贫寒而自豪"⑤。

第二,烟毒盛行。鸦片祸害国家,已为国民深恶痛绝。江苏省襟江带海,又有上海租界的保护,鸦片流传最广,江苏省的烟禁要比其他地方困难一些。1927年4月至1930年2月,钮永建任省主席期间,江苏的烟毒仍到处蔓延。京沪杭一带,舟车往来,辗转输送,十分猖獗。不仅帮会从事贩毒,省政府竟也以贩毒来牟利。1929年,省政府派专船到汉口去贩毒,每次都装运3

---

① 《本年五月份海盗骚扰渔船损失情形》,见皋县县立农场编:《皋农》第4卷第7期,1934年7月。

② 《南通掘港海匪登陆掳劫》,《申报》1934年11月10日。

③ 朱炎初主编:《金山县志》,上海人民出版社1990年版,第25页。

④ 邵雍:《民国绿林史》,福建人民出版社2001年版,第245~246页;蔡少卿主编:《民国时期的土匪》,中国人民大学出版社1993年版,第286~298页;苏辽:《民国匪祸录》,江苏古籍出版社1996年版,第273~275页。

⑤ 徐洪奎:《宜兴县乡村信用之概况及其与地权异动之关系》,见萧铮主编:《民国二十年代中国大陆土地问题资料》第88辑,台北:成文出版社1977年版,第46535页。

万两之多,然后分发各县销售。江北毗连鲁豫皖的地区,各县民众已习惯了种植烟苗。①国民政府禁烟条例颁布后,江苏省政府按照"寓禁于征"的政策,在各县设立了禁烟局,宣称只要烟民领照,就可以公开吸食。不过,由于这些禁烟局为流氓地痞所把持,他们营私舞弊,致使烟痞放肆、民怨沸腾。禁烟局在广大群众的反对下只得撤销。1931年,江苏省又成立了禁烟查缉处,一改以往的禁烟政策,决定烟土公卖。在省、各县市党部的两次坚决反对之下,7月,禁烟查缉处遭到了裁撤。不过,鸦片的公开买卖并没有随之消失,禁政依然松弛。有些政府的禁烟稽查员,居然亲自带一套烟具,查到哪里便抽到哪里。②1932年顾祝同担任省主席时,江苏省又订立了公开买卖烟毒的单行条规。具有讽刺意味的是,当江苏组织毒品检查所时,上海及各县竟然组织了贩卖机关。在军人的包庇之下,社会人士反对贩毒呼声难以奏效。直到1933年10月陈果夫接任省主席时,省政府才撤销了这些名为禁毒实为贩毒的机关。

贩毒如此猖獗,吸食烟毒的民众自然并非少数。如在宿迁,该县60多万人口中,就有5000多人患有鸦片瘾,占人口总数0.83%。③人口只有19万的扬中县,公开吸毒的场所竟有几百处,几乎遍及城乡。④当时,据省民政厅较为保守的估计,江苏省至少有30万烟民。⑤吸毒带来的危害更是巨大,吸毒上瘾者往往会丧失意志,萎靡不振。有的沉湎于毒品之中,万事不问,六亲不认,等于废

---

① 江苏省地方志编纂委员会编:《江苏省志·政府志》(上),江苏人民出版社2005年版,第237页;董宝森:《镇江市禁毒始末》,见中国人民政治协商会议镇江市委员会文史资料委员会编:《镇江文史资料》第25辑,1993年版,第107页。

② 张荣轩:《解放前鸦片在我县的流毒和当时的禁烟政策》,见宿迁县政协文史资料研究委员会编:《宿迁文史资料》第6辑,1985年版,第125页。

③ 张荣轩:《解放前鸦片在我县的流毒和当时的禁烟政策》,见宿迁县政协文史资料研究委员会编:《宿迁文史资料》第6辑,1985年版,第124页。

④ 孙春华、戴曙:《洪康燮与农民教育》,见中国人民政治协商会议扬中市委员会文史资料委员会编:《扬中文史资料》第9辑,1996年版,第179页。

⑤ 余井塘:《江苏省烟毒犯总检举办法的意义及其重要》,《江苏民政》第1卷第3期,1935年11月。

人。有的沦为小偷或乞丐,经济富裕的吸食者往往倾家荡产。①如战前嘉定顾村乡长淇村一名叫刘春桃的吸食者,因吸毒卖去了田地房产,并不悔改。结果,妻子无法生活,只好出走谋生。刘死后,尸骨无人肯收。②在奉贤也有类似的情况。本属于小康之家的赵小妹,因夫妻俩吸食烟毒而穷困潦倒。后来,他的妻子中毒身亡,女儿也跟人出走,赵也落下个饿死厕内、无人收尸的惨状。③不仅如此,军政官员和地方豪绅也吸食鸦片,那些力主禁烟的官员因而感到无奈。如在铜山,当一名军官邀请铜山县长王公玙抽烟时,王承认,这对他来说简直是一种无情的讽刺,因为王上任后便宣称以取缔烟赌娼为施政重点。④烟毒给社会带来的损失是惊人的。如江北贫县砀山,烟毒消费之数就超过各种行政开支的 1/3 以上。因此,江苏省禁烟会常委周厚钧,曾算过一笔惊人的禁烟账,他说:"假若将全省 30 多万烟民变为 30 万壮丁,每年财力可以多余 2000 万～4000 万。"⑤足见烟毒所造成的耗费是多么巨大。

第三,讼风炽烈。江苏讼风由来已久,自科举废除以后尤为兴盛。如《民国阜宁县新志》里说:"惟科举之末,不学无术者流,多以刀笔为生活。讼风之长,在其斯乎?迨学校既兴,毕业人员类从事于职业。至弄法舞文甘为讼棍者则不数,观未始教育之功效也。"⑥当时的方志、调查和文史资料,详细地描绘了江苏的讼风。如在东台,"本县民情健讼,积习成风,每日收受新案,平均约五六件,旧案 30 件左右。"在泰县,"本县民情,重好胜心,鼠雀之争,辄生诉讼。"在沭阳,"本县民风强悍,刁狡健讼,动辄以通盗窝匪相攻讦,每月民事讼案约四五起。"在赣榆,"本县人民好讼,讼案月约七八十起"。⑦在泗阳,讼师竟

---

① 范叔虞:《旧社会"四害"肆虐,解放后治绩卓著》,见中共如皋县委党史资料征集小组办公室编:《如皋文史资料》第 5 辑,1982 年版,第 39 页。
② 上海市《嘉定县志》编纂委员会编:《嘉定县志》,上海人民出版社 1992 年版,第 724 页。
③ 上海市《奉贤县志》编纂委员会编:《奉贤县志》,上海人民出版社 1987 年版,第 1022 页。
④ 王公玙:《我在铜山县长任上》,见政协江苏省铜山县委员会文史资料研究委员会编:《铜山文史资料》第 5 辑,1985 年版,第 102 页。
⑤ 《苏省禁烟会开幕促成四年禁绝计划》,《申报》1936 年 4 月 21 日。
⑥ 《民国阜宁县新志》卷十五《社会志·礼俗》。
⑦ 赵如珩:《江苏省鉴·政治》,新中国建设学会,1935 年版,第 240~245 页。

成了当地的土特产。①在宿迁,由于诉讼事务繁多,在县政府前面的一条200多米的街上,竟有八九家饭店和五六家旅社,为诉讼者提供食宿。商店和摊贩更是熙熙攘攘,日夜无休。②文风较盛的江阴,由于舞文弄墨者较多,这里的讼风也并不逊于苏北。③即使在晚清尚无讼风的松江,进入民国,"包揽词讼之风竟不能幸免"④。有的人家因田地争讼变得倾家荡产,有的人家却因小事而诉诸于讼师。讼师们则往往从中挑拨是非,本来可以和解的事情,经他们的挑动,双方便打起了官司。结果,因枝蔓相牵,双方损失常超过十倍或百倍,讼师本人则从中渔利。当时,江苏省依靠词讼的律师有上千人,30年代的松江就有律师82人,该县一名女律师的年收入可达到2000~3000元,江苏佃雇农每年的最高收入才不过130元。⑤诉讼所带来的巨大损耗,可见一斑。

　　需要指出的是:尽管匪患、烟毒和讼风属于不同的社会问题,但土豪劣绅却能将这三者贯穿起来。第一,土匪与豪绅有着密切的关系。土匪劫掠中,受害最深的往往并非那些拥有坚固圩寨和私人武装的豪绅,而是那些无权无势的中农、富农和小地主。对于豪绅,土匪们非但不敢触动他们,遇到紧急情况,还要到这些豪绅家中寻求庇护。⑥同时,势力较弱的土匪利用豪绅怕匪的心理,百般殷勤,互相保护,土匪便有了自己的靠山。不少情况下,即使有人告发了土匪,因豪绅们出面保释,土匪多半会被无罪释放。无怪乎时人称"炮楼为

---

①　张化远:《旧泗阳的黑暗与丑恶片段》,见中国人民政治协商会议江苏省泗阳县委员会文史资料研究委员会编:《泗阳文史资料》第4辑,1986年版,第99页。

②　邱子玉:《国民党统治时期宿迁县政片段》,见政协宿迁县文史资料研究委员会编:《宿迁文史资料》第3辑,1984年版,第30页。

③　张德先:《溧阳实习调查日记》,见萧铮主编:《民国二十年代中国大陆土地问题资料》第105辑,台北:成文出版社1977年版,第55653页。

④　王培棠:《江苏省乡土志》,上海:商务印书馆1938年,第463页。

⑤　王培棠:《江苏省乡土志》,上海:商务印书馆1938年版,第379~380页;赵如珩:《江苏省鉴·社会》,新中国建设学会,1935年版,第32页。

⑥　贾铭:《辛亥革命后睢宁政局的演变》,见政协睢宁县文史资料研究委员会编:《睢宁文史资料》第4辑,1988年版,第8页。

窝匪掳票之所,地主劣绅为土匪有力的护符"①。扬中县的土匪顾秉琪,便是一个典型的例子。顾曾在扬中作案数起,仅在1931年前后就抢劫了金道权一家达20余次。有一次,顾将道权父有功火烧刀戳,逼其交出财物。当金家向政府报告后,顾怀恨在心,又来金家抢掳,放火烧毁金家5间瓦屋。此外,顾还将邻居李建扬、施韶立两人绑走,李家为此变产借债,向顾交了现洋1500元后才保全了性命。因施家无钱,施韶立竟被顾残忍地剥光烧死。1934年,顾被县政府逮捕。不过,由于有钱有势的亲戚作保,顾很快便被释放。②类似的事情发生在泗洪县大庄村。当乡民追捕一名土匪张小八子时,大土豪张明甫竟公然窝藏了张小八子。后来,慑于全村乡民的压力,张明甫这才答应交出土匪。③第二,不公正的诉讼,又加大了土匪的盛行。当时,一些省政府的官员已认识到政治黑暗和土讼压迫是促成匪患的重要原因。如省保安处长项致庄所说,地方上的区乡镇长以办团队为名,"勒征捐款,营私自肥,借势强暴,作威作福,逼人挺险为匪"④。地方上若有对此感到不服的民众,常被自卫领袖们诬告为匪,以示惩戒。有钱无势的富户们,常会被白白敲诈。至于那些贫穷人家,豪绅们就将其送县法办。⑤就连陈果夫本人也对豪绅把持诉讼、逼民为匪的劣行感到极为厌恶。他从捕获匪首的口中得知,这类匪首大半是因家庭牵涉进讼事和司法上审判不公所致,"官吏帮助了土豪劣绅,来欺压他们,他们受了冤屈、侮辱,又受《水浒传》这类小说的影响,便模仿梁山泊好汉,自动地劫杀仇人,落草为寇。"⑥一些农民受了委屈,无处伸冤,只得求助土匪。农民投入土匪队伍,

---

① 《揭开江北地方制造土匪的几个原因》,《江苏月报》第3卷第3期,1935年3月。

② 杨美春:《顾秉琪其人》,见中国人民政治协商会议江苏省扬中县委员会文史资料研究委员会编:《扬中文史资料》第7辑,1990年版,第119~120页。

③ 《江苏人民革命斗争群英谱·泗洪分卷》编辑委员会编:《江苏人民革命斗争群英谱·泗洪分卷》,江苏人民出版社1999年版,第116页。

④ 《联合纪念周项处长报告》,见江苏省政府秘书处编:《江苏省政府公报》第1744期,1934年8月16日。

⑤ 陈斯龄:《铜山区农民自卫概况》,《江苏月报》第4卷第5、6期合刊,1935年12月。

⑥ 陈果夫:《苏政回忆》,台北:正中书局1951年版,第21页,南京图书馆藏。

往往是被榨取阶级向榨取阶级复仇的一种方式。①第三,豪绅、土匪往往又是贩运和吸食烟毒的主体。泰县顾恒楼的发家史,就能说明这一点。顾早年是一名巨匪,后来用劫掠的钱财在泰县购置田产,以绅士面目掩盖过去的罪行。尽管如此,顾仍暗中操纵徒众打家劫舍和贩运毒品,坐地分赃。②在30年代的萧县华家湖地方,外号"三毛猴"的匪首郑兴三,曾唆使当地农民广种鸦片。③在淮阴西坝,清帮首领韩雄拥有徒众千余人,控制了该地的烟赌娼。当地稍有家资的人家,必须向韩雄递交帖子和送财礼,才能免受勒索之苦。④在镇江,劣绅吴世新常主动向土匪递交当地殷实富户的名单。根据吴提供的名单,土匪又通过吴向富户们送条子,强行勒索钱财和鸦片(吴是吸烟鬼子)。此时,吴又以"吴大先生"面目出现,抽着大烟,联络着双方。⑤在此情景中,劣绅、土匪和烟毒竟巧妙地结合起来。无怪乎省政府委员郑亦同说:"击毙一红丸犯,便是击毙一个绑票匪。"⑥足见,土匪与烟犯的关系是多么密切。

四、中共的挑战

据已有的研究表明,中共革命能够获得成功的地区,往往并非那些剥削最严重和社会关系最紧张的地区,而是那些政治和战略条件有利的地区。⑦江苏地区虽然有着全国最发达的租佃关系,农民富有集体抗租的传统,但中共在

---

① [日]长野朗:《中国社会组织》,朱家清译,上海:光明书局1930年版,第386页。

② 苏辽:《民国匪祸录》,江苏古籍出版社1996年版,第273~275页。

③ 董尧整理:《王公玙在萧县》,见中国人民政治协商会议萧县文史资料研究委员会编:《萧县文史资料》第3辑,1986年版,第123页。

④ 张济忠:《西坝杂忆》,见中国人民政治协商会议江苏省淮阴县委员会文史资料研究委员会编:《淮阴文史资料》第1辑,1992年版,第60~61页。

⑤ 杨秉衡:《高资吴氏三凶》,见政协丹徒县文史资料研究委员会编:《丹徒文史资料》第2辑,1985年版,第143~144页。

⑥ 《郑委员在联合纪念周报告》,见江苏省政府秘书处编:《江苏省政府公报》第2061期,1935年8月30日。

⑦ [美]费正清:《剑桥中华民国史》(下),中国社会科学出版社1994年版,第369页。

该地区的革命活动并未取得显著成功。其原因在于：中共在江苏的活动与国民党统治战略形成了严重的冲突。1927年，国民政府定都南京以后，南京成了中国的政治中心，江、浙、沪成了国民党政权的核心地区。国民政府采取了"重南轻北"的战略，即优先考虑维持核心地区的统治，在此基础上才逐步向外围呈圈层地扩大政治影响①，国民党武力"剿共"地区，也是从江苏逐次向外扩展。蒋介石首选的"剿匪"省份便是江苏，其最早设立的三个"剿匪"司令部便是"江南剿匪司令部"、"江北剿匪司令部"和"徐海剿匪司令部"。②国民党在该地区部署了强大的力量。除了驻扎着几十万中央军和省属部队以外，地方上的各种武装(公安队、警察队、保卫团、商团和水警等组织)也比较庞大③，国民党党组织能够深入到县级甚至县以下。因此，国民党在这一地区建立了严密的统治。④同时，江苏又多为平原，交通发达，国民党军队的调集往往朝发夕至，不利于中共革命根据地的建立。⑤这些因素的存在，使得中共在江苏的发展举步维艰。

"四一二"政变后，在国民党当局的血腥镇压下，中共江苏各级党组织遭受了严重的损失。"八七"会议后，中共决定以农民武装暴动和起义的形式，动员农民参加革命，推翻国民党统治。江苏省委于9月制定了第一个农民运动计划，号召全省农民以抗租、抗税和抗捐的形式，力争在冬季造成各地暴动的局面。考虑到苏南和苏北的政治和经济的差异，中共在发动和组织农民暴动时，将其重心放在江北方面，而在江南以发展减租抗租运动为主。11月，江苏省委制定了第二个农民运动计划，号召各级党组织"应尽可能统率四乡农民群众占领县城"，不得退后和有所质疑。12月，省委在农民运动第三次计划中，仍然

---

① 袁成毅：《民国浙江政局研究（1927—1949）》，中国社会科学出版社2007年版，第13~15页。

② 孔庆泰等：《国民党政府政治制度》，安徽教育出版社1998年版，第291页。

③ 谈洪清：《土地革命时期的江苏红军问题》，见江苏省中国现代史学会编：《江苏省中国现代史学会——1982年学术讨论会论文选》，1982年版，第74页。

④ [美]费正清：《剑桥中华民国史》(下)，中国社会科学出版社1994年版，第369页。

⑤ 姜志良、李学斌、王构、陈鹤锦：《土地革命时期江苏农民运动的历史地位》，见江苏省中国现代史学会编：《江苏省中国现代史学会——1982年学术讨论会论文选》，1982年版，第69页。

强调应在江北造成农民武装割据的局面,在江南应以游击式作战发动群众,参加革命斗争,造成乡村普遍骚乱的局面。①中共深信:在国民党统治核心地区发动的农民起义,将会给国民党政权以致命一击,从而加速其崩溃。然而,事实远比中共领导人所设想的更为复杂。

  这一时期中共在江南的革命是不成功的。1927年至1930年,中共在江南发动了不少起义,只有在宜兴的起义,才较符合中共武装夺取城市的方针。1927年11月1日,数千农民在万益、宗益寿等人的领导下,趁着新任公安局长就职典礼的机会,袭击了宜兴县城,攻占了县政府,围攻了公安局和商团。起义队伍很快控制了县城,宣布成立工农革命委员会,颁布6条施政纲领,处死了7名罪大恶极的土豪劣绅。次日,江苏省政府迅速调集了大批军队和警察,击溃了装备低劣的起义军。②随后,中共在无锡、江阴、青浦、嘉定、金坛、奉贤和南汇等地举行了一系列武装暴动,但没有一次暴动取得了预期结果。有的研究者对江南农民暴动的特点做过总结:规模较小,一般只有数百人或千余人参加;彼此之间缺乏协调,更没有集中力量攻占城镇;暴动持续的时间较短,只有几天时间,有的只持续了数小时;暴动目标和行动上更多地表现出反地主(或地主的收租机构和人员)而非反政府倾向。③当政府派军警镇压时,在妻子和儿女的拖曳下,暴动农民往往一哄而散。据曾领导江南暴动的管文蔚回忆,当管希望将一支暴动队伍编队时,"农民家属一听说男人要去当兵,父母妻子蜂拥而至,哭的哭,拉的拉"。任凭管的喉咙喊哑了,也无法阻止暴动失败后农民队伍的溃散。④中共设想将江南地区的暴动变成长期武装革命的努力,并没有成功。尽管江南地区土地高度集中、地主和佃户之间的关系比较紧张、江南农民富有集体反抗斗争的传统,但江南的农民未必能够接受中共的

---

① 江苏省地方志编纂委员会编:《江苏省志·中共志》(上),江苏人民出版社2003年版,第208~209页。

② 江苏省社会科学院《江苏史纲》课题组:《江苏史纲》,江苏古籍出版社1992年版,第371~373页。

③ 刘昶:《在江南干革命:共产党与江南农村(1927—1945)》,见黄宗智主编:《中国乡村》第1辑,商务印书馆2003年版,第115~116页。

④ 管文蔚:《管文蔚回忆录》,人民出版社1985年版,第103页。

建议。中共的目标(推翻政府)和方法(暴力处决地主和官吏),无法引起佃户们的兴趣,因为江南农民的抗租抗税更多的带有补救性质,其目的不在于颠覆现存制度,而在于纠正制度的流弊。而且,由于精英和政府的庞大镇压力量,使得中共在江南起义的组织者颇感沮丧。① 一位暴动领导者不得不承认,当时,中共在敌人心脏地带进行的暴动,胜利的可能性是很小的。以少数徒手群众去对付强大的镇压力量,"毫无一点胜利希望,真似一个小鸡蛋去碰千斤大石"②。

与江南地区的暴动相比,中共在江北暴动的成效较为显著一些,尤其以通如泰农民暴动较为突出。中共曾一度在通如泰等地区建立了红色根据地,组建了红军武装。根据江苏省委农民运动第三次计划的决议,1928年元旦,中共制定了"江北农暴计划",决定组织农民暴动,占领县城。5月1日,中共如皋、泰兴县委领导了"五一"暴动,打击了一些地主豪绅,动员了上万名农民参加群众大会,提出了建立工农苏维埃政权的口号。不过,在军警的联合进攻下,起义队伍不得不转入地下。③ 1929 年 6 月,中共南通特委将如皋和泰兴这支120余人的队伍编为"如皋工农红军",并派一批军事干部到红军中工作。此外,中共游击队还在海门和南通建立了50平方公里的"红色区域"。1930年3月,中共决定将南通东区和如泰地区的游击队,统一编为中国工农红军第十四军,全军500余人。红十四军成立后,曾于4月间发动了攻打老虎庄和顾高庄的战役,军长何坤和参谋长先后阵亡。6月,国民党对红军发动了一次"围剿",新任军长李超时指挥红军成功地粉碎了数千敌军的"围剿",全歼敌军一个连,红军士气大振,一度建立起125平方公里的根据地,红军主力发展到1500余人。④ 1930年下半年,形势开始不利于红军的发展。7月14日,江苏将

---

① [美]白凯:《长江下游地区的地租、赋税与农民的反抗斗争:1840—1950》,林枫译,上海书店2005年版,第287~327页。
② 管文蔚:《管文蔚回忆录》,人民出版社1985年版,第89页。
③ 江苏省档案馆编:《江苏农民运动档案史料选编》,中国档案出版社1983年版,第444页。
④ 江苏省地方志编纂委员会编:《江苏省志·中共志》(上),江苏人民出版社2003年版,第210~211页。

党、团、工会各级领导合并为总行动委员会,由李立三任书记。总行动委员会提出以"南京暴动为中心",各地党员马上动员群众起来行动,以促成"江北革命政权与反革命政权最后决战"。①在此口号的指导下,通如泰红军率领5万名农民,举行了黄桥总暴动。在国民党军警和地方民团武装强势兵力的围攻下,又因内奸的出卖,暴动遭到了失败。随后,在国民党军警的"围剿"下,红军损失惨重,不得不化整为零,一些重要干部伤亡,剩下的队伍被迫解散。

通如泰暴动的同时,中共在淮北也曾组织了规模较大的暴动。1928年2月11日,中共淮安县委在淮安北乡横沟寺,组织千余名群众,举行了"打土豪、分田地"的武装暴动。1930年7月,中共徐蚌特委在萧县、宿县、铜山等县举行了暴动,成立了红十五军,这次暴动使得陇海和津浦铁路一度中断。②1930年8月1日,中共还在淮盐特委等地举行了"八一"总暴动,淮安、淮阴、泗阳、涟水、阜宁和盐城等数万名农民参加,中共组织了1200余人的赤卫队,建立了苏维埃政权和工农红军。③值得注意的是,在这一时期,尽管中共在江北不少县份都有红军组织,但有的仅有番号,没有部队,有的只有少数游击队(如一个中队、一个排或者一个连不等)。一般在短时间内便遭到失败,较好的也只维持了几个月。④伴随着上述暴动的一次次失败,多数暴动领导者遭到了捕杀,中共各级党组织受到了严重的削弱。

1931年后,王明主持的中共中央推行了更为"左"倾的路线,中共在江苏的活动更是雪上加霜。1月至2月间,中共江苏省委的24名主要领导人遭到了捕杀。随后的几任省委书记,有的被捕叛变,地方各级党组织损失惨重。⑤因此,中共在江苏的活动趋于沉寂,除了组织农民抗税抗租和抢米风潮外,中

---

① 姜志良、李学斌、王构、陈鹤锦:《土地革命时期江苏农民运动的历史地位》,见江苏省中国现代史学会编:《江苏省中国现代史学会——1982年学术讨论会论文选》,1982年版,第64页。
② 江苏省社会科学院《江苏史纲》课题组:《江苏史纲》,江苏古籍出版社1992年版,第378页。
③ 江苏省档案馆编:《江苏农民运动档案史料选编》,中国档案出版社1983年版,第443~455页。
④ 谈洪清:《土地革命时期的江苏红军问题》,见江苏省中国现代史学会编:《江苏省中国现代史学会——1982年学术讨论会论文选》,1982年版,第73~75页。
⑤ 江苏省社会科学院《江苏史纲》课题组:《江苏史纲》,江苏古籍出版社1992年版,第384页。

共已无法组织起像通如泰那样规模的暴动。1933年陈果夫接任江苏省主席后,形势更不利于中共革命的活动。一方面,陈果夫一改顾祝同时期的滥杀政策,采取了怀柔的"自首"政策,他利用特务组织打入中共内部,了解中共的地下活动,以破坏中共地下组织。另一方面,陈果夫深知:"苏省加入中共组织的群体,江北以民众居多,江南以教育界为多。"为此,他在江苏推动了一系列改革,如在江北肃清土匪,从事建设,在江南的学校中清理积欠和按时发放经费。这在一定程度上缓解了社会矛盾,如陈果夫所说,"人民易于谋生,社会得以安定,共产党在民众间就无法蔓延。这是后来江苏所以能把共产党大体上肃清的基本原因。"[①]曾经中共党员超过万余人的江苏省,在1933年底时,只剩下500名党员,各县与省委保持联系的只剩下1个特委、2个中心县委和10个县委。1934年时,中共在江苏省的组织几乎全遭瓦解。[②]直到抗战全面爆发后,中共在江苏的活动,才进入了新的发展时期。

---

① 陈果夫:《苏政回忆》,台北:正中书局1951年版,第133页,南京图书馆藏。

② 姜志良、李学斌、王构、陈鹤锦:《土地革命时期江苏农民运动的历史地位》,见江苏省中国现代史学会编:《江苏省中国现代史学会——1982年学术讨论会论文选》,1982年版,第65页。

第二节 江苏保甲的历史演变

ERSHI SHIJI ZHI ZHONGGUO

江苏推行保甲制度之初,省政府在一份文告里忧心忡忡地说道:"比年以来,各县迭受军事政治之影响,水旱风灾之洊至,人民流离,百业凋敝,以致农村破产,伏莽潜滋,自治事业之进行,益感困难,训政六年之限期瞬届,而本省自治之完成,则遥遥无期。"①地方农村经济破产所引发的社会动荡,正是江苏保甲出台的基础。本节将从"清末、北洋政府时期的地方自治"、"'南京十年'的江苏保甲制度"和"战争时期的江苏保甲制度"三个阶段,概述江苏保甲的历史演变。

一、清末、北洋政府时期的地方自治(1908—1927)

近代西方自治思想传入中国,始于道咸年间。甲午战争后,朝野因战败的刺激,学者们一致认为地方自治是富强的良药,地方自治讨论渐趋成熟。因此,各地官绅开始尝试地方自治的实践,如湖南的保卫局与南学会(戊戌变法时期),1903 年山西崞县唐桂所办的公民局,1904 年张榕等人所办的东三省保

---

① 江苏省民政厅编:《江苏省保甲总报告·绪言》,1936 年版。

卫公所,1905年上海县绅郭怀珠等人向袁树勋建议设立的"总工程处"。1905年3月,直隶总督袁世凯以地方自治风潮大开,派人到日本考察地方自治。1906年,袁在天津试办了自治。接着,广东、湖北、广西、江西和安徽等省纷纷试办地方自治。① 为表示对地方自治的重视,清廷于1906年宣布地方自治为"立宪之根本",这是宪政工作的先声。到1908年,清廷宣布预备立宪的同时,规定地方自治分期进行。1909年,清政府颁布了《城镇乡地方自治章程》,决定用警区区划取代传统的保甲区划,开启了自治体制取代保甲的进程。②

当时,尽管清朝规定县下辖区为乡、都、图三级,但江苏各县以下组织的名称却是五花八门,如县下辖区名称就有圩、甲、洲、段、坊、涸、沙、里、村、滩、区、社、庄、保等。有的甲、洲、圩相当于图,坊相当于都,有的却又不相当;有的有都无图,有的有图无都。③ 不过,清廷颁布《城镇乡地方自治章程》以后,县以下基层组织开始由混乱走向一体化。1911年10月,江苏省临时议会通过《江苏暂行市乡制》,规定:在县治所在的地方和村庄屯集5万人的地方设市,村庄屯集不满5万人的地方设乡。在市一级,行政机关为市董事会,设总董1人,董事1至3人;立法机关则为市议事会,总董和董事任期两年。乡设乡董1名,负责本乡行政事务。

1912年,江苏省开始设立市乡公所,全省(除了川沙、丰县和盐城数字不

---

① 王家俭:《地方自治》,见台湾"教育部"编:《中华民国建国史》第二编"民初时期"(二),台北:"国立"编译馆1985年版,第751~752页。

② 王先明:《辛亥革命后中国乡村控制体制的演变——民国初年的乡制演变与保甲制的复活》,《社会科学研究》2003年第6期。

③ 任纪生:《金坛县旧行政机构概略》,见中国人民政治协商会议金坛县委员会文史资料研究委员会编:《金坛文史资料》第7辑,1989年版,第16~17页;万迪光、赵振云:《安丰镇建制沿革大略》,见兴化市政协文史资料研究委员会编:《兴化文史资料》第13辑,1988年版,第4页;《丹阳县历代行政区划概述》,见中国人民政治协商会议江苏省丹阳县委员会文史资料研究委员会编:《丹阳文史资料》第2辑,1984年版,第1~9页;陆桐生、郑凤石:《解放前太仓县行政区划的变迁》,见中国人民政治协商会议江苏省太仓县委员会编:《太仓文史资料辑存》第2辑,1984年版,第11~12页;许道宜:《吴曜东先生事略》,见宿迁县政协文史资料研究委员会编:《宿迁文史资料》第8辑,1987年版,第151页。

详外)设立了 283 个市公所,735 个乡公所。① 这样,县以下市乡取代了清代的图。1914 年初,袁世凯根据各省民政长的报告,借口地方自治办理不良和妨碍行政,下令停办各级自治,江苏的市乡制因而停止。同年,袁世凯为掩人耳目起见,又颁布了自治施行条例,规定县下分 4 至 8 区,以区为自治单位。1915 年,袁世凯公布了地方自治试行条例实施细则,将自治进行的步骤分为调查、整理与提倡、实行三阶段,但调查、整理尚未着手,帝制就灭亡了。袁世凯死后,地方自治的呼声再起,北京政府被迫于 1919 年 9 月公布了县自治法,筹备自治。② 1921 年 6 月,大总统徐世昌颁布了市乡自治制。江苏省重新整理市乡组织,将城镇和乡都称为乡,乡设乡长和乡董,作为执行机关,乡自治会为议事机关。由于军阀割据,战争频仍,地方自治规定仍流于纸面。③

二、"南京十年"的江苏保甲制度(1927—1937)

1. 自治体制下的保甲制度(1927—1933)

当北京政府尚在地方自治之路上往返时,革命先行者孙中山已对地方自治表示了坚决的支持。孙中山深信,只有推行地方自治,才能实现民权和民生主义,顺乎世界潮流,为民国万年树立有道之基。④ 他在《建国大纲》里的政治主张,成为南京国民政府地方自治的指导思想。

国民党政权定都南京后,竭力宣称要继承孙中山的遗志,希望在地方政治建设方面有所作为。最初,限于当时的社会环境,南京国民政府并没有推行县级自治,而是仿效山西,推行乡村自治。1927 年 7 月,江苏仿效山西村制,颁行了《各县村制大纲》。根据大纲的规定,以原有村界为准,百户的村庄或联合百户以上的为一村,村设村公所,置村长和副村长各一人。超过 100 户的要根据人数多少增设副村长,最多不能超过 4 人。村以下的闾邻组织,5 户为邻,5 邻

---

① 江苏省地方志编纂委员会编:《江苏省志·民政志》,方志出版社 2002 年版,第 176~177 页。
② 邵镜人:《中国历代自治鸟瞰》,《江苏月报》第 4 卷第 3 期,1935 年 9 月。
③ 江苏省地方志编纂委员会编:《江苏省志·民政志》,方志出版社 2002 年版,第 179~180 页。
④ 李德芳:《民国乡村自治问题研究》,人民出版社 2001 年版,第 133 页。

为间,设间长、邻长一人。村长和副村长任期为一年,并可连任,其职责是承办上级委托事项,办理本村自治事业,保举间、邻长。不过,这时的村制大纲只限于江南所属的江宁、溧水、镇江、丹阳等29个县。实际上,到了1928年,只有江宁、丹阳、松江、太仓、昆山、嘉定等6个县建立了村制,6个县所辖街村有2361个。江北由于战事的继续,仍沿用过去的市乡制。① 就在村制取代市乡制尚无成效时,江苏省政府于1927年秋又对市乡机构进行了改革。省政府明令废除民初以来的市乡董事会和议事会,相应地设立了市乡行政局,局设局长一人,由县长挑选委任。行政局设助理、书记等若干人,并配有武装保卫团士。这一措施结束了旧的乡董制度。此时,行政局下改为村间邻组织,村长和副村长受市乡局长的保举,呈请县长挑选委任;而间邻长则由居民保举,由市乡局长任命,报县备案。摇摆往复之中的村制并不尽如人意。如1927年查报户口时,在省厅派员催促下,只有寥寥几个县份填报。尽管省政府撤换了一批办理不力的县长,并以江南蝗灾和江北匪患为由,通令户口清查推迟半月,仍然无济于事。这一时期村制失败的原因在于:第一,由于各县党部与民众团体并未健全,还不时与县政府明争暗斗,一些县长只得继续留用旧乡绅主持地方自治,自然得不到民众的好感。第二,省政府并无系统的部署,再加上村制编组技术和制度运用上的缺陷,"一般人民不知村制为何物"②。第三,尽管江苏仿效山西办理村制,但江苏的村制并未有有关村民会议的具体条文,村长和副村长并非由村民选举而来,而是带有明显的行政化色彩,自治因而徒有其名。③

1928年9月,国民政府《县组织法》颁布以后,江苏撤销了市乡行政局和村制。作为替代,县以下根据户口和地形划分为4至10个区,每区下辖至少20个村、里。区设区公所,设区长、助理员和区丁。区公所设有区务会议,由区长、助理员和所属村长、里长组成。百户以上的乡村称为村,村设村公所;百户以上的市镇称为里。村、里分别设村长(或里长)一人,副村长(或副里长)一

---

① 江苏省地方志编纂委员会编:《江苏省志·民政志》,方志出版社2002年版,第180页。

② 黄兆鹏:《江苏过去地方自治之失败与今后保甲运用之途径》,《江苏保甲》第1卷第10期,1935年7月。

③ 李德芳:《民国乡村自治问题研究》,人民出版社2001年版,第121页。

人。村、里事务由村长、里长指定闾长襄助办理。村里制下的闾邻组织则保持不变。①1929年6月,国民政府将《县组织法》稍加修改,将村里名称改为乡镇,规定了自治区域分为区、乡镇、闾、邻各级。乡镇自治组织仍设有立法、执行、监察和调解机关。乡民对乡镇长及其副乡镇长有选举和罢免之权。这从根本上否定了江苏等省乡村自治行政化的倾向,继续将乡村自治引向民权主义之路。②

就在国民党踌躇满志地标榜乡村自治时,中共革命在乡村的兴起,使得国民党当局惊恐不已。如邹谠所认为的那样,中共采用了新的运动策略和方法,国民党便不能以对付军阀的方法去对付中共,"共产党掀起农民运动,国民党就恢复保甲制度,由下级军事人员、政治干部组成领导,带领镇压。"③因此,1928年10月,国民党中常会通过了《下层工作纲领方案》,将保甲运动列为全国七项运动之一。当国民党中央提议在地方自治之外建立保甲时,遭到了国民政府内政部的婉拒。④随后,为了镇压中共领导的乡村革命,蒋介石将目光投向带有军事化色彩的保甲组织。由于蒋向以军权驾驭党权和政权,因此,他反复强调军队在国家中的主导地位和军队在社会中的普适性。他固执地认为,只有军事统制才是人类各种组织中最合理、最严密和最有效的组织。只有用军事化方式才能将社会上一盘散沙的民众组织起来。保甲制度正是蒋介石关于社会军事化的主要"成就"之一。⑤因此,国民政府于1929年9月至10月间,先后公布了《县保卫团法》、《清乡条例》、《邻右连坐暂行办法》等。根据《县保卫团法》,保卫团根据县、区、乡镇、闾的单位,编制为总团、区团、甲牌等。自此,在乡镇闾邻自治体制下,附属了以自卫和治安为基础的保甲制

---

① 江苏省地方志编纂委员会编:《江苏省志·民政志》,方志出版社2002年版,第181~182页。
② 李德芳:《民国乡村自治问题研究》,人民出版社2001年版,第140页。
③ [美]邹谠:《二十世纪中国政治:从宏观历史与微观行动的角度看》,香港:牛津大学出版社1994年版,第218页。
④ 杨奎松:《内战与危机》,见《中国近代通史》第8卷,江苏人民出版社2007年版,第220页。
⑤ 王奇生:《党员、党权与党争——1924—1949年中国国民党的组织形态》,上海书店出版社2003年版,第173~176页。

度。①1929年9月,蒋介石迫不及待地通令江苏举办保甲,清查户口。蒋宣称:仅凭军队去对付共产党的活动,完全是一种谬误,"以兵治匪,仅为治标救急之图,决非正本清源之计"。蒋进一步说道,利用军事力量对付中共,并不能令人感到满意。因为"无纪律之兵,不独不能清匪,且足以驱民为匪。有纪律之兵,亦仅能止匪之扰害,不能绝匪之根株。军队集中训练,则配合难周,仍为匪所乘,分散而防。则纪律易弛,且特与匪同化"。为此,蒋提醒各省官员应从编组保甲和清查户口入手,只有这样才根绝中共的地下活动。为了突出这项工作的重要意义,蒋不厌其烦地要求"各省宜以为第一要政",还须将此项工作列入县长的考成,各县应在3个月至半年内将保甲办理完竣。他警告各县县长不得视之为具文,若藐视这项政策,将以纵"匪"论罪。②从蒋这些激烈的言词中,我们可以看到国民党诉诸保甲的迫切性。不过,由于各地军阀的割据和敌对,蒋介石尚忙于应付军阀混战,无暇顾及"剿共"和办理保甲事务。又因保甲的法规凌乱、推行步骤的繁杂,各地并没有认真遵办。③1932年,鄂、豫、皖三省"剿匪总司令部"在施行保甲训令中无奈地承认,尽管中央和各省政府近年来频频颁布了相应的条例和规程,但各省能切实遵照办理者,却是寥寥无几。保甲法令几乎成了一纸空文。④江苏也不例外,各县只是将过去的保卫团改头换面而已。有的县份虽然遵令改组,不过也是有名无实。大多数县份继续观望,借口推诿。⑤此外,各县保卫团采用了抽丁办法,抽调或雇佣时并无统一标准,流弊很大,致使"行之未久,渐趋疲玩"⑥。

尽管这种团练性质的保甲编组并没有取得实质性进展,省政府官员对户口编查和联保连坐的重视却并未间断。当局关于保甲的思考逐步制度化,推动着乡村自治走向保甲制度。如1927年12月,钱大钧建议江苏应进行"清

---

① 武乾:《南京国民政府的保甲制度与地方自治》,《法商研究》2001年第6期。
② 《蒋主席元电限期举办保甲清查户口》,江苏省档案馆藏,卷宗号:1001-甲-348。
③ 冉绵惠、李慧宇:《民国时期保甲制度研究》,四川大学出版社2005年版,第63页。
④ 闻钧天:《中国保甲制度》,商务印书馆1935年版,第547页。
⑤ 花寿泉:《保甲制度的研究及其评价》,《江苏月报》第3卷第3期,1935年3月。
⑥ 闻钧天:《中国保甲制度》,商务印书馆1935年版,第387页。

乡"。首先，他举出了江苏地方治安不稳的状况，"窃江北徐海素为盗匪出没之区，通扬近又迭传匪警，而江南之湖匪、京东之刀匪，现被共党诱惑、勾结，为患亦属频仍。茫茫几旬，几无净土。"接着，他强调：相对于江北匪患而言，如何镇压中共在江南的暴动更是"清乡"的重点。最后，他所担忧的并非匪徒大规模的活动，而是"共匪隐伏潜滋"。为此，只有"清乡"才能"正本清源"。①1929年1月，江苏民政厅长缪斌巡视江阴时，强调应将清查户口与严防匪患并列起来。②7月，缪斌巡视江北各县后指出："应当统一民众武力，使民众与政府合作，盗匪不平而自平。"③1931年2月，江苏省清乡总局的规程规定，清乡总局第三科主要办理"户口编查"和"互保连坐审核"事务。④2月4日，在江苏省清乡局成立大会上，江苏省主席叶楚伧指出，"清乡"计划的第一步工作是"令各县在二月内将户口调查表、联保表和枪械点验表送局审核"⑤。2月20日，梁冠英认为，要解决江北零星股匪的治本办法在于"清查户口"和"实行连保法"。⑥

不仅省级官员热衷于这种"清查户口"和"联保连坐"，在一些县份的治安管理中也体现了这一思维。从下面所整理的县志和文史材料的缝隙里，我们能看到保甲思维在地方官员中的影响。

---

① 《钱大钧提议全苏举清乡》，《申报》1928年12月15日。
② 《苏民政厅长缪斌巡视澄锡记》，《申报·国内要闻》1929年1月18日。
③ 《苏民政厅长招待新闻界报告视察江北各县经过》，《申报·国内要闻》1929年7月3日。
④ 《苏省清乡之进行》，《申报·国内要闻》1931年2月2日。
⑤ 《江苏省清乡总局成立》，《申报》1931年2月6日。
⑥ 《梁冠英谈清乡办法》，《申报》1931年2月20日。

表2 江苏省部分县份保甲推行概况表(1927—1933)

时间	地点	针对目标	事件
1927年3月	无锡	中共	因国民党保甲制的推行,各家各户有外来人要报告保甲长。安镇陈春生保护了一名化装为卖茧子的革命者。
1928年12月	靖江	中共	革命者茅学勤率领部队离开靖江后,国民党县长王继武积极推行保甲制度,制定各种"治罪条例",镇压共产党人和革命群众。
1929年	太仓	民政	省政府为了巩固政权,推行保甲法,决定在全省实行县、区、乡三级组织。
1930年7月	泰兴	中共	中共在泰兴暴动失败后,县政府捕杀共产党员,实行保甲制。革命者张仁寿组织本村几名党员,白天潜伏,晚上展开对敌斗争。
1930年7月	邳县	中共	古邳暴动失败后,刘保长抓捕革命者赵忍安,经革命者的外祖父友人的劝说,赵忍安被保长释放。
1930年秋	如皋	中共	中共暴动失败后,起义者化整为零,迅速转移阵地。县政府把间邻组织改为保甲制度,实行户口编组,推行十家轮更,日间站岗,夜里放哨,五家连环保,逐门挨户具结。
1930年秋	盐城	民政	离引水沟不远的一户寡妇孤儿的小份子田被强邻私立界址,占去一亩有余,保、甲几次调解不成,纠纷就送呈到二区区农会来了。
1931年1月	宝应	民政	高邮县城乡建立保甲组织。
1932年春	淮阴	中共	渔沟暴动发生后,4名革命者因国民党乡保长检举而被捕,蒋同江被捕后在狱中牺牲。
1932年	仪征	民政	废除间邻,实行保甲。
1932年	砀山	民政	全县推行保甲制度。
1932年	江都	不详	扬州数千农民烧毁乡保长及地主豪绅10余家,省府宣布暂停清赋。
1932年	萧县	土匪	县长王公玙平定大股土匪后,清查户口,实行连坐保结,由清乡局长督同乡镇长、间长办理此事。
1933年	沭阳	民政	这一年推行保甲制,重划乡镇,开始使用户籍册子。
1933年	灌云	民政	乡镇废除间邻,采用保甲制,设保甲长。3保连环,设联保主任1人,为选举乡镇长的基础。
1933年夏	宿迁	土匪	县长冯沛三平定匪患后,开始实施强化保甲制度,订立保甲公约,实行联保连坐,互相监督,从而杜绝匪源,群众额手称庆。

资料来源:宗菊如主编:《江苏人民革命斗争群英谱·无锡分卷》,江苏人

民出版社1999年版,第164页;郭寿明主编:《靖江风情》,江苏人民出版社1995年版,第30页;陆桐生、郑凤石:《解放前太仓县行政区划的变迁》,《太仓文史资料辑存》第2辑,1984年版,第12页;王湛主编:《江苏人民革命斗争群英谱·泰兴分卷》,江苏人民出版社1999年版,第80页;赵兴让:《回忆家兄二三事》,《新沂文史资料》第3辑,1988年版,第54页;于家驹:《国民党在如皋县的组织沿革及其活动的概况》,《如皋文史》第1辑,1985年版,第56页;蔡分、姚恩荣、蒋世俊:《爱国绅士高醉园》,《射阳县文史》第3辑,1989年版,第128页;宝应县地方志编纂委员会编:《宝应县志》,江苏人民出版社1994年版,第18页;夏如爱:《关于渔沟暴动的回忆》,《淮阴文史资料》第1辑,1982年版,第35页;仪征市志编纂委员会编:《仪征市志》,江苏科学技术出版社1994年版,第19页;砀山县地方志编纂委员会编:《砀山县志》,方志出版社1996年版,第13页;江都市地方志编纂委员会编:《江都县志》,江苏人民出版社1996年版,第25页;董尧整理:《王公玙在萧县》,《萧县文史资料》第3辑,1986年版,第132页;潘同仁:《沭阳忆旧录》,《淮阴文史资料》第5辑,1986年版,第15页;柴林、王朝阳:《灌云县行政区划基层政权及其它》,《灌云文史资料》第8辑,1998年版,第33页;邱子玉:《冯沛三县长在宿主政三四事》,《宿迁文史资料》第7辑,1986年版,第55页。

值得一提的是,考虑到江苏省用保甲组织取代闾邻组织的正式时间为1934年,上述文史资料中,后人关于1934年前保甲制度的回忆片断,内容上可能并不准确。即使如此,后人的回忆至少传递了这样一个信息:由于当时各级政府不断用"联保连坐"和"清查户口"应对乡村危机,造成了回忆者无法感受到自治与保甲之间究竟有何差异。1934年1月,句容县郑相村一起劫案的判决,足以说明地方政府是如何惯于"保甲思维"了。当时,该县第四区郑相村郑老四家遭到了七八名土匪的抢劫。匪徒不仅打死了郑的姐姐,还将郑家一名11岁的小孩从楼上摔下去。当郑从一名匪徒身上夺下一支枪后,几名匪徒向郑连开3枪,临终前,郑向村民呼救。事后,村民捉拿了一名绑匪宋成子,将其送到县政府。审讯中,宋供出两名同伙余四子和王耀忠。县政府要求郑相村村长郑良齐和深潭乡长查询宋等人的联保底册,追究保人责任。① 从上述句容县"郑相村村长"的称呼来看,显然,当地尚采用自治形式的村制。不过,这并不影响地方政府对于"联保连坐"思维的运用。

进一步来看,自治体制下的保甲制度,面对的目标又是变动的。1930 年以前,地方政府推行保甲制度,主要是为了对付中共革命者。1930 年后,由于中共力量在江苏严重受挫,已构不成地方政府的首要挑战。因而,地方政府推行保甲制度所针对的目标便是土匪和民政事务。1932 年,当保甲制度开始在鄂、豫、皖等地区推行时,砀山、宝应和仪征等江北部分县份已着手废除闾邻组织,建立保甲制度。作为基层组织的保甲与保卫团的分歧,很快便呈现出来。如 1933 年,南通县长张栋在其呈报省政府的公文里说:"办理抽丁保卫团,实行清查户口,联保连坐,验烙枪械各项。其办法与办理保甲,大致相同。究竟已办保卫事宜各县,应否另办保甲,及保甲有无规定告章,呈请民政厅核示进行。"② 江苏省政府的回复仍是先办理保卫团。尽管如此,江苏省政府并未放弃办理保甲的设想。1933 年 10 月,江苏省政府改组后,开始重编组保甲而轻保卫训练,改变了以往保卫组织重军事轻政治的做法。③ 江苏省全面推行保甲已是势在必行了。

2. 保甲体制下的地方自治(1934—1937)

1929 年 10 月,国民政府颁布《县组织法》后,江苏省按照《县组织法》,颁行了一个雄心勃勃的地方自治计划。按照这个计划,江苏要在 1929 年 10 月至 12 月间完成县府及各局组织,1929 年 10 月至 11 月完成区公所组织,1929 年 11 月至 1930 年 3 月间完成乡镇公所组织,1930 年 4 月至 6 月完成闾邻组织。同时,根据中央政治会议 207 次会议关于训政时期完成县自治的实施方案的规定,筹备自治人才、确定自治经费、肃清盗匪、整顿警政、调查户口和清丈土地等事项,各地应分别筹办。江苏曾设想在 1929 年至 1934 年完成地方自治,

---

① 《令缉句容县郑良福家被劫案内逸犯》,见江苏省政府秘书处编:《江苏省政府公报》第 1970 期,1934 年 1 月 30 日。
② 《催令各县办理保甲》,江苏省档案馆藏,卷宗号:1001-乙-821。
③ 赵如珩:《江苏省鉴·政治》,新中国建设学会,1935 年版,第 123 页。

以符合中央所定训政期限。①

不过，自治组织建立以后，自治工作并不能有效地推进。当时，江苏省一些官员认为自治失败的原因在于：其一，自治与人民最迫切的生存需要是南辕北辙的。"(苏省)惟近年来，因水旱灾害之荐侵，邑里流土，百业凋敝，老弱者转乎沟壑，少壮者铤而走险，社会亦至杌陧不安之象，人民不获安居乐业，一切政治设施亦多窒碍。"②人民生活在创痛畏惧之中，所追求的乃是生活安宁，享受自治权利不过是一种奢望。其二，智识较低的民众缺乏自治能力。国人消极无为的政治态度和一盘散沙的特性，政府对此缺乏指导，因此，土豪劣绅把持自治机构，将其视为升官发财的阶梯。③其三，江苏各县自治区域划分过细，自治人才不易集中，自治经费不易分配，这也是导致自治失败的原因之一。④

当地方自治工作渐趋困顿时，自中央到地方的官员对保甲的热衷却逐渐兴起。尽管如此，这并不意味着江苏已做好全面推行保甲的准备。力主自治的官员和士绅仍不乏其人，有的主张扩充警卫来绥靖地方；有的主张宽筹经费，发展自治事业；有的主张广设民校，培养公民常识。⑤1932年，鄂、豫、皖等"剿匪区"推行保甲制度后，蒋介石认为，保甲制度可以起到控制民众、配合"剿共"的作用。⑥第二年，蒋便通令江苏举办保甲。10月，江苏省政府第605次会议通过了办理保甲四项原则，决定将地方自治经费移为办理保甲之用，将形式上不着实际的自治组织暂行停止。1934年2月，在参酌豫、鄂、皖三省"剿匪"司令部各县编组保甲户口条例的基础上，江苏省政府颁布了《江苏省清查户口编组保甲规程》(以下简称《保甲规程》)，作为江苏省全面推行保甲制度的指导性文件。省政府宣称，这个《保甲规程》大体上与"剿匪区"编组保甲条例相同，其不同点在于三点：江苏保留了原有乡镇一级，并无联保办公处的设

---

① 江苏省民政厅编：《江苏省保甲总报告》，1936年版，第1页。
② 叶凤生：《本省保甲运动发微》，《保甲半月刊》第1卷第1期，1935年2月。
③ 吴镇邦：《保甲之指导与监督》，《江苏保甲》第2卷第17期，1936年10月。
④ 陈果夫：《江苏省政述要·民政篇》，见沈云龙主编：《近代中国史料丛刊续编》第97辑，台北：文海出版社1983年版，第23页。
⑤ 胡棘园：《苏省举办保甲之由来》，《江苏保甲》第2卷第5期，1936年4月。
⑥ 冉绵惠、李慧宇：《民国时期保甲制度研究》，四川大学出版社2005年版，第64页。

置;江苏保甲要兼推进地方自治,不同于豫、鄂、皖各县保甲"先谋自卫之完成,再作自治之推进";不向住民征集经费,只将原有自治经费和保卫费移作保甲经费,而豫、鄂、皖各省所需的保甲经费,还需向住民摊派。①江苏省政府决定,自1934年4月1日起,江北的南通、盐城、淮阴、东海、铜山5个行政督察区所属的28个县,先行举办保甲,取消闾邻组织;待到江北各县办理有效后,再行推及其他各县。1934年8月,江苏省以"现在江北各县保甲编查工作,行将告竣,江南各县灾象已成,治安可虑",遂通令江南及江都区所属33个县(江宁自治县除外),务于同年11月1日起,一律举办保甲。②到了1935年12月,江苏保甲的编组基本完成。

为了能够使保甲制度依次举办,前后衔接,江苏省将办理保甲的程序分为筹备、编查、训练和运用四个时期。③

(1)筹备经过。筹备之初,首先,江苏省决定整理自治区划和选任区长。省政府认为,原有乡镇数目过多,面积又过小,有的仅辖百户,有的尚不足百户,经费过于分散,不利于保甲编组。④因此,江苏决定于1934年2月起整理区划。经过此次整理,各县区级数目由599个划并为459个,共计减少了140个,区级数目裁并率为23.4%;与区级数目相比,乡镇数目的裁并幅度更大,乡镇数目从19680个划并为8066个,减少了11614个乡镇,裁并率为59%。自此,全省自治区域划一。⑤随着区乡镇自治区划的裁并,区长人选显得格外重要。江苏省政府意识到:只有年富力强的区长,才能担当推进保甲的重任。为此,省政府要求区长人选应由各县县长遴选后送民政厅甄审;各县县长应对区长人选严格考询,并对遴选的人员负连带责任。⑥第二,颁布进度表。江苏颁布了

---

① 陈果夫:《江苏省政述要·民政篇》,见沈云龙主编:《近代中国史料丛刊续编》第97辑,台北:文海出版社1983年版,第32页。

② 周异斌:《江苏省举办保甲之过去与现在》,《江苏民政》第1卷第1期,1935年3月。

③ 江苏省民政厅编:《江苏省保甲总报告·绪言》,1936年版,第2页。

④ 陈果夫:《江苏省政述要·民政篇》,见沈云龙主编:《近代中国史料丛刊续编》第97辑,台北:文海出版社1983年版,第23~24页。

⑤ 江苏省民政厅编:《江苏省保甲总报告》,1936年版,第9页。

⑥ 江苏省民政厅编:《江苏省保甲总报告》,1936年版,第25页。

保甲编组进度表。进度表编查工作应在 120 日内完成。第一期为 30 日,以整理区划和编列区公所预算为主要事项。第二期为 50 日,以推定保甲人员(甲长、保长和乡镇长)、挨户编号和粘贴门牌为主要事项。第三期为 40 日,以清查户口、登记枪支、制定保甲规约、缮具联保切结为主要事项。第三,派员督促。在县一级,县政府要派编查委员分赴各区指导办理保甲。在省一级,省政府要派出保甲指导员分赴各县加强督促。第四,召集保甲谈话会,增强各县保甲工作的交流。第五,民政厅、各县县政府和社教机关举行了保甲宣传。①

(2)编查经过。编查时期是保甲举办过程中最为重要、最为繁重的阶段,其大致又可分为编组保甲和清查户口两个时期。在编组保甲阶段,主管保甲的官员要督促住民挨户编号,粘贴门牌,确定户长。户长产生以后,由户长推举甲长,甲长推举保长,保长推举乡镇长。在此期间,乡镇、保、甲公所随之建立。最后,县长要亲赴各区巡视,并向乡镇保甲长等演讲编查的意义和方法。江北地区保甲完成最快的县份是盐城和铜山,完成较迟的县份是涟水和灌云。江南地区完成最早的县份是上海和武进,完成较迟的是无锡和江都。据统计,全省 60 个县(江宁除外)有 68 185 个保、715 812 个甲、7 362 706 个户。②

清查户口阶段,在确定了清查日期和程序之后,江苏省政府先是颁发了各种表册切结门牌等,规定主管保甲的人员指导住民填写表册。接着,省政府要求自县长以下至保甲长要层层监督,按期完成清查户口、换发木质门牌、填写户口调查表和编造壮丁清册等工作。最后,省政府要求区长和编查委员应照表抽查,核造户口统计表送县,各县再将这些调查表呈送至民政厅和专署。根据清查户口的结果,全省有 34 787 793 人,壮丁 5 479 382 人。③

除了编组保甲和清查户口之外,民政厅还通令各县切实办理船户登记、民有枪支登记、联保连坐切结、协定保甲规约、确定保甲经费和颁行奖惩条例等

---

① 陈果夫:《江苏省政述要·民政篇》,见沈云龙主编:《近代中国史料丛刊续编》第 97 辑,台北:文海出版社 1983 年版,第 32~34 页。

② 江苏省民政厅编:《江苏省保甲总报告》,1936 年版,第 65 页。

③ 江苏省民政厅编:《江苏省保甲总报告》,1936 年版,第 93 页。

事项。为了增强保甲督察,1936年,江苏省决定在各县设置1至2名保甲督察员,专门负责各县保甲督促指导的事务。①

(3)训练经过。江苏保甲编查完成后,遂决定分期训练保甲人员。乡镇长训练由专署负责,训练时间为3周。训练科目主要有党义、保甲须知、公民常识、新生活须知、军事训练及其他切合地方需要的科目。江北地区(江都区除外)乡镇长训练始于1934年11月,完成于1935年8月。江南和江都地区因当时尚未设立专署,其乡镇长训练由民政厅主办。1935年9月至10月间,民政厅将这些乡镇长分成两批,集中于省会施训。

因各县地方情形的差异,各县训练保长时,采用了保甲长混合训练、保长分区集中训练和全县保长集中在城区训练三种方法。不过,多数县份采用了第三种方法,各县将保长分成两批或三批,集中训练。保长训练的时间、科目与乡镇长训练的相同。保长训练始于1934年12月,完成于1937年6月。

甲长训练多以区为单位,按其识字程度分组训练。1935年,江苏已有10个县完成了甲长训练,其余各县则于1936年举办。壮丁训练之初,由民政厅会同保安处在淮阴、铜山两区先行试办。随后,武进等县相继办理。由于缺乏训练经费和干部人员,壮丁训练的试办效果并不如意,江苏省决定由各县县中心民校和乡镇民校专办壮丁训练。抗战全面爆发后,江苏的保长训练全部完成,甲长训练完成的比例为54.21%。②

(4)运用经过。保甲编查完毕之后,各县将保甲视为推行百政的工具,"几无事不以乡镇保甲长为执行之干部"。江苏省政府意识到各县运用保甲的方案并不适当,甚至有些劳民伤财。于是,省政府要求各地运用保甲时,应遵守四个原则:"一、运用须有分际,责令乡镇保甲长所担负之任务,必是其能力所能担负者,不可施以过分之强迫。二、运用须有程序,必酌量时间之缓急,分别先后次第,不可同时并举,使乡镇保甲长无法应付。三、运用须适合环境需要,择其于人民本身有切实之利害者,使其乐于从事。四、运用事项,须顾及乡镇

---

① 张立瀛:《江苏保甲》,江苏省民政厅,1948年版,第14~15页,南京图书馆藏。
② 国民政府内政部统计处编:《战时内务行政应用统计专刊》第二种《保甲统计》,1938年版,第3~25页。

保甲长之身份,以改正从前卑视地保总甲之观念,不可令其服贱役。"为了防止滥用保甲组织,江苏省又将保甲运用的范围定为征工治河、禁烟禁毒、强迫识字教育和防止盗匪四项。

在自卫方面,江苏省利用保甲设置了守望所,建立了碉堡,组织了巡逻队,成立了检查船只办公处,破获盗匪案件等。在建设方面,保甲在筑路、浚河、造林、合作等方面也取得了一定的成绩。"在禁烟和强迫识字方面,其得力于乡镇保甲长者,亦非浅鲜。"①

三、战争时期的江苏保甲制度(1937—1949)

1.抗日战争时期(1937—1945)

1937年"八一三"事变后,日军几乎蹂躏了江苏全境。由于日军在各地的烧、杀、抢、掠、淫,社会处于动荡和混乱之中。江苏省各县官员多是弃民而逃,政府机关处于瘫痪状态;普通民众在高度惊恐之下颠沛流离;散兵游勇和土匪组织蜂拥而起,大肆抢劫;地方上的头面人物或武装自保,或联系日军,组成维持会来稳定秩序。②汪伪政权建立后,江苏61个县中有48个县被汪伪政权所统治。汪伪所统治的江苏地区又被分成三部分,其中,7个县归伪上海市政府管辖,15个县归伪苏北绥靖主任公署领导,直接归伪江苏省政府管辖的有26个县,202个区,2869个乡,880个乡镇,15 143个保,16 036个甲。③

由于日军将其兵力主要部署在中心城市和主要交通要道,广大农村地区成了国民党、共产党、日伪势力和其他地方武装争夺的战场。不过,在诸多势力中,中共领导的敌后抗日运动得到了快速的发展。南京陷落后的第四个月,中共领导的新四军便挺进江南,建立了江苏第一个抗日游击根据地——茅山根据地。先前从事地下活动的共产党人,公开组织起各种地方抗日武装。由于他们针对的敌人是日伪而不是国民党和地主,他们的活动得到了地方社会的

---

① 张立瀛:《江苏保甲》,江苏省民政厅,1948年版,第15页,南京图书馆藏。
② 潘敏:《江苏日伪基层政权研究:1937—1945》,上海人民出版社2006年版,第24~29页。
③ 江苏省地方志编纂委员会编:《江苏省志·民政志》,方志出版社2002年版,第186页。

热烈支持，几乎很少遭遇到日伪军队的有效镇压。①在苏北，1941年2月，日军将国民党在江苏的军队击溃后，国民党的部队几乎在苏北完全消失，代之以中共领导的抗日武装组织。1943年底，在江苏的新四军已达5万人，解放区面积达到了6万平方公里，抗日根据地逐步巩固。②

在中共敌后抗日力量快速发展的同时，国民党在江苏的势力却是江河日下。当日军由京沪铁路向西推进时，江苏省政府被迫迁至江北的扬州，随后，再迁往淮阴。1939年，江苏省政府只得在安徽宁国设立了"江南办事处"，承转公文。③淮海地区沦陷后，韩德勤所率的江苏省政府和军队迁往兴化一带。1941年2月，日军向驻扎在兴化的韩德勤部发动了"苏北会战"，韩部一触即溃，国民党在苏北的行政机关几乎全部瓦解。1943年2月，日军再次向韩德勤的残部发动了进攻，韩德勤只好率残部逃往皖北。除了零星的地方势力外，国民党江苏省政府实际上已失去了对江苏地区的控制。④此时，国民党当局决定将江苏省政府暂时迁至江南的溧阳。1943年10月，日军又向苏、浙、皖边的第三战区大举进攻，溧阳、广德、宣城、郎溪等相继沦陷。立足未稳的江苏省政府只好再次逃亡，直到1944年迁到安徽太和县办公为止。⑤

日伪、国民党和中共在江苏的军事实力消长的同时，三方也对控制乡村社会的保甲组织进行了利用和改造。日伪政权建立以后，对保甲制度寄予了厚望，它企图利用保甲组织配合其"清乡"行动，协助其征收军粮。不过，保甲组织并未达到日伪政权的预期效果。首先，社会的动荡令日伪保甲编组困难重

---

① 刘昶：《在江南干革命：共产党与江南农村（1927—1945）》，见黄宗智主编：《中国乡村》第1辑，商务印书馆2003年版，第119页。

② 江苏省社会科学院《江苏史纲》课题组编：《江苏史纲》，江苏古籍出版社1993年版，第519页。

③ 江苏省社会科学院《江苏史纲》课题组编：《江苏史纲》，江苏古籍出版社1993年版，第455页。

④ 江苏省社会科学院《江苏史纲》课题组编：《江苏史纲》，江苏古籍出版社1993年版，第491~493页。

⑤ 江苏省社会科学院《江苏史纲》课题组编：《江苏史纲》，江苏古籍出版社1993年版，第519~520页。

重。如伪嘉定县公署所说,由于战争的影响,"人民死亡枕藉,党军西移,全境人民,逃避一空。事平之后,虽竟陆续回籍,有房屋被焚,寄居他处;有因生活关系,就食他方。"因此,嘉定县的户口统计,只得照搬1936年国民党江苏省政府所做的户口调查。①其次,许多日伪主管保甲的官员并不卖力,常常是敷衍了事,致使保甲编查错误百出。有时,一个户长姓名能被保甲人员计作数十户。在一次日伪对乡保长的测验中,"几乎所有保长对和平建国的真谛不了解,而在测验时大多数乡保长避不到会"②。最后,抗日军民对保甲的破坏和老百姓的不合作,使得日伪保甲组织趋于松散。③实际上,日伪统治时期的基层社会,从来就不仅仅服务于日伪政权,而要同时向两个或三个政权缴纳赋税。各个政权都清楚这一情况,因而在征税时都有相应的安排。④甚至在一些地区,日伪、国民党和新四军都选择相同的人担任乡保长,这些乡保长必须处理好三者的关系,才能避免受到一方或另外两方的打击。⑤

尽管国民党在江苏的处境是极为窘迫的,但这并不意味着它对保甲组织不感兴趣。在江南,1939年1月,江南行署成立后,便通令各县整理保甲,组织保甲训练。为了适应抗战的需要,江南行署修正了原有的保甲规程章则。由于战时户口异动格外频繁,"不时受敌伪之侵袭及流窜,住民或被轰炸,或被烧毁,或迁徙逃亡。户口之变迁无定。若不随时清查,则保甲之编组,绝不能保永久之正确。况各县附近敌伪据点,奸匪之活动,在在时虑,尤有随时清查之必要"⑥。因此,与战前的保甲规定相比,从保甲编查上说,战时保甲的编制更有弹性,它增加了临时甲,以备战时群集的难民需要;甲成了联保单位;门牌式样则力求简单;简化户口异动查报的手续。根据新县制的规定,战时保甲组织

---

① (伪)嘉定县公署编:《嘉定县政概况·治安·户口调查》,1939年版,南京图书馆藏。
② 解放军军事学院图书资料馆:《敌汪在苏南东路"清乡"地区的旧阴谋与新花样》,1942年版。
③ 潘敏:《江苏日伪基层政权研究:1937—1945》,上海人民出版社2006年版,第87~92页。
④ 刘昶:《在江南干革命:共产党与江南农村(1927—1945)》,见黄宗智主编:《中国乡村》第1辑,商务印书馆2003年版,第123页。
⑤ 潘敏:《江苏日伪基层政权研究:1937—1945》,上海人民出版社2006年版,第201页。
⑥ 冷欣:《江苏省两年来政情述要》(1937年至1940年),江苏省档案馆藏,卷宗号:MZ-1-261。

增设了副乡镇保长。①就保甲人员的资格而言,行署将甲长的任期从3年缩短至2年,以平均劳逸,甲长的任务改为协助抗战和自卫。联保切结的目的主要是为了对付日伪。保甲规约内容增加了侦查、防范汉奸敌伪事项,不贩货给敌伪,优待出征军人,破坏敌伪公路及电线工事,提倡国民兵工役等事项。②江南行署还对控制区内的保甲人员进行了训练,并督促保甲指导员切实整理保甲。不过,就在保甲整理稍有规模时,日伪再次向国民党江南行署发动进攻,江南行署仅能控制的宜兴、溧阳等县也遭陷落,"保甲基础,尽遭摧毁,亦且转为敌伪利用,此乃极可痛心者"。江北保甲的情况和江南大致相同。由于江北被日伪和共产党所控制,日伪的进攻和解放区对保甲的改造,使得江北的保甲更难为国民党政权服务。③

中共对江苏保甲的争夺和利用是比较成功的。抗战全面爆发后,中共主动争取接近地方士绅,力主保留乡公所和保卫会一类的保甲组织。中共领导人深信:只有成功地争取保甲人员的支持,才能征集和编训乡村的壮丁,进而可将其纳入到抗日战争的洪流中去。④当新四军力量有较大发展时,中共曾尝试在部分地区推行村政政权,以取代保甲制度。不过,这样的乡村政治改革在抗战时期并不成熟,正如中共在江南的领导人邓振询认为的那样,"因为在江南国民党统治的影响极深,立即取消保甲制会在地方民众中引起反感"。因此,保甲制度在苏南根据地基本被沿用下来。⑤尽管如此,中共地下组织并没有放弃利用和改造保甲组织的努力。如1939年夏,国民党涟水县政府曾在油坊小学开办了一个300多人的甲长训练班,试图灌输反共思想。两名中共地下党员悄悄来到学校操场,将书写着"团结一致,共同抗日"和"打倒日本帝国主义"的传单向四周散发,甚至连乡公所等处都塞了好几张。不久,周边村民都传说着"共产党来了"。此事不仅鼓舞了当地人民的抗日决心,还壮大了中共在当

---

① 张立瀛:《江苏保甲》,江苏省民政厅,1948年版,第19页,南京图书馆藏。
② 冷欣:《江苏省两年来政情述要》(1937年至1940年),江苏省档案馆藏,卷宗号:MZ-1-261。
③ 张立瀛:《江苏保甲》,江苏省民政厅,1948年版,第19~20页,南京图书馆藏。
④ 陈毅:《怎样动员农民大众》,上海杂志公司1937年版,第114~116页。
⑤ 刘昶:《在江南干革命:共产党与江南农村(1927—1945)》,见黄宗智主编:《中国乡村》第1辑,商务印书馆2003年版,第127~128页。

地的影响。①在苏中,新四军以"上动下不动"的策略去改造保甲制。首先,中共从专员、县长、区长入手,自上而下地改造政权。其次,考虑到干部人员的紧缺和动员群众尚需时日的现实,中共保留了该地区的保甲组织,但对保甲人员进行了利用、教育、团结和改造。最后,随着减租减息和增资运动的开展、群众觉悟的逐步提高,中共决定对保甲人员进行民主选举。事实上,保甲制度已被中共领导下的新乡制所取代。②与苏南和苏中相比,苏北成为最有利于中共领导敌后抗战的区域,它不仅远离日军统治中心,还对中共革命动员更为呼应。③自1940年黄桥战役之后,新四军将国民党军队赶出了苏北,中共掌握了苏北地区的主动权,减少了改造乡村政权的阻力。1942年至1944年,中共领导的抗日民主政权,成功地将大批积极分子和群众团体的骨干派往乡村,有效地充实了基层政权的领导力量。同时,根据地还颁布了区乡镇组织法和选举法,明令废除旧的保甲制度,推行村、组制度。④总之,抗战期间,由于在江苏地区抗日策略的灵活性和务实性,中共对于保甲的利用和改造取得了很大的成功,这对于新四军的壮大和抗日根据地的发展,起到了有力的支撑作用。

2.解放战争时期(1945—1949)

1945年8月,抗战胜利后,国民党江苏省政府从皖北迁回镇江,竭力想重建和强化对江苏的统治。日本投降后,中共在江苏(尤其是在苏北)力量的增长,引起了国民党要员的恐慌。江苏省主席王懋功除了诬蔑中共是"奸匪"之外,只得无奈地承认:国民党军队只能控制江都、泰县、徐州、仪征、六和、南通等县的狭小地区,其余广大地区已在中共控制之下。因此,王声称:他将与民政厅长坐镇淮阴,监督各县官员,"务使在入境后最短时间,将保甲户口编查

---

① 《江苏人民革命斗争群英谱·涟水分卷》编辑委员会编:《江苏人民革命斗争群英谱·涟水分卷》,江苏人民出版社1999年版,第145~146页。

② 仲雷:《浅谈苏中保甲制到新乡制的演变》,见上海市新四军暨华中抗日根据地历史研究会编:《纪念新四军建军五十周年第三届年会论文集》,1988年版,第228~241页。

③ 刘昶:《在江南干革命:共产党与江南农村(1927—1945)》,见黄宗智主编:《中国乡村》第1辑,商务印书馆2003年版,第132页。

④ 江苏省中共党史学会编:《江苏省中共党史论丛》第1辑,中共党史出版社2006年版,第261页。

完竣,奠定行政的基础"①。足见,抗战后江苏保甲制度的目标,重新转移到遏制中共革命方面。

不过,抗战后,江苏保甲的编组面临着不少困难。正如王懋功所说,由于各县先后沦陷,保甲机构已经被摧毁无余,"户口册籍散失殆尽,自治区域亦被任意割裂。人民辗转流离,迁移靡常,户口异动臻于极,地方秩序混乱不堪。"②因此,江苏省于1945年8月至1946年2月进行了临时整理。在这个阶段,各县要向当地机关团体人员讲习保甲编查的意义和方法,接着,将其分派到各地,担负保甲指导工作。同时,各县在攻占的村镇内还要进行保甲编整工作,执行联保连坐,严密挤查"匪"类,"检举不良分子,依法讯办"③。通过这些措施,国民党当局希望由保甲组织建立起严密的侦察网和通讯网,以配合国民党军队对解放区的进攻。

1946年2月,江苏省认为临时整理已完毕,即通令各县办理正常的整编。内政部催促江苏省政府切实办理收复区的户口清查,以维持地方治安,奠定"收复区"户籍行政基础。④就在同一月,京沪卫戍司令部通令江南各县限期肃清"奸匪",要求各县乡镇保甲长切实负责稽查停泊船只的码头。⑤1946年5月,江苏省民政厅向各县县长发出了更为严厉的通令,除了重申前电外,民政厅要求各县应加强整顿,以增进保甲效率。"一面切实施行联保连坐切结,无论党政军团公务人员民众,应一律填实其户口,并须在最短时间内办理完成

---

① 王懋功:《江苏省政府政情述要·弁言》,见沈云龙主编:《近代中国史料丛刊续编》第97辑,台北:文海出版社1983年版。

② 王懋功:《江苏省政府政情述要·民政》,见沈云龙主编:《近代中国史料丛刊续编》第97辑,台北:文海出版社1983年版,第10页。

③ 张立瀛:《江苏保甲》,江苏省民政厅,1948年版,第19~20页,南京图书馆藏。

④ 《内政部电请转饬迅将收复区实施户口清查办理情形报部以凭汇办》(1946年4月),江苏省档案馆藏,卷宗号:1002-乙-3020。

⑤ 《为奸匪时隐江南各地河流湖泊请转饬各县按照保甲组织及连坐办法将各船户登记俾便清剿》(1946年4月),江苏省档案馆藏,卷宗号:1002-乙-3020。

具报。嗣后,如有再发现奸匪潜滋、户口不清情事,即惟该县长是问。"①到了1947年1月,江苏省保安司令部仍念念不忘地强调应在"收复区"清查户口,执行连坐切结,只有如此,才能肃清"匪"患,安定地方。②在国民政府和江苏省政府接二连三的训令中,既可以看到江苏省政府寄希望于保甲遏制中共的急切心理,又恰恰证明各县办理保甲之缓慢。在整编保甲的同时,一些地方政府还组织起保甲训练。以如皋为例,该县保长的训练科目达到了14种。③其中,"兵役法"、"军事学科讲义"和"收复区肃清烟毒办法"三种科目具有强烈的战争色彩。1947年底,江苏省除阜宁和赣榆两县外,共有2950个乡镇,40 824个保,461 560个甲。到了1948年6月,全省有2872个乡镇,36 799个保,438 441个甲。④6个月之内,江苏省政府减少了72个乡镇,4025个保,26 119个甲。显然,即使在国民党统治最为严密的江苏省,其所控制的保甲数目,也在不断地减少,预示着国民党在大陆的统治已是濒临瓦解。

当国民党统治区内的保甲控制日趋衰落时,中国共产党在解放区内展开了废除保甲的运动。1945年10月29日至31日,苏中、苏北、淮南、淮北各界代表在靖江举行了联席会议,并于11月1日正式成立苏皖边区政府,下辖53个县,其中包含了江苏的32个县。1946年3月,边区政府决定将辖区内的1391个乡的保甲制度予以废除,取而代之为乡政委员会和村公民组。⑤1947年8月初,华东野战军发动了盐城战役,攻克了盐城,解放了8000平方公里的土地。这次大捷,使得苏北解放区连成一片。1948年底淮海战役胜利后,解放军势如破竹,连克数城。1949年4月23日,解放军攻占了国民党江苏省政府的省会镇江。4月23日,解放军又攻占了国民政府首都南京。6月2日,崇明的

---

① 《电饬江南江北各县府切实编造保甲户口完成具报后如再发现有奸匪潜滋即惟该县长是问》(1946年5月),江苏省档案馆藏,卷宗号:1002-乙-3020。
② 《至各区关于重编保甲之训令》(1947年1月),江苏省档案馆藏,卷宗号:1002-乙-3020。
③ 如皋县地方行政干部训练所:《如皋县政府保长训练各科应用讲义》(1947年6月),江苏省档案馆藏,卷宗号:1002-乙-3942。
④ 江苏省地方志编纂委员会编:《江苏省志·民政志》,方志出版社2002年版,第187~188页。
⑤ 江苏省社会科学院《江苏史纲》课题组编:《江苏史纲》,江苏古籍出版社1993年版,第549页。

解放标志着江苏全省解放。①伴随着国民党政权的垮台,国民党控制基层社会的保甲组织也走到了历史的尽头。4月后,人民政府开展了剿匪反霸的斗争,因势利导,废除了保甲制度,并在农村建立起人民政权。②

小 结

本章讨论了江苏保甲兴起的社会环境和江苏保甲的历史演变。

20世纪30年代,江苏省乡村社会充满了种种危机。经济上,由于灾害、经济危机和苛捐杂税的影响,农村经济充满了萧条和衰败;政治上,北伐后,豪绅势力把持地方政权,武断乡曲,残酷剥削和压迫农民,加剧了乡村社会的动荡,极大地影响着国民党政权的权威;匪患、烟毒和讼风等社会问题依然严重,人民生活在凄惨悲苦之中;革命问题上,1927—1930年间,中共在江苏乡村地区发动了多次起义,均以失败告终。1934年,中共在江苏的组织几乎全遭破坏。为了应对农村社会的种种危机,国民党当局将目光投向了保甲组织。1932年,保甲组织首先在豫、鄂、皖等国共争斗激烈的地区推行。1934年,又进一步向江、浙、湘等省扩展。

江苏保甲的历史演变,经历了三个阶段:即清末北洋政府时期的江苏地方自治(1908—1927)、"南京十年"的江苏保甲制度(1927—1937)和战争时期的江苏保甲制度(1937—1949)。

1908年,清末预备立宪,开始推行地方自治。进入民国,由于地方军阀割据,中央政府软弱无力,北京政府的地方自治政策摇摆不定,江苏省县以下自治组织杂乱不堪。

1927年,国民党执政以后,以蒋介石为首的南京国民政府,宣称要实践孙中山的地方自治思想,遂建立起区乡镇闾邻制。中共革命在乡村的兴起,引起

---

① 江苏省社会科学院《江苏史纲》课题组编:《江苏史纲》,江苏古籍出版社1993年版,第579~619页。

② 中共江苏省委党史工作办公室编:《陈丕显在苏南》,中共党史出版社1998年版,第266~267页。

了蒋介石集团的恐慌,国民党政权便在自治体制下推行保甲制度。即以江苏而言,地方政府也在不断强化联保连坐和清查户口,已在自治体制下局部地推行保甲制度,加速了全面推行保甲时刻的到来。1934年,江苏省开始全面推行保甲制度,以保甲组织推行地方自治。抗战以前,江苏保甲经历了筹备、编查、训练和运用四个阶段,它在自卫、建设和禁烟等方面发挥了重要的作用。

抗战全面爆发后,江苏地区几乎全部沦陷。日伪、中共和国民党都对保甲组织进行了争夺和改造。抗战后期,由于国民党在江苏地区的影响日渐式微,日伪暴行不得人心,中共采用了灵活的策略去争夺和改造保甲组织,控制了广大乡村地带,壮大了中共领导的敌后抗日力量。解放战争期间,为了镇压中共领导的革命力量,国民党政权再次重视保甲的编查与训练。1949年4月23日,人民解放军占领南京,国民党政权垮台。人民政府很快废除保甲制度,结束了国民党保甲制度的历史命运。

第二章

江苏保甲的施政纲要

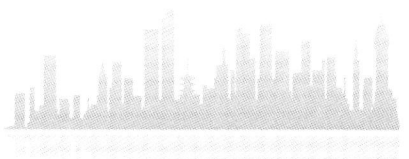

在20世纪前期的中国政治舞台上,历届政府都深信:地方行政的正规化是巩固国家政权的有效办法。只有将国家权力扩张到农村社会,人民与政府才能建立起直接的权利和义务关系,国家才能动员处于边缘地带广大农村的资源,以奠定现代化建设的基础。①自清末至抗战前夕,地方政治经历了以政治动员为主到政治统治为主的变迁,南京国民政府时期,以保甲取代自治体现了这个变迁过程。②

当保甲制度从豫、鄂、皖等国共争斗激烈的省份扩展至

---

① [美]杜赞奇:《文化、权力与国家:1900—1942年的华北农村》,王福明译,江苏人民出版社1996年版,第3页;张玉法:《中国现代化的动向》,见罗荣渠、牛大勇主编:《中国现代化历程的探索》,北京大学出版社1992年版,第85页。

② 沈松侨:《从自治到保甲:近代河南地方基层政治的演变(1908—1935)》,台北:《中央研究院近代史研究所集刊》第18期,1989年6月,第190页。

江、浙、湘等省后,江苏省对保甲制度进行了变通,并制定了一个较为完善的施政纲要。本章将探析江苏保甲的制度设计、人事要求和实施步骤,以期理解江苏省政府推行保甲制度的政治意图。

第一节　制度设计

一、孙中山、蒋介石与民国保甲复兴的关系

一般论者认为,孙中山是中国近代地方自治思想的先驱之一。国民党用保甲取代自治,显系违背了孙中山的地方自治思想。笔者以为,孙中山地方自治思想实现的阶段性和条件性,某种程度上为20世纪30年代南京国民政府复兴保甲制度提供了理论依据。

自同盟会成立以后,孙中山就对近代地方自治的道路与方法进行了探索和阐发,留下了许多宝贵的思考。早在《中国同盟会革命方略》中,孙中山提出,三民主义的实现要经过军法之治、约法之治和宪法之治三个阶段。在约法时期,军政府应将地方自治授予人民,自总揽国事。① 民国建立以后,出现了袁世凯复辟和军阀混战。孙中山认为,袁氏复辟和各省军阀割据的闹剧,皆因民治未能解决所致,只有民治才能打破官治的壁垒。② 1918年,孙中山在与李宗

---

① 孙中山:《中国同盟会革命方略》(1906年),见黄彦编注:《革命方略》,广东人民出版社2007年版,第2~3页。

② 魏光奇:《官治与自治:20世纪上半期的中国县制》,商务印书馆2004年版,第141页。

黄的谈话中提到,政治的基础在于地方自治。日本的强大并非在于坚甲利兵,而在于地方组织的健全,最好能看看他们的地方自治,以为训政时期提供参考。①1920年,在《地方自治开始实行法》一书中,孙中山描绘了一幅地方自治的画卷:地方自治应以县为单位,不足一县区域,"则合数个乡村而附有二三十里之田野者"为一试办区域。自治试办的先决条件是以民智程度来作判断。如果自治思想已经普遍,可以依次办理清户口、立机关、定地价、修道路、垦荒地和设学校等事宜。为此,他阐述了办理这些事情的缘由:只有清查户口,才能明确权利与义务的关系;自治机关确立后,人民才可以施行选举权,组织立法机关和执行机关。当户口清查和自治机关设立办妥后,只有确定地价,才能抑制土地和资本的垄断,消除社会革命和罢工风潮,因此,定地价是"吾国生民根本之大计,无论地方自治或中央经营,皆不可不以此为着手之急务也";修筑道路,可以促进文明进步和实业发达;开垦荒地,可以让自治区域变成"桃源乐土"和"锦绣山河";设立学校可以推动地方自治的进步。只有这六件事情次第展开后,才能依次办理合作、运输等事业。②到1923年,孙中山进一步指出:自治区域应以城镇乡为下级自治团体。乡村社会中的青苗会、保甲是具有自治雏形的社会组织,乡约和各种公所可以作为自治机关。只要将这些团体因势利导,定会利于自治的推行而收效宏大。③他希望,地方上的事情由当地人民自己治理,政府不应当干涉。只有各县自治,中华民国自然成立,"如果全国人民不能自治,总是要靠官治,中华民国便永远不能成立。"④

孙中山强调地方自治重要性的同时,也充分强调了实现地方自治需要分阶段进行。1914年,孙中山在《中华革命党总章》一书中,再次强调中国革命与

---

① 《在上海与李宗黄的谈话》(1918年7月),见《孙中山全集》第4卷,中华书局1985年版,第491页。

② 孙中山:《地方自治开始实行法》(1920年3月1日),见黄彦编注:《论民治与地方自治》,广东人民出版社2008年版,第47~51页。

③ 孙中山:《发扬民治说帖》(1923年),见黄彦编:《孙文选集》(下),广东人民出版社2006年版,第378页。

④ 《在广州全国青年联合会的演说》(1923年10月21日),见《孙中山全集》第8卷,中华书局1985年版,第324~325页。

建设需要分为军政、训政和宪政三个时期：在军政时期，要用武力扫除一切障碍，奠定民国基础；在训政时期，要以文明治理，督率国民建设地方自治；在宪政时期，待地方自治完备之后，由国民选举代表，组织和创制宪法。在军政和训政时期，"一切军国庶政，悉归本党负完全责任"[①]。与《中国同盟会革命方略》时期所提三个阶段相比，孙中山将督理"一切军国庶政"的责任由"军政府"转移到"本党"身上。1923年，孙中山指出：在训政时期的县自治，期限为3年。县自治完成的标志是：县自治机构扫除积弊，半数以上的人民了解三民主义而归民国，人口清查、户籍厘定、警察、卫生、教育和道路等各事照约法所定的最低限度办理。[②]训政时期的这种设计，无疑与孙中山对近代中国国民素质的消极评价有关。他认为，中国人民知识程度的不足是毫无讳言的。再加上数千年专制思想的毒害，中国民众的知识程度尚比不上美国的黑奴和外来人民。中国民众奴性十足，牢不可破，并不晓得民主政治的意义。"欲成立进入共和宪治之国家，舍训政一道，断无由速达也。"只有在国民党的监督下，民众接受了自治实践方面的训导，才能进入宪政阶段，直接行使民权。训政正是用革命进行建设的手段，是用强迫的方式来教民众实践自治的阶段。[③]训政时期，民众犹如初生的婴儿，国民党则作为婴儿的母亲，负有保养和教育民众的责任。国民党与民众的关系应当如历史上伊尹之于太甲、周公之于成王的关系。[④]而且，中国民众是散漫无力的。"中国民众是由于自由太多，没有团体，没有抵抗力，成一片散沙。"这样的民众，根本无法抵抗帝国主义的侵略和压迫。为此，他觉得，"中国人用不着自由"，要想抵抗外国的压迫，就要打破个人自由，使民众"结成坚固的团体，像士敏土参加到散沙里头，结成一块坚固

---

① 孙中山：《中华革命党总章》(1914年7月8日)，见黄彦编注：《论民治与地方自治》，广东人民出版社2008年版，第23页。

② 《中国革命史》(1923年1月29日)，见《孙中山全集》第7卷，中华书局1985年版，第62页。

③ 孙中山：《训政之解释》(1920年10月)，见黄彦编注：《论民治与地方自治》，广东人民出版社2008年版，第53~54页。

④ 《建国方略》第六章"能知必能行"(1917—1919)，见《孙中山全集》第6卷，中华书局1985年版，第209~211页。

石头一样"①。当然,在强调训政必要性的同时,孙中山并不否认广泛参政的合理性。他所设想的政治目标并非自上而下地强加于人,而是必须在地方村社中产生,然后逐步扩散到全国,造成全国政治一体化的局面。②在某种意义上说,孙中山的地方自治思想多少有些含混。他既渴望民主中国的实现,又强调推行地方自治需要"先知先觉"精英群体的训导,这两种难以兼容的因素混合,为南京国民政府在地方行政政策的偏差提供了发挥空间。③

1924年,在《国民政府建国大纲》中,孙中山明确提出了地方自治实现的前提,即政府先要委派受过训练的人员,领导民众筹备自治。一个完全自治的县的构成要素如下:"全县人口调查清楚,全县土地测量完竣,全县警卫办理妥善,四境纵横之道路修筑成功,而其人民曾受四权使用之训练而完毕其国民之义务,誓行革命之主义者,得选举县官为执行一县之政事,得选举议员以议立一县之法律。"④只有在清查户口、办理警卫、修筑道路和训练四权之后,人民才能行使选举权。

孙中山所强调的地方自治实现的阶段性和条件性,一定程度上为国民党保甲制的复兴提供了依据。自诩为孙中山继承者的蒋介石,虽曾声称"就是死了,我们也不能违反总理的主义,须遵照着总理的遗教去做"⑤,在实践中却将孙中山地方自治认识上的局限性进一步发挥。这主要表现在两个方面:

第一,在孙中山关于中国民众"一盘散沙论"的基础上,蒋介石极为推崇统制和训练民众,甚至认为这是国家建设和抵御外侮的根本。

---

① 《三民主义·民权主义·第二讲》(1924年3月6日),见《孙中山全集》第9卷,中华书局1986年版,第280~281页。

② [美]孔飞力:《中华帝国晚期的叛乱及其敌人:1796—1864年的军事化与社会结构》,谢亮生、杨品泉、谢思炜译,中国社会科学出版社1990年版,第224页。

③ [美]费正清主编:《剑桥中华民国史》下册,中国社会科学出版社1994年版,第392页。

④ 孙中山:《国民政府建国大纲》(1924年1月18日),见黄彦编注:《论民治与地方自治》,广东人民出版社2008年版,第97页。

⑤ 《党员在危急存亡之中对于主义更应具坚定的信念对党更应竭诚的拥护》(1932年5月2日),见秦孝仪主编:《先总统蒋公思想言论总集》第10卷,台北:中国国民党中央党史委员会,1984年版,第524页。

据学者杨天石的研究,蒋介石早年即具有民族主义思想,其主要内容是反清。五四运动以后,蒋的民族主义思想开始向反帝方向发展,他曾高度评价中国人民的反帝斗争和爱国精神,将其视为中华民族复兴的希望。五卅运动发生后,他不时提醒自己不忘国耻,并将英国视为中国的头号敌人。他甚至对美、法等国也持警惕态度。①掌握国民政府最高领导权之后,蒋对孙中山的三民主义大幅度修正,完全抛弃了联俄、联共和扶助农工三大政策,同时歪曲性地突出了孙中山晚年对中国传统文化的偏爱,利用民众反对西方列强的情绪,攻击英美民主主义和自由主义,为其违反人权、厉行独裁作辩护。在此基础上,蒋形成一套"以中国'正统'文化为本位、以拒俄拒日为中心的民族主义、力图保存中国民族独立与文化传统"的民族主义思想。②

为了争取民族独立,在多次演讲中,蒋介石念念不忘地强调纪律和服从的必要性和合理性。1928年3月,蒋对军官团的演讲中,要求学员应当"严守纪律,服从命令,尽革命的责任,不要再如从前那样浪漫、偷懒"③。同年8月,在北平的一次讲演中,蒋说道:"总理对于自由平等,是怎样解释的?他要中国人建设健全的国家,他总括一句话说:'中国人太自由'。中国所以贫弱,所以受不平等条约的束缚,就是中国人太自由的毛病生出来的。革命四十年不能成功,研究的结果,是一般党员只知个人自由,不能遵守党的纪律!所以我们要建设健全的国家,不受外国人欺侮,要废除不平等条约,最要紧的,是守纪律。"④这年年底,在中央党部会议上,蒋再次抱怨道,国民劣根性的表现之一,即为无秩序和无纪律,"对内没有服从性,不肯听党的命令",这便是外国列强

---

① 杨天石:《蒋介石与南京国民政府》,中国人民大学出版社2007年版,第7~11页。

② 高华:《国民政府权威的建立与图强》,见许纪霖、陈达凯主编:《中国现代化史》第一卷(1840—1949),学林出版社2006年版,第362~363页。

③ 《接受严格训练造成真正革命干部》(1928年3月6日),见秦孝仪主编:《先总统蒋公思想言论总集》第10卷,台北:中国国民党中央党史委员会,1984年版,第302页。

④ 《中国建设之途径》(1928年7月18日),见秦孝仪主编:《先总统蒋公思想言论总集》第10卷,台北:中国国民党中央党史委员会,1984年版,第327页。

为何可以肆无忌惮地欺压中国的原因。①由于对民众的消极看法,蒋介石认为,训政时期,国民党必须全力执行民众的"保姆"和"导师"的职权,训练民众的政治参与能力,约束那些"不受训练的举动"。只有在经过长期训练之后,民众的知识和能力才会得以增强,团体生活习惯和纪律观念才会有坚定的基础,民主精神才不至于成为空名。②

稍后,保甲制度专家闻钧天沿着蒋介石的口径讲道,欧美的地方自治不能立即推行于中国,其原因在于三方面:(1)中国创造共和的时间远比欧美短暂,社会积弊不能用自治的药方来妙手回春般解决。(2)中国传统社会,在上为极端专制的政府,在下是极端放任的人民。除了纳税和诉讼之外,人民与政府彼此不相联系。政府管理人民的责任比较空泛。(3)工商业落后与民族观念薄弱,民众之间关系仅有零星组合,缺乏团结力,"正如一盘散沙,无缘联贯"。极端放任的政府与极端自由成性的国民,造成了政府漠视人民的痛苦,人民对政府的信仰日趋冷酷忘情。③因此,他期望保甲运动以"编查户口入手,以邻人治邻人为原则;以安定社会为始基,以健全民治为原则"④。

第二,和孙中山一样,蒋在肯定举办地方自治必要性的同时,也强调实现地方自治的阶段性。作为孙中山的继承者,蒋介石多次强调要遵照总理遗训,实行三民主义政治。1928年,蒋介石在召集安徽县长开会时指出:"现在本席所要请各县长注意的,就是要明白目前中国完全是要实行三民主义的政治,建国大纲中最要紧的,就是县自治的完成。故以后无论民政厅长、县长,都要遵照三民主义去做。"如果敷衍了事,那便是违背了总理遗嘱,违背了三民主义,那无异于反革命。⑤1931年,蒋在国民会议上再次强调:"建国工作,以地方

---

① 《北伐成功后最紧要的工作》(1928年12月10日),见秦孝仪主编:《先总统蒋公思想言论总集》第10卷,台北:中国国民党中央党史委员会,1984年版,第336页。

② 《青年底地位及其前途》(1929年7月9日),见秦孝仪主编:《先总统蒋公思想言论总集》第10卷,台北:中国国民党中央党史委员会,1984年版,第424页。

③ 闻钧天:《中国保甲制度》,上海:商务印书馆1935年版,第49页。

④ 闻钧天:《中国保甲制度》,上海:商务印书馆1935年版,第543页。

⑤ 《当前县政要务》(1928年11月30日),见秦孝仪主编:《先总统蒋公思想言论总集》第10卷,台北:中国国民党中央党史委员会,1984年版,第331页。

自治为根本,此为总理特具之灼见,吾人既已接受总理遗教而努力奉行,则今后工作,即应以建国大纲为人人必备之课本。"①1933 年,蒋介石在江西省党部会议上指出:"尤其是本党同志,第一个责任,是在维持各地秩序,因为必须有自治、自卫的能力,才不愧为革命的民众和革命的党员。"②1935 年,蒋介石在其所著的《国父遗教概要》一书中强调:"地方自治,是政治建设的基本工作,也就是建国的中心要务,因其异常重要。"③

在坚持地方自治的前提下,蒋介石等人却强调自治实现的阶段性,即先推行自卫,后举办自治,保甲制度恰是地方自治的"推进机"。早在 1928 年 7 月,在北平的一次演讲中,蒋便对保甲组织大加赞赏。他说,如果运用保甲方法,全国的人口和土地将容易调查清楚,"盗匪"容易禁绝,一切事务将会有精密详细的统计。这不仅有利于实现全国军事化,也有利于组织和训练民众。④到了 1931 年 5 月,蒋再次强调,要想安定地方秩序,只有兴办保甲,清查户口,缉除"匪"类,才能增强民众的自卫和自治能力,革除民众的不良嗜好与习惯。⑤

在推崇保甲的同时,以蒋介石为首的国民党中央力图调和保甲与自治的关系。1929 年,国民党中央宣传部提出:"保甲运动是实行地方自治的基本工作。"⑥随后,广东省民政厅和国民党浙江省宣传部在其所编的宣传读本中,进一步讲道:保甲运动的宗旨,是实践孙中山所说的"保"与"养"中的"保"(自卫),实践孙中山所说的使"武力成为国民的武力"的办法。保甲运动不仅可以

---

① 《努力完成训政大业》(1931 年 5 月 17 日),见秦孝仪主编:《先总统蒋公思想言论总集》第 10 卷,台北:中国国民党中央党史委员会,1984 年版,第 468 页。

② 《剿匪要实干》(1933 年 1 月 30 日),见秦孝仪主编:《先总统蒋公思想言论总集》第 11 卷,台北:中国国民党中央党史委员会,1984 年版,第 3 页。

③ 《国父遗教概要》(1935 年 9 月 14 日),见秦孝仪主编:《先总统蒋公思想言论总集》第 3 卷,台北:中国国民党中央党史委员会,1984 年版,第 3 页。

④ 《中国建设之途径》(1928 年 7 月 18 日),见秦孝仪主编:《先总统蒋公思想言论总集》第 3 卷,台北:中国国民党中央党史委员会,1984 年版,第 328 页。

⑤ 《努力完成训政大业》(1931 年 5 月 17 日),见秦孝仪主编:《先总统蒋公思想言论总集》第 10 卷,台北:中国国民党中央党史委员会,1984 年版,第 468 页。

⑥ 中国国民党中央执行委员会宣传部编:《保甲运动宣传纲要》,1929 年版,第 9~34 页。

训练民众政治的组织能力，还可以训练民众经济的组织能力。保甲所从事的警卫和清查户口，正是地方自治的基本工作。因此，保甲运动可以推进地方自治。①在此基础上，1932年，蒋介石在《豫鄂皖三省"剿匪总司令部"施行保甲训令全文》中讲道，国民政府不会放弃自治，不过，自治的实现需要分阶段进行。如果为了自卫而不放弃自治，"自治既与自卫不分，自卫亦即自治之附庸"。目前形势下，同时举办自治和自卫并不适宜。一方面，"连年匪祸丧乱之余，百业凋零，农村破产，人才经济均感困难，无自治自卫同时举办之能力"。另一方面，"实则一般匪区民众于创痛危惧之中，只有自卫安宁之急切要求，决不敢遽作享受如许自治幸福之奢望"。正因如此，蒋介石提出了"先谋自卫之完成，再作自治之推进"的主张。②显然，国民党中央关于自治与保甲关系的认识，为江苏省保甲的制度设计提供了理论依据。

二、江苏保甲实施的特殊性

1932年，国民政府在豫、鄂、皖等省国共斗争最为激烈的地区推行保甲制度，主要是为了配合军事上的"剿共"，因此，这种保甲制度特别强调自卫。与"剿共"省份保甲制度偏重自卫有所不同，江苏保甲并不因推行保甲而停办自治，而是兼顾自治与保甲，实质是纳自治于保甲组织之中。③江苏保甲制度的这种设计，取决于以下三方面的考虑。

第一，江苏省已有地方自治传统，为自治型保甲的设计提供了现实依据。

自南宋以来，江苏省作为中国人文渊薮，文风盛行。明末以来，江苏省进士人数基本上处于全国数一数二的地位。在清代所举行的112次会试和殿试中，江苏籍举子中状元者达49次之多，占全国总数的43.75%。科举的目的在于做

---

① 郎擎霄：《保甲运动之理论与实际》，广东省民政厅，1929年版，第3~8页；中国国民党浙江省执行委员会宣传部编：《保甲运动丛刊》，1931年版，第7~9页。

② 《豫鄂皖三省"剿匪总司令部"施行保甲训令全文》，见闻钧天：《中国保甲制度》，商务印书馆1935年版，第547~549页。

③ 魏宏运主编：《民国史纪事本末》，第3册(上)，辽宁人民出版社2000年版，第390页。

官,在清朝中央宰辅之中,江苏省籍者约占20%,居于全国之首;按察使以上的封疆大吏中,江苏籍人士也占据全国的首位。即使在知府、知州和知县等地方官员中,江苏籍人士仍占了极大的比例。① 因此,江苏省官绅的势力不容小觑。除了参加全国性政治运动外,官绅们还对地方教育、治安和财政问题颇为热心,积极推进地方自治运动。②

早在光绪三十三年(1907),江苏仿照天津自治的办法,开始筹办自治,并于江宁省城筹设了自治总局,附设了自治研究所和实地调查所等。同年,上元和江宁两县开始举办自治。1908年,江苏省在苏州地区试办自治。1909年,除了办理乡镇自治之外,江苏已开始筹办厅、州、县地方自治事务。民国初年,江苏地方自治仍沿袭清末旧制。③ 除了袁世凯执政时期地方自治运动一度受挫外,江苏的地方自治办得较有声色,其中,尤以张謇倡导的南通自治最为显著。自1896年筹办大生纱厂开始,张謇即为南通自治铺路。随着立宪运动的展开,张謇将实业、教育和慈善为主体的自治思路,逐次推及市政建设等诸多方面。④ 1915年春,张謇辞去农商总长之后,依据自己的权势和地位左右南通地方政权,专心经营地方自治事务。1919年9月,张謇和江苏一批绅商在上海筹划了"中华模范地方自治讲习所",准备先培训一批自治人才,将南通自治模式推广至整个江苏。1920年,张謇发起组织"苏社",标榜"苏人治苏",希望用地方自治来维持江苏的安全与稳定。同年,张謇还在南通成立了自治会,自治会会长由其子张孝若担任。自治会的内部机构设置和职权分工与地方政府颇相似,并以"自存立,自生活,自保卫"为口号。⑤ 在南通自治的25年间,张謇以纺织业和农垦业为中心,创建了60余家企业,几乎遍及当时各个行业,推动

---

① 王树槐:《中国现代化的区域研究:江苏省,1860—1916》,台北:"中央研究院"近代史研究所,1984年版,第49~54页。
② 王树槐:《中国现代化的区域研究:江苏省,1860—1916》,台北:"中央研究院"近代史研究所,1984年版,第198~200页。
③ 江苏省地方志编纂委员会编:《江苏省志·民政志》,方志出版社2002年版,第190页。
④ 卫春回:《张謇评传》,南京大学出版社2001年版,第311~312页。
⑤ 章开沅:《张謇传》,中华工商联合出版社2000年版,第298~301页。

了南通现代化的进程,南通一跃成为全国模范县。①

20世纪二三十年代,江苏省地方自治并不仅限于南通一县。为了改善县政和推进地方自治,一些县份纷纷举办了地方自治实验区。就其倡办的组织而言,有的实验区由县政府倡办,有的由地方士绅倡办,有的由县政府和士绅共同倡办,有的由地方党政机关合办。②其一,在自治实验县方面,江宁和萧县两县较为典型。江宁县是由中央政治学校教授和学生办理,实验县县长由中央政治学校教授梅思平担任。与定县和邹平的乡村自治不同(定县是从教育入手,邹平是从经济入手),江宁县先从政治入手,取消各区区公所,扶持各乡镇,建立以村里为乡镇的直接自治团体。事业方面,江宁县先行办理土地陈报,整顿田赋,进而剔除治安的积弊,推进小学教育。③起初,江宁县自治尚取得了一定成绩。随后,由于国民政府中央各部插手,县长梅思平"都要去拉拉扯扯,又好管闲事,所以县政毫无中心,办理四年自治,不见成绩"。相比之下,萧县自治成绩更为显著。1933年,在江苏省当局的支持下,萧县县长姚雪怀推动该县土地陈报、司法、水利、教育、造林和垦荒等建设。邹平、镇平和定县等实验区的考察团,在参观了萧县的自治成绩之后,有的甚至自认其所办的自治是失败的。④其二,江苏省的一些县份举办了自治实验区。在昆山,1926年10月,中华职业教育社等组织了联合农村生活董事会,并在昆山徐公桥设立了事务所,试验改进计划。1928年后,职教社在徐公桥成立了乡村建设改进会,会员为各村成年男女。据1934年统计,徐公桥试验区包括了42个村600余户3000多人,该区的建设、农业、教育和保卫等事业有了一定的改进。⑤在镇江,1929年,江苏省实业厅、职教社和绅士冷御秋在黄墟镇设立了农村改进试验区,倡导"寓教政合一主义,改进农友们整个生活"。"土无旷荒,民无游荡,人无不学,事无不举"。⑥同时,江苏省各县筹备义务教育联

---

① 王清:《张謇"地方自治"研究》,《历史教学问题》1998年第1期。
② 赵如珩:《江苏省鉴·政治》,新中国建设学会,1935年版,第56~57页。
③ 龚心齐、罗志渊:《江苏各县县政参观纪要》,《江苏月报》第4卷第5、6期合刊,1935年12月。
④ 陈果夫:《苏政回忆》,台北:正中书局1951年版,第14~15页,南京图书馆藏。
⑤ 江苏省地方志编纂委员会编:《江苏省志·民政志》,方志出版社2002年版,第195~196页。
⑥ 赵如珩:《江苏省鉴·政治》,新中国建设学会,1935年版,第69~70页。

合会，还在镇江中冷新村设立了实验区，其实验工作方针为："以全区社会为学校，以全区人民为学生，以改进全区人民整个生活为教育"，它在政治、经济和文化方面都制定了具体的目标。①在吴县，1930年，职教社在善人桥筹设试验区，聘请张仲仁、李印泉、胡春藻和江问渔等人为筹备人员，并进行了调查、专家设计和筹款等。1933年，当筹备工作结束时，试验区已包括了近200个乡村，人口达到了1631人。在此期间，试验区积极推动村政、农业改良、义务教育和自卫等事项。②在无锡，1929年，江苏省教育学院在该县设立了高巷、北夏、惠北、大港等实验区。在上海，基督教教育年会主办了浦东劳工新村。在苏州，苏州青年会在唯亭主办了农村服务处。省立民众徐州民教馆主办了坝子街试验区。此外，徐州、武进、句容、宜兴等县私人也创办了一批乡村改进试验区。③

第二，以张立瀛为代表的江苏地方官员对自治与保甲关系的认识，则是江苏保甲制度设计的地方性推动力量。

"熔保甲自治于一炉"的想法源于一位名叫张立瀛的官员。张立瀛(1882—1963)，字芷津，早年公派留日研习警政，是江苏地区最早留学海外的学生之一。留学期间，张认识了孙中山、黄兴等革命先行者，参加了反清斗争。1916年，张立瀛通过了北洋政府的文官考试，便留在内务部任佥事，直到国民党政权定都南京为止。此后，张立瀛外放到安徽庐江任县长。1933年，江苏保甲筹办之初，张回到了江苏省会镇江，参加了县长甄审考试。④由于在内务部和地方任职的经历，张比较熟悉中央行政和地方自治法规。当张拜会江苏省民政厅长余井塘时，余向他问询了有关保甲与自治的利弊。张向余井塘说："单行自卫，自治是无法完成的。况且苏省自治已有基础，应当健全保甲组织，以推进自治事业，熔保甲自治为一炉。"张的提议得到了余井塘的赞赏，余便将张

---

① 赵如珩：《江苏省鉴·政治》，新中国建设学会，1935年版，第74~75页。
② 赵如珩：《江苏省鉴·政治》，新中国建设学会，1935年版，第76~77页。
③ 江苏省地方志编纂委员会编：《江苏省志·民政志》，方志出版社2002年版，第198页。
④ 张典焕：《回忆四祖父张立瀛》，见江苏省政协文史资料研究委员会、镇江市政协文史资料委员会编：《镇江文史资料》第30辑(下)，1997年版，第671~677页。

留在了民政厅,委托张主办保甲事务。①保甲举办之初,江苏省将原有的自治经费移作保甲经费,省政府在公告里指出:"自治与保甲,实为同一件事层次上之分别,初非为两事也。""本省则以地方自治已具有相当基础,故虽施行保甲制度,仍不停办地方自治,并利用保甲组织,以求自治之推进。"②

在保甲推行过程中,江苏省各级官员对于保甲与自治的认识,成为自治型保甲得以贯彻的有力保障。

一方面,他们并不否认保甲与自治之间的差异。如一位名叫张毅忱的官员,较为全面地指出了二者之间的差别。(1)在组织上,保甲是自上而下的组织,自治是自下而上的组织。(2)在法律上,保甲组织并不具有独立的权利义务主体,只是政府指挥监督下具有军事化的基层组织。自治团体则具有独立人格,可以在一定范围内按照自己的意志处理事务。(3)保甲是以训练民众的方式来推行庶政,以民族复兴为目的,较侧重国家层面。自治是以办理自己的事务为主,实现民主政治为最终目的。(4)保甲强调集团主义,以家为单位;自治注重个人主义,以个人为单位。保甲重视纵横联系,尤重横的户与户联系,共同担保。自治只有区乡镇间邻纵的联系,无密切横的联络,组织泄沓,缺乏机能。(5)保甲人员虽有推选的程序,但最后选委的抉择权完全操之于政府。自治是发挥自由平等精神,自治人员由公民开会票选。尽管张承认了保甲与自治存在差异,但他并不赞同立即开办地方自治。对此,张解释说:在民智未开的条件下,举办自治,不是流于"他动的自治",便是成了"群愚政治"。而且,鉴于民族危机的形势,正如其他人的认识一样,张深信:只有富有效率、带有军事化性质的保甲组织,才能有效抵抗外国的侵略和压迫。③

另一方面,江苏省各级官员认为"自治为体,保甲为用"是较为合理的设计。如江苏省主席陈果夫所说:"保甲之效,语其末,则肃清匪源,增强自卫;溯其本,则组织民众,推行政令,训练四权,促成自治,胥有赖焉。"为此,他要求

---

① 张立瀛:《江苏保甲·自序》,江苏省民政厅,1948年版,南京图书馆藏。
② 陈果夫:《江苏省政述要·民政篇》,见沈云龙主编:《近代中国史料丛刊续编》第97辑,台北:文海出版社1983年版,第23~32页。
③ 张毅忱:《保甲与地方自治》,《江苏保甲》第2卷第3期,1936年3月。

各县官员尽力推行保甲,以树立地方自治的基础。①1934年,江苏省民政厅厅长辜仁发在一次讲话中指出:保甲和自治并不冲突,保甲是自治中的民众组织,其作用并不限于调查户口和肃清土匪。编组保甲,可以组织壮丁队,有利于生产和自卫。"譬如征工筑路,在自治组织中如无保甲制度,则临时征集民夫,非常困难。有了保甲,就不成问题了。""只有办理好保甲后,自治工作自然像网之在纲,领之在衣,一举而无不举矣"。②民政厅主任秘书相菊潭说,保甲编组完成后,户口即可统计明确。在此基础上,学龄儿童数目可以详查,社教机关便容易寻求施教的对象,学校与家庭之间的隔阂便可消除。不仅如此,保甲对复兴农村也是有必要的。农业合作的基础是共同购买肥料和机器,集体兴修水利和研究改良耕种方法。保甲将农民组织起来,进而开发当地材料,从事家庭工艺,发展农村副业。③

民政厅第二科科长周异斌认为:江苏省不过是用十进位的保与甲代替了有名无实的闾邻组织,并不因编组保甲而有丝毫的变更和紊乱。从事业方面来看,凡属地方自治组织所担负执行的任务,保甲都可以完成,"绝对没有不能胜任的愉快"。保甲规约的内容,十之九为地方自治应办的事项。由于保甲规约的贯串和沟通,保甲和自治是殊途同归的。④民政厅另外一名官员胡棘园补充道,江苏并未因保甲而停办自治,因为宜兴、昆山和南通等县自治区,正在用政教合一的办法来试办自治;各县设置的实验乡并未取消;江苏省当局仍在关注自治实验县的经费和计划。各县都以保甲组织来逐步推行自治事业。⑤一位官员认为,自治的实现路径如下:扶植地方自治(保甲时期)——开始地方自治(过渡时期)——完成地方自治(完全自治时期)。扶植自治时期,保甲长由户长往上推选,由政府核定委任;过渡时期,在县政府的监督下,人

---

① 江苏省民政厅编:《江苏省保甲总报告·序一》,1936年版。
② 《本府第1403次纪念周记录》,见江苏省政府秘书处编:《江苏省政府公报》第1560期,1934年1月10日。
③ 相菊潭:《各界应动员参加保甲运动》,《保甲半月刊》第3期,1935年3月。
④ 周异斌:《保甲制度实施之研究》,《江苏保甲》第2卷第4期,1936年3月。
⑤ 胡棘园:《推进地方自治事业的重要》,《江苏保甲》第2卷第13期,1936年8月。

民开始推选乡镇保甲长；完全自治时期，人民可以自行选举和罢免乡镇保甲长。① 睢宁县一名官员形象地说："江苏省用自上而下的保甲组织，培植自下而上的自治组织，实在是架桥过河、买棹过江的良法。"②

第三，某种程度上说，江苏省自治型保甲的设计，也是以陈果夫为代表的CC系与以杨永泰为代表的政学系之间相互斗争的产物。

前两次"围剿"红军失败后，蒋介石将失败原因归于地方自治组织的松散。为此，蒋采纳了杨永泰"三分军事、七分政治"的建议，进而通令豫、鄂、皖、赣、闽五省停办自治，改办保甲。五省举办保甲，为杨永泰等人提供了权力扩张的机会。在杨看来，只要各省"停办自治，改办保甲"，省主席以下的各级行政人员将由杨主导的"南昌行营"遴选委派，这将有利于政学系主宰各省权力格局。然而，各地倡导乡村自治的呼声不断，保甲取代自治之路并不易行。比如，在山东省主席韩复榘的支持下，梁漱溟在邹平建立了研究院，推动乡村建设。晏阳初在河北省主席于学忠的支持下，在定县筹办了以教育为中心的地方建设。自此，各地实验区、实验乡、实验镇和实验村纷纷出现。这些由地方实力派支持的地方自治实验，引起了蒋介石强烈的不满。在蒋看来，这些自治实验"把地方弄得乱七八糟"。为了争取筹办自治的主动权，蒋委派心腹陈果夫在国民党核心地区的江、浙两省筹办地方自治实验。当江苏的江宁和浙江的兰溪被筹设为实验县后，陈果夫想将此扩大为实验区和实验省，进而影响全国地方行政局势。当陈果夫担任江苏省政府主席后，其力主的地方自治得到了浙江省主席黄绍竑的支持，这无疑增强了CC系对地方行政的影响力。1935年，在全国最高行政会议上，以陈果夫为首的CC系力主"办自治不办保甲"，以杨永泰为首的政学系则强调"办保甲不办自治"，双方为此争吵了一周，各走极端。后来，内政部长蒋作宾提出了一个"寓保甲于自治"的折中方案，即非"剿匪"省份仍保持自治体制，只不过在乡镇之下编组保甲，双方对此表示赞

---

① 陈云裳：《保甲制度与地方自治之调整问题》，《江苏保甲》第3卷第4期，1937年3月。
② 沈家琪：《我对于保甲运动的几个反应》，《江苏保甲》第1卷第19期，1935年11月。

同。①从上可见,陈果夫对地方自治的支持,也是自治型保甲设计中不可缺少的一个因素。

三、自治型保甲设计的意义

由于国民党中央与江苏地方政权的作用,江苏省所推行的保甲制度,除了强调自卫之外,还兼顾了地方自治。这种特点是江苏保甲区别于其他"剿匪"省份保甲的关键。那么,如何看待江苏省保甲这种自治型设计呢?

第一,江苏省自治型的保甲设计,大大地淡化了鄂、豫、皖等"剿匪区"的军事化色彩,开启了依附国家政权主导式的地方自治的省区实验。因此,它成为抗战后国民党推行新县制之先声。

考量民国时期的地方自治,就无法回避中央政府的影响。自清末以来至国民党政权建立期间,地方军阀割据混战,中央政府缺乏足够的权威,"国家"术语通常指的是省政府而不是名义上的北京政府。②因此,民国时期各地兴办的地方自治,更多是由地方军阀和士绅所倡导,具有强烈的地方色彩。北伐后,国民党政权实现了形式上的统一,它放弃了传统的乡村控制模式,决定以国家行政力量来向广大乡村地区渗透。不过,由于国民党所控制的真正版图仅限于长江中下游地区,大部分地区仍在地方军阀的控制之下③,它只得采取了"优先发展"的战略:即精心经营统治核心地区,逐步向边缘地区扩大中央政府的影响力。由于地方实力派所倡办的地方自治的推动,国民党便决定在核心地区实施国家主导式的乡村自治实验,进而为其他省区乡村自治树立样

---

① 胡次威:《国民党反动统治时期的"新县制"》,见中国人民政治协商会议全国委员会文史资料委员会《文史资料选辑》编辑部编:《文史资料选辑》第29辑,中国文史出版社1995年版,第194~200页。

② [美]李怀印:《华北村治——晚清和民国时期的国家和乡村》,岁有生、王士皓译,中华书局2008年版,第231~232页。

③ 据易劳逸的研究,在1929年8月,国民党仅控制了8%的领土和20%的人口,到了抗战前夕,国民党已经能够控制中国25%的地区和66%的人口。参见[美]易劳逸:《流产的革命:1927—1937年国民党统治下的中国》,陈谦平、陈红民等译,中国青年出版社1992年版,第331页。

板。可以说,江苏省自治型保甲的设计,正是国民党中央回应边缘地区乡村自治的一种方式。当时,一位名叫陈一的官员,将江苏保甲与其他各省的民众组织(广西民团、山东连庄会、河北平教会、山西等省防共队)作了对比。陈认为,其他各省民众组织的缺点在于太枝节,缺乏整体性和统一性。只有江苏保甲可以作为全国统一组织的典范,这是因为:"盖江苏保甲之来历是中央,中央的政策是整个的社会统一路线;努力江苏保甲的是上层的政治人员,下层的自治教育同志。江苏保甲的产生和有今日之基础,全是自上而下的组织,由下而上的编制,合流而成一个全民自治本位之民众组织。"①尽管陈一对江苏保甲的评价未免有些过誉的成分,但他的话肯定了两点:江苏保甲的施政计划是国民党中央政治设计的具体化。而且,江苏省作为一个党治政权的省份,"以党治国"的理念在江苏保甲的推行中得到了贯彻。

当江苏保甲取得成效后,国民党当局深信,这种由政府主导式的自治模式更适合国民党统治的需要。早在20世纪30年代前期,国民党内部对自治与保甲的认识,便存在着较大的分歧,主张举办保甲的声音并不占上风。尽管1929年蒋介石就力主举办保甲,但这种主张却遭到了国民政府内政部的婉拒,各省政府也很少认真举办。甚至1932年蒋介石通令在豫、鄂、皖等"剿匪区"推行保甲后,"地方组织应实行自治,抑办理保甲。当时中央各方,意见不一,争论甚多,至难决定"②。许多官员和名流尚强调保甲与自治之间的不兼容性。他们认为,保甲是一种纵的、便于管理的军事化组织,它带有被动性质,只能做到消极的互相纠察、安定社会的目的,并不能作为积极建设的单位。③学者陈之迈毫不客气地批评了混淆保甲与自治关系的做法。在《漫游杂感》一文里,陈说道:"无论立法如何巧妙,法规是如何的灵活,自治与保甲是根本不同目的层次的、大异趣的两种制度,把它们融合起来,最多不过是形式上的附会,实质上完全是脱离不了枘凿之讥","这种不顾精神及目的的政制创设,是徒劳无功的,只有使得奉命唯谨的地方当局扑朔迷离,头晕目眩

---

① 陈一:《江苏保甲在中国民众组织上之评价》,《江苏保甲》第2卷第12期,1935年7月。
② 黄绍竑:《黄绍竑回忆录》,广西人民出版社1991年版,第301页。
③ 陈柏心:《中国县制改造》,重庆:国民图书出版社1942年版,第279页。

而已"。①诸如此类批评保甲的声音,使得国民党当局在保甲与自治之间摇摆不定。如1934年2月,国民党中央政治会议通过了《地方自治原则》,该原则指出:"县以下乡、镇、村等各自治团体均为一级,直接受县政府之指挥监督。乡、镇、村长等由各乡、镇、村人民选举三人,由县、市长择一委任。"国民党当局同时又补充道,地方自治因时因地有所差异,中央只作大体及富有弹性的规定,各省可根据情况分别拟定程式,报呈内政部核准。②

不过,融合保甲与自治所引来的诸多批评,并没有打消国民党中央实施保甲的信念。相反,江苏保甲取得成效后,客观上成了国民党当局回应这些批评的有力武器。到了1935年,在行政院通令各省办理保甲办法5条中,行政院要求各地除了应注意保甲长人选、保甲教育和"清匪察奸"之外,还指示各地裁减保卫团,将其经费移作办理保甲之用。各地应从经济方面入手办理保甲,如推行合作社,作普遍的造林运动。③很显然,国民政府强调保甲在经济建设方面的作用,正是受了江苏保甲"自治为体,保甲为用"的影响。1936年9月,立法院颁布通过了《保甲条例》,其要点有6项:(1)说明了保甲条例产生于县自治法,"保甲与自治完全为一个体系"。为了整齐划一的需要,各县乡镇以下和市区以下的组织,一律改闾邻为保甲。(2)县以下乡镇一级,并不因施行保甲而有所变更。自治事务、训练民众和使用四权,也不因举办保甲而受影响。自治未完成前,甲长由甲内各户户长推选,保长由本保内各甲长推选。至自治已有相当成绩时,人民已受四权训练后,保甲长由所属公民推选。至于编组方法,是以户为单位,并不因扶植自治、自治开始和自治完成时期的不同而有所改变。(3)清查户口,既是地方自治开始实行的主要内容,也是现行保甲制度的主要任务。(4)壮丁训练改为公民训练。(5)互保连坐切结,限于必要时始得行之,以利自治之推行。因此,自治法产生中的保甲条例与"剿匪"区产生的

---

① 陈之迈:《漫游杂感》,《独立评论》第222期,1936年10月。

② 中国第二历史档案馆编:《国民党政府政治制度档案史料选编》(下),安徽教育出版社1994年版,第536~537页。

③ 《行政院通令各省办理保甲经决定办法五项》,《江苏保甲》第2卷第16期,1936年9月。

编查保甲条例,性质上稍有不同。(6)市县县保卫团法撤销。① 国民政府以法令形式确立了保甲推行的合法性。

早在国民政府实行新县制前,各省的区乡行政体制尚存在着三种模式。第一种模式是以山东、山西为代表的村制,这两个省并没有编制保甲;第二种模式是以豫、鄂、皖等"剿匪区"为代表的自卫型保甲制度,其分布区域有10个省,区以下设有联保一级组织,并无乡镇一级组织;第三种模式即以江苏为代表的自治型保甲制度,其分布区域有9个省,区以下保留了乡镇组织,不设联保组织。② 1939年,国民政府颁布了《县各级自治纲要》,推行"新县制",基本上采纳了以江苏为代表的自治型保甲制度模式。新县制规定了县与乡镇两级的地方自治,以保甲组织来推行广泛的地方建设事务,这使得保甲从单纯的自卫组织演变为自治组织。自此,保甲与自治开始全面融合。③

第二,江苏省自治型保甲的这种设计,加速了自上而下政令的传达,却造成了政府官员将保甲视为"万能工具"的倾向。在保甲被作为"万能工具"的影响下,滥用保甲的现象无法避免,这反过来加重了乡镇保甲长的负担,阻碍了行政效率的提高。

在国民党当局看来,"自治为体,保甲为用"是一种合理的设计,即以政府主导的保甲组织来推行各项社会建设,从而推进地方自治。不过,国民党执政时期的"有为"政治,却使得这个自治事务的边界日益扩大,更使保甲组织日益行政化,沦为政令推行的工具。国民党执政之后,崇尚"有为"政治,希望一改"消极"为"积极"。于是,县级行政组织的规模不断扩大,政府职能不断扩张,各项行政事务增多。据1930年奉贤县施政报告所载,该县施政分为内务、司法、区政、财政、公安、教育、建设、农业、工商业和社会等十大项,其中每项下又分若干小项,共计72项。④ 同一时期涟水县的施政计划则达到了171项,

---

① 《立法院通过保甲条例》,《江苏保甲》第2卷第17期,1936年10月。
② 魏光奇:《官治与自治:20世纪上半期的中国县制》,商务印书馆2004年版,第206~208页。
③ 武乾:《南京国民政府的保甲制度与地方自治》,《法商研究》2001年第6期。
④ 《奉贤县政府工作报告》,《奉贤县政府公报》第32、33期合刊,1930年6月。

可谓事无巨细,应有尽有。①据学者王奇生的研究,清朝一县知事所处理的事务尚不过30项,而国民政府时期的县长要处理事务(如民政、财政、教育、司法、建设和卫生等)竟达170余项。②国民政府时期县政府所处理事务之繁杂,令传统的县政府望尘莫及。

1933年,陈果夫主政江苏以后,更加注重"有为"政治,他积极推动地方各项建设,期望江苏成为全国"模范省"。陈认为,那些动辄借口经费匮乏而尸位的主政者是要不得的,因为这些主政者无异于推卸自己的政治责任,"其究其极乃足以误国而召亡"。相反,主政者应当将"民生利害休戚,宜若疾痛之在躬",必须担负其领导急进的责任。③如他所说,"我们在江苏服务,只是诚意为江苏谋福利,未尝有名利心……四年之间,上下融洽,皆以事业为目标","故建设事业得从容依据理想,逐步推行尽利"。④

受到"有为"政治的影响,江苏省当局对保甲组织寄予了很大的希望,不断利用保甲推动各项社会建设。最早关于保甲的运用是防治盗匪,"如苏北之徐淮海等地,匪风素炽,去年青纱帐起,间阎均能安堵,尤以淮阴区自前次举行剿匪后,地方安谧,实近年所罕见。保甲运用之效,于此可见大端。"⑤随后,江苏省便将保甲用于征工浚河、土地陈报和强迫识字教育等事务,江苏省县一些官员倾向于将保甲当成"万能的工具"。如江苏省民政厅厅长余井塘所说:"保甲是一种方法,组织民众的方法,借以达到改善民众生活的一种方法。有了保甲,我们可以推进民众需要的一切。它是推行政令的工具,办理征工浚河,征工筑路也好,土地陈报也好,肃清盗匪,无一不可借重保甲。"⑥省政府委

---

① 李巨澜:《失范与重构:1927—1937年苏北地方政权秩序化研究》,华东师范大学2005年博士论文,第106页。

② 王奇生:《民国时期县长的群体构成与人事嬗递——以1927年至1949年长江流域省份为中心》,《历史研究》1999年第2期。

③ 陈果夫:《江苏省政述要·建设篇弁言》,见沈云龙主编:《近代中国史料丛刊续编》第97辑,台北:文海出版社1983年版。

④ 陈果夫:《苏政回忆·自序》,台北:正中书局1951年版,南京图书馆藏。

⑤ 余井塘:《一年之江苏民政》,《江苏民政》第1卷第3期,1935年12月。

⑥ 余井塘:《保甲制度的真谛》,《保甲半月刊》第2期,1935年1月。

员叶楚伧也有类似的观点,他说:"保甲为政治的基本组织,有了基本组织,岂特禁烟?一切政令都能以此为推进的工具。我们由禁烟这件事,而对于保甲的功效,更增加一种认识。"①甚至连张立瀛也不例外,张说:"夫保甲制度,不仅为自卫之一种组织,且不仅为自治之一种事业,实为推行各种政令之一种工具。保甲之组织健全,所有关于教育、交通、农林、畜牧、卫生、慈善及其他之各种行政,无不可借以推动,即将来实施征兵制度,亦必以此为基础,善于利用保甲,以推进各项政令,实无往而不利。"②余、王等省政府主要官员对保甲组织的认识,无疑影响到地方政府的施政计划。如吴江县长徐幼川就曾援引了余井塘的这段"工具论",他说:"举办保甲是改善民众生活的一种办法,人民生活是多方面的,保甲的运用也是多方面的。"③沛县保甲督察员孔繁玠更进一步地说:"要使保甲成为一种万能的工具,发挥其最大效能。保甲是推进一切事业的工具,政治的中心组织。"④睢宁县一名科长沈家琪同样称赞道:"保甲组织乃推进一切事业之母,应积极运用,求行政之设施。"⑤

由于这些原因,江苏各县滥用保甲的现象并不罕见。政府每推行一项政令,乡镇保甲组织便增加一种任务。1937年,民政厅秘书邹辰侯检讨苏省保甲缺点时,他将各县运用保甲所从事政令列举如下:"1.充实自卫,户口异动查报,清匪连坐,组织壮丁队,建碉堡。2.推行普及教育,调查文盲,设识字处。3.交通水利者,抽壮丁筑路浚河。4.培植森林,令保甲每年植树若干,保订砍伐森林罚则。5.提倡农民副业,教以耕作畜牧养鱼新法。6.救济,设仓储,积谷。7.整理征收,土地陈报,完纳钱粮量契。8.禁政,检举烟犯,保内具结。9.改良风俗者,新生活运动,放足,调解纠纷,消弭讼风。10.训练四权,保甲会议,人民行使四权。"⑥

---

① 《主席暨叶、周两委员在六三禁烟纪念周报告及演词》,见江苏省政府秘书处编:《江苏省政府公报》第1989期,1935年6月6日。

② 张立瀛:《各县举办保甲经过之困难及其补救办法》,《江苏民政》第1卷第1期,1935年3月。

③ 徐幼川:《一年来办理保甲之回顾》(续),《江苏保甲》第2卷第2期,1936年2月。

④ 孔繁玠:《保甲运用问题之探讨》,《江苏保甲》第2卷第19期,1936年11月。

⑤ 沈家琪:《户口总复查之回忆与感想》,《江苏保甲》第2卷第10期,1936年6月。

⑥ 辰侯:《苏省保甲运用之探讨》,《江苏保甲》第3卷第7期,1937年5月。

在日益繁重的工作之下,保甲长和民众都感到疲惫不堪。从乡镇保甲长来看,他们对此多感到苦不堪言,"不但要任劳任怨,还要费尽精力受赔累,四方遭怨,动辄得咎。照此运用下去,恐怕日久玩生。并且,这种工作只有义务,没有权利,还要自讨苦吃。"①"家计充裕、能力较优者,已不暇于应付而生计艰难;信仰薄弱之保甲长,既因公务繁琐,备受乡民指责,又因法令严密,动遭县府申斥。进退维谷,重重困难,几非言语所能形容。"②于是,保甲长不是辞职便是消极敷衍,而土豪劣绅却趁机操纵保甲组织,鱼肉乡里。从民众方面来看,政府利用保甲所推动的各项政令,除了少数政策涉及民众自身利害外,多数政策却与民众需要相去甚远,一些甚至令民众感到厌恶,"人民不生兴趣,徒感保甲为政府推行政令之工具,于其己身,有损无益,而失却信仰。怨恶之心生矣。有碍保甲发展,实非浅鲜"③。1937年,一位县长承认,江苏保甲所推动的许多事业都带有强制性,民众只是被动地接受,这是其感到生厌的原因。④可以说,滥用保甲现象的出现,不能不与自治型保甲的设计有着莫大的关系。

---

① 沈家琪:《一年来办理保甲的回忆与感想》,《江苏保甲》第1卷第23期,1936年1月。
② 张纯明:《现行保甲制度之检讨》,《行政研究》第2卷第3期,1936年3月。
③ 施奎龄:《一年来办理保甲之感想》,《江苏保甲》第1卷第23期,1937年1月。
④ 张渊扬:《整理保甲之观感》,《江苏保甲》第3卷第8期,1937年5月。

第二节 人事要求

20世纪30年代,各地推行保甲制度时,国民党政权便主张政府官员应在保甲运动中发挥积极的作用。国民党宣传部认为,官治下的传统社会,政府抱着"民可使由之,不可使知之"的态度,民众只是被迫地接受命令。即使在当前的社会,多数民众仍是智识简单,缺乏自动能力,只有在政府的有力监督和指导下,民众才能清楚地了解办理保甲和地方自治的意义,推行保甲才不至于发生阻力。①"苟无统治阶级若县长区长从旁监督指挥,一般民众当然抱'多一事不如少一事'之观念,得过且过,敷衍延搁。"②保甲制度专家闻钧天,更是从理论上肯定了官员对保甲推行的意义。他承认,由于保甲推行是以人事关系来推进人事管理的方法。要想让保甲发生效果,各级主办保甲人员的作用不可低估。③江苏省政府也很清楚保甲制度中人事要求的重要性,它在公告里说:"厉行保甲以后,不独区乡镇保甲长负有专责,即户长壮丁及保甲内住民,

---

① 中国国民党中央执行委员会宣传部:《保甲运动宣传纲要》,1929年版,第30页;中国国民党浙江省执行委员会宣传部编:《保甲运动丛刊》,1931年版,第21页。
② 黄强:《中国保甲实验新编》,南京:正中书局,1935年版,第265页。
③ 闻钧天:《保甲制度上人的问题》,《保甲半月刊》第1期,1935年2月。

亦有相当之义务，非由各县县长督促其切实履行本身之任务，不能表现保甲的效率,发挥保甲的精神。"①大致来说,保甲制度的人事要求包括保甲督导人员的规定和保甲组织人员的规定。前者包括县长、区长、县派编查委员、县保甲督察员和厅派保甲指导员等,后者是指乡镇保甲长。

一、保甲督导人员的职责

1.保甲指导员:指导与督促

鉴于保甲举办之初，各县对于编查工作未必适宜，民政厅遂于1934年7月决定在江北14个县设立了保甲实验区:即东海区所属的5个县（东海、涟水、灌云、沭阳和赣榆),铜山区所属的7个县(铜山、丰县、沛县、萧县、砀山、邳县和睢宁),淮阴区所属的2个县(宿迁和泗阳)。为此,民政厅委任张旭等14人为指导员,孙云霞、任映沧、沈德仁、王国斌、裴长英为总指导员,以加强指导这些地区的保甲编查。②

随后,民政厅颁布了《保甲指导员服务规则》。根据这个规则,由民政厅向各县遴派1到3名指导员,负责指导和督促办理保甲编查事宜,保甲指导员系临时设置,其任期从指导员到服务县份开始,直到保甲编查完成后为止,必要时可以延长或变更。③保甲指导员应指导的事项如下:指示编查户口的方法与推进程序,各种表册的填写与统计方法,保甲规约与联保切结的办理方法,解释保甲法令,向户长详解推定保甲户长应注意的事项。督察方面,保甲指导员的权限如下:(1)如果认为原定推行程序有变更的必要,或者有必要推行一种特别法令时,可以随时报告民政厅。(2)对于服务县份的县长有督促之责,如果觉得服务县份的县长有怠忽职务或措施失当时,保甲指导员可以随时密报至民政厅。(3)根据编查人员的工作表现,保甲指导员与县长商定后,可以分别实施奖惩。(4)若发现编查人员有敲诈或勒索的情事,保甲指导员可以随

---

① 江苏省民政厅编:《江苏省保甲总报告》,1936年版,第271页。
② 《苏民厅确定保甲实验区》,《申报》1934年7月5日。
③ 江苏省民政厅编:《江苏省保甲总报告》,1936年版,第57页。

时通知县长查办。情节重大的事例,必须同时请示民政厅。(5)如果发觉有人故意反抗或暗中阻挠编查,保甲指导员应通知该县县长查办。若情节重大,保甲指导员须将详情和拟具办法呈报民政厅。

江南及江都地区保甲推行后,江苏省又委派任维钧等15人为指导员,分赴镇江等33个县指导。为了确保保甲指导员能够尽职尽责,民政厅增补了保甲指导员的规则,并提出如下要求:凡服务两县以上的指导员,必须在规定期间内轮流指导,以免顾此失彼;保甲指导员应填造工作日记表,按旬向民政厅汇报离开和到达日期,以便由民政厅指示一切;保甲指导员应随时分赴各区乡镇指导保甲工作,不能留住县城,只有如此,才能纠正各乡镇保甲办理中的错误;保甲指导员不得随意离职,请假时,需要得到民政厅核准。

与此同时,民政厅增加了保甲指导员身负的三种任务,即填送保甲户口抽查表、造送报告书和拟具保甲运用的方案。根据保甲指导员所呈送的户口抽查表,民政厅可以对各县保甲户口进行统计,再用百分数计算,以考量各县编查成绩。与户口抽查表的纵向监督相比,保甲指导员的报告书则具有横向交流的意义。在报告书里,指导员要记载所服务县份保甲编查的情况、服务县份办理保甲的特殊或优良方法、自己对于保甲制度运用的经验与心得等情况。通过这些报告,各县保甲编查的经验可以交流和互补。另外,保甲指导员所拟定的保甲运用方案,正是民政厅制定政策的重要反馈。①

2.县长:巡视、宣讲与抽查

江苏省政府认为,各县保甲编查工作中,自始至终,县长都居于首要地位。各县办理结果的优劣,主要取决于县长督促是否得力。②因此,江苏省政府和民政厅除明令"将视各县筹理成效之迟速,以作考绩之标准"外,还将举办保甲定为1934年度省县施政的中心工作。③1934年7月,江苏省规定了县政调查要点。其中,关于保甲编查,县长必须注意以下要点:"保甲讲习会方法如何?区公所、区长、县长对保甲的认识,保甲编组有无疏漏?户口调查人员是否

---

① 江苏省民政厅编:《江苏省保甲总报告》,1936年版,第53~55页。
② 江苏省民政厅编:《江苏省保甲总报告》,1936年版,第165页。
③ 周异斌:《江苏省举办保甲之过去与现在》,《江苏民政》第1卷第1期,1935年3月。

正当?壮丁清册、民有枪支,保甲长之推举制度,人是否善良?能否尽责任?是否因无给职而忽略任务或滥用职权?保甲长推选手续是否病繁?保甲长规约起作用否?人民对于保甲观念如何?保甲经费如何筹措?政府对保甲宣传方法如何?"①

根据江苏省举办保甲的规定,县长要完成如下任务:在编查第一期(30日)内,县长必须主办保甲的筹备工作。如整理自治区域,择定区公所地点,选任区长及助理员,刊发区公所钤记,筹定编查经费预算,遴选并分配编查委员,召开区长、助理员、编查委员讲习会,决定挨户编号日期及一切宣传事项等。

进入编查第二期(50日),尽管该时期的主要任务由区长和编查委员完成,县长仍应负督导之责,县长还需做以下事项:加委乡镇长,核定保甲经费预算。亲赴各区巡视,召集各区乡镇保甲长及乡镇事务员,讲演编查的意义和方法。

编查第三期(40日),由县长督饬区乡镇长暨编查委员,分期办理清查户口及其他事项。如决定编查日期及程序,颁发表册、切结门牌,指示填写方法,指导填写户口调查表,换给木质门牌,核造区户口调查表,登记民有枪炮,查报壮丁人数,签订保甲规约,取具联保连坐切结,绘制保略图等。县长还得亲赴各区实地择户抽查。只有在县长认为编查正确后,保甲编查才算完成。②

保甲训练阶段,民政厅要求各县县长筹划保甲长训练。在保长训练期间,县长应随时亲赴各所轮流训话。此外,县长还应督促乡镇长到各行政督察区乡镇长训练所受训。③

3.区长:指导编组与委任保甲人员

据当时乡村调查者的观察,"江苏乡村中主要的政治机构在区公所,县政

---

① 《民政厅令发二十三年县政调查要点》,见江苏省政府秘书处编:《江苏省政府公报》第1724期,1934年7月24日。

② 陈果夫:《江苏省政述要·民政篇》,见沈云龙主编:《近代中国史料丛刊续编》第97辑,台北:文海出版社1983年版,第34页。

③ 江苏省民政厅编:《江苏省保甲总报告》,1936年版,第211页。

的一切设施大都通过区公所而达到地方。所以,水利、卫生、教育、仓库、救济工程、户口及乡村公所组织等事都划入区公所工作范围。"①而且,区长是由县政府委任,区以下的乡镇保甲长属于无薪给的自治人员。区长成了国家行政机构在乡村的代表,很大程度上影响着政策的执行力度。因此,江苏省政府认为:"区长是保甲工作人员之重心,负责一切监督指挥之责,备极重要。"②

为了确保政策的有效贯彻,举办保甲之前,江苏省重新设置了区长的录用。1928年《县组织法》颁布后,区长人选主要从第一、二届省立区长训练所毕业的学员中遴委。1930年5月,鉴于以往区长训练的弊端(如因训练日期短促,一部分知识能力薄弱、行为失当的人员也参入其间),民政厅决定对区长重新审核,成绩优良者可以继续工作,裁汰成绩太差者。民政厅还要求,凡审核合格的区长,应一律调省补习。不过,由于裁汰了一批区长,而"受训合格的区长训练毕业生,优良者十分之一二而已"③,区长人选极为缺乏。为此,民政厅要求各县县长加倍录取合格人员。为了防止县长过于重考试成绩而轻行政经验,民政厅要求各县区长录用应遵循两个原则:"严加考询,杜绝幸进","区长任免手续,由县长遴员呈请民政厅委任。如遴选不当,县长负连带责任。"在此基础上,民政厅遴选并委任了一批具有相当能力的区长。"其庸劣不能胜任者,悉予淘汰。"区长人选确定后,县政府应召集区长、助理员和编查委员参加讲习会。在讲习中,县长应当讲述区长的责任、清查户口和编组保甲的意义、办理程序和相关应研究的事项,借此推动区长执行各种任务。④此外,考虑到区长职务繁重,省政府将区助理员改为专职。而在以往,区助理员往往由其他机关人员或乡镇长兼任,无法有效辅助区长办理区公所日常事务。⑤

保甲编查第一期主要是由县长督促办理,保甲编查第二期主要由区长和

---

① 行政院农村复兴委员会编:《江苏省农村调查》,上海:商务印书馆1934年版,第61页。
② 陈果夫:《江苏省政述要·民政篇》,见沈云龙主编:《近代中国史料丛刊续编》第97辑,台北:文海出版社1983年版,第43页。
③ 赵如珩:《江苏省鉴·政治》,新中国建设学会,1935年版,第34页。
④ 江苏省民政厅编:《江苏省保甲总报告》,1936年版,第24~25页。
⑤ 陈果夫:《江苏省政述要·民政篇》,见沈云龙主编:《近代中国史料丛刊续编》第97辑,台北:文海出版社1983年版,第44页。

编查委员办理。区长会同编查委员,不仅指导住民按照户——甲——保的次序编组,还要指导住民推选乡镇保甲长,其具体步骤如下:"(1)区长和编查委员须指导居民挨户编号,粘贴临时门牌。(2)督令各户推定户长。(3)分批召集户长,讲演编查之意义及方法。(4)令各户户长推定甲长。(5)委定甲长,编定甲号,具报县政府。(6)督设甲长办公处。(7)区长转发甲长图记。(8)讲演甲长之责任、编查之意义及方法。(9)令各甲长推定保长。(10)集合保长讲演保长之责任、编查意义及方法。(11)委任保长,呈县政府备案。(12)督设保长办公处。(13)刊保长图记,颁由区长转发,不准收刊发费。令保长公推一人兼任乡镇长后,呈由县长加委。(14)委定各乡镇事务员。"①保甲编查第三期,区长需做如下事项:"(1)转发县颁各种应用表册切结门牌。(2)和编查委员一道按次序召集乡镇保甲长,分发县颁编查表册门牌切结填写方法。(3)在县长监督下,区长会同编查委员指导乡镇保甲长,按照县政府决定的日期,实行按已编户甲次第换给木质门牌,分别详填户口调查表。(4)与编查委员一道调查登记民有枪支,呈县编号烙印。(5)将本区壮丁数给县政府。(6)联保连坐切结办理后,区长应随时督饬保甲户长确报户口异动情形。"

保甲长训练时期,根据《江苏省各县保甲长训练所简则》,训练所所在区的区长应负责办理训练事务,也可派遣区助理员或指定乡镇长协助办理。保甲长受训时,区长要到训练所清点人数,指挥区助理员或指定乡镇长随时点名,督促保甲长按时到所受训。②

4.编查委员:指导编查与研究

由于编查保甲任务繁重,仅以区公所原有职员办理户口编查事宜,难以周密。为此,1934年2月,江苏省政府第634次会议通过了《江苏省保甲户口编查委员服务规则》。民政厅要求各县县长聘用地方士绅充任编查委员,原则上,每区委派一人,特殊情况可以呈报民政厅核准。编查委员系临时性质,服务期为3个月。各县编查委员的人选比较重要,如余井塘认为的那样,"编查委员如果选得不好,编查工作是无法做得好的,无责任的人要不得,不能吃苦

---

① 江苏省民政厅编:《江苏省保甲总报告》,1936年版,第43~44页。

② 江苏省民政厅编:《江苏省保甲总报告》,1936年版,第217页。

的人要不得,专门混差的人要不得。"①编查委员确定后,为了能使编查委员彻底了解编查保甲的意义和方法,县政府召集他们举办了保甲讲习会。保甲讲习会后,编查委员应会同区长办理编查事宜。②

编查时期,编查委员的任务与区长大致相同,其不同之处在于:(1)编查委员要详查该区原有界址及宗族现状,以定编组的划分。(2)指导编余各户甲的编组,"编余之甲之应否并入或另立,应根据当地情形加以指导。"(3)若发现办理人有索费敲诈事宜,应呈报县政府以究办。(4)编查委员应认真依限完成编查任务,不得推诿敷衍塞责。(5)如果认为区长办理不力,或认为办理失当,编查委员应随时向县政府报告。当然,编查委员不能与区长直接攻讦,更不能越权处理编查任务以外的事宜。③

5.保甲督察员:督察

保甲编组完成后,一批区乡镇保甲长的"因循敷衍",令江苏省各县县长颇为苦恼。如1936年初,靖江县长便抱怨道,乡镇长因生计关系,往往将应办之事搁置。事实上,由于县政府缺乏足够的督察人员,无法随时派员亲赴各区乡镇督察和指导。江都县长马镇邦也向民政厅提议说,"各区乡镇的户口异动查报,非按区抽查,随时查报,严予处罚,不足以收实效。县府科员,各有职责,难以兼任此职。宜设专人。"其他不少县份也有类似情况。④因此,民政厅意识到"非每县设置保甲督察员,令之常川赴各区乡镇公所随时督促指导,无以使保甲组织长保严密",遂通令各县设保甲督察员1至2人(户数在20万以上县份设置督察员2人,20万人以下县设置1人),专负保甲督察之职。保甲督察员须在县长指挥监督下,随时亲赴各区乡镇,切实督察保甲实施。保甲督察员每月支给薪水40元,出差旅费15元,其经费列入1936年度地方预算。⑤

---

① 《余厅长对于江南各县保甲谈话会训词》,《申报》1934年10月31日。
② 陈果夫:《江苏省政述要·民政篇》,见沈云龙主编:《近代中国史料丛刊续编》第97辑,台北:文海出版社1983年版,第33页。
③ 江苏省民政厅编:《江苏省保甲总报告》,1936年版,第51~52页。
④ 《推动保甲之新计划》,《江苏保甲》第2卷第2期,1936年2月。
⑤ 陈果夫:《江苏省政述要·民政篇》,见沈云龙主编:《近代中国史料丛刊续编》第97辑,台北:文海出版社1983年版,第44页。

为了能让保甲督察员熟悉保甲自治的各种法令，1936年6月，民政厅在省会设立了保甲督察员训练所，要求各县推荐4至8名学员进所训练。入所学员资格如下：(1)25岁以上公民，皆在大学或专门学校毕业者；(2)曾在高中毕业，并在各级党部任职或在国民政府各级机关任职两年以上者；(3)在高中师范科并在县其他教育机关服务两年以上者。当时，保甲督察员的职位，对于一些大中学生来说，还是具有吸引力的。据地政局的一名学生在镇江的观察，"既至，而始知该店早已告客满。据告镇江近日因省府招考保甲督察员，各县应试者一时谓集，大小各旅社均已住满。"①保甲督察员训练的课程有党义、自治法令、保甲法令、行政法、法制概要、合作概要、农村教育及军事训练。经过两个月的训练，民政厅录取考试合格者100人。由于学员超出各县预定的28人，民政厅将多余学员派往各地行政机关充任佐治人员。②

保甲督察员的任务如下：(1)每月至少周历区一级，有特殊事件，随时督察。(2)随时纠正保甲长怠忽或失当的工作。(3)保甲督察员备日记簿，详载日程、工作情形及应革事项，每月填报告，由县府呈厅。民政厅要求各县保甲督察人员务须尽职，工作有成绩者，每月可以加薪5元。连续服务两年以上的优秀人员，可以升为县政府高级佐治人员。江苏省当局深信，招收大中学生充任县保甲督察员，既可以为县政府储备干部人才，又可以改进地方政治，救济失业。③

6.户籍警：户口异动查报

江苏省当局认为，户口异动查报是保甲的长久工作，体现了保甲制度的精神。④"诚以保甲编查完成，若不赓续办理户口异动，行见原编保甲，势必功效全失。过去人力财力亦将等于虚掷。"⑤江苏保甲能否长久和持续，取决于户口

---

① 赵宗煦：《奉贤实习调查日记》，见萧铮主编：《民国二十年代中国大陆土地问题资料》第103辑，台北：成文出版社1977年版，第54368页。

② 《县保甲督察员之设置与训练》，《江苏保甲》第2卷第12期，1936年7月。

③ 生苗：《一年之江苏保甲》(续)，《江苏保甲》第2卷第24期，1937年1月。

④ 陈一：《现阶段的保甲工作》，《江苏保甲》第3卷第2期，1937年2月。

⑤ 《各县办理户口异动》，《申报》1935年3月29日。

异动查报能否精确。因此,户口异动查报是维护保甲组织的锁链,更是运用保甲的原动力。①

江苏省政府曾规定:已设公安机关的地方,户口异动查报由公安机关办理。未设公安机关的地方,户口异动查报由区乡镇保甲长负责办理。不过,举办之初,区乡镇保甲长,或因不能熟悉查报手续,或因延期查报,或因查报结果有误,往往无法有效地办理户口异动查报。为此,民政厅要求各地公安机关设置户籍警,协助办理户口异动查报,确保户口异动查报能够准确。至于户籍警的设置,各县也略有差异。句容县因受卫生署的指导,已设立了户口异动督察员,昆山县试办了警管区制,这两个县都无设立户籍警的必要。其余58个县,每区应设户籍警2至5名,全省共设置了1133名户籍警。其中,从原有长警抽调980名,新募153名。各县因面积、人口和财政情形的不同,所设置的户籍警数目也有差异。如皋、武进设了50名户籍警,溧水设有8名户籍警。各县区户籍警的分配也有差异,有的多达12名,如武进县第一区;有的只有1名,如沭阳县。以人口分配而言,吴江以4000户设置1名户籍警,溧水则以500户设置1名户籍警。各县以第一区为城厢所在地,此处人口较为稠密,设置4名户籍警,其他各区则设置2名户籍警。②为了统一编制和训练起见,1935年7月,民政厅要求各县根据地方情况,"每区设户籍警3人或5人,专司户口异动调查事宜,以向公安机关调查为原则。如不敷调用时,得招考具有小学程度者施以短期训练后派充之。"③1937年2月,江苏省民政厅要求各县户籍警应于7月统一举行训练,10月以前一律完成。④

在公安局和区公所的指挥监督之下,户籍警要在其指定的区域内督促各户户长实行户口异动查报,随时按保抽查,确保户口并无遗漏。户籍警薪饷仍由公安局支给,并可酌量给予抽查川旅费,每名每月以3元为限。此项抽查旅

---

① 胡彦容:《查报户口异动之里层作用》,《江苏保甲》第3卷第7期,1937年5月。

② 张选垣:《户口异动查报》(续),《江苏保甲》第2卷第22期,1936年12月。

③ 《江苏省政府二十四年行政计划》(1935年7月6日),江苏省档案馆藏,卷宗号:1054-1-899。

④ 《江苏省政府二十六年度行政计划》(1937年2月2日),江苏省档案馆藏,卷宗号:1054-1-514。

费由地方款内开支。至于另外所招募的户籍警,其薪饷和抽查旅费,每名每月以 13 元为限。户籍警在未分发服务以前,民政厅要求各县对其施以短期训练,期限在 1 周至 4 周间。各县训练方法也有所不同,有的专门设所训练,有的则附属于保长训练所,有的在学警训练班训练。训练科目主要有保甲须知、户口异动查报办法、户籍要义和侦探学概要等。

户籍警的主要职责如下:(1)协助保甲长切实查察户口异动,按甲查察服务区内户口,每月至少一次。(2)督促各户补报未报告的户口异动,将其查察结果登载于记录簿之中。(3)发现有为匪、通匪及纵匪嫌疑情形时,户籍警应立即密报至区公所及公安机关。(4)户籍警须以平和诚恳的态度去查察户口。当然,户籍警不准潜入居户的宅内,不准向住户需索任何费用,更不能干预其他事情或充作私人差役。①

二、保甲组织人员的职责

1. 乡镇长

根据 1929 年《重订县组织法》的规定,江苏省废止原有的村里制,村改称为乡,里改为镇。各镇设立乡镇公所,设乡镇长 1 人,办理乡镇行政事务。各设副乡长及副镇长 1 人。乡公所或镇公所事务,由乡长、镇长指定闾长襄助办理。②事实上,乡镇公所很难发挥预期作用,如时人认为的那样,"本省各县乡镇公所,仅门口挂一牌子而已。"③

由于"熔保甲自治为一炉"的设计,江苏举办保甲时,宣称并不因举办保甲而停办自治,因此,江苏并未取消乡镇一级,只是取消了过去的闾邻组织,乡镇仍设乡镇长,承区长之命指挥监督保甲长。④尽管乡镇长有指挥监督保甲长

---

① 江苏省民政厅编:《江苏省保甲总报告》,1936 年版,第 197~204 页。
② 江苏省地方志编纂委员会编:《江苏省志·民政志》,方志出版社 2002 年版,第 182 页。
③ 赵如珩:《江苏省鉴·政治》,新中国建设学会,1935 年版,第 34 页。
④ 陈果夫:《江苏省政述要·民政篇》,见沈云龙主编:《近代中国史料丛刊续编》第 97 辑,台北:文海出版社 1983 年版,第 32 页。

的权力,地位上要略高于保甲长,但他们仍属于广泛意义上的保长。首先,乡镇长的产生需要经过半数保长的推选。根据《江苏省清查户口编组保甲规程》(以下简称《保甲规程》)第十八条和第二十条的规定:"乡镇长由保长内公推一人兼任,县长因地方特殊情形认为乡镇长有不能由各保保长公推,必要时得呈经民政厅核准,由县长径行指定之。""乡镇长之推定或变更,由保长联名报告于区长。保甲长由区长加委呈报备案,乡镇长由县长加委呈报民政厅及行政督察专员公署备案","乡镇保甲长之推举,均由各保甲户长过半数之同意定之。乡镇长以保长之任期为任期,均得连推连任。"其次,尽管乡镇公所有一定的办公费,但是,乡镇长和保甲长都属于无给职。再者,对滥用职权的惩处方面,乡镇长和保甲长也是相同的。《保甲规程》第四十条规定:"乡镇保甲长滥用职权,除依其他法令应受惩处,得就其情节按级呈报县长,照左列各款处罚。1.当众谴责,2.百元以下之罚金,3.免职。"[1]最后,乡镇长训练也列入保甲训练之中。因此,在官方公告里,总是将乡镇长与保甲长统称为"乡镇保甲长"。当然,江苏保甲制度下的乡镇制与自治法下的乡镇制还是有区别的。保甲体制下的乡镇制,不再设副乡镇长一职,并无乡镇调解委员会、乡镇监察委员会、乡民大会的设置。乡镇公所只是保甲承上转下的机构。[2]

在江苏保甲体系设计之中,乡镇长一职至关重要,当局对此反复强调。在南通区乡镇长训练所毕业会议上,民政厅长余井塘讲道,中国政治的好坏取决于地方各乡镇,而地方乡镇政治的好坏取决于乡镇长。"现在国家危险极了,我们不能不努力改进政治,不能不努力改进地方政治,更不能不改进地方的乡镇政治。"他希望乡镇长能够公正、廉洁和守法,抱着为社会服务和为民众谋福利的态度,成为真正的乡镇政治领袖。[3]闻钧天同样承认乡镇长在地方上的重要作用,他认为,乡镇长负有组织和训练民众之责,这正是最为紧要的工作。乡镇长既要辅助区长,又要指挥监督保甲长执行职务。[4]甚至有的官员

---

[1] 江苏省民政厅编:《江苏省保甲总报告》,1936年版,第29~38页。
[2] 罗志渊:《现行乡镇制度检讨》,《江苏保甲》第1卷第5期,1935年4月。
[3] 余井塘:《为什么要训练乡镇长》,《江苏保甲》第1卷第6期,1935年4月。
[4] 闻钧天:《保甲制度上人的问题》,《保甲半月刊》第1期,1935年2月。

认为,"乡镇长是民众的细胞和血球,或是镇中民众的指南针。"①

根据《保甲规程》第四条、十三条、二十三条和二十八条的规定,乡镇长的主要任务如下:(1)开始编户时,应由区长及编查委员会同乡镇长编查,先贴临时门牌,俟后换给门牌。(2)编户完成后,乡镇长必须按季抽查户口一次。他们负有指挥监督保长,维持安宁秩序之责。(3)当户口发生异动或住民有通知时,在接到保长报告后,乡镇长应为详查。(4)若认为确有危害地方之虞,乡镇长得为搜索逮捕之紧急处置,并立即报告区长。②

2.保甲长

由于保甲制度是国民党当局自上而下的统制工具,越到下层,保甲人员的任务越为繁重。因此,当局认为,保甲制度的成败取决于各方面是否协助,"而保甲各级人员能任劳任怨,效忠于保甲,尤为先务之急"③。

(1)保甲长的产生与变更。根据《保甲规程》第十六条、十七条、二十条的规定,户长由该户内家长充任,如果家长因特别事故或女性不愿充任户长时,可以指定行辈较次者为户长。户长产生以后,各户户长应公推一名户长为甲长。接着,再由各甲甲长公推一名户长充任保长,保长不得兼任甲长。甲长的推定或变更,要由甲内户长联名报告于保长;保长的推定或变更,由保内甲长联名报告于乡镇长;乡镇长的推定或变更,由保长联名报告于区长。保长由区长加委呈报备案,乡镇保甲长推举时,均须要各保甲户长过半数的同意。保长任期为两年,甲长任期为三年,均可以连推连任。④

(2)保甲长的资格。《保甲规程》第十九条规定,有以下情形者不得充任保甲长:"1.未满二十者。2.寄居当地未满两年者。3.有危害民国行为曾受徒刑之宣告者。4.褫夺公权尚未复权者。5.曾为'赤匪'胁从、准悔过自新尚无忠实事表现者。6.吸食鸦片及麻醉毒品者。7.无正当职业且无恒产者。8.行为不正乡

---

① 马忽:《乡镇长的地位与任务》,《江苏保甲》第1卷第20期,1935年12月。
② 江苏省民政厅编:《江苏省保甲总报告》,1936年版,第29~38页。
③ 黄懋材:《策励保甲各级人员刍议》,《保甲半月刊》第3期,1935年3月。
④ 江苏省民政厅编:《江苏省保甲总报告》,1936年版,第31页。

里不齿者。"①从上述条件看,江苏省关于保甲任用的限制条件大致与"剿匪区"相同。其不同点在于:其一,与"剿匪区"保甲的限制条件相比,江苏省增加了上述后三项,即关于保甲长品行、经济实力和声望等方面的规定。可见,江苏省对保甲长的选任不仅强调政治性,还强调保甲长的经济地位、声望和人品等,希望以此引导当地公正士绅出任保甲长一职。其二,"剿匪区"保甲长的限制条件中有"非本地土著者"不得任保甲长,江苏省将此项改为"寄居当地未满两年者",很可能是考虑到了江苏省人口流动较为频繁的现实,因而规定非土著户也可以充任保甲长。到了1937年,江苏省政府第881次会议修订了保甲长的资格:"1.乡镇长需在30岁以上50岁以下,保甲长须在20岁以上40岁以下。2.有恒产,有正当职业者。3.身体强壮,无疾病者。4.非户长也可充任乡镇保甲长。5.甲长不兼任保长。6.寺庙户长不得兼任乡镇长。7.一人先后在各该乡镇可叙选。乡镇保甲长,不得两处当选。"②值得注意的是,保甲长可以由户长充任,而且,保甲长的任用开始重视身体素质和年龄的上限,这些变动显然考虑到了保甲事务日益繁重的事实。

乡镇保甲长选任中的地方性。保甲长任用方面,《保甲规程》强调"寄居当地不足两年者"和"行为不正乡里不齿者"不得选为保甲长,显然,省政府所设想的保甲长应是当地具有威望的人士,只有这样,国家的意志才可直达乡里。由于乡镇保甲长系无给职,且责任繁重,许多被推选的人员往往请求辞职。江苏省政府通令各县,"务晓以开办保甲之意义,与乡镇保甲长之重要,既被推选,即应敬桑梓,克尽厥责,不得冀图个人安逸,借故请辞。"除了久病衰老或不能长住在本乡或不得已情形之外,在任乡镇保甲长一律不得辞退。江苏省政府强调此举是为了"重地方要政"。为了提高保甲人员的地位,当局要求各县县长应优待保甲长,"俾各尽职守,以安地方"。③从上可以看出,尽管不准保甲长辞职是江苏省当局的硬性规定,但它只有在乡镇保甲长意识到自己"应敬桑梓"和"重地方要政"之下才能实现。在江苏省政府看来,乡镇保甲长必须

---

① 江苏省民政厅编:《江苏省保甲总报告》,1936年版,第32页。
② 《江苏省各县乡镇保甲长推选补充办法》,《江苏保甲》第3卷第1期,1937年2月。
③ 江苏省民政厅编:《江苏省保甲总报告》,1936年版,第66页。

除了具有"不辞劳怨"和"热心服务"之外,尚需具有"为地方谋福利"的意识。只有如此,乡镇保甲长才能成为一个真正的乡镇政治领袖。①保甲长滥用职权的处罚之一便是"当众谴责",这也体现了乡村伦理的集体约束作用。

（3）保甲长的职责。《保甲规程》第二十三条、二十四条对此有相关的规定。在乡镇长的指挥监督下,保长要负责保内安宁秩序,其具体任务如下:"1.辅助乡镇长执行职务。2.监督甲长执行职务。3.教诫保内住民毋为非法。4.辅助军警搜捕匪犯。5.查看管束自首之反动分子。6.执行违反保甲规约之处罚。7.分配督率保内住民应办之防御工事。8.执行规约之赏罚。9.处理怠职罚金。10.经费之收支及预算之编制。11.其他依法令或保甲规约所规定,由保长执行事项。"甲长在保长的指挥监督下,负责维持甲内安宁秩序。其职务如下:"1.辅助保长执行职务。2.清查甲内之户口编制门牌,取具联保连坐切结。3.检查甲内奸宄及稽查出境入境人民。4.辅助军警搜捕匪犯。5.教诫甲内住民毋为非法。6.其他依法令或保甲规约所规定,由甲长执行事项。"②此外,保甲长还要从事其他一些任务,如及时查报户口异动情况、按期召开保甲会议、协定保甲规约等。

从保长和甲长的主要职责来看,他们都负有教诫居民、辅助军警执行任务和执行保甲规约之责。除了保长与甲长职务有高低之别外,他们的职务还有其他差别。甲长要处理较为技术性的任务,如清查出入境人口、清查甲内户口门牌、取具联保切结等。而保长要负责处理较为自主性的任务,如看管自首分子、向保内居民分配任务、管理本保经费和执行惩处违背保甲规约者。保长与甲长职责的差异,一定程度上显示出其在官方设计中的地位差异。不仅如此,保长与甲长的训练也能体现这种差异。1934年江苏省颁布了《江苏省各县乡镇保甲长训练大纲》,规定保甲长训练由各县分区设所办理。③到了1937年,《江苏省各县乡镇保甲长训练实施大纲》规定,保长训练由专署或各县实施,

---

① 余井塘:《为什么要训练乡镇长》,《江苏保甲》第1卷第6期,1935年4月。
② 江苏省民政厅编:《江苏省保甲总报告》,1936年版,第33~34页。
③ 《江苏省各县乡镇保甲长训练大纲》,见江苏省民政厅编:《江苏省保甲总报告》,1936年版,第210~211页。

甲长训练则由各县或乡镇民校举办壮丁时抽调训练。①从保甲长训练主管机关的规格前后差异可以看出，保长训练主管机关有所提高，甲长训练主管机关则在降低，保长与甲长在官方定位中有所差异。据学者们的研究，甲长是一个并无多大职权的角色，其职责为保长跑腿而已，滥用权力的可能性较小。②如果说保长职位对人们来说尚具有吸引力的话，甲长往往是一个无人肯干的苦差。甚至在一些地方，甲长成了轮流指派的角色。③再看保长，乡镇长是从保长中推举一人产生，且常兼任保长一职，人们往往将乡镇长和保长合称"乡保长"。这也说明了保长的地位更接近乡长，与甲长有着较大差别。

---

① 《江苏省各县乡镇保甲长训练实施大纲》，见江苏省政府秘书处编：《江苏省政府公报》第2474期，1937年1月8日。

② 王奇生：《战前中国的区乡行政——以江苏省为中心》，《民国档案》2006年第1期。

③ 胡必亮：《中国村落的制度变迁与权力分配》，山西经济出版社1996年版，第48页；于建嵘：《岳村政治：转型时期中国乡村政治结构的变迁》，商务印书馆2001年版，第177~178页。

第三节 实施步骤

ERSHI SHIJI ZHI ZHONGGUO

为了能让保甲制度顺利地推行,政府意图得以自上而下地传达,江苏省政府采取了相应的实施步骤。从空间上来说,江苏省决定先从江北推行保甲,次及江南及江都地区;从时间上来说,江苏省强调一个先组织、次训练、最后整理的渐进过程,以严密保甲组织,充实民众自卫力量,保障民族独立。

一、分区推行

1933年10月,省政府第605次会议上,江苏省通过了举办保甲的四项原则,即:"一、各县地方原有层级太多,名目不一之自卫组织,均一律改编保甲。二、保甲法令,除依照豫鄂皖三省'剿匪'总部颁行之各项法令外,其本省实际上之特殊情形者,由民政厅呈准省府随时改订,俾谋法令之统一。三、先指定江北各行政督察区开始举办,其余各区以次施行。四、办理保甲各县,移地方自治经费之全部为办理保甲之用,并将形式上不着边际之自治组织,暂行停止。"① 根据以上原则,从大的方向来说,当局决定停办不切实际的自治组织,

---

① 周异斌:《江苏省举办保甲之过去与现在》,《江苏民政》第1卷第1期,1935年3月。

整编地方各种自卫组织,一律举办保甲组织。从具体实施步骤来说,江苏保甲制度先在江北地区推行,随后推广至江南及江都地区。

那么,江苏省为何要采用分区推行的办法呢?当局对此作出了解释。第一,江北的匪患和散落在民间的过多枪支,无疑是江苏省政府较为担忧的一个因素。由于江北盗匪充斥,文化落后,民风强悍,这里的枪支不下20万支。江苏省政府担心如此多的军械散落在民间,必将危及地方治安。如民政厅长辜仁发认为的那样,"富裕的固多持以自卫,而贫穷的就资以为匪了。江北土匪之所以多,这也是一个原因。如果保甲实行,所有民间枪支都烙印,县政府也就可以按图索骥,不致给匪通用。"①第二,江北处于国防要冲,编组保甲可以尽早组织和训练民众。如陈果夫所说:"国防上亦很重要,并随时受日本侵袭的危险。我们要赶紧训练民众,组织民众,使敌人不易侵入。故保甲工作,在此数区,特别重要。因为要抵抗外侮,必先求自己内部安定。"②反之,要是这里发生国际冲突,缺乏训练的人民,不仅不能抵御,即使政府派军保护,也将面临不小的困难。"如保甲办好,便可发生很大卫国的作用。故保甲制度可以作为国防军备细胞之组织者。"③第三,江北推行保甲具有实验的意义。由于保甲废弛已久,当时社会情形比较复杂,当局担心保甲筹划未必成熟。只有经过深思熟虑和通盘考虑后,厘定保甲法制,筹集经费,划定区域等事务,保甲才不至于成为"扰民害政"。如果全省同时举办保甲,未免有些操之过急。因此,在江北推行保甲,带有实验之意。④

不过,笔者需要指出的是:除去上述官方所说的三种因素之外,江苏省分区推行保甲的做法,尚与江南、江北区域政治地位上的差异有着很大的关系,

---

① 《本府第1403次纪念周记录》,见江苏省政府秘书处编:《江苏省政府公报》第1560期,1934年1月10日。

② 《陈主席在民政厅召开保甲谈话会讲词》,见江苏省政府秘书处编:《江苏省政府公报》第1739期,1934年8月10日。

③ 《余厅长在保甲谈话会训词》,见江苏省政府秘书处编:《江苏省政府公报》第1739期,1934年8月10日。

④ 周异斌:《江苏省举办保甲之过去与现在》,《江苏民政》第1卷第1期,1935年3月。

其背后体现了政治决策中"先易后难"的务实性。

为了讨论分区推行背后的政治因素,有必要谈及一下江苏省内的区域差异。在一般用语上,人们依长江为界将江苏分为江北和江南两大区域。①清代的江苏设立了江宁布政使和江苏布政使,大致来说,这两个布政使分别统辖着江北和江南地区。前者主要统辖江宁、淮安、扬州、徐州、海州和通州等府州,后者则统辖苏州、松江、常州、镇江和太仓等府州。近代以来,因漕运、河工和盐务的废弛,尤其在黄河夺淮以后,苏北平原的水利系统全面遭到破坏,河道淤阻,稍有灾情,即行告急,旱灾极易发生。②夏秋季节,上游地区涌来大量过境客水,洪涝频仍。因此,洪水、饥荒和贫困轮番为患,成为江北大部分地区的特征。相比之下,江南的太湖平原,长期是农业生产水平最高的地区,又有长江、大运河和海运的优势,市场网络较为发达。江南的地理和气候有利于棉花种植和养蚕缫丝的发展,这又间接推动了江南的商业化进程。据1915年的统计,江苏3/4的银行资本分布在江南。江苏近代工业几乎完全集中在江南的城市里,江北地区只能依赖农业生产。即使在农业生产方面,江北也无法与江南竞争。③江南与江北贫富差距不断拉大。1935年,江苏省财政厅长赵棣华等人的观察,便可窥出这一点来。

"京沪一带,所见田野,密树如帐,所过市镇,商旅喧闹,以为江苏之富,名实相符。江北一带,即觉减色。高宝以南,犹有江南气象。淮安以北,则大不相同。清江浦以北,则满目荒凉,与江南判若天壤。淮河故道,因黄河南迁之后,

---

① 当然,有人根据地理位置和社会发展的差异,将江苏分为徐海、淮扬和江南三部分。参见王培棠:《江苏省乡土志》下册,上海:商务印书馆1938年版,第348页。抗战时期,人们依据对日伪势力的强弱,将江苏分为苏南、苏中和苏北三部分。也有人将江苏的区域分为四部分,如行政院农村复兴委员会的调查者,将江苏分为江南、江北、淮北和高宝湖区。见行政院农村复兴委员会编:《江苏省农村调查》,上海:商务印书馆1934年版,第1~2页。台湾学者王树槐将江苏分为江南、江北、淮北和江宁四部分。见王树槐:《中国现代化的区域研究:江苏省(1860—1916)》,台北:"中央研究院"近代史研究所,1984年版,第4页。

② 吴必虎:《历史时期苏北平原地理系统研究》,华东师范大学出版社1996年版,第150页。

③ [美]韩起澜:《苏北人在上海(1850—1980)》,卢明华译,上海古籍出版社2004年版,第27~29页。

挟沙淤垫,转而北徙。并淮水之流道而湮没。黄沙千里,朔风怒吼,数步不能辨物。吾人履勘导淮之土地人民吃水为艰,何谈灌溉。汽车颠簸于大提之上,淮南树木已稀,淮北则不毛之白地(碱性未除)到处可见。"①

事实上,江北农民的生活很大程度上要依赖于江南。近代以来,苏北平原不断受到自然灾害的困扰,土地资源遭到破坏。新增劳动力无法改变土地产量,相反,造成了劳动生产率的递减,致使苏北"隐蔽失业"人口过多。距离苏北平原不远的长江三角洲,以上海为中心的近代城市化,逐步将作为边际区的苏北农民卷入了人口大量流出的漩涡。②在这种情况下,大批江北农民携带妻儿,涌向江南。有的在江南乡村里开垦荒田,充当雇工;有的则在江南城市里拉黄包车,充当小贩、制造工人、纺织工人和苦力等。有的年底返回,有的在次年春天或秋季返回家乡。江北农民所挣的数十元不等工资,成了他们耕种田地的资本,"全年生活大半依赖于江南,即就一日之工,余一日之粮。故往江南之路,为本境八个月生活之寄顿所。"③无怪乎时人评论道,占全省1/4面积的江南地区,养活了全省2/3的人口;占全省3/4的江北地区,仅能供应全省1/3人口的生计。"而江北的密度不但不及江南及南中国诸省,即是山东河南亦远比不上。人口从稀疏地方向最稠密地方迁移,正是因为生活所迫"④。因此,近代以来,"江北"一词往往成为偏见和歧视的代名词,"苏人一言'江北',其所幻出之荒漠、广寒、紊乱、强悍和愚昧诸印象,直与国人之视西北相等。"⑤而江南似乎成了"富裕"和"高雅"的体现,当江南农民因旱灾而乞食他方,或以树根、观音土充饥时,这种灾情便"胜载报纸,传闻全国",人们为此感到不可思议。⑥

---

① 《导淮各县视察记》,《申报》1935年3月27日。
② 吴必虎:《历史时期苏北平原地理系统研究》,华东师范大学出版社1996年版,第64页。
③ 何新铭:《盐城实习调查日记》,见萧铮主编:《民国二十年代中国大陆土地问题资料》第101辑,台北:成文出版社1977年版,第53168~53169页。
④ 冯和法主编:《中国农村经济资料》,上海:黎明书局1935年版,第361页。
⑤ 《晨光熹微中之江北》,《江苏月报》第4卷第1期,1935年7月。
⑥ 《江南之中落与复兴》,《江苏月报》第4卷第1期,1935年7月。

近代以来，江北不仅在经济发展上落后于江南，而且在政治和文化等影响力方面也远不如江南大。江苏虽号称人文荟萃之省，但境内江北与江南政治文化资源的分布却极不平衡。据学者王树槐的研究，在清代江苏籍科举人才中，江南占69.25%，江北为22.2%，江宁为8.3%，江南科举人才的数目为江北的两倍多；就全国江苏籍官员的分布来看，江南占75%，江北仅为20.25%，江宁为4.75%，江南籍官员也超出江北籍的两倍。①1911年至1921年间，全国议员、参政和代表有3385人，江苏籍人士为227人，占全国总数的6.71%。即以江苏省籍官员而论，江南籍人士占到了68.7%，江北籍人士为18.9%，江宁籍人士为10.6%。除去江宁籍人士之外，江南籍官员为江北籍的3倍。1920年，敷文社关于全国官绅的统计之中，江苏籍人士占到了12.7%。而在江苏有名望官绅之中，江南籍人士占到了70.35%，江北籍仅占16.64%，江宁籍的占10.05%，江南官绅的数量则为江北的4倍多。②民国初年，江苏（包括上海在内）士绅结成了291个会社，江北地区只有区区5个，所占全省的比例微不足道。③再以报纸数量而论，1911—1921年间，江苏省报纸有208种，江南占了82.7%，江北仅为10.6%，江宁占了6.7%，江南报纸的数量几乎为江北的8倍。④在现代声讯传播以前，报纸不仅是推进现代化最有利的武器，也是政治舆论的主要表达途径，报纸数量的悬殊同样能看出两地的强弱地位。总之，从清代科举人才、民初官绅数量、士绅结社和报纸数目诸方面来看，江南都处于强势地位，其在江苏政局的影响力远非江北所能相比。

江北与江南政治地位的悬殊，造成了两区之间的隔膜感。早在1905年，在

---

① 王树槐：《中国现代化的区域研究：江苏省，1860—1916》，台北："中央研究院"近代史研究所，1984年版，第49~51页。

② 王树槐：《中国现代化的区域研究：江苏省，1860—1916》，台北："中央研究院"近代史研究所，1984年版，第528~529页。

③ 王树槐：《中国现代化的区域研究：江苏省，1860—1916》，台北："中央研究院"近代史研究所，1984年版，第541~542页。

④ 王树槐：《中国现代化的区域研究：江苏省，1860—1916》，台北："中央研究院"近代史研究所，1984年版，第551页。

张謇等名流的推动下,慈禧太后曾提出要以长江以北地区单独建立江淮省,裁撤漕运总督,改设江淮巡抚,此举便是为了减少官方对苏北遭遇的怠忽。尽管该计划推行不到3个月便被取消,但它足以说明两区之间存在的裂痕。①辛亥革命后,各地纷纷独立,江北士绅又一次筹划分省运动。除受到文化风俗差异和清代官制设置的影响之外,江南与江北因政治地位的悬殊也是一个极为重要的因素。由于江南人口较多,议会中常占多数,每有利益皆以江南为主,江北的提案常常无法得以通过,江北人士常被江南人士所轻视。民国元年,江苏临时议员选举时,江北籍议员因苏州兵变而未能及时参政,他们对此表示不满,拒不承认由江南主导所选出的议员。于是,江北籍议员便在清江浦成立江北议会,此举赢得了江北都督蒋雁行等人的支持。同年3、4月之间,江北籍议员上电总统袁世凯,希望能得到北京政府的支持。不过,北京政府担心变更行省将会引起治理混乱,便否决了江北分省的提议,江北都督也遭裁撤,改以护军使镇守。江北分省运动受挫。②20世纪二三十年代,长江南北两岸的一些名流仍不断呼吁分省,不过,他们对以何为界并未达成一致。③

江南与江北区域地位的差异,不可避免地影响到江苏保甲的推行步骤。当时,由于江南士绅比江北士绅更具有政治影响力④,江南一些士绅便提出了保甲制度的"区分论":即江北办保甲,江南办自治,其理由有四点:第一,保甲不过是防治盗匪、维持治安的工具,江南土匪较少,没有维持治安的必要。第二,既然保甲为了清除匪患,以求自治,但江南自治已有基础,没有变更原有地方制度的必要。第三,各县自治经费分配紧张,江北用于办理自卫即可,江南仍办理自治为主,这样才能避免虚耗经费。第四,江北村落都是墙高壕深的村寨,"门楼瞭望,俨如都邑,枪械之重,等于农具,施以保甲编练之法,势顺事

---

① [美]韩起澜:《苏北人在上海,1850—1980》,卢明华译,上海古籍出版社2004年版,第30页。
② 王家俭:《地方自治》,见台湾"教育部"编:《中华民国建国史》第二编,"民初时期"(二),台北:"国立"编译馆,1985年版,第738页。
③ [美]韩起澜:《苏北人在上海,1850—1980》,卢明华译,上海古籍出版社2004年版,第30页。
④ 如吴县县长吴企云就承认,"吴县不仅有许多绅士,且有许多国家绅士寄寓此间。"见龚心齐、罗志渊:《江苏各县县政参观纪要》,《江苏月报》第4卷第5、6期合刊,1935年12月。

便。江南难,若强迫,非所需要,自必难办"①。"每谓保甲制度易行于江北,难行于江南;在匪区易办,在非匪区难办。若无匪当无保甲,得人即得法。"②

除了江南、江北的"区分论"之外,士绅们还提出了城市与乡村的"区分论",即保甲只能行于居住较为固定的乡村,不能行于人口流动频繁的城市。其理由也有如下几点:第一,盗匪容易潜藏在乡村,很少潜伏在城市。既然保甲是为了清除盗匪,那么,它用于乡村便可以了,不必行之于城市。第二,城市人口稠密,行旅来往无定,不像人烟稀少的乡村,可以各安其土。第三,城市从事工商业者,早晚都要忙于工作,不像乡村人员那样可以有闲暇的作息时间。就保甲分配任务来讲,它更适于乡村。第四,城市是军警集中之所,建设完备。而乡村比较散漫,守望缺乏,防卫任务的重心应在乡村而不是在城市。③

民政厅批驳了这种"区分论",认为这种看法是完全错误的。如余井塘所说:"保甲不是解决民众智识问题,而是解决民众组织的问题。江北的民众,固无组织,江南的又何尝有组织?江北民众需要自卫甚于江南,江南民众需要自治又甚于江北。即以自治而论,江南又何尝无此需要?不过江南需要自治较江北为甚而已。我们认为,保甲是推进自卫与自治的唯一工具,则无论文化高低的地方,自然同样需要保甲。"余进一步说,"城乡区分论"也是站不住脚的,正如乡村一样,城市也是缺乏组织,甚至比乡村更无组织。因而,城市推行保甲仍有必要。④民政厅另外一位官员进而分析道,"区分论"都是那些"乡镇领袖"所散布的。因为他们不屑于与那些身份、智识比自己低的乡民编入同一个册子,更不愿因保甲编组而失去自由。因此,他们对保甲的恐惧如"牛之穿鼻,驴之拴其足"。⑤

尽管士绅所提出的"区分论"遭到了当局的批驳,但它还是对当局推行保甲的方式产生了一定的影响。江苏保甲推行中"先江北,后江南"的步骤,便与

---

① 胡棘园:《新保甲新三论》,《江苏保甲》第2卷第2期,1936年2月。
② 张权:《淮安保甲之检讨》,《江苏保甲》第2卷第11期,1936年7月。
③ 胡棘园:《新保甲新三论》,《江苏保甲》第2卷第2期,1936年2月。
④ 余井塘:《保甲制度的真谛》,《保甲半月刊》第2期,1935年2月。
⑤ 胡棘园:《新保甲新三论》,《江苏保甲》第2卷第2期,1936年2月。

士绅的"区分论"有着一定的关系,甚至陈果夫也不否认这样的事实:保甲在江北的推行要比江南更为容易一些。① 1934年4月,保甲制度先在江北推行。7个月后,三个方面原因推动了江南及江都地区保甲的举办:其一,江北等地保甲所取得的成效,不仅使得当局对推行保甲充满了信心,还为江南保甲的举办提供了经验,无形中减少了江南推行保甲的阻力,"而江南则转以推行较后,而困难为减,此则前事后师,亦足证人类艰难经验之可为宝重者也"②。其二,政府与重要士绅已逐步达成了谅解,赢得了士绅们的合作。如陈果夫所说:"果然做了半年以后,省会附近的绅士来见了。过了些时,各地绅士逐渐来见了。"③江南及江都等地推行保甲的阻力已大大降低。其三,江南旱灾所造成的秩序动荡,引起了当局对治安的担忧。于是,1934年11月1日,江苏省通令江南及江都地区各县举办保甲,"至是,保甲之旗帜,乃飘扬江苏全省领域矣。"④

二、按步实施

与分区推行的同时,战前江苏省保甲制度的实施又分为组织、训练和整理三个步骤。大致来说,自1934年4月江北保甲开始编查,到1935年底全省保甲编查完成,江苏保甲实施的重点在于严密保甲组织,健全机构;1935年底至抗战全面爆发,保甲实施的重点在于强化乡镇保甲长的训练,以使保甲长能够明了保甲意义,增进保甲行政效率;1936年后,江苏保甲实施的重点在于整

---

① 1936年,陈果夫在总结江苏保甲时说道:"夫人情好佚而恶劳,必遭历艰苦,生活俭啬,而后能动心忍性,增益所不能。是故保甲之推行,江北易于江南。迨江南各县编组既竣,运用亦能自如,斯保甲工作,亦差为毕其能事矣。"见陈果夫:《江苏省保甲总报告·序二》,江苏省民政厅编,1936年版。保甲的推行是否与民性有关,我们尚无从得知。不过,江南与江北政治影响力的强弱,同样对于两地保甲的推行产生了一定的影响。

② 余井塘:《序二》,见江苏省民政厅编:《江苏省保甲总报告》,1936年版。

③ 陈果夫:《苏政回忆》,台北:正中书局1951年版,第102页,南京图书馆藏。

④ 周异斌:《江苏省举办保甲之过去与现在》,《江苏民政》第1卷第1期,1935年3月。

理组织和人事。

1.严密保甲组织

在国民党当局看来,中国民众不是"一盘散沙",便是"各人自扫门前雪,不管他人瓦上霜"①,有的还认为老百姓是"不识不知的阿斗",过惯了散漫的生活。②而保甲组织不仅具有纵的行政系统上的管辖关系,而且,通过"连坐切结"和"保甲规约"来发挥横向上的统制,组织起广大民众,以发扬乡村之间亲爱、团结、互助、义勇、保乡和卫国的精神。③因此,江苏省政府官员不厌其烦地夸赞保甲组织的效力,尤以民政厅厅长余井塘较为突出。如1934年8月,余井塘在保甲谈话会上说:"保甲制度就是组织民众、训练民众的最好制度。保甲制度乃使好人组织起来,清除坏人,好坏分开,使土匪流氓乞丐,无法存在于社会,此保甲第一功用。"④两个月后,在江南各县保甲谈话会上,余忧心忡忡地讲道:"我时常发现中国社会有一种很奇怪而又危险的现象,就是好人没有组织,坏人反处处有组织,洁身自好的好人没有组织,安分守己的好人没有组织。这种现象是何等的危险,长此以往,不待外人来消灭中国,中国的好人也就会被中国的坏人逐渐消灭完了。保甲的用处,就是要把好人组织起来,运用好人的力量,扫除社会的罪恶,促成社会的进步。"⑤1935年,在南通扩大纪念周上,余再次强调:散漫缺乏组织的中国社会,上下不易沟通,彼此难以发生联系,动作不易迅速,无法发挥力量,政府当局要为社会做事,往往不能随心所欲。"要把无组织的社会变成团结有组织的社会,唯一的办法就是举办保甲。所以举办保甲的工作,可算是一个重要的社会建设的工作。"⑥

---

① 罗志渊:《联保的重要性及其困难的解决》,《保甲半月刊》第1卷第3期,1935年2月;许健:《施行保甲教育对于一般人民心理之影响》,《江苏保甲》第1卷第5期,1935年7月;巫孔瑛:《推行保甲的几个基本问题》,《江苏保甲》第2卷第16期,1936年9月。

② 徐幼川:《户口异动查报问题的研究》,第1卷第9期,1936年6月。

③ 闻钧天:《保甲之精神与机构》,《江苏民政》第1卷第3、4期合刊,1935年12月。

④ 《余厅长在保甲谈话会训词》,见江苏省政府秘书处编:《江苏省政府公报》第1739期,1934年8月10日。

⑤ 《余厅长对于江南各县保甲谈话会训词》,《申报》1934年10月30日。

⑥ 余井塘:《如何建设新南通》,《江苏民政》第1卷第2期,1935年6月。

正是对保甲组织效力的青睐,国民党当局极为重视保甲编查。为使主办保甲人员能够了解保甲制度,民政厅曾组织了保甲研究会,由主办保甲人员和豫鄂皖三省办理保甲富有经验者共同参加,详加研究,每周开会两次。①1933年11月,江苏省拟定了该年的施政纲领,该纲领规定:(1)在1934年,全省将会改革区制,减少区数,节省的区行政经费将用于乡镇事业。(2)举办保甲。江北各县户口册须在本年度完成,组织壮丁队,同时开办户口异动登记。江南各县应至少成立一个自治实验区。②1934年2月,在参酌豫鄂皖等省份保甲条例的基础上,江苏省颁布了《江苏省清查户口编组保甲规程》。根据这个《保甲规程》,保甲编查需要办理编户查口、联保连坐切结、保甲规约、船只登记、民有枪炮烙印和户口异动查报等事项。《保甲规程》颁行后,保甲制度自北向南地推行。到了1934年11月,当局制定了该年度的施政纲领,该纲领要求:"一、继续举办江南和江都区各县保甲。二、限期完成编查工作,江北已举办保甲各县,尚未依照限期进度完成保甲编查的县份,严令限期完成。三、厉行编组及训练壮丁,督促各县保甲编查完成后,厉行壮丁之编组及训练,养成民众武力,担任地方自卫责任,并为将来实施征兵制之准备。四、实行户口异动查报,令饬各县遵照户口异动查报暂行办法,切实办理户口异动查报。五、切实登记并烙印民有枪支。"③截至1935年底,江苏省保甲编查基本完成。

由于保甲编查是健全保甲组织的开始,又是保甲实施过程中最为繁琐和最为重要的阶段,江苏省当局认为,有必要加强保甲视导和扩大保甲宣传。

第一,自民政厅长以下至乡镇长政府官员,务须层层督促。江苏省民政厅以职责所在,督率策划,不遗余力,明令将以保甲编查的成效作为各县县长考核的标准,保甲为1934年度省、县施政的中心工作。④1934年11月13日,江苏省颁行了《江苏省各县保甲工作人员考核及奖惩暂行办法》,规定保甲编查期内将分两次考核各级保甲工作人员。在此期间,保甲工作人员是否受奖惩,其

---

① 《各省市办理保甲地方自治情形》,《内政消息》第1期,1934年11月。
② 赵如珩:《江苏省鉴·政治》,新中国建设学会,1935年版,第256页。
③ 《江苏省政府二十三年度施政纲领·民政部分》,《江苏民政》第1卷第1期,1935年。
④ 周异斌:《江苏省举办保甲之过去与现在》,《江苏民政》第1卷第1期,1935年3月。

依据的标准如下:"能否运用各种方法切实有效宣传保甲?编查保甲是否有误?清查户口是否详细准确?所办理区域内居民能否了解且认真办理联保连坐切结?枪支能否依限准确查验?遇有困难,能否立即解决而未引起纠纷?能否依限完成编查任务?"① 1935年7月,江苏省重订了各级官员的奖惩办法。根据这个办法规定:各行政督察专员及各县县长应随时考核保长、乡镇长、区助理员和区长等工作成绩。"其有特殊成绩者,保长得以乡镇长存记,乡镇长、区助理员得以区长存记,区长的保荐为县长甄审。"②

第二,扩大保甲宣传。江苏省政府官员认为,保甲办理的成效并非取决于保甲组织能否完成,而是取决于保甲教育能否完成。只有保甲教育的成功,才算是保甲真正的成功。"保甲教育如未成功,与昔日闾邻组织何异?"③要想让保甲组织能够充实民众自卫力量,推进地方自治,只有从健全保甲机构做起,"非有完善之保甲教育,不足与言保甲任务之实施。非有严密之保甲组织,不足与言保甲精神之寄托,是故必先有健全之保甲制度,然后保甲制度之运用,始能如心所欲,左右逢源。"④即使联保切结已经捺印,保甲规约已协定,保甲长能够依次推定,民众若不了解联保切结的意义,不懂保甲规约的内容,不明白保甲户长的责任,要想让他们执行保甲规程所规定的各项任务,无异于使盲者视、聋者听、跛者行。⑤"试问人民对于保甲意义,尚且不能明了,运用方面,哪里还能谈得到?这岂不是离我们的理想的目标,还相差太远了么?"⑥为了推进保甲编查,民政厅要求各县政府、各级党部、各社教机关和各学校应分别举行保甲宣传,动员社会各团体广泛参与,以期启发民众对保甲的热情。后来有人评论道:注重保甲教育也是江苏保甲的特点之一,江苏保甲能够以政

---

① 《江苏省各县保甲工作人员考核及奖惩暂行办法》,见江苏省民政厅编:《江苏省保甲总报告》,1936年版,第272~274页。

② 《江苏省政府二十四年行政计划》(1935年7月6日),江苏省档案馆藏,卷宗号:1054-1-899。

③ 余井塘:《保甲制度的真谛》,《保甲半月刊》第2期,1935年2月。

④ 周异斌:《江苏省举办保甲之过去与现在》,《江苏民政》,第1卷第1期。

⑤ 张立瀛:《各县举办保甲经过之困难及其补救办法》,《江苏民政》,第1卷第1期。

⑥ 孙云霞:《教育的保甲运动》,《保甲半月刊》第1期,1935年2月。

令完成保甲的形式,以教育充实保甲的内容,"江苏保甲自开始就注意运用教育力量,编查以后,更注意各级保甲人员与壮丁训练。"①

2.强化保甲训练

各县保甲编查渐次完成后,江苏省政府强调所属县份务必举办保甲训练,只有如此,保甲组织便可发挥救亡图存的作用,保持长期活力。为此,当局做了以下论述。

一方面,保甲训练是救亡图存的必要步骤。"九一八"事变后,日本的侵华野心急剧膨胀,中国民族危机日益加重,各级官员极为推崇保甲对救亡图存的作用。首先,他们指出国家面临着"四面楚歌"、"国难临头"的严峻态势。"列强环视,眈眈逐逐,或施以其如虎之手段,以兵威武力迫我,或施其如狐之手段,以宗教教育媚我,弱国无外交,强敌有何公理。"只有动员民众,全国一致,上下一心,才能保家卫国,"谋保甲之进步,如转巨石于危崖,非达其目的则不止。"②"欲求存亡之续绝,诚非人民自救不为功。而自救最善之方,莫如举办保甲,此全国上下,今日胥认为保甲为要政之由也。"③其次,只有加强壮丁训练,才能增强中国的军事力量。如民政厅科长相菊潭说,只有以壮丁训练来充实民众的武力,才能增强民族自卫力量。"吾人欲救亡图存,惟有团结整个民族奋斗到底,保甲属重要武器。"④由于壮丁训练对国防建设的作用,南通县长金宗华甚至说它是保甲最重要的工作。⑤相比之下,保甲指导员杨时须的论述有些悲观,他说:"如不幸二战爆发,我们就是不幸战败于若干国,最少限度也能自立自卫。"中国的自立自卫也依赖于壮丁训练的效果。因此,他强调:我国应当用保甲训练老幼妇女,并向民众授以战时军事、医药救护和交通维护方面的知识和技能。只有如此,在动员令下,中国便有了无穷的战斗人员可供调遣。⑥再次,保甲可以加强民众团结,增强民族斗志。陈果夫说:"只有用保甲组

---

① 朱坚白:《保甲与自治》,《江苏保甲》第1卷第6期,1935年4月。

② 杨国润:《警告乡镇保甲长并勖保甲居民》,《江苏保甲》第1卷第19期,1935年11月。

③ 郝遇林:《保长训练所之训育问题》,《江苏保甲》第1卷第19期,1935年11月。

④ 相菊潭:《保甲制度在今日中国之重要性》,《保甲半月刊》第1期,1935年2月。

⑤ 金宗华:《本省推行保甲制度的过去与将来》,《江苏保甲》第2卷第1期,1936年1月。

⑥ 杨时须:《保甲制度之运用》,《江苏保甲》第1卷第12期,1935年7月。

织教育和训练人民,使其具有国家意识和国民责任后,民众才会爱国爱民族,国防才会稳固。"①再如民政厅长辜仁发说:"如果保甲制度实行了,大家守望相助起来,不再推诿,用团结的精神替代了以前消极的态度。那么,无论捍卫国家,还是保卫桑梓,人民都能发挥自己的力量。"②保甲指导员黄述真讲道,保甲组织可以挽救颓风,还能发扬中国民族固有的精神。③有的官员甚至疾呼:"我人希望保甲维持永远,发生巨大的效能,使人民组织坚如铁壁铜墙,为自救、自立、自强、自卫的集团,为复兴中华民族的张本。"④通过保甲训练,民众才能恢复国有道德,养成健全国民,他们那种爱身爱家的观念,便会扩大为爱群、爱乡、爱国的心理。⑤

另一方面,保甲训练又是发挥保甲组织活力的所在。吴江县长徐幼川对保甲的组织和训练做过生动的评述,他说:"有组织无训练,其组织等于乌合之众;有训练而不知运用,其训练可谓徒劳无功。欲求组织健全,非训练不可。"⑥民政厅官员邢昉认为,"盖一盘散沙之人员,若不加以训练,则似一块未裁之布料。其结果不能穿在身上,发生衣之功用。政府欲保甲制度推行尽利,必须实施保甲训练。"没有保甲训练,民众就会自由放任。缺乏组织力的约束,民众容易产生观望和懈怠的心理,势必造成"用以安民者适足扰民耳"。⑦只有乡镇保甲长了解到保甲制度的作用,执行保甲的任务、方法,且壮丁受过政治和军事训练后,乡镇保甲长的认识才会跟着时代前进,保甲运用才能因地制宜而不致故步自封。反之,如果保甲长缺乏训练,仅仅挂了一个空衔,他们将无异

---

① 《陈主席在民政厅召开保甲谈话会讲词》,见江苏省政府秘书处编:《江苏省政府公报》第1739期,1934年8月10日。

② 《本府纪念周附录》,见江苏省政府秘书处编:《江苏省政府公报》第1591期,1934年2月14日。

③ 黄述真:《今后苏省保甲应取之途径》,《江苏保甲》第1卷第12期,1935年7月。

④ 沈家琪:《苏省保甲整理后之动向》,《江苏保甲》第3卷第4期,1937年4月。

⑤ 邢昉:《保甲训练之研究》,《江苏保甲》第3卷第1期,1937年2月。

⑥ 徐幼川:《保长训练以后》,《江苏保甲》第1卷第20期,1935年11月。

⑦ 邢昉:《保甲训练之研究》,《江苏保甲》第3卷第1期,1937年2月。

于昔日的闾邻长,并无活动能力可言。①

正是对保甲训练的垂青,江苏省当局对保甲训练进行了精心设计。在他们看来,保甲训练的种类上应包括乡镇保甲长训练、壮丁训练、乡镇事务员和户籍警的训练、户长训练、区长训练和保甲督察员训练等。其中,乡镇保甲长训练和壮丁训练是保甲训练的核心部分。②

1934年9月,江苏省政府颁布了《江苏省各县乡镇保甲长训练大纲》,规定了训练主管机构、训练科目、训练乡镇保甲长的干部人员和受训乡镇长的旅膳费等。依据该大纲,民政厅又颁布了《江苏省各行政督察区乡镇长训练所简则》和《江苏省各县保甲长训练所简则》等。③随后,江北一些县份已开始举办乡镇保甲长训练。

1935年7月,江苏省制定了该年度行政计划,其内容如下:(1)决定将保甲训练扩大到区长和区助理员等,拟于省会设立区长和区助理员训练班,分批抽调各县区长和助理员施训。(2)办理江南及江都区所属各县乡镇长训练事宜。(3)继续办理保甲长训练,其中,训练保长为该年度中心工作。(4)根据各县壮丁训练办法大纲,除了淮阴、铜山两区已试办之外,其他各区也须逐步举行壮丁训练。(5)厉行保甲会议,确定保甲会议规则,训练户长的公民常识和团体生活习惯,借以促进保甲以内一切自治事宜。④可见,在1934年度计划的基础上,1935年当局已将保甲训练扩展至户长、区长和区助理员的训练。

1936年5月,江苏省政府第833次会议通过了该年度行政计划。根据这个计划,江苏省将召集各区区长、助理员、户籍科员到省会施以训练。同时,继续训练保甲长,以甲长训练为该年度中心工作。⑤与1935年度计划不同的是,该年度决定对各县保甲督察员施以训练,"先训练适当人才,然后派往充任",以

---

① 罗志渊:《我国地方自治之趋势》,《江苏民政》第1卷第1期,1935年3月。
② 张立瀛:《训练区长县保甲督察员户籍科员区助理员与保甲的前途关系》,《江苏保甲》第2卷第13期,1936年8月。
③ 江苏省民政厅编:《江苏省保甲总报告》,1936年版,第210~218页。
④ 《江苏省政府二十四年行政计划》(1935年7月6日),江苏省档案馆藏,卷宗号:1054-1-899。
⑤ 江苏省民政厅编:《江苏省保甲总报告》,1936年版,第221页。

加强各县保甲督察之责。①

1937年,随着乡镇保甲长的改选和整理保甲的进行,江苏省准备重新组织区乡镇保甲长训练。同年2月,江苏省颁布了该年度行政计划,规定:(1)7月份成立自治人员训练所,开办第一期区长训练,训练期为3个月。乡镇长训练应于同年12月完成,受训后,乡镇长如果仍有改选情况,自治人员训练所将对改选的乡镇长补行训练。(2)按照乡镇保甲长实施训练大纲的规定,各县分期举办保甲长训练。(3)各县户籍警,应一律自7月开始统一训练,10月份以前务须完成。②不过,因抗战全面爆发,该年度行政计划未能实现。

3.整理保甲

由于保甲编查过程中出现了诸多错误(如编组凌乱、清查户口不实、联保连坐切结办理不当、各级保甲人员怠忽等)③,江苏省政府觉得有必要整理保甲,以健全保甲组织和刷新保甲人员阵容。

1935年7月,在该年度行政计划中,江苏省政府决定自1935年度起,每年举办一次户口总复查。④1935年12月,江苏省政府颁布了《江苏省各县总复查须知》,通令各县办理户口总复查。由保长督率甲长挨户复查各户的户口调查表、联保连坐切结,纠正编查中所出现的错误,整理编查后户口异动查报工作;在此基础上,县政府派员进行户口抽查,并造册上报民政厅和专署。最后,专署和民政厅将派员分赴各县考查户口总复查的成绩,依此分别施以奖惩。⑤

户口总复查之后,保甲组织的松懈和保甲人员的敷衍情况依然严重,其表现在以下六方面。(1)民众未能明白保甲的意义和自己的责任,不能切实履行保甲的任务,"有闲阶级"和"知识分子"多轻视保甲编查任务,不肯协助,暗中

---

① 《江苏省政府二十五年度行政计划》(1936年5月26日),江苏省档案馆藏,卷宗号:1054-1-491。

② 《江苏省政府二十六年度行政计划》(1937年2月2日),江苏省档案馆藏,卷宗号:1054-1-514。

③ 邵体璋:《本省编组保甲之过去与将来》,《江苏保甲》第1卷第12期,1935年7月。

④ 《江苏省政府二十四年行政计划》(1935年7月6日),江苏省档案馆藏,卷宗号:1054-1-899。

⑤ 《江苏省各县户口总复查须知》,见江苏省民政厅编:《江苏省保甲总报告》,1936年版,第195页。

阻挠。(2)保甲长人选并未尽当,"庸碌者,或受人之利用,或欲光荣于乡里,钻营活动,滥竽其间。狡黠者,借法令威吓无知之乡民,行其鬼魅伎俩。"(3)区乡镇只是将政令和自治事业等推诿给保甲长办理,很少向保甲长们提供实际的帮助,或认真考查保甲组织的实际功效。(4)保甲组织形质并未完善。"自1934年以迄今日,本省保甲表面形式,似已具备。考其实际,则编组方法,未尽适当,不能切实。联保切结,空泛无效。保甲规约,等于具文;以及船只登记检查之松懈,枪炮登记之疏漏,各县均不能免。"(5)经费太难,作为无给职的保甲长,尚需顾及个人生计,难以兼顾保甲任务。在繁重政令的压力之下,保甲长不是敷衍,便是假借名义,暗中敛财。(6)忽略精神,尽管当局强调,编查保甲主要是为了"改进民众生活"和"复兴中国民族",实际上,多数保甲人员仅仅追求外形之完善,忽略为民众谋福利的精神。①

由于上述种种问题,江苏省当局有必要全面整理保甲。1936年5月,江苏省在该年度行政计划里指出:"各县保甲编查成绩不齐,对于组织尚未健全之县以及遭受水灾保甲必须整理县份,均拟加以整理。"②1936年6月,民政厅指示各县不得滥用保甲,务须纠正保甲编查中的错误。同年11月,江苏省政府第873次会议通过了《江苏省各县保甲整理办法》,希望通过"统一编组,郑重人选,森严纪律,注意性质",以期保甲组织能继续发挥巨大效能。③与此同时,由于乡镇保甲长的改选,江苏省还颁布了《江苏省各县保甲长改选及补充办法》,重新调整乡镇保甲长录用的条件,尤其是对保甲长的年龄和身体状况做了明确规定,以增进保甲行政人员的效率。即以实施程序而言,民政厅颁布了《各县乡镇保甲长改选暨整理保甲详细手续》,规定了乡镇保甲长改选及审查的手续与整理保甲的期限。④1937年2月,江苏省在该年度行政计划中再次指出,各县应依据整理保甲的办法,务于农闲时间内分别督促乡镇保甲长切实

---

① 梁适善:《苏省保甲之改进方案》,《江苏保甲》第2卷第14期,1936年8月。
② 《江苏省政府二十五年度行政计划》(1936年5月26日),江苏省档案馆藏,卷宗号:1054-1-491。
③ 沈家琪:《苏省保甲整理后之动向》,《江苏保甲》第3卷第4期,1937年3月。
④ 《各县乡镇保甲长改选暨整理手续》,《江苏保甲》第3卷第1期,1937年2月。

办理。[①]

小　结

　　为了推动保甲制度能够有效实施，江苏省政府制定了一个较为完善的施政纲要。这个施政纲要围绕制度设计、人事要求和实施步骤三方面展开。

　　在制度设计方面，江苏保甲采用了"自治为体，保甲为用"的模式。这种设计是国民党中央和江苏省政府两方面推动的结果。从中央层面来讲，由于孙中山对中国民众持"一盘散沙论"，提出了地方自治实现的阶段性和条件性。国民政府定都南京后，以蒋介石为首的国民党中央进一步发挥了孙中山地方自治思想的局限性，并不断呼吁民族危机，以证明加强统制民众的合理性。从地方层面来讲，江苏省由来已久的自治传统、以张立瀛为代表的地方官员的积极呼吁和陈果夫个人对地方自治的支持，使得江苏保甲的制度设计具有了特殊性。江苏保甲自治型的设计，开启了依附国家政权主导式的地方自治的省区实验，成为后来新县制之先声。不过，这种设计也助长了地方政府滥用保甲的倾向。

　　在人事要求方面，江苏省制定了保甲督导人员和保甲组织人员的相关要求。前者包括县长、区长、县派编查委员、保甲督察员、厅派保甲指导员和户籍警，后者包括乡镇保甲长和户长。通过督导人员的督察、指导、巡视和宣讲，江苏省当局希望借此建立起严密的保甲实施网络。

　　在实施步骤方面，江苏保甲的实施具有空间性和时间性。从空间上讲，江苏保甲实施的区域是"先江北，后江南"。这种设计不仅与江北匪患和地理位置有关，也与江南、江北政治地位的差异有关。从时间上讲，江苏保甲的实施，分为编查、训练和整理三大步骤。其中，编查的重点在于严密保甲组织，健全机构；训练的目的在于促使保甲人员明了保甲意义，增进保甲效率；整理阶段是对保甲的组织和人事方面进行调适。

---

① 《江苏省政府二十六年度行政计划》(1937年2月2日)，江苏省档案馆藏，卷宗号：1054-1-514。

第三章 CHAPTER THREE

保甲纲要的实施

从前一章可以看出,国民党政权制定了一个较为完备的施政纲要,希望借此建立一个自上而下的、严密的行政网络。然而,仅有纸面的法令和计划,并不足以确保保甲制度能按当局设计的政治轨道运作。那么,国民党统治者采取了何种举措去实施保甲纲要?这些举措究竟取得了怎样的成效?其局限性又表现在哪些方面?为此,本章将从保甲的编查、训练和整理三个方面来讨论政府与保甲的关系。

第一节　编查时期的活动

一、"灌输以保甲知识"：扩大保甲宣传

举办保甲之初，江苏省政府很清楚保甲宣传的重要性，认为保甲的意义、施行程序、编户查口的方法和民众应负的责任等，这些对民众来说是陌生的。如果不以各种方法向民众灌输保甲知识，非但不能启发他们对保甲制度的信任，还会使他们疑虑丛生，这无疑将会阻碍保甲的推行。只有通过扩大保甲宣传，民众才能增进对保甲知识的了解。①另一方面，保甲是组织民众的工具，当局认为，"（保甲）是与县内的任何好人都有痛痒相关的密切关系，我们应该请县里一切有力的团体、有力的分子共同参加，共同努力。党部，如学校，如民众机关，以及其他一切正当的有力的团体或分子，是帮助我们进行这项工作的助手，我们应该联络他们，工作自然可以顺利进行。"②为此，江苏省民政厅要求各县政府、各级党部、社教机关和各学校应分别举行保甲宣传。当时的宣传

---

① 陈果夫：《江苏省政述要·民政篇》，见沈云龙主编：《近代中国史料丛刊续编》第97辑，台北：文海出版社1983年版，第34页。

② 《余厅长对于江南各县保甲谈话会训词》，《申报》1934年10月30日。

方式有布告、标语、图书、传单、小册子、弹词剧本、报章及杂志、展览会、学校编组保甲、保甲周、保甲小先生、保甲讲习会和保甲户籍等。不过,从宣传的发起者来看,则大致可分为以政府为主体的宣传和以学校为主的宣传。

1.政府系统的保甲宣传

江苏省各县政府和党部的保甲宣传,基本上以书面文字、保甲歌、讲习会、组织宣讲队和保甲户籍等方式进行。

(1)书面文字。民政厅要求各地报章专设保甲特刊一栏,以专载保甲文字。民政厅还于1935年2月主办了《保甲半月刊》,主要刊载江苏省各界人士对保甲的建议以及各地保甲实施的情形。该刊物按期转发给各县政府,再由县政府转发到各机关和各区乡镇公所,从横向上增强各县举办保甲的经验交流。①此外,民政厅还制定了一些保甲标语。其中,一个较为典型的保甲标语如下:"一、编组保甲可以安定社会,充实人民自卫力量。二、编组保甲可以团结好人,清除坏人。三、编组保甲可以推进地方自治。四、编组保甲可以促进社会建设。五、编组保甲可以复兴农村经济。六、清查户口可以肃清匪患。七、报填户口要真实正确。八、乡镇保甲长要由各户长推举公正人士充任。九、住民要五家联保具连坐切结。十、民有枪炮要登记烙印才不违法。十一、阻挠编组保甲的人就有通匪的嫌疑。十二、拒绝清查户口的人就有窝匪的嫌疑。"②从第十一、第十二条可以看出,不配合保甲工作者,就将面临成为"土匪"和"坏人"的危险。民政厅相信,只有划清界限才能造成民众的紧张感,从而坚定其对保甲的信仰。

宝应县政府编制了《宝应县保甲须知汇编》,这本小册子里列举了普通住户、商店、船户、寺庙和空屋的编查方法,还详解了联保切结、保甲规约和保甲会议等。值得一提的是,该县还设计了《保甲问话十则》,其内容如下:"一、为什么要办保甲?答:要肃清土匪,除暴安良。二、为什么要查户口?答:是要明了好人与坏人的分别,以便政府制裁与保护。三、为什么要在联保切结上捺指模?答:是负责保证好人的。四、为什么要订门牌?答:表明是个好人。五、为

---

① 江苏省民政厅编:《江苏省保甲总报告》,1936年版,第61页。
② 董浩:《现行保甲制度》,上海:春明书店1942年版,第16页。

什么要验枪炮?答:是防止坏人利用的。六、为什么要报告户口异动?答:是防止坏人混进来的。七、你们的保长、甲长是谁?八、为什么要立规约?答:是劝人做好事。九、人民对于国家的义务是哪几种?答:守法、服役、纳税。十、我们中国最大的仇人是谁?"该县县长周敦礼规定,在收到该项问答三日后,区乡镇保甲长务必按户转告,各户户长必须牢记这些内容。周告诫保甲人员不得将此《保甲问话十则》当成空文,因为他将会不时下乡抽查民众对此的掌握程度。如果民众回答错误,那么,该管保甲长必然会受到斥责。①

扬中县编订了《保甲基本知识教材》,该县要求每周向壮丁讲授1小时。这份教材通俗易懂地讲解了举办保甲的意义和实施程序,其内容如下:"第一课,保甲的意义,中国人民,犹如散沙,毫无力量,保卫国家。有了保甲,就有组织。共同担负,共同责任。第二课,编户顺序,面对门户,自右而左,挨户编号。最好是十户为甲,十甲为保。查口要清楚,亲属同居雇佣,都要报填,不可遗漏。第三课,户口异动(一),查报户口功用大,盗匪坏人都害怕,国家情形能明了,户口数目常准确,户口异动不报告,照章处罚免不掉。第四课,户口异动(二),我家生人叫'出生',呼吸断绝叫'死亡',人口'迁入'数目增,报告不得逾三天。如果有人'徙出'了,一天前报要认真。第五课,船只登记,无论大船小船,公船私船,好船坏船,都要请领执照。发给洋铁船牌,几可游行水面。第六课,民有枪炮,人民有枪炮,土匪吓得跑。申请登记需要早,烙印给照不可少,有枪不报告,查出不得了。第七课,联保连坐切结,联保是条件,连坐是制裁。切结是凭证,同结各户有坏人,其他各户要报告。如果不报告,连带处分免不了。互相监视,不做坏事,就是联保连坐的意思。第八课,保甲规约,好公民,好公民,保甲规约要实行,改良坏风俗,养成好习惯,条文要载明,大家要记时。"②从扬中县的教材可以看出,地方政府的宣传,并非仅仅温和地向民众劝说举办保甲的好处。有时,它还警告民众必须配合保甲的推行。否则,结果必然是"查出不得了"、"连带处分免不了"和"照章处罚免不掉"。

除了上述县份外,南通县在举办保甲之初,便印发了2万张《告民众书》,

---

① 周敦礼:《宝应县保甲须知汇编》,1934年版,第42页,南京图书馆藏。
② 《扬中县政府编订保甲基本知识教材》,《江苏保甲》第2卷第24期,1936年1月。

1.2万张标语,以配合保甲的宣传。此外,南通县翻印了2500本《保甲规程》,发放给区乡镇闾邻长。①吴江县除了运用白话布告外,还编写《保甲画报》、大小标语、《保甲浅说》、《保甲问答》和《告民众书》等,以扩大保甲宣传。保甲宣传周内,县政府每日发行一张保甲宣传特刊,将此迅速寄至各区乡镇,张贴在公共处所,以方便民众阅读和了解。②沛县则出版了10多种保甲学业书。邳县编制了简单的《保甲讲义》,由学校老师授予学生。萧县也有类似的保甲考查员,当考查员问询保甲问答时,不能应对者将会受到惩处。③

（2）保甲歌。最先举办保甲的江北县份,多以保甲歌的形式宣扬保甲是消弭盗匪和安定社会的不二法门。如阜宁县政府所编的《保甲四字歌》,这首歌的唱词如下:"一、保甲编制:乡镇保甲,层次分清。每甲十户,外加零星。门牌订好,丁口登明。生死异动,查报要紧。二、联保切结:五家联保,办法最良。具下切结,祸福同当。相互管束,匪类难藏。勉善规过,时刻谨防。三、肃清土匪:提起土匪,万恶之魁。烧杀掳掠,家家受累。有匪就报,切莫隐讳。除暴安良,不容推诿。四、枪械登记:买枪自卫,非同儿戏。民有枪支,赶快登记。民枪匪枪,区别仔细。私藏军火,担当不起。五、保甲规约:十户为甲,十甲为保。为民领导,大家负责。政令乃扬,一人阻滞,全体无光。甲长保长,最为重要。六、保甲功效:编制保甲,组织人民。清查户口,良莠分明。如今世界,土匪横行。保甲办好,天下太平。"④萧县的《保甲歌》里写道:"莫打鼓来莫敲锣,听我唱个保甲歌;办理保甲有何用,保护家产保性命。……保甲一行天下欢,家家户户保平安。"⑤泗阳的民谣则直截了当地唱道:"保甲好,保甲好,土匪都被他挤了。"⑥在南通、如皋、靖江三县的《保甲歌》里,也有类似的唱词:"肃清匪类,保卫身家,实行保

---

① 金宗华:《一年来之南通保甲》,《生力月刊》第1卷第4期,1936年2月。
② 徐幼川:《一年来办理保甲之回顾》,《江苏保甲》第1卷第20期,1935年11月。
③ 张毅忱:《保甲实施问题的研究》,《江苏保甲》第1卷第7期,1935年5月。
④ 《保甲四字歌》,《保甲半月刊》第3期,1935年3月。
⑤ 刘景纯编:《萧县县政》,南京图书馆特藏部手写本,1934年版,第149~150页。转引李巨澜:《失范与重构:1927—1937年苏北地方政权秩序化研究》,华东师范大学2005年博士论文,第173页。
⑥ 张理隆:《泗阳的民间俗谣》,《淮海》第8期,1936年1月。

甲图自强;十户为甲,十甲为保,依次编组成镇乡;联保切结,户口异动,共同负责要周详;大家起来完成工作,莫存观望莫彷徨。"①

(3)保甲讲习会。在当时的官员看来,保甲讲习会对于保甲宣传的意义重大。地方自治能否完成,保甲组织能否健全,这都要与保甲讲习会的会期和次数成正比。②在编组保甲进度表里,江苏省规定各县县长应在编查第一期召开区长、区助理员和编查委员讲习会。在讲习会上,县长需要讲明区长的责任、举办保甲的意义和实施程序,以期区长等人对此彻底了解。

那么,各县保甲讲习的实际情形如何呢?在铜山区,各县组织了保甲巡回宣讲队,民教馆设立了保甲知识讲座。③在南通,县长金宗华与保甲指导员孙云霞协商订立了乡镇保甲长户长讲习办法。县政府将保甲规程编成保甲问答12条,又印发了3000张《保甲问答》,作为区乡镇讲习会的读本,再由各区逐级开会讲习。通过讲习会和社教机关的宣传,至少有10万人接受了保甲教育。随后,金宗华还抽查了各区的讲习情况,其结果显示:"除东乡二三区因民智低落,未能普遍通晓外,其他各区民众,均收甚大效果。"④1934年11月8日,松江县县长金体乾主持召开了3天的保甲讲习会。上午,由金演讲保甲的意义、乡镇长的责任和联保切结的重要性,科员倪重宽等讲演编组的方法及步骤,下午安排讨论,"各区听讲员全体出席,颇为重视。"⑤6天后,在青浦保甲讲习会上,县长钱家骧报告了保甲宣传,科长讲解了保甲人员须知。与会人员讨论了保甲编查方案,决定通过了《实习编查保甲的方法》。⑥在江都,1935年2月26日,该县举办了保甲讲习会,其主旨是先在城区举行保甲的编查,以作为演练实习之用。⑦在宜兴,1935年2月1日,县长钟竞成在第六区召集乡

---

① 《南通如皋靖江三县风行保甲歌》,《江苏保甲》第2卷第20期,1935年12月。
② 黄强:《中国保甲实验新编》,南京:正中书局1935年版,第213页。
③ 张毅忱:《保甲实施问题的研究》,《江苏保甲》第1卷第7期,1935年5月。
④ 金宗华:《一年来之南通保甲》,《生力月刊》第1卷第4期,1936年2月。
⑤ 《松江县府召集保甲讲习会》,《申报》1934年11月10日。
⑥ 《青浦分区训练保甲》,《申报》1934年11月16日。
⑦ 《扬州编查保讲会开始》,《申报》1935年2月27日。

镇保甲长们举办讲习会。①在县政府的督促下,一年内,宜兴县第六区区公所举行了3次乡镇长讲习会和2次保长讲习会。区公所还派员分赴各乡巡回指导讲习,以推动甲长和户长的训练。②

(4)保甲户籍。为了使社会最底层能够了解保甲知识,江苏省决定将保甲运用于司法纠纷调解方面。1935年2月6日,江苏省政府发布了《令知人民陈诉文件应注明乡镇保甲户籍通饬布告》,布告指出:"为训练一般人民认识保甲之重要,并进而明了人民对政府及人民相互关系计,所有人民对于政府及自治机关陈诉文件,或人民订立契约时,自应按照现行保甲制度组织,一律于籍贯一栏内,并将所属保甲户籍注明。"③

不仅如此,一些县份对烟民和游民也采用了保甲编组。如在烟民管理方面,沭阳县对戒烟所、医院和收容所的烟民,便采用了保甲编制,以此推动烟民互相监视、劝勉和实行连坐。此项办法取得成效后,民政厅又将其推广至其他各县。④武进县则将保甲编组运用于游民(包括盗匪、烟毒犯和地痞流氓)管理方面。根据该县救济院和游民习艺所的规定:每一游民为一户,十户为一甲,十甲为一保,分别设立甲长和保长。在此基础上,习艺所还设立"自新乡",任命一名游民为"乡长"。游民们必须加入保甲规约,互相劝勉,不得意图逃避和斗殴。平时,游民以保甲为单位,从事打扫卫生和劳动工作。遇有违背保甲规约的事情,游民必须要逐级呈报,否则,将会受到连坐处罚。⑤

(5)宣讲队。一些县份的党政机关组织了宣讲队,深入到各乡镇进行宣传。在吴江,县政府组织了百余名演讲员,分派他们每日在乡镇、村圩、茶楼和酒馆等公共场所进行宣传。⑥在嘉定,县党政社教机关在体育场举行大会,内

---

① 《本所大事记》,见宜兴县政教实验区区公所编:《新区政》第10期,1935年3月。

② 吴培元:《一年来之政教合一》,见宜兴县政教实验区区公所编:《新区政》第7期,1935年2月。

③ 《令知人民陈诉文件应注明乡镇保甲户籍通饬布告》,见江苏省政府秘书处编:《江苏省政府公报》第1887期,1935年2月6日。

④ 《利用保甲管理烟民》,《江苏保甲》第2卷第19期,1935年11月。

⑤ 《武进县救济院游民习艺所编组保甲概况》,《江苏保甲》第2卷第24期,1936年1月。

⑥ 徐幼川:《一年来办理保甲之回顾》,《江苏保甲》第1卷第20期,1935年11月。

容包括名人演讲、话剧、提灯、电影和烟火等。会后,分组到城乡各处作普遍宣传。①在南汇,县政府编制了白话广告,按级晓谕。县长袁希洛亲临各区,分批召集乡镇长和民众进行演讲,还要求教育局、公安局和社教机关负责协助宣传。②在松江,县长金体乾督率区长,召集山阳、漕泾等地的乡镇长副和镇警,进行了为期一周的保甲宣传。③在溧阳,县长苗启平与保甲指导员杨时颀,率领9名乡镇长和30余名乡绅,举办了宣传周。苗和杨等人对宣传成效进行了抽查,乡镇长们都答出所属保甲长的姓名,多数还能准确报出所属地的户数。其中,骆山第二保保长俞殿彩因最称职,受到了县长的好评。④在赣榆,县党部人员每到一区的重要城镇,都要筑台演讲,化装宣传,沿途还会贴上保甲标语、图画和告民众书。⑤与上述县份相比,南通县的保甲宣传要全面一些。南通要求各区组织宣传委员会,在坚持"现身说法,以身作则,深入民间,普及乡村"四大要件的原则下,各区乡镇分别组成若干宣传队,以口头文字、图画和标语等方式进行宣传,以期增进民众对于保甲的了解。⑥

除了上述的宣传途径外,江苏省还利用广播和电影来扩大保甲的宣传。1936年,陈果夫在总结三年施政时指出,广播电台应以"宣达政情、推广教育"为目的。当时,江苏广播电台以施政、教育、常识和新闻四大块为主,其他音乐和广告为副。播音节目时间从上午9时到晚上9时,其内容是由政府各机关和专家分别讲述施政情况。他承认:"过去如保甲、禁烟、导淮等政,均以广播宣传,收效颇宏。"⑦即使到了1937年,保甲宣传仍在广播节目表中占有一定的地位。根据一份广播节目表所示,当时每周二下午4点至5点为保甲

---

① 《嘉定举行保甲宣传周》,《申报》1935年3月10日。
② 《南汇举办保甲定期实行》,《申报》1934年10月29日。
③ 《松江民厅委保甲指导员》,《申报》1934年12月1日。
④ 《溧水县举行保长宣誓典礼》,《保甲半月刊》第3期,1935年3月。
⑤ 蒋井良:《赣榆县保长训练概况》,《淮海》第1期,1935年6月。
⑥ 金宗华:《一年来之南通保甲》,《生力月刊》第1卷第4期,1936年2月。
⑦ 陈果夫:《江苏省政述要·行政管理篇》,见沈云龙主编:《近代中国史料丛刊续编》第97辑,台北:文海出版社1983年版,第25页。

宣传。①此外,陈果夫要求教育厅拍摄保甲、警政、地政和学校之类的政治教育片。据陈回忆,抗战全面爆发后,他在长沙察看了巡回施教车所带出来的教育片,其内容就涉及了保甲、警政和捕盗等内容。②足见,电影也成为保甲宣传的重要手段。

2.学校系统的保甲宣传

与党政机关较为强令性的保甲宣传相比,社教机关和学校更多地采用劝导性的保甲宣传,其主要方式为编组保甲、保甲周和保甲小先生等。

(1)学校编组保甲。最早在学校中实行保甲编组的是江浦县,它的编组方法如下:"以一校为一乡,一教室为一保,一横排为一甲,每个学童为一户,为桌上黏贴门牌。单级小学只设一保,六教室者以上编为两乡,两乡以上成立一区,设区长一人,由区民大会推举。编组时,每个学生桌上贴门牌。编组后,由各甲联保切结,加捺手印,声明互相监视,遵守学校规则。此外,并订立保甲规约,以实行新生活为目标,学生毕业、休学或退学,均依式填入户口异动表,逐级呈报校长。"县政府相信,学校编组保甲,可以向学童灌输保甲常识,培养他们的自治能力。③江浦县学校编组保甲的做法,引起了省民政厅的重视,随后,民政厅通令各县学校一律采用这种编组办法。例如无锡北夏实验区的青年学园,为了解决青年班毕业生和高小毕业生的继续教育问题,青年学园便采用了保甲编制。其中,不少学员还是当地的甲长。青年学园希望以此实现学校生活与社会生活的密切联系。④

(2)保甲周。如果说编组保甲只是一种形式的话,学校保甲周则是一种高密度的强化宣传,如皋和嘉定的学校基本采用了这种宣传方式。在保甲周里,学校需要指导学生做以下的事情:①研究保甲制度,儿童活动改组保甲组织。②训练保甲小先生。③举行保甲宣传讲演竞赛。④组织保甲宣传队。⑤调查本

---

① 《江苏省无线电台广播音乐节目表》,见江苏省政府秘书处编:《江苏省政府公报》第2589期,1937年5月25日。

② 陈果夫:《苏政回忆》,台北:正中书局1951年版,第80页,南京图书馆藏。

③ 《一月来之江苏政治》,《江苏月报》第3卷第3期,1937年3月。

④ 郑大华:《民国乡村建设运动》,社会科学文献出版社2000年版,第331页。

校区保甲整顿情形。⑥举行参观会。⑦出版《保甲专号》。

不仅如此,学校还通过各种课程的设置来向学生灌输保甲知识。在说话科上,教师指导学生了解保甲常识的问答、练习宣传保甲的演说等。在读书科上,学生须朗读有关宣传保甲知识的各种文字。在写字科上,学生要学习保甲宣传、保甲编组和应用文的写作。在作文科上,学生要完成关于保甲的各种作文。当时,学生的作文题目包括《怎样办保甲?》、《我的爸爸对保甲的一段话》、《我们对于保甲应有的认识》、《保甲中心运动日记一页》、《保甲长开始办公的布告》、《拟办保甲通知书》、《为宣传保甲举行恳请家长到会书》等。此外,学校必须指导学生演练保甲户口计算的统计方法,演唱保甲歌曲,绘制保甲图画,做一些保甲游戏等。①值得一提的是保甲周中的绘画比赛。嘉定县学生绘画的题目如下:①未办保甲的紊乱情形。②匪盗入境壮丁抵御情形。③盗匪不能混入境内情形。④团结图。⑤亲爱图。⑥互助图。与嘉定县类似的是如皋县保甲周中的画题,包括:团结御侮、宣扬保甲、编练壮丁、肃清匪类、一位甲长先生、安内攘外等。②显然,这些保甲画题带有明显的导向性。它希望通过保甲办理前后的优劣对比,让学生接受那种只有保甲才能"团结御侮"和"肃清匪类"的意识。

(3)保甲小先生。通过编组保甲和保甲周的灌输,学生无疑受到了保甲知识的熏陶。在此基础上,各县要求,凡受训学生应向其家属和乡邻宣传保甲。就当时情况而言,南通县对于保甲小先生的运用最为显著。正如南通县县长金宗华认为的那样,"保甲为一种社会教育,学生为将来组织社会之新分子,故欲社会基础坚强,必先将此组织社会之新分子首先加以训练。"他相信:只有加强保甲与学校的互动,学校教育才能适合时代和社会的需要,政教合作才能得以实现。③因此,南通县规定,学校应当组织宣传队,凡是三年级以上的学生都要参加宣传队。每名学生至少要向两户进行保甲宣传。1934年12月10

---

① 《嘉定县各学校编组保甲中心运动的办法》,《江苏保甲》第2卷第3期,1936年3月。

② 《如皋县保甲周大单元教学做的办法》,见江苏省民政厅编:《江苏省保甲总报告》,1936年版,《附录》第42页。

③ 金宗华:《一年来之南通保甲》,《生力月刊》第1卷第4期,1936年2月。

日至16日间，南通训练了1.5万名保甲小先生，通过保甲小先生转教的人员近19万人，约占当时南通总人数的12.7%。据时人的观察，学生们对此项宣传颇感兴趣，他们争先恐后地向民众宣传保甲。受教民众（尤其是妇女和老幼）对保甲小先生的保甲演说表示满意。南通县长金宗华对此评价甚高。他说：党政机关分组分区的宣传，尚且未能普及于人；相比之下，保甲小先生却发挥了巨大作用。因此，"要推进保甲的下层教育，仍不能不重于保甲小先生。"①曾任通如泰地区保甲指导员的孙云霞，也热情洋溢地夸赞南通的保甲小先生，说"这种力量，何等伟大。将来组织社会的新分子，在幼小的时候得以熏陶，将来长大，可成社会中坚"②。在金坛，县长祈仑捷和保甲指导员亲自到各学校向学生讲解保甲知识。数千学生在受到保甲训练之后，向各区乡镇进行了宣传，"沿途说话，只有保甲二字"③。类似的保甲宣传还出现在沭阳。沭阳县组织百余名区乡镇人员和小学教师，逐步对离县城较远的4个区进行保甲宣传，大大地加快了该县保甲编查的进度。④

总之，江苏省通过各种形式的保甲宣传，增强了保甲运动的声势，推动了民众对于保甲知识的了解。据当时宜兴县第六区区长吴培元的观察，经过该区的各项宣传（印发《保甲长须知》、《户长问答》、《户口异动查报须知》，派员分赴各乡镇讲演等），"全区乡镇保甲长相互间已有管制服从能力，民众对于保甲都有了相当的认识。保甲意义，虽妇孺亦能解释。保甲规约，联保切结等也能发生有效的制裁，这完全得力于教育的力量。"⑤妇孺皆知保甲的意义，不可避免地带有夸大成分，但它在一定程度上反映了保甲宣传所发挥的作用。据沭阳一位名叫方元民的观察，在返乡途中的船篷里，他听到了几个百姓关于保甲是谁想出来的争论。有的说是县长想出来的，有的说是王专员（王德

---

① 金宗华：《保甲小先生》，《保甲半月刊》第4期，1935年3月。

② 孙云霞：《教育的保甲运动》，《保甲半月刊》第1期，1935年2月。

③ 《金坛县保甲空气紧张》，《江苏保甲》第1卷第6期，1935年4月。

④ 邓翔海：《七十浮生尘影录》，见沈云龙主编：《近代中国史料丛刊续编》第84辑，台北：文海出版社1981年版，第29页。

⑤ 吴培元：《一年来之政教合一》，《新区政》第17期，1935年11月。

溥)想出来的,又有一个人说是"蒋总司令发明的",这才使得争论停止。①再如通如泰三县所流行的《保甲歌》,即使几十年后,仍有一些老人能回忆起这首歌的一部分歌词。②民众能在船篷里谈论保甲的话题,尽管如方所说"这是一个无常识的笑话",但它说明保甲宣传已能引起乡村民众的注意。至于亲历者能在多年后回忆起《保甲歌》的部分内容,则从另一个角度肯定了保甲宣传的深度。

二、视导与奖惩

在保甲宣传横向上展开的同时,江苏省还要求各级官员应加强纵向上的巡视督导。在省厅一级,江苏省设立了保甲指导员,以加强对各县保甲的指导与督察。1935年4月19日,江北县份保甲编查完成后,民政厅决定派员进行总检查,依照各县的办理成绩来定奖惩。随后,民政厅颁发了保甲奖恤办法。③

1.实干作风

由于保甲实施主要的地区是在乡村,县长能否下乡切实地督导保甲,成为江苏省政府意图能否贯彻落实的关键。陈果夫主政下所提倡的实干作风,对江苏各级官员起着重要的鞭策作用。

早在1933年10月,当陈果夫率第六届省政府委员就职时,便要求省府委员应遵循以下四条原则:"1.一切要遵照誓词切实实行。2.前任做得有成绩的事,决萧规曹随,不轻变更。3.做事必须科学化。4.一切工作必须切实。"关于"切实"二字,陈果夫还特别强调了几遍。在后来的江苏省党政纪念周上,陈果夫按照要求只做了三分钟的报告,他解释道:报告既然是规定三分钟,那就不可多一秒,也不可少一秒。按时进退恰恰要在"切实"上下功夫,马马虎虎的习

---

① 方元民:《对于苏省保甲工作之片段的观感》,《江苏保甲》第1卷第18期,1935年10月。

② 沈显荣:《北伐后如皋县建区、并区及区长培训任用概况》,见中国人民政治协商会议江苏省如皋县委员会文史资料委员会编:《如皋文史资料》第3辑,1987年版,第90页。

③ 《大事记略》,《江苏保安季刊》第2卷第2期,1935年8月。

惯务必革除。①随后,每一次省政府成立纪念会上,陈果夫都要用"切实"来告诫江苏省党政官员。如 1934 年 10 月,在省政府周年纪念会上,陈强调官员应当"切实廉洁"。②1935 年,省政府成立两周年报告会上,陈果夫仍在强调"做事要切实"和"科学化",各项事业应当按照预定计划去做。③在省政府成立三周年纪念会上,陈果夫要求江苏省党员应当"埋头苦干","使党治下的政治与本党平日的宣传口号,能够趋于一致。"对于政事方面,除了要求官员应具有远大的目标和精细的原则之外,陈果夫并未放弃他所倡导的切实理念。为此,他要求各级官员"要真实,今后政治,应当脚踏实地,不必做那做不通的。宁可干脆不做,决定要做的,便要切实做通"④。

陈果夫追求务实的精神,对江苏政治产生了一些震动,因为江苏省各县县长的考评自然"只求笃实,未尝以文章语言华彩取材"⑤。当一些地方官员向陈果夫带土产时,遭到了陈果夫的责备,陈对那些官员说:"你到省里来最好的礼品是你的工作成绩报告。如果你有很好的成绩报告,我最感激你。"⑥在陈的倡导下,地方政府官员较能认真贯彻上级的意图。如 1934 年 1 月,砀山前任县长方绍焘向省府发出了请求复议的电文。由于方被前任江苏省政府主席顾祝同所免职,他郁闷至极,便向新一届省府上书说道:"绍焘在砀山任内,自问对上则奉行法章,谨遵训令,对下则不敢合污,实脚踏实地做事,终不敢施巧慧以取浮名,刻苦律己,非敢自夸予全,实有砀民口碑可考。"⑦方如此强调自己任内的"踏实做事"和"不求浮名",无疑受到了陈果夫提倡"切实"作风的影

---

① 陈果夫:《苏政回忆》,台北:正中书局 1951 年版,第 110 页,南京图书馆藏。
② 《第六届本府委员会周年纪念主席暨各委员演讲》,见江苏省政府秘书处编:《江苏省政府公报》第 1794 期,1934 年 10 月 14 日。
③ 《主席在本届委员会成立二周年报告》,见江苏省政府秘书处编:《江苏省政府公报》第 2099 期,1935 年 10 月 15 日。
④ 《主席在本届委员会成立三周年纪念报告及全体职员训话》,见江苏省政府秘书处编:《江苏省政府公报》第 2403 期,1936 年 10 月 14 日。
⑤ 陈果夫:《苏政回忆·自序》,台北:正中书局 1951 年版,南京图书馆藏。
⑥ 陈果夫:《苏政回忆》,台北:正中书局 1951 年版,第 108 页,南京图书馆藏。
⑦ 《关于请求复议的呈文》(1934 年 1 月 6 日),江苏省档案馆藏,卷宗号:1002-乙-447。

响。随后,方的请求得到了准允。1935年,时任淮海区党务指导员的凌绍祖说:"最近两年淮海的情形,确实有了一个新的趋势,无论因党务在政治上以及人民努力的表现,都有了一个新的转变。这个新的转变就是有一种干的精神。"凌绍祖为江苏的前途而感到信心十足,如他所说:"因为党政的实干,和人民劳动力的贡献,造成了有希望的淮海。"①《苏报》也有类似的评论,"回忆陈主席莅苏之始,其就职词中曾以'切实'二字从政之方针……'切实'二字,乃为陈氏主苏之一贯精神,为政不在多言,'切实'二字足以尽之。……凡此荦荦大端,皆苏省两年来政治之切实设施,亦自陈主席以下各寅僚之精神所贯注者,事实俱在,不容有所增加也。夫上行而下必效,官信则民必从,苏省当局之所能切实为政,故年来各地政府以及人民均能收合作共进之效,有实干快干之功。逸情者变为勤劳,贪婪者易为廉洁,散漫者归于统一,松懈者趋于紧张。风气丕变,人心日振。"②

毫不奇怪,实干作风也是要贯彻到作为省县中心工作的保甲推行中去。陈果夫的心腹、江苏省民政厅厅长余井塘,秉承了陈果夫的主张。主管江苏保甲事务时,余不断强调这种实干作风。1934年5月,在省府联合纪念周上,余井塘讲道,他所期望的地方政治应当是"绝对廉洁"、"富有朝气"和"实事求是"的政治。他训导各位县长不可因循苟且、懒惰和敷衍,否则将会被调省或撤职。同时,他希望各位县长应当去除轻浮虚伪的作风,不可用华而不实的施政报告来应付省厅。③随后,民政厅要求各县政府应减少书面工作,避免县佐治人员将大部分精力耗在这些公文和表册上面,以改进行政效率。④1934年7月7日,江北各县开始举办保甲的时候,民政厅召集铜山等14个县的县长,举行了保甲谈话会。谈话会上,各县县长要报告4项情况:(1)筹办保甲情形。(2)保甲经费情形。(3)推进保甲计划或意见。(4)本县治安情

---

① 凌绍祖:《淮海面面观》,《淮海》第5期,1935年10月。
② 《苏省两年来政治之检阅》,《江苏月报》第4卷第5、6期合刊,1935年12月。
③ 《联合纪念周余委员报告》,见江苏省政府秘书处编:《江苏省政府公报》第1666期,1934年5月16日。
④ 《江苏省民政厅二十三年工作概要》,《江苏民政》第1卷第1期,1935年3月。

形。①在这次保甲谈话会上,余对县长们讲道:"中国政治不进步的最大原因,即虚伪敷衍,各位对此须有正确认识。"他提醒这些县长们应注意9件事情,其中4件事项都以实干精神为纲,这4件事项是"切实晓谕民众"、"应脚踏实地去做"、"县长应时常下乡宣传抽查"和"规约适合地方环境,不可不实"。他认为,一些县份的保甲工作较为切实,"好几个县份能诚实地、痛快地报告该县保甲固有的特殊情形,尚未举办,此点不如以前那样虚伪"②。3个月后,当江南和江都地区开始举办保甲时,民政厅也召集这些地区的县长开了保甲谈话会。余在会上表示,最令他感到欣慰的是,各县县长已能对保甲意义、法令和规章具有深刻的认识和详细的研究。在讲了保甲的重要性、保甲的实施程序和江北保甲的成效之后,余要求各县县长对保甲工作务必保持"切实"、"迅速"和"常常下乡",而"切实"比"迅速"更为重要,如余所说,"我们所希望的第一是正确切实,其次是迅速,为了正确切实以致稍稍耽误了时间,我们认为是可取的,是有成绩的,例如沛县便是一个例子。最要不得的是敷衍塞责草草了事,这样的工作,虽然把第三期做完,我们定要罚他重做,这些成绩坏的县份,特将来全部工作完成后再行宣传。"在余看来,如果保甲工作不能切实,那将会劳民伤财,举办保甲的人将会成为保甲的罪人。而县长"常常下乡"则是"切实"和"迅速"的保证,因此,他希望县长们能够亲赴各区,并召集民众讲述保甲的意义、保甲的编查方法和抽查保甲。③为了能够掌握江南和江都地区保甲推行的实况,1935年2月8日至10日间,民政厅召集该地区的保甲指导员和县长举行了第二次保甲谈话会。会上,保甲指导员和县长们报告了保甲实施近况和办理中的困难,"虽气候严寒,雨雪交加,而到会者无不精神饱满。各县长一一报告后,余厅长详加训示,对于各种困难问题,均经逐一解答,语极诚恳,演辞甚长。"④在南通扩大纪念周上,余再次表示,他对举办保甲的前途充

---

① 江苏省民政厅编:《江苏省保甲总报告》,1936年版,第60页。
② 《余厅长在保甲谈话会训词》,见江苏省政府秘书处编:《江苏省政府公报》第1739期,1934年8月10日。
③ 《余厅长对于江南各县保甲谈话会训词》,《申报》1934年10月31日。
④ 《一月来之江苏政治》,《江苏月报》第3卷第3期,1937年3月。

满了信心,他说:"要把散漫无组织的社会变成有组织的社会,唯一的方法就是举办保甲。"只有保甲举办好了,上下情意才能沟通,社会事业才能顺利开展。与此相对应的是,他反复提醒各级官员不可心存"因循敷衍苟且的心理","地方负行政的责任的人,如果存了这种心理,这政治一定是虚伪欺骗的政治,一定是疲玩衰落的政治,一定是失败的政治"。①

2. 视导情形

在江苏举办保甲的过程中,国民政府、民政厅和专署不断加强对各县保甲的巡视和督导。下表展示了保甲编查时期当局视察各地保甲的情形。

表3 江苏省政府官员局视导保甲编查情形表

时间	视察地点	事件
1934.5.9	江北各县	民政厅派邹辰侯与保安处长项致庄到江北各县视察了保甲。
1934.6.30	江北14县	民政厅派张选垣等14人到宿迁等江北14县指导保甲。
1934.11.1	南通区6县	专署先行派员分县考察。民政厅保甲指导员孙云霞到南通、如皋、靖江抽查保甲。指导员杜品三到海门、崇明、启东抽查保甲。
1934.11.6	江都等县	民政厅派周异斌等人到江都筹划乡镇长训练事宜。
1934.11.8	如皋等4县	民政厅派指导员张选垣到如皋、东台、盐城、阜宁等地督察船户保甲的编查。
1935.1.10	淮安	省委视察员顾峤若视察淮安县之教育、公安、保甲、警卫,以及禁烟等事宜。
1935.1.15	武进	民政厅保甲指导员王维藩与县府第一科科长谢吕律、第一区编查委员李学藻、第一区区长林俊保,抽查了5个乡镇的编户成绩。至晚,抽查完毕。16日尚需继续至其他各镇抽查。
1935.3.10	东台	民政厅保甲指导员邵体章视察了东台县3个区船户保甲的情形。在邵视察期间,区长指挥沿岸保甲长和警士一律办理船户编组。没有编组的船只,则需返区办理后才能放行。

---

① 余井塘:《如何建设新南通》,《江苏民政》第1卷第2期,1935年6月。

续表

时间	视察地点	事件
1935.3.19	东海	训练部视察员蒋天擎、国民政府教育处员辛光齐等人抽查了东海的保甲。沿途，蒋视察员问询了一些户长关于其所属保甲长的姓名和联保意义等，户长们做了答复。蒋对抽查结果表示满意。
1935.3.23	南通区6县	民政厅长余井塘巡视该地保甲。
1935.3.25	镇江	民政厅派秘书邹辰侯同科长等抽查镇江第一区保甲。
1935.3	宿迁	淮阴专署派委员乔维森视察了宿迁保甲。
1935.4.5	吴县	民政厅长余井塘等人抽查了吴县保甲，发现错误较多。表现在：(1)宣传缺乏。(2)教育、公安和区公所未能相顾，参差不齐。(3)调查表未填确实。(4)人民不明联保切结，多不愿捺印。县长吴企云、民政厅保甲指导员刘剑元，发现城厢第一区的编组工作，不确实者甚多，特予复查。
1935.4	淮阴等县	民政厅长余井塘抽查了该地保甲。
1935.4.24	南汇	保甲指导员顾邃明在第二区抽查了5个乡镇，共计抽查3天。顾氏除调查户口表的填写问题、各户长对联保连坐切结的了解程度之外，他提醒应特别注意乡镇保甲长的思想人品、能力和责任心。抽查结果表明，该区编查工作，颇属切实。保甲规约由各保长召集各甲长分别自行拟定，故顾氏对该区保甲工作颇多赞许。

资料来源：《一年来江苏省保甲大事记》，《保甲半月刊》第5期，1935年4月；《南通专署抽查六县保甲》，《申报》1934年10月27日；《南通抽查通属六县保甲》，《申报》1934年11月15日；《厅委抽查保甲编户》，《申报》1935年1月17日；《东台县积极筹划编查船户保甲》，《保甲半月刊》第3期，1935年3月；《余厅长赴南通区巡视保甲》、《余厅长对吴县保甲之谈话》，《江苏保甲》第1卷第5期，1935年4月；《民厅派员抽查运河各县保甲》，《江苏保甲》第1卷第6期，1935年4月；《内政部蒋视察昨抽查东海第一区保甲》、《淮阴专员公署派委员视察宿迁保甲》、《民政厅邱秘书同科长等抽查镇江第一区保甲》，《江苏保甲》第1卷第7期，1935年5月；《苏州分组复查城厢保甲》，《申报》1935年4月7日；《南汇第二区保甲情况》，《申报》1935年4月24日；《大事记略》，《江苏保安季刊》第2卷第1期，1935年4月。

从上述民政厅、专署等官员的视察结果来看,各县的保甲编查有优劣之分,无法说明该时期保甲编查的总体成绩。不过,从视察成员来看,国民党中央、民政厅、专署和各县都投入了不少人力。从视察频率上来看,1934年至1935年间,官员对各县保甲的视察较为频繁,在视察保甲过程中,民政厅纠正了一些县份编查的错误,肯定了一些县份的编查成绩。很显然,当局竭力希望各县编查能够按照官方设定的轨道运行。

在省厅保甲视导的推动下,保甲编查成绩又被列入各县县长的考评之中,各县县长自然不敢怠慢。只有那些切实下乡督促保甲的县长,才会赢得省政府的青睐,萧县县长姚雪怀即为一个典型的例子。1935年春,江北一些县份编查保甲完成后,余井塘巡视了江北20余县。由于萧县是最早举办保长训练的县份,运用保甲取得了显著成效,余井塘将萧县的成绩列为第一,特提议省政府给萧县长姚雪怀记大功一次。他对姚雪怀的评价是这样的:"(保长)训练所长姚雪怀,颇能切实负责,其诚恳勤劳的精神尤其感人。"①在省府联合纪念周上,余井塘仍对姚雪怀赞不绝口:"萧县姚县长是一个不会说话的人,他做了许多事,事前没有报告,事后也没有报告。但我们不仅原谅他,还要嘉奖他。铜山区不仅有几个县长颇能领导多数人去干,如筑路开河,就能按时按区征集几万的人民一齐动员去干,这是一个好现象。而在萧县这种精神更好。"夸赞姚之后,他要求各县县长少说多做,不能仅在城里做县长,还须在乡下做县长。②除了余井塘的观察之外,一位名叫许健的官员,同样印证了余井塘对姚的评价。许认为,萧县县政能够取得显著的成绩,与县长姚雪怀身上的7项优点是分不开的,其中的3项优点便是"奋勇硬干,勇于负责"、"办事极有毅力,务贯彻政令之施行,并主张少说多做"和"极能吃苦,不避劳怨"。"该府职员,每遇重要政事,均能不辞辛苦,下乡工作。县长及高级职员,比较的更以赴乡巡视之时为多。民情既习,隔膜自消,政令之施,乃切实际。"就举办保甲而言,姚能够认真贯彻民政厅的意图,如许讲道:"(姚雪怀)每日晨5时即达,巡视

---

① 余井塘:《江苏省办理保甲的经过及其现状》,《江苏保甲》第1卷第5期,1935年4月。

② 《余委员在联合纪念周报告》,见江苏省政府秘书处编:《江苏省政府公报》第1977期,1935年5月23日。

各部队,机关学校,平时常往乡间巡视。去岁冬夜大雪时,常亲往保长训练所考查各学员行动,甚不辞辛苦,有如此者"。①

如果说萧县是江北保甲办理卓有成效的县份,那么,武进则是江南保甲办理最有声色的县份。据《申报》记载,当江南其他县份的保甲尚在编查中,武进县第一期保长训练已经结束。1935年3月下旬,武进县县长侯厚宗与保甲指导员王维藩,抽查了第六、第七、第八、第十区的保甲,并未发现错误。4月29日,保长毕业典礼之后,侯厚宗又与民政厅秘书闻钧天乘汽车抽查第七区鸣凤镇等地的保甲编查情况,闻钧天对抽查结果表示满意。②到了1936年,国民党中央地方自治计划委员会主任李宗黄在视察了武进的保甲后,认为武进的保甲编组和公民训练有特殊成绩,李对此表示满意。③那么,武进保甲为何较有成效呢?其答案仍在于县长的下乡视导及其对保甲的重视程度。如该县县长侯厚宗所讲,在办理保甲第二期,侯已到乡间巡视13次。进入编查第三期,侯又亲自到各区考查过20多次。如果按照编查期的120天计算,侯平均每4天便要到乡间视导一次。"各区乡镇保甲长,都是奔走流汗,无暇休息,有少数因为畏难求退的,我们早已规定,编查期内,凡属乡镇保甲长,一律不准辞退。因此,他们不得不继续努力。办事勤奋的编查人员,在口头文字上,随时予以鼓励,使其更加热心去干。"④县政参观团成员的观察,证实了侯所说的并非虚言。"我们跑到侯县长朴素的办公室里,除一列一列的保甲户长姓名清册,各区壮丁清册等保甲表册外,就不见其他东西。他们所办的保甲表册,都是装订得整整齐齐,打上金字,简直西装书籍一样。关于这点虽是形式方面的工作,但最少限度可以表示以保甲当作一回事。"侯厚宗频繁的视导保甲以及其办公室的设置,足以见到武进保甲进度为何领先于江南其他县份了。⑤

---

① 许健:《萧县县政调查报告》,江苏省民政厅,1935年版,第11页、第134页,南京图书馆藏。
② 《常州各区保甲将悉完成》,《申报》1935年3月26日;《常州保长训练所毕业礼》,《申报》1935年5月1日。
③ 《武进县实行保甲牌法》,《江苏保甲》第2卷第15期,1936年9月。
④ 侯厚宗:《武进保甲之组织训练与运用》,《江苏民政》第1卷3、4期合刊,1935年12月。
⑤ 龚心齐、罗志渊:《江苏各县县政参观纪要》,《江苏月报》第4卷第5、6期合刊,1935年12月。

除了萧县和武进之外,其他各县县长又是怎样对待保甲视导呢？就笔者看来,他们对于视导保甲还是投入了较大精力。如铜山县长王公玙将"在乡间跑,不多费力公文"作为办理县政的信条,王将文书工作交托给秘书办理,他本人则常到乡里去视导。由于这个缘故,县政参观团在参观铜山县府时,他们为无法见到王本人而感到遗憾。不过,据参观团的观察,"民政方面,其最要者为厉行保甲制度,该县保甲最先完成,各种表册、挂牌均极整洁。自保甲完成后,匪盗渐次减少了。"①再看南通县长金宗华。1934 年 5 月 12 日,金接任南通县长,保甲编组进入第二期。由于军事委员会督勘飞机场,该县又要办理旱灾救济,金无法脱身,只好委派第一科科长张宝琛代其视察各区乡镇保甲的编查情况,"其远僻乡村,间有将门牌粘贴户内,或编户不合规程者,随时加以纠正,并通饬一体注意。"同年 11 月间,金亲自率主管科长、科员分赴各乡巡回督策,"随时完竣,随时抽查,各区工作,均甚认真"。②又如吴江县长徐幼川。1934 年 11 月至 1935 年 2 月间,徐幼川到各区重要乡镇视导保甲 3 次,时间达 17 天之久。"如太湖一带的庙前、四都村、溪岗等处之地,素为匪出没之区。自民国以来,历任县长足迹所不到之处",徐能亲自到这些地区进行保甲的指导和宣传。为此,徐不无自豪地称,这是"开吴江政治新纪录,为空前未有之盛举"。③淮安县长姚崇国,会同保安队,不时于深夜间抽查户口,视察县政,各项事业得以有较大进步,成绩斐然,因此,姚受到了地方人士的好评。④再如赣榆县长温晋城。1935 年 5 月,温亲自下乡检查了保甲制度的实施情况,每到一处,温便召集保甲长,细心地查问各户,如"你家住在第几保第几甲？全保多少户？保长、甲长各叫什么名字？他们各是什么职业？是否实行'连保切结'了？"几十年后,一位名叫孙宜武的老者回忆此事时,他承认,这体现了国民党县长对保甲制度的重视,"那时的县长亲自下乡,检查保甲制的实施情况,又是这么认真,这么详细,足以证明这件事,在国民党统

---

① 龚心齐、罗志渊:《江苏各县县政参观纪要》,《江苏月报》第 4 卷第 5、6 期合刊,1935 年 12 月。

② 金宗华:《一年来之南通保甲》,《生力月刊》第 1 卷第 4 期,1936 年 2 月。

③ 徐幼川:《一年来办理保甲之回顾》,《江苏保甲》第 2 卷第 1 期,1936 年 2 月。

④ 《淮安县长晋省报告县政》,《申报》1935 年 7 月 12 日。

治者心目中所占的地位"。①当保甲编查进入尾声时,县长们的视导并未结束。如1935年6月14日,高邮县长曹伯权率政府科长、科员等10人,亲自抽查了樊川、张庄一带保甲。②同月26日,当镇江保甲编查第三期完成后,县长叶震东和民政厅保甲指导员任维钧,前往南乡、东乡一带,抽查了此处保甲情况。③在江都,7月上旬,为了能让保长们普遍明了保甲意义,江都县长马镇邦亲自到各区召集保长谈话,详查了槐子桥本街的各户。马对抽查结果表示满意。④再如睢宁县长费公侠,他与编查主任、科长等人到各区进行宣传和抽查,"那时天热如火,华氏温度100度左右,晒得焦头烂额。但文书、表册、章则次第分发,应办事项,想到即办,令到即行,案无留牍,事必亲躬,汗流浃背,热眼昏花,总算搞定。"⑤如此紧张的督察,无疑确保了保甲编查的成效。甚至在某些时候,保甲编查几乎成了地方政府最重要的工作。如1935年6月,当一名陈姓县长面临甄审时,陈向省府发出了电文,声称,"该县因忙于整理保甲、编组壮丁队,难以分身,请求可否展缓两月。"随后,陈的请求得到了准允。⑥

当局自上而下视导的同时,并未放松对懈怠地方官员的惩处。如1935年4月,民政厅长余井塘在视察吴县和松江保甲之后,发现这两县的第一区区公所敷衍保甲工作,未能切实办理户口调查、保甲规约和联保切结等,余因而警告了两县县长。吴县第一区区长吴尔昌被记过处分,松江第一区区长李祖福被撤职。⑦青浦第二期保甲编查时,县长钱家骧发现一个区的编查进度缓慢,他认为该区区长和编查委员"玩忽要公",除了申斥二人之外,钱要求他们务必于两日内将第二期办完。钱还提醒其他区的区长和编查委员注意第三期

---

① 孙宜武:《往事六则》,见政协赣榆县文史资料研究委员会编:《赣榆文史资料》第6辑,1988年版,第41页。
② 《高邮县长下乡抽查保甲》,《申报》1935年6月18日。
③ 《镇江县长下乡抽查保甲工作》,《申报》1935年6月27日。
④ 《扬州县长亲查各区保甲》,《申报》1935年7月13日。
⑤ 沈家琪:《一年来办理保甲的回忆与感想》,《江苏保甲》第1卷第6期,1935年4月。
⑥ 《关于据报受考陈奉主席谕准备补询及给县长甄审委员会的函》(1935年6月21日),江苏省档案馆藏,卷宗号:1002-甲-151。
⑦ 《保甲成绩欠佳主办人员均受惩》,《江苏保甲》第1卷第23期,1935年12月。

抽查工作，务必使全甲各户2/3的户长，能够了解保甲意义和保甲规约的内容。①1935年5月6日，嘉定县长许次玄与保甲指导员复查全县保甲时，发现该县二、三、四区均有不合，许免去了这3个区编查委员的职务，处以1名区长记过处分，训诫了1名区长。②1935年6月，高邮县长曹伯权抽查各区保甲后发现，第三区编组凌乱，后经县政府派员逐一指导，但该区仍未改正，户口多有遗漏；第六区第二期保甲编查尤为缓慢。当保甲编查第三期期限已到时，该区户口编查仍多不正确，区公所尚未将表册切结门牌发交乡镇。鉴于这两个区区公所办理不力，曹便免去了两名区长的职务。③同月，江都县长马镇邦，也惩戒了该县办理保甲不力的区长和编查委员：由于玩忽保甲编查工作，又缺少工作日记，没有上报乡镇保甲户长的姓名清册，4个区的编查委员被记大过一次。另有两个区的编查委员和区长被停薪公务费。第五区区公所的官员则集体受惩，该区区长受到"申诫和暂停薪给"的处分，区助理员因"漠视不问而被记过和暂停薪给"，区公所其他雇员也被分别训诫和撤惩。④在太仓，保甲编组完毕后，第三区长因督率无方受到训诫，该区两名乡镇长则因工作怠忽而被记过，1名保长因"漠视保甲要政而被撤职"。第五区编查委员也因工作懈怠而被记过。⑤据民政厅的统计，保甲编查期间（1934年3月至1935年12月），各县区长中，43名区长受到了撤职处分，37名区长被免职，85名区长辞职，调任者50人。新委任区长174人，约占全省区长总人数（449人）的38.8%。另有3名区长受到了申诫处分，25名区长受到了记过处分，2名区长受到了刑事处分。除去辞职和调任者的原因不详之外，受到奖惩者人数则为128人，约占全省区长总人数（449人）的28.5%。52名区长受到了嘉奖，27名区长被记功，受奖区长为77人，约占全省区长总人数（449人）的17%。⑥

---

① 《青浦县府拟定抽查办法》，《江苏保甲》第1卷第7期，1935年5月。
② 《嘉定撤调编查员三人》，《申报》1935年5月10日。
③ 《高邮县两区长办理保甲不力》，《江苏保甲》第1卷第12期，1935年7月。
④ 《江都办理保甲不力人员马县长予以记过停薪》，《江苏保甲》第1卷第11期，1935年5月。
⑤ 《太仓县保甲编组完成》，《江苏保甲》第1卷第8期，1935年5月。
⑥ 江苏省民政厅编：《江苏省保甲总报告》，1936年版，第276页。

那么,如何评价各级官员的视导呢?这要从两个方面来看。一方面,在民政厅、专署和各县县长的频繁视导之下,政府权力得以逐步向乡村扩张。保甲未举办之前,政府的政令只能贯彻到区一级,"由区而镇,已途成具文,由乡镇而闾邻,则具文亦无难求矣,甚至区不能行于乡镇者,所在皆是。以致政令不达,上下阡陌。"①不过,随着保甲编查的进行,各级官员的视导不断强化着民众与政府之间的关系。毫不奇怪,丰县的户籍警竟能到穷乡僻村调查户口,因为区长若发现户籍警抽查后尚存在错误,必将惩处户籍警。②进一步说,正是因为县长的视导,促使区长自然不敢人浮于事。举办保甲的过程,体现了官僚系统自我整顿的过程。对此,江苏省政府委员郑亦同有过亲身感受,"保甲举办后,政令已能顺利直达下层的乡镇长,他们都把上面的政令当件事做,绝没有从前将公事塞责在抽屉内的现状。"同时,由于举办保甲,一般的民众都知道专员是谁、县长是谁。为此,郑兴奋地说:"去年,我去视察河工,沿道经过,许多保甲长都和我们打招呼。"③

另一方面,各级官员视导的效果也有其局限性。其一,这种官方的视导更多地依靠个人的努力去督促,缺乏制度上的保障。因而,往往各县政府要员(尤其是县长)人事变动的时候,保甲编查就会陷入停顿。如1934年4月南通县政府改组后,保甲编查只得"略事停顿"。原定5月1日着手的工作,只得在下旬开始,编查工作因而被耽搁了半月。④如涟水县县长李云麾于1934年10月去职后,该县保甲编查无形停顿,编查第二期只得延长了45天。⑤后来,淮安县第一科科长张权在检讨该县保甲成绩时承认,县长的调任致使乡镇区域无法确定,保甲编组陷入停顿。虽然该县原计划于4月1日开始编组,却直到

---

① 彭百川:《昆山县运用保甲推行自治事业实施方案》,《江苏民政》第1卷第2期,1935年6月。

② 《丰县整理户口异动查报情形》,《江苏保甲》第1卷第5期,1935年4月。

③ 《郑委员在联合纪念周报告》,见江苏省政府秘书处编:《江苏省政府公报》第2061期,1935年8月30日。

④ 金宗华:《一年来之南通保甲》,《生力月刊》第1卷第4期,1936年2月。

⑤ 《涟水保甲近讯》,《江苏保甲》第1卷第6期,1935年4月。

7月下旬才正式开始,保甲编查无形中被拖延了3个多月。①

其二,官员视导在加快了编查的进度的同时,也加大了编查人员粗心大意的可能性。当时,在淮阴专署主办保甲工作的张毅忱便发现了这种情况。据张所说,"江北县份因急于求成,编组工作还雇粗略文字的编查员。按编户数发工资。为了赚钱,编查员只求多编户,编查过程中潦草不负责,挂一漏万,户口不确实。"②睢宁一位名叫沈家琪的科长对一个乡保甲编查的观察,也可说明这一点。由于一位姓黄的指导员生病了,专署便请一位姓陈的人暂时代理指导。不过,这位姓陈的指导员并不晓得编查原则是"以面对户,自右向左,挨户编号",他一改黄某的做法,要求各保按"之"形编组。在陈的误导下,各保只好将原先的编组改为这种"之"字形,直到该县总复查时,该乡的编查错误才得以纠正。沈为此感慨道,这种"别出心裁"的编查,白白花费了公家5000张门牌和乡镇保长们大量宝贵的时间。③

其三,官员视导只能在有限的区域短暂地起作用,并不能长期维持保甲编查的成绩。对此,泗阳县长何昌荣的一番话,无疑道出了影响保甲编查成败的主要因素。何声称:"本县保甲编组,过去办理不善,户序紊乱,区长乡镇保甲长及编查委员,在清查户口第一程序调查期间,复未负责纠正,故错误甚大。人民智识浅陋,不知保甲规约,订有何用,联保切结,具何意义。乡镇保甲长,文盲甚多,对抽查户口,训练壮丁,查报户口异动,检查不良分子,协助办理民有枪支登记等一切公务,均不明了自身应负的责任。"④足见,保甲编组成效必须取决于三方面因素:即区乡镇保甲长和编查委员能切实纠正错误,人民能够明白保甲的意义,乡镇保甲长能够明了自身的责任。这样看来,官员的视导,除了能对区乡镇保甲长和编查委员具有鞭策和督促之外,并不能算作良法。沈家琪的亲历足以说明这一点。虽然县长以下各级官员"汗流浃背"、"热眼昏花"地抽查保甲,但沈并不认为这种视导能维持长久,其原因在于:"今天

---

① 张权:《淮安保甲之检讨》,《江苏保甲》第2卷第11期,1935年7月。
② 张毅忱:《保甲实施问题的研究》,《江苏保甲》第1卷第7期,1935年5月。
③ 沈家琪:《户口总复查之回忆与感想》,《江苏保甲》第2卷第10期,1935年6月。
④ 何昌荣:《半年来之泗阳县政》,《生力月刊》第1卷第5期,1936年3月。

查好了,明天去抽查,已经有不对的地方。甚至一月至数月才去抽查,保你户户不对,保保不对。热心毅力,苦干实干的结果,一定是豪兴而来,败兴而归。"因此,沈本人只能自我安慰道:"岂能尽如人意?但求无愧于心。"①可以说,沈的感慨很大程度上是各县官员视导能否长期有效的一个缩影。事实上,不少民众慑于官方的森严法令,只好迎合视导者的意图来回答,这使得官方引以为豪的视导成绩并不准确。一个典型的例子便是南通区专署第二科科长贾宗复视察启东保甲的经历。1934年12月,当贾在第一区县治乡挨户抽查保甲时,他向当地民众问询了其对保甲联保切结的看法。多数民众答道:"保甲制度若能认真执行,那的确是有好处的。不过,以现在情形来看,仍不过是赘举。"经贾的再三追问,一位保长声称,县禁烟会秘书王觉非等人在此抽鸦片,狎玩娼妓。贾以此严惩了这几名官员。②显然,如果不是王觉非等县政府官员恰在此处抽鸦片,民众感受到了官员的压力,他们能否对保甲作出真实的评价,那是可疑的。

---

① 沈家琪:《一年来办理保甲的回忆与感想》,《江苏保甲》第1卷第23期,1936年1月。
② 《令缉狎妓吸烟案发潜逃之启东县禁烟委员秘书王觉非》,见江苏省政府秘书处编:《江苏省政府公报》第1843期,1934年12月13日。

第二节　训练乡镇保甲长

1935年底,江苏各县保甲编查完成,乡镇保甲长随之产生,保甲组织已粗具规模,但江苏省政府并未觉得大功告成。在江苏省政府看来,"各项保甲工作之推进,全视乡镇保甲长对于应尽责任能否切实执行。换言之,即视乡镇保甲长是否明了保甲意义及办理方法,能否忠实为保甲服务也。故进一步工作,应即实施保甲训练,务使乡镇保甲长彻底了解保甲意义,以增进施行实效。"①因此,江苏省通令各县保甲编查完毕后,应当举行乡镇保甲长训练。1934年10月28日,盐城区乡镇长开始训练,拉开了江苏保甲训练的序幕。同年12月,萧县举办了保长训练,成为各县举办保长训练之先锋。截至抗战全面爆发前,江苏乡镇长和保长的训练已经完成,甲长训练则完成了54.21%。②大致来说,这一时期的保甲训练主要从精神、军事和知识三个方面展开,以下分别详述。

---

① 陈果夫:《江苏省政述要·民政篇》,见沈云龙主编:《近代中国史料丛刊续编》第97辑,台北:文海出版社1983年版,第38页。

② 国民政府内政部统计处编:《战时内务行政应用统计专刊》第二种《保甲统计》,1938年版,第25页。

一、精神训练

保甲训练的主要目的是为了唤起保甲人员的责任意识，促使其能够切实履行责任。能否激发保甲人员的责任意识，成为保甲训练成败的关键。只有通过精神训练，才能去除保甲人员自私自利的旧习，促使其养成忠勇的精神。①为此，在保甲训练中，当局对保甲人员的精神灌输可谓费尽心力。那么，精神训练是如何实施的呢？

第一，精神讲话是强化乡镇保甲长精神训练的一个主要途径。自开学至毕业，以县长为代表的政府官员都要对保甲人员（主要是乡镇长和保长）进行集中训话。有时，民政厅和专署也常会派员致辞。训话中，政府官员常常会强调保甲训练对于国家和民族的重要性。如在南通第一届乡镇长毕业典礼上，余井塘讲道："我们知道一国政治的好坏，不在中央，也不在省，而在地方各乡镇。乡镇政治的好坏取决于乡镇长。过去讲地方自治，讲了几十年，结果是失败的。其原因在于没有得到好的自治人员。现在国家危险极了，我们不能不努力改进政治，不能不努力改进地方政治，更不能不改进地方的乡镇政治。"②1936年3月，常熟县县长陈复在逍遥游演讲厅对乡镇长进行了训话，陈要求乡镇长们应认清自己的责任、当前的使命和服从上级。③在吴江县保长训练开学典礼上，省保甲指导员刘建元讲道："保长训练一事，对于保甲前途，有无限的利益和希望，因为我们觉得政治的好坏，不在中央与地方，而全在地方上有组织，能集中力量。"④相比之下，吴江县县长徐幼川颇为耐心地讲道："政府所以要编组保甲，是为人民谋利益及安乐，要知一家之所以盛衰，全在乎家长，家长好，一家就兴盛，一保之内，也是如此。保长好，一保的人民就可以安居乐

---

① 蒋井良：《赣榆县保长训练概况》，《淮海》第2期，1935年7月。

② 余井塘：《为什么要训练乡镇长——在南通区乡镇长训练所第一所第一期乡镇长毕业典礼席上训词》，《江苏保甲》第1卷第6期，1935年4月。

③ 《常熟县召集乡镇保长训话》，《申报》1936年3月15日。

④ 《吴江县保长训练所开学典礼盛况》，《江苏保甲》第1卷第14期，1935年8月。

业,所以做保长的人,为一保谋安乐起见,为本人做事业起见,都不能不受训练,以期做一个良好的保长。因为保甲是我们民众的事情,如果单靠政府的力量来办,是有限的。人民的事,既在乎人民自己,保长又是人民的代表,政府的基本干部,安不可训练?一保办好,一县也好,推而一国之事,亦莫不如此。各种事业都可以如此做去,就可以事半功倍。"①在睢宁县保长开学典礼上,县长费公侠讲,欲完成地方自治,必须从训练开始。该县党部的陈常委在讲话中指出,保甲与生存息息相关,它对于安定农村社会、改造社会、官民合作和互助精神都是大有用处的。因此,保甲应为复兴民族之基本工作,充实民族之训练。②江都县保长训练开学典礼上,该县党部郭常委说:"过去保甲的失败在于未慎人选,因制民而役民,玩忽'保'、'教'、'养'三个字。今后保甲训练应注重保甲精神,以共同的责任为主旨,要亲爱精诚,要团结互助。只有相保、相训、相交、相恤、相救,才能达到卫民、保民、育民、导民之地步。"③砀山保长训练时,专署代表张大鹏呼吁"保长为地方服务,为国家尽力,为铜山区争光",极大地激发了受训保长的热情,"受训保长踊跃"。④即使到了抗战全面爆发前夕,官员们仍反复强调保甲训练的重要性。如1937年7月1日,苏、锡、常、昆、江、太、澄8县万余名保长在苏州受训时,第二区专员施奎龄和各县县长等出席了开学典礼,施奎龄对保长进行训话,强调了训练保长的意义。8月1日,在保长毕业典礼上,施仍不忘向保长们训话。⑤

同时,在讲话中,训练人员也会勉励保甲人员具备守法、无私和廉洁的品质,为社会服务和为民众谋福利的意识,只有如此,乡镇保甲长才能成为地方上的表率人物和乡村社会中的政治领袖。如余井塘对乡镇长讲道,保甲人员

---

① 徐幼川:《巡视保甲纲要》,《江苏保甲》第1卷第12期,1935年7月。

② 《睢宁保长训练所开学》,《江苏保甲》第1卷第9期,1935年6月;《睢宁第二届保长受训开学典礼》,《江苏保甲》第1卷第12期,1935年7月。

③ 《江都县保长训练所开始》,《江苏保甲》第1卷第20期,1935年11月。

④ 《砀山保长训练所开学》,《保甲半月刊》第3期,1935年3月。

⑤ 《苏州保长集苏训练》,《申报》1937年6月29日;《苏州保长训练开学》,《申报》1937年7月2日;《无锡八县保长训练》,《申报》1937年7月6日;《苏州八县保长毕业礼》,《申报》1937年8月1日。

不应成为"乡愚",即如过去的地保和衙役一样,"见了长官不敢说话,在社会上无政治地位"。但保甲人员也不可"认为自己做了大官,便可横行乡里,武断乡曲,狂妄自大"。①在溧阳乡镇长训练中,该县县长陈复也讲了乡镇长的地位及责任,他勉励乡镇长"应培养地方之气,挽救风俗人情,不可敷衍搪塞,不可不负责,不切实,不努力,要一心去做解除民众弊病之工作"②。再如江都县长马镇邦在保长训练上讲道:"保长为人民推选,受政府委托,为社会中坚分子,一举一动,应为人民表率,复兴民族与巩固国基,每视各保长之能否努力服务而定。"③睢宁保长训练时,专员代表勉励保长们"勉力从事,确定好人生观,本着艰难困苦精神,除莠安良"④。南通县长在保长训话中,将保甲人员应具备的条件生动地归纳为"享苦主义"⑤。

对甲长的训话,主要由县府派员、区乡镇长或保长担任。由于甲长人数众多,人数已达71万人,不易集中到县政府受训,甲长训练由各区主办。尽管如此,专署和县政府有时也会派员向甲长训话。如萧县举行甲长训练时,县长姚雪怀坚持每周都向甲长进行训话和督导,他还要求主管人员应将实验心得按项填记,如有困难,详加以解决。⑥东海文庙镇甲长训练时,县长何振刚等官员对受训甲长训话,因此,苍鬓白发的老甲长们能在寒冷天气里兴致勃勃地听课。⑦武进甲长训练典礼时,省政府还派柯伯勋、宁伯晋参加,侯厚宗陪同他们前往南夏墅镇,对该地甲长进行训话。⑧松江甲长训练时,县政府要求每乡镇派一名甲长出席开学典礼,随后,松江专员王公玙、松江县长李冷视察了该县

---

① 余井塘:《为什么要训练乡镇长——在南通区乡镇长训练所第一所第一期乡镇长毕业典礼席上训词》,《江苏保甲》第1卷第6期,1935年4月。
② 《溧阳全县乡镇长举行宣誓就职》,《江苏保甲》第1卷第9期,1935年6月。
③ 《江都县保长训练所开始》,《江苏保甲》第1卷第20期,1935年11月。
④ 《睢宁第一届保长训练举行毕业典礼》,《江苏保甲》第1卷第10期,1935年6月。
⑤ 《南通县长召集乡镇长训话》,《江苏保甲》第1卷第6期,1935年4月。
⑥ 《萧县甲长训练概况》,见江苏省民政厅编:《江苏省保甲总报告》,1936年版,"附录"第64页。
⑦ 彭大铨:《一个甲长训练班的经过及其评价》,《东海民教》第1卷3、4期合刊,1936年1月。
⑧ 《武进实施甲长训练》,《江苏保甲》第1卷第22期,1935年12月。

甲长训练所,并向甲长训话。①

除了集中训话之外,县长等政府官员也常召集保甲人员进行个别谈话,以加强受训效果。如萧县办理保长训练时,县长姚雪怀曾与全体保长轮流个别谈话,以考查各位保长的品格和能力。为了使受训人员能够培养自治习惯,姚还不辞辛苦地于雪夜亲赴学员宿舍巡视,召集保长们谈话。②在昆山,保长受训时,县长彭百川也召集个别保长进行谈话,向保长们询问有关地方情形。③南通县保长训练时,每日下午1时至2时,训练和教导处要抽调一部分保长进行谈话。县长亲自与70岁以上及边远之处的保长进行谈话,向其询问地方状况,勉励他们振作精神,努力为地方服务。④对于保长个人来说,个别谈话比集中训话更为奏效。如阜宁县保长训练时,县长张渊扬面谕第二区四教乡一名汤姓保长应当注意肃清匪患。这名保长受训返乡后,机智地捕杀了该保内的几名土匪。⑤

第二,教材、信条和标语等书面文字也是强化精神训练的一个途径。根据《江苏省各县乡镇保甲长训练大纲》的规定,党义、保甲须知、公民常识和新生活纲要作为乡镇保甲长训练的必备教材。其中,党义和新生活纲要充满了浓厚的意识形态色彩。党义课是以三民主义之民族篇及民权初步为主要教材。新生活运动纲要是灌输"礼义廉耻"。如淮阴孔庙镇的保甲长训练课上,训练人员讲授的要点如下:"1.新生活运动是哪一个人发起的和其主旨。2.什么是新生活运动?3.新生活的意义和目的。4.新生活的规律。5.什么是礼义廉耻?6.礼义廉耻与衣食住行。7.怎样实行新生活?"⑥显然,这些必备教材是灌输党化教育的一个有效途径。

---

① 《松江筹备训练甲长》,《申报》1936年6月29日;《松江检阅受训甲长》,《申报》1936年7月18日。

② 许健:《萧县县政调查报告》,江苏省民政厅,1935年版,第20页,南京图书馆藏。

③ 《昆山训练保甲长经过情形记略》,《江苏保甲》第1卷第9期,1935年6月。

④ 金宗华:《一年来之南通保甲》(续),《生力月刊》第1卷第5期,1936年3月。

⑤ 国润:《介绍一个办匪的保长》,《江苏保甲》第2卷第12期,1936年7月。

⑥ 陈升侨:《保甲长训练之实验》,《民教半月刊》第2期,1935年4月。

保甲训练过程中，一些县份还拟定了保甲长信条，以期强化受训人员精神训练的效果。武进保长训练中，该县要求保长们记住以下信条："从大处着眼，小处着手"，"不要钱，不怕死"，"说了就做，做完再说"，"简单朴素整齐清洁"，"人生以服务为目的，不以夺取为目的"，"我们要努力苦干，快干，排除一切障碍"。①如宝山萧泾乡甲长训练时，该乡就拟定了甲长信条12款，其内容如下："1.我要奉公守法。2.我要尽力为地方服务。3.我要努力推行新生活。4.我要准时查报户口异动。5.我要定期召集户长谈话。6.我要准时出席保甲会议。7.我要遵守总理遗教爱护党国。8.我要肃清保甲内烟毒犯。9.我要使住民明了保甲意义。10.我要教诫住民不做非法行为。11.我要劝导住民按期完纳田赋。12.我要热心参加识字运动。"②再如松江县第八区潘车库乡甲长训练时，该乡也拟定了甲长训练信条10条，基本上与宝山萧泾乡甲长信条重合，其不同之处在于三条：即"遵守纪律、服从命令"、"我们做事不要敷衍塞责"和"保甲组织要军队化，行动要纪律化"。③江阴县保长训练时，订定了新生活运动办法14条，以作普遍灌输，督促保长们身体力行。④萧县保长训练时，要求保长们早晚都要高呼保甲长信条一次，以使保甲人员能够"精神健旺，饶有朝气"⑤。再如昆山县保长训练时，训练所大门张贴了白布对联，上面写着："办理保甲是保障社会安宁充实民众自卫力量"，"训练保长是实施保甲教育养成自治基本人才"。讲堂门口两旁的对联为："办理保甲可以除暴安良守望相助改良旧社会"，"办理保甲可以兴利除弊推行政令建设新国家"。⑥从这些标语和信条中看，意识形态的灌输可谓无孔不入。

第三，各种仪式则是当局强化保甲长精神训练的一个独特途径。溧阳县乡镇长保长训练，便是一个突出的例子。1935年5月，该县乡镇长受训时，宣

---

① 侯厚宗：《武进县保长训练之经过》，《江苏保甲》第1卷第15期，1935年9月。
② 沈洁卿：《宝山萧泾乡训练甲长经过》，《江苏保甲》第2卷第3期，1936年3月。
③ 潘伯英：《松江县第八区潘车库乡甲长训练经过》，《江苏保甲》第2卷第12期，1936年7月。
④ 严溥泉：《江阴保长训练纪要》，《生力月刊》第1卷第4期，1936年2月。
⑤ 许健：《萧县县政调查报告》，江苏省民政厅，1935年版，第20页，南京图书馆藏。
⑥ 《昆山训练保甲长经过情形记略》，《江苏保甲》第1卷第9期，1935年6月。

誓以"恪遵总理遗嘱"和"服从三民主义"为己任,并且,"要奉行上级机关法令,尊重地方人民公意,忠心及努力于本职;如违誓言,愿受最严重之处罚此誓"。①课外活动时,教官要向乡保长灌输"爱护党国旗帜,尊敬总理为党国惟一之领袖"的信条。②又如阜宁,该县保长训练时,要求保长必须能背总理遗嘱,会唱国歌。③

有时,地方官员还通过以身作则的方式,营造受训双方"同甘共苦"的气氛。虽然这种以身作则的方法在一定程度上只是为了维持秩序,但它客观上也增强了保甲人员的精神训练效果。如萧县保长训练时,为了感化保长们的人格,该县要求教官以身作则,并与保长们共同生活。④太仓保长训练时,正值酷暑天气,该县县长温崇信便率领区长等同住训练所,以示同甘共苦。⑤高淳县在训练保长时,为了以身作则,教官与受训人员享受同等待遇,共居共饮食。该县长颇为自豪地说:"保长纵失去了行动自由,食宿皆感不安,亦将心服。400余保长从未发生误会"。况且,这种做法可以"表示团体行动之精神"。⑥与上述县长相比,吴江县县长徐幼川"以身作则"的方式,具有临场发挥的效果。当该县举行保长开学典礼时,徐正对保长们演讲。这时,天下起了暴雨,徐依然与保长们同站在雨中,保长们因而精神异常饱满。过了一会,天晴了,徐不失时机地夸赞保长们"裸头受雨,精神更加一等",因此,保长们鼓掌如雷。⑦

---

① 《溧阳全县乡镇长举行宣誓就职》,《江苏保甲》第1卷第9期,1935年6月。
② 《溧阳县保长训练之一般情形》,《江苏保甲》第1卷第13期,1935年8月。
③ 《阜宁县保长训练完毕》,《江苏保甲》第1卷第14期,1935年8月。
④ 许健:《萧县县政调查报告》,江苏省民政厅,1935年版,第20页,南京图书馆藏。
⑤ 黄述真:《昆山太仓两县保长训练之检讨》,《江苏保甲》第1卷第15期,1935年9月。
⑥ 《高淳保长训练所开学》,《江苏保甲》第1卷第18期,1935年10月;陈列甫:《高淳县保长训练所开学》,《江苏保甲》第1卷第22期,1935年12月。
⑦ 《吴江县保长训练所开学典礼盛况》,《江苏保甲》第1卷第14期,1935年8月。

二、军事训练

在国民党当局看来,"保乃团,编户之政,甲乃练,编伍之政;前者组织民众,清查户口,编组保甲。甲乃训练民众,等于现在的壮丁队。有保无甲,团而不练。编户不编伍,只能安内不能攘外。"①军事训练不仅能使保甲机构整齐划一和灵活自如,还可以使受训人员去除怯懦畏葸的心理,使其行动纪律化。②1935年,民政厅规定,乡镇长训练5门必备科目时数为65个小时,军事训练则占到了18个小时,占总课时的27.7%。③而保甲训练最为迅速的武进,其军事训练竟占全部科目的41.5%。④1937年,随着抗战逼近,军训重要性更是提升,"充实自卫御侮能力"被列为军训的首要目标。⑤为了实施军训,各县的保甲训练从三方面入手。

第一,通过教学和实习来训练保甲人员。教学中,教官要向乡镇保甲长讲授军事常识,如近代军备和各种武器状况。如在盐城区乡镇长军训中,教官讲述了德式筑城学、交通学、防空、防毒学和地形学等。⑥多数县份还将国耻史列为训练教材,以强化受训人员的爱国教育。如在萧县,县政府翻印了亡国惨祸的小册子,规定受训人员人手一册,由教师逐一讲解。不仅如此,教官们还通过各种讲话,阐述了国际形势和民众自卫的重要性,以激发学员们对国难惨痛的危机感。如淮阴孔庙镇保甲长训练时,专署一名科长慷慨激昂地讲道,帝国主义的侵略造成了中国"几无生日"。我国要想挽救垂亡的局势,只有加强

---

① 张毅忱:《保甲定义的综合研究》,《江苏保甲》第2卷第19期,1936年10月。
② 许健:《施行保甲教育对于一般人民心理之影响》,《江苏保甲》第1卷第5期,1935年4月。
③ 《民政厅规定乡镇训练各科应占时数》,《江苏保甲》第1卷第7期,1935年5月。
④ 侯厚宗:《武进保甲之组织训练与运用》,《江苏民政》第1卷3、4期合刊,1935年12月。该县保长训练总课时为130个小时,而军事训练则达到了54个小时。
⑤ 《江苏省各县乡镇保甲长训练实施大纲》,见江苏省政府秘书处编:《江苏省政府公报》第2474期,1937年1月8日。
⑥ 张立瀛:《实施保甲教育的重要性及其方法》,《保甲半月刊》第3期,1935年3月。

军训,促使受训人员团结一致才行。①东海文庙镇的甲长训练时,训练人员讲述了时事报告,以激发甲长对时事的兴趣,培养其爱国意识。军事教官们"从华北现状说到甲长应有之觉悟"和"甲长应具有之军事知识"等。②南通保长训练时,训导团演讲了"华北近况"、"军事训练之重要"、"国难期间保长之责任"和"中国目前之危机与今后保甲应有之觉悟"。③高淳县保长训练时,适值国耻纪念大会,该县要求学员们集体到公共体育场参加纪念会。会上,县长讲述了1931年以来我国的内外遭遇。当时,微雨霏霏,保长们都能保持肃穆。散会后,保长们沿街游行,受到了众多参观者的一致夸奖,并将此事视为该县的空前盛举。④

相比之下,军操练习更为重要。训练人员希望通过此项练习,可以增强学员的体魄和自卫能力。仅此方面而言,萧县的保甲训练较为出色。该县保长训练结束后,民政厅和铜山专署派员进行了检阅,检阅人员认为,该县的国术和教练最为显著,"保长们精神饱满,军纪严肃,操法整齐,动作敏捷。"为此,民政厅厅长余井塘发电祝贺道:"该县举办全县保长训练为推行保甲以来之创举,于将来训练保甲长和壮丁树立先声,深为欣慰。"⑤以萧县甲长训练为例,下表为该县甲长训练术科的预定表。

---

① 陈升侨:《保甲长训练之实验》,《民教半月刊》第2期,1935年4月。
② 彭大铨:《一个甲长训练班的经过及其评价》,《东海民教》第1卷3、4期合刊,1936年1月。
③ 金宗华:《一年来之南通保甲》(续),《生力月刊》第1卷第5期,1936年3月。
④ 《高淳县保长训练所开学》,《江苏保甲》第1卷第22期,1935年12月。
⑤ 《余厅长嘉奖受训保长》、《萧县训练保长始末记》,《保甲半月刊》第2期,1935年2月。

表4 萧县甲长训练术科预定表

	第 一 周	第 二 周	第 三 周	第 四 周
周一	徒手教练 1.立正姿势及稍息 2.停止间各种转法 3.齐步进行	徒手教练 1.整齐法 2.跪下及卧倒 3.正步齐步互换	徒手教练 1.原地队形方向转换 2.行进间跪下及卧倒	补习上周星期一科目
周二	徒手教练 1.立正姿势及稍息 2.原地整齐 3.正步行进 4.解散及集合	徒手教练 1.行进间各种转法 2.正步齐步互换 3.立正姿势及稍息	徒手教练 1.原地队形方向变换 2.行进间各种转法	补习上周星期二科目
周三	徒手教练 补习星期一、二科目	徒手教练 1.正步行进及齐步行进 2.行进间跪下及卧倒	徒手教练 1.行进间队形方面变换 2.正步齐步互换 3.行进间跪下及卧倒	补习上周星期三科目
周四	徒手教练 1.立正姿势及稍息 2.原地整齐及新线整齐	徒手教练 补习星期一、二、三科目	徒手教练 1.原地队形方向交换 2.行进间队形方向变换 3.阅兵式	补习上周星期四科目
周五	徒手教练 1.正步齐步互换 2.停止间各种转法	徒手教练 1.正步齐步互换 2.解散集合 3.敬礼练习	徒手教练 1.排之横行及斜行进 2.原地转法及行进转法 3.整齐法 4.阅兵式	补习上周星期五科目
周六	徒手教练 1.停止间卧倒及起立 2.各种步法互换 3.敬礼练习	徒手教练 1.停止间跪下及卧倒 2.正步齐步互换	徒手教练 1.原地队形方向变换 2.行进间蹲下及卧倒	补习上周星期二科目

资料来源:《萧县甲长训练概况》,见江苏省民政厅编:《江苏省保甲总报告》,1936年版,"附录"第62~64页。

经过一个月的甲长训练，县政府派员进行检阅。检阅委员按照进度表，逐项查阅，以考察学员的精神和动作纪律是否合度。计分时，检阅委员以百分为足额，以乡镇为单位统计总分，将该项成绩列入了甲长姓名册，作为县政府实施奖惩的凭据。经过检阅，"军事极为整齐"。①

第二，强化纪律意识，促使保甲人员保持整齐和严肃。萧县的甲长训练规则，很好地说明了纪律是如何灌输到保甲人员身上去的。该县训练规定：受训人员必须遵守规定时间，不得无故缺席或迟到早退。如临时发生事故，须向负责人员请准给假。否则，负责人员或教师将按其情节分别惩戒。上课前，受训甲长要进行点名。下课时，负责人员要呼喊规定的甲长职责，以引起甲长们的注意，振奋其精神。每次上课、下课、路过长官及教职员时，受训甲长须向他们敬礼。②通过这种方式，教室与兵营合一，加强了保甲军队化。南通保长训练时，规定每天上午六时至七时半，保长们必须到公共体育场集合。随后，各区领队分别点名报数，编排队伍，县政府还聘请3名保安队的中队长和公共体育场长担任教练。在教授学员动作时，教练所关注的并非是学员的动作能否高速，而是强调学员是否能遵守集队散队的时间，希望以此矫正学员不守时的习惯。课堂上，受训保长必须绝对遵守规约。平时，由各组长教务员和领队负责纠察。学员若不遵守规约，将会受到惩戒。训练期内，有17名受训保长被罚站听讲，23名保长被罚站听讲、打扫课堂或宿舍。此外，由于保长所住宿舍距公共场所有一里之远，每日军训往返，各保长还须分区整队而行。中途，保长要像军人一样遵守纪律，不得走乱队形及随意讲话。各区的领队要负责督导，训练所还要派员稽查。该县声称：在纪律约束下，保长随意缺席的弊端能够得到革除。③

第三，采用军队编制，维持保甲人员形式上的整齐。不少县份在保甲训练时都采用了军队编制。这些县政府认为，只有采用军队编制，才能改变保甲人

---

① 《萧县甲长训练概况》，见江苏省民政厅编：《江苏省保甲总报告》，1936年版，"附录"第68页。

② 《萧县甲长训练概况》，见江苏省民政厅编：《江苏省保甲总报告》，1936年版，"附录"第65~66页。

③ 金宗华：《一年来之南通保甲》（续），《生力月刊》第1卷第5期，1936年3月。

员散漫的生活习惯,以达到整齐划一。如萧县保长受训时,按照保甲组织被编成 12 保 77 甲,按照军队编制则分为 5 中队 15 排 45 班。①赣榆保长训练时,学员除了编组保甲之外,宿舍采用了守望所的编制,每一区宿舍为一所,各设所主任一人,以管理学员。②武进县保长训练时,训练所设军训团,所长兼任团长,团副由保安队训练主任担任。2 名营长和 6 名连长由保安队分队长和公安局的巡官担任。营连长与学员共同起居。学员的食宿地点被编上号次。起居和吃饭时,教官要点名一次。学员外出时,需要向营连长请假。③江阴保长训练时,学员们按照军队进行编制,独立室一排为示范室,作为学员宿舍的楷模。每周周六和周三,训练所都要组织学员轮流组织参观。④除了军训场所进行编号之外,一些县份要求学员们衣着统一的服装。如在溧阳,操练时,训练所要求保长穿上白色的军服。⑤在宜兴,为了保持受训队伍整齐,训练所也要求学员一律穿着白色裤褂和黑色鞋袜。⑥在常熟,训练所也要求学员自带两套白色衣服,务求整齐。⑦在扬中,保长训练时,受训保长全体穿着训服,形式上保持了整齐,这使得他们感受到军训的重要性。一次训练中,大雨如注,保长们能在泥泞中踊跃受训,赢得了民政厅指导员黄懋材和扬中县长洪康燮的夸赞。⑧

三、知识训练

精神训练是为了增强保甲人员的人格和道德,军事训练是为了锻炼受训人员的体魄,知识训练则是为了增加受训者的知识,提高他们的能力。从科目

---

① 许健:《萧县县政调查报告》,江苏省民政厅,1935 年版,第 20 页,南京图书馆藏。
② 蒋井良:《赣榆县保长训练概况》,《淮海》第 2 期,1935 年 7 月。
③ 侯厚宗:《武进保甲之组织训练与运用》,《江苏民政》第 1 卷 3、4 期合刊,1935 年 12 月。
④ 郝遇林:《保长训练所之训育问题》,《江苏保甲》第 1 卷第 19 期,1935 年 11 月。
⑤ 《溧阳县保长训练之一般情形》,《江苏保甲》第 1 卷第 13 期,1935 年 8 月。
⑥ 《宜兴县保长训练所》,《江苏保甲》第 1 卷第 13 期,1935 年 8 月。
⑦ 《常熟保长训练所开所务会议》,《江苏保甲》第 1 卷第 8 期,1935 年 5 月。
⑧ 《扬中县保长训练所开学》,《江苏保甲》第 1 卷第 18 期,1935 年 10 月。

设置上看,各县要求教练须向保甲长讲授公民常识和保甲须知。公民常识课是讲述中国历史地理摘要、国民对于国家社会的责任和国民应尽的义务。保甲须知是讲述保甲的意义、功能及相关的保甲章制。①除了必备的课程之外,各县关于保甲知识的教材不下数十种,其内容涵盖了自治、禁烟、田赋征收、教育、农业常识、土地清丈与陈报、征工浚河、司法、卫生、合作和度量衡等。各县聘请了党、政、军、教等机关团体的领导人为讲师,为学员们按时授课。以南通保长训练的授课讲师为例,可以看出当时各机关团体参与保甲训练的广度。

表5 南通县保长各科讲师姓名、职务及所授科目表

姓名	职务	担任训练所职务	授课内容
金宗华	县长	所长	精神训话
张宝琛	县府第一科长	训练主任兼讲师	讲授保甲整理办法及保甲重要性
姚根	县教育局长	教导主任兼讲师	讲授普及识字教育及实施办法
徐瀚如	第一区长	工作实习指导兼讲师	讲授户口异动查报办法
孙祊	省民教馆长	讲师	讲授新生活运动暂行办法
贾宗复	专署第二科长	讲师	讲授联保连坐实施办法
吴朝宰	县党部秘书	讲师	讲授联保连坐实施办法
周宝昌	县府秘书	讲师	讲授仓储管理
陆舟山	县府第二科长	讲师	讲授本县赋税征收办法
宋明炘	公安局局长	讲师	讲授保甲规约实行法及违警罚法
彭玉谟	建设局长	讲师	讲授浚河办法
许振鸾	土地局长	讲师	讲土地登记
韩克杰	县府第三科长	讲师	讲授烟毒查挤法
钱汝昌	合作指导员	讲师	讲授合作组织
刘宪文	保安队大队副	讲师	指挥军事训练
孙锦文	公共体育场长	教官	教授早操

资料来源:金宗华:《一年来之南通保甲》(续),《生力月刊》第1卷第5期,1936年3月。

---

① 《江苏省各行政督察区乡镇长训练所简则》,见江苏省民政厅编:《江苏省保甲总报告》,1936年版,第212页。

在听讲过程中,学员们可以将办理保甲时所发生的困难,用书面或口头质疑。讲师可就所授科目出题发问,以激发受训人员的兴趣,引导他们积极研究解决问题的方法。不过,讲师更倾向于以小组讨论的方式来激发学员们的兴趣。小组讨论中,讲师参酌各项教材,拟定题目,确定时间,选派指导员,组织学员分组讨论,以收集思广益之效。如江阴县受训保长小组讨论会上,学员要讨论改良风俗、息讼、改良布业、农村副业、扫除文盲、新生活与旧道德、江阴国防和禁赌等问题。①1935年秋,黄河泛滥,徐海一带受灾,因此,高淳县受训保长小组讨论会上,学员还讨论了苏北水灾募赈问题。随后,学员为苏北受灾地区捐了40元,尽管学员所捐的数目并不多,但已为他们回乡宣传做了准备。②

为了能让知识与实践相结合,江苏省各县对保甲实习投入了较多的时间和精力。保甲实习基本上分为保甲会议、整理保甲和保甲问答等。

1.保甲会议

受训过程中,乡镇保甲长要按照保甲进行编制,以便将保甲知识潜移默化地灌输至保甲长脑海里。如武进保长训练时,该县保长采取了如下编制:一个学员为一户,十人为一甲,一个寝室为一保,一个训练所再分成一区,名为"大同区",区下分为"自由"、"平等"和"博爱"3个乡,共计9保85甲。区长由所长委任总务股股员担任,乡保甲长由户长直接推选。保甲编组后,5名学员组成一个联保单位,填具联保连坐切结,每保订立保甲规约,共同遵守,违反者实行连带处罚。每晚,各甲甲长必须召集户长开一次谈话会;每隔2天,各保保长要召集甲长们开一次保甲会议;每隔4天,各乡召集保长开一次乡务会议;每隔一周,区公所召开全体区民大会一次。在这些会议中,学员们得讨论实习问题和其他学科问题。③南通的保甲实习与武进稍有差异。由于学员人数众

---

① 郝遇林:《保长训练所之训育问题》,《江苏保甲》第1卷第19期,1935年11月。
② 《高淳县保长训练所开学》,《江苏保甲》第1卷第22期,1935年12月。
③ 侯厚宗:《武进保甲之组织训练与运用》,《江苏民政》第1卷3、4期合刊,1935年12月。江阴保长训练时,学员的编制类似于武进。该县将受训保长编成两区,第一区分为中山、春晖、太平和通运4镇,共计12保36甲;第二区为普惠、文富和定波3镇,共计9保27甲。区乡镇长要选举、宣誓和办公。此后,学员还要召集区乡镇保甲会议,办理保甲规约,联保切结和户口异动等。见严溥泉:《江阴县保长训练纪要》,《生力月刊》第1卷第4期,1936年2月。

多,该县并未采用保甲编制,而是以各保长所属自治区为单位,分为若干组,有的两区合并为一组。实习时,出席会议的保长推一人为主席,由主席主持讨论议案,每次轮流一人。通过这样的讨论,保长都有练习机会,其言语表达能力也得到了锻炼。在小组会议上,学员们还拟定了保甲规约等。为了防止学员们讨论时偏离主题,散会前,训练所还派员总结当日开会的优缺点,以使受训保长有所改进。实习时,县长及主管科长常要巡视指导。①

2.户口异动查报和整理保甲

由于户口异动查报是保甲精神的所在,各县保甲实习阶段对此尤为重视。实习时,训练所要划定实习区域,分派学员实习。随后,学员们按照保甲编制或小组编制,挨户稽查,他们要更正门牌男女口数、填具更正户口调查表和问明户长责任及同结各户户长的姓名等。从武进和南通保甲实习情况来看,两县保甲实习效果颇为良好。南通第一、二期保长训练时,正值秋燥之时,炎热的气候不减酷暑。烈日之下,保长们不知懈怠地实习。因此,"考核成绩,错误尚少。"②武进县保长实习后,"尚无错误发现","亦无不合之处"。经过实习,学员们产生了不少疑问,主动请求教员解答。③足见,保长们对实习产生了一定的兴趣。

3.保甲问答与测验

实习期间,教师要测验学员对课堂所讲知识的掌握程度。如果有遗忘,学员需要及时进行补习。有的县份还利用娱乐活动,将保甲问答穿插说书演唱,反复测验,以增强保甲知识的灌输。④以下是淮阴县荷生乡保甲长训练的一份保甲问答,学员应试前需要熟读,以备参加口试之用。⑤

(1)问:办理保甲的意义是什么? 答:办理保甲的意义,一个是安内,一个是攘外。

---

① 金宗华:《一年来之南通保甲》(续),《生力月刊》第1卷第5期,1936年3月。
② 金宗华:《一年来之南通保甲》(续),《生力月刊》第1卷第5期,1936年3月。
③ 侯厚宗:《武进保甲之组织训练与运用》,《江苏民政》第1卷3、4期合刊,1936年12月。
④ 黄述真:《昆山太仓两县保长训练之检讨》,《江苏保甲》第1卷第15期,1936年9月。
⑤ 洪宝林:《荷生乡推进保甲工作经过》,《民教半月刊》第6期,1935年6月。

（2）问：清查户口分几个程序？答：一是调查，二是复查，三是抽查。

（3）问：联保连坐切结订定后，各户长要负什么责任？答：联保连坐切结订定后，各户长要负时刻实行互相监督、互相劝勉的责任。如果发现联保各户中有匪情嫌疑和不法行为的，应立即检举向甲长报告。

（4）问：户口异动分哪几项？答：户口异动分出生、死亡、婚姻、继承、分居、迁徙、失踪、雇佣等八项。

（5）问：为什么要开保甲会议？答：保甲会议就是一保保长和各甲甲长为讨论本保主要事项所开的会议。

（6）问：保甲规约有什么效用？答：保甲规约是一种保内兴利除害的章程。

（7）问：枪炮烙印的受训是怎样的？答：先填申请书，而后县府派人烙印。

（8）问：为什么要编练壮丁？答：编练壮丁，为的是办理急济、防御盗匪、兴修公路以及守望巡逻等事情。

（9）问：当乡镇保甲长有什么资格？答：当乡镇保甲长得年龄要在20岁以上，在当地居住过两年，行为端正，有正当职业，而没有判处过徒刑，且不吸食毒品。

（10）问：乡镇长和保长的任期是多长？答：乡镇长和保长的任期是一年，甲长的任期是三年。

此外，各县还充分利用课外活动去扩大学员们的常识。各县课外活动种类如下：放电影、学术演讲、音乐戏剧、棋社、国术比赛、参观展览、防空演讲、组织自治合作研究会和演说竞赛等。[①]昆山县还组织了政教联欢会和茶话会，以便为学员们表演科学、游戏及国术。公安机关警士和童子军举行了演习，以增强保甲长受训的气氛。[②]在南通，课外活动时，教官组织学员们参观了学校、工厂、名胜、大生纱厂、南通学院、男女师范、模范监狱和博物院等场所，并向学员们一一介绍，增强学员们的观摩能力。晚间，该县请省民众教育馆向保长们放映教育和卫生影片。放映过程中，县政府派人讲解其中情节。通过这种途

---

① 邢昉：《保甲训练之研究》，《江苏保甲》第3卷第1期，1937年2月。
② 黄述真：《昆山太仓两县保长训练之检讨》，《江苏保甲》第1卷第15期，1935年9月。

径,该县认为可以"寓教育于休闲生活之中"①。

四、训练效果

自 1934 年编组保甲至 1937 年抗战全面爆发,江苏各县政府对训练乡镇保甲长的工作可谓不遗余力。如时人观察的那样,以县长为代表的主持训练人员,"总算能尽忠职守,绞尽脑汁,力竭声嘶,出了几身黄汗,这种现象是值得钦佩"②。"虽时当盛暑,汗出如渗,而全所职员仍专心教授,始终如一。"③因此,民政厅保甲指导员黄懋材激动地说:"训练保甲人员的空气几乎弥漫全省,这种大规模的保甲教育,可以说在本省是空前未有的大事业。"④那么,乡镇保甲长训练的效果究竟如何呢?江苏省政府的意图能否如愿以偿呢?要想回答这一问题,并不容易。毕竟江苏各县区域之广,保甲人员之众⑤,训练成绩又有优劣之别,笔者只能根据所掌握的资料,对此作一个尝试性的评价。

不可否认,江苏省保甲训练取得了相当成效。当时,江苏省各级官员对此赞不绝口。先看乡镇长训练效果。民政厅长余井塘评论道:"铜山区 770 名乡镇长,已经集训完毕。受训后的乡镇长,精神兴奋,思想转变了许多,对保甲有深刻的认识。邳县的剿匪,即得力于受训乡镇长。"⑥张立瀛也有同样的评价,他认为,"铜山区的乡镇长受训之后,他们对保甲已有相当的信仰,与受训前相比,可谓判若两人。"⑦一位名叫金朗西的人,对乡镇长训练是这样评价的:"经过训练,乡镇长的思想和行动,确能从自由散漫而趋于纪律化。他们对于

---

① 金宗华:《一年来之南通保甲》(续),《生力月刊》第 1 卷第 5 期,1936 年 3 月。
② 沈家琪:《训练乡镇长之回顾》,《江苏保甲》第 1 卷第 16 期,1935 年 9 月。
③ 严溥泉:《江阴县保长训练纪要》,《生力月刊》第 1 卷第 4 期,1936 年 2 月。
④ 黄懋材:《保长受训后的努力途径》,《江苏保甲》第 1 卷第 20 期,1935 年 11 月。
⑤ 据 1935 年《江苏省保甲总报告》的数字统计,江苏省共有 8060 个乡镇,68 185 个保,715 812 个甲。考虑到一部分乡镇长由保长兼任,江苏省保甲人员总数应在 79 万左右。
⑥ 余井塘:《保甲制度的真谛》,《保甲半月刊》第 2 期,1935 年 2 月。
⑦ 张立瀛:《实施保甲教育的重要性及其方法》,《保甲半月刊》第 3 期,1935 年 2 月。

政府政令及所负之任务,已有相当之认识,治事能力与身心修养均有进步。"①时人对于淮阴乡镇长训练也给予了积极的评价:"乡镇长在训练时能够热烈地讨论乡政问题。经过训练,他们均能明了责任所在,在观念上亦改变不少,不再像过去的绅董那样了。"②

再看关于保长训练的评价。江苏各县保长训练成绩,尤以萧县和武进较为显著。1934年10月,余井塘谈及萧县保甲训练时说:"萧县人民有感于保甲的好处,许多乡间素有深仇宿怨不相往来的两姓邻居,现在也乐于互相连保了。萧县的人民现在自动要求县长延长训练保甲长的时间呢。"③据时人的观察,萧县保长受训之后,学员们能够从散漫走向纪律化,思想渐趋新颖,保乡爱国观念得以加强。而且,学员们对自己的职责有所了解,与以前相比,他们的办事能力和手段有了较大进步。④武进县长侯厚宗声称:"该县保长训练之前,保长们心怀恐惧,但训练数日后,他们觉得此间可乐,便认真遵守所中规则。一些保长还觉得训练期太短,请求延长训练期呢。"在保长们的主动请求下,武进把军训时间从42个小时增至54个小时。为此,侯颇为骄傲地说:"此不能不谓好现象"。⑤在无锡,各实验区保甲长均能积极地领导乡民,从事自治、自卫、经济、教育和卫生等事务。在实际工作中,保甲长获得了知识,积累了经验,锻炼了才干。⑥在昆山,受训之后,保长们的知识能力有所进步,集体生活习惯也养成了,已具备一名现代人的条件了。他们能够改掉以往那些衣着不整齐、随地便溺和粗俗异常的习惯了。⑦高淳县一名保长,受训期间,正值丧母,可这名保长仅请一天假便赶来受训。因此,该保长受到了县长的好评。⑧此事也可看

---

① 金郎西:《本省乡镇长训练追记》,《江苏保甲》第2卷第4期,1936年3月。

② 《淮阴区乡镇长训练所从第一期到第二期》,《民教半月刊》第6期,1935年6月。

③ 《余厅长对于江南各县保甲谈话会训词》,《申报》1934年10月30日。

④ 曼谛:《萧县保长训练述要》,《保甲半月刊》第2期,1935年2月。

⑤ 侯厚宗:《武进县保长训练之经过》,《江苏保甲》第1卷第5期,1935年4月;侯厚宗:《武进保甲之组织训练与运用》,《江苏民政》第1卷3、4期合刊,1935年12月。

⑥ 郑大华:《民国乡村建设运动》,社会科学文献出版社2000年版,第341页。

⑦ 黄述真:《昆山太仓两县保长训练之检讨》,《江苏保甲》第1卷第15期,1935年9月。

⑧ 陈列甫:《高淳县保长训练所开学》,《江苏保甲》第1卷第22期,1935年12月。

出,保长们的行动是如何因受训而趋于纪律化。

与乡镇保长的训练效果相比,甲长的训练效果则远为逊色。1936年,陈果夫在总结三年省政时便承认了甲长训练的困难。如他所说,由于甲长人数在71万以上,"人数已众,分布又广,程度不逮保长甚远"。训练前,经费和人员的筹备已让省府觉得较为困难。训练时,要想对甲长们施以相当的教育,促使其了解保甲意义,这更是一件困难的事情。①尽管江苏省决定将甲长训练列为1936年度中心工作,不过,各县关于甲长训练的积极评价并不多。以萧县和武进为例,萧县甲长训练后,该县政府承认,因甲长多不识字,除了军事训练尚算整齐之外,政治训练并无特殊效果。②再看武进的甲长训练,除了省府所派的一名视察员表示满意之外,并无其他关于甲长受训后的思想和行动的评价。③萧县和武进的甲长训练成绩如此,其他地区的训练成效便可想而知了。

总的看来,战前保甲训练的效果也有其局限性。一方面,由于训练实施所出现的问题,不少乡镇保甲长并不能真正领略保甲训练的要义。据邳县保甲督察员袁寿山的观察,在他所了解到的大多数乡镇保甲长中,很少有人能够了解保甲常识。即使一部分保甲人员能够了解,不是印象不深,便是转瞬即忘。袁认为:由于保甲训练学科过多,多数教材"文不通俗,新名词太多",受训人员如坠五里雾中,不得要领。与受训前相比,乡镇保甲长的脑子反而紊乱起来,"不知何者为轻,何者为重?"④华鹤松也有类似的感慨,华毫不客气地说,对于毫无知识头脑的乡保长来说,保甲训练无异于走马观花,因此,一部分乡保长依然故我,以这样的人员去办理保甲,其前途将是"南郭吹竽和人云亦云"⑤。如果说官方对保甲训练的批评尚存保留态度的话,那么,贫民对此的批评便不那么客气了。阜宁一位名叫龙明的农民,曾用一首顺口溜揭露了保甲

---

① 陈果夫:《江苏省政述要·民政篇》,见沈云龙主编:《近代中国史料丛刊续编》第97辑,台北:文海出版社1983年版,第40页。

② 《萧县甲长训练概况》,见江苏省民政厅编:《江苏省保甲总报告》,1936年版,"附录"第68页。

③ 《武进实施甲长训练》,《江苏保甲》第1卷第22期,1935年12月。

④ 袁寿山:《海属保甲之检讨》,《江苏保甲》第2卷第15期,1936年9月。

⑤ 华鹤松:《江北保甲宜从整理和异动方面做去》,《江苏保甲》第2卷第20期,1936年11月。

训练中的种种丑态。这首顺口溜是这样说的:"乡保长训练,古今从未见。走进阜宁城,先奔三宫殿(报到地点)。后进小饭馆,弄上一碗面,吃得汗满面。再奔估衣店,长衫身上炫(音旋去声)。有钱住旅馆,没钱找亲眷。次日进公园(集训地点),县长来训话,照着稿子念。教官喊口令,一声向右转,六人三对面。……"①显然,保甲的训练效果远没有官方所说的那么好。再以文化程度较高的乡镇长而论,有些乡镇长受训返乡后,"除了三民主义一句外,即默无以对"。无怪乎这位调查者悲观地说:国家不过将有用之钱训练了无用之人,这对于保甲来说毫无益处可言。②另外一位官员对无锡保长训练的观察,较为真实地展现了受训保甲长的生活习惯。尽管新生活运动已灌输到保甲训练之中,但这很少能真正改变保甲人员的生活方式。这位调查者亲眼看到一个保长宿舍是"烟雾冲天,床头酒瓶、烟匣皆有"。即使那些受过纪律熏陶的保长,也感到力不从心。当他们返乡后,许多甲长和户长都逃走了,保长工作无法再做。③由上可见,保甲训练广度,并没有官方所宣称的那么大。

另一方面,作为高强度灌输保甲知识的训练,只有在持续不断的督导和训练的情况下才能奏效。正如时人认为的那样:"本省乡镇保甲长虽然受过训练,但是要晓得训练不是一训就好,一练就成,何况只有三星期的训练呢?以为乡镇保甲长受过三星期的训练,智识已足,必致前功尽弃,而又为将来失败之预征。"④与训练保甲人员相比,保甲长受训后的持续督导更为重要。由于多数保甲长是目不识丁和头脑简单的人,经过短期训练,其知识能力可能有所改进。然而,若不能继续督导,其训练效果,将会化为乌有。⑤再加上保甲人员受训后存在着人事变更,保甲受训的效果将会进一步减弱。以武进为例,有人曾对武进保长的更替做过估计:不出五年,武进已受训的保长便会减少殆尽。⑥基于

---

① 仇学元:《龙大头轶事》,见阜宁县政协文史资料研究委员会编:《阜宁文史资料》第4辑,1989年版,第72页。
② 杨国润:《为改进乡镇保长进一言》,《江苏保甲》第3卷第3期,1937年3月。
③ 陈一:《我对于保长训练的十项意见》,《江苏保甲》第1卷第15期,1935年9月。
④ 沈家琪:《如何充实保甲内容》,《江苏保甲》第2卷第12期,1936年7月。
⑤ 陈升侨:《保甲长训练之实验》,《民教半月刊》第2期,1935年4月。
⑥ 吕公:《乡镇长训练以后》,《江苏保甲》第1卷第16期,1935年9月。

这样的担忧,吴江县长徐幼川曾建议道:"每一年或两年,必须举办一次保甲人员的训练。一则可以补充保甲之基干人才,再则可以补充保甲人员新智识与能力。"①然而,当时的客观条件使得保甲的训练并不顺利。以乡镇长训练为例,1934年10月底,盐城区虽最早举办了乡镇长训练,但因导淮工程正处于紧张时期,多数乡镇长尚在督工,不能分身到所受训。民政厅只好通令该区于1935年6月17日举办第二期乡镇长训练。即使如此,因事请假的乡镇长仍然居多,该区第三批乡镇长训练只得于1935年8月12日开学,乡镇长训练历经10个月。淮阴区的乡镇长训练始于1935年1月4日,由于导淮的缘故,乡镇长训练只得展期。到了8月,该区乡镇长训练才算结束,历经了7个月。东海区乡镇长训练始于1934年12月1日,由于各县忙于清剿匪患、铲除烟苗、征工浚河和举办土地陈报等事情,多数乡镇长工作忙碌,难以兼顾,训练到了1935年7月12日才算结束,前后也历经了8个月。相比之下,江南及江都地区乡镇长训练较为顺利,前后用了2个月。②然而,这并不意味着江南乡镇长训练便是一帆风顺。如1935年7月,虽然吴县政府要求乡镇长应于17日到省会训练,乡镇长却因种种事务所阻,并不愿到省会受训。不仅如此,乡镇长们还联名上书县政府,声称这种训练是不得要领和操之过急的。县长吴企云颇为为难,只好一面向省府请示,一面劝导乡镇长。即使如此,仍有一部分乡镇长未去受训,县政府只好暂缓乡镇长训练。③乡镇长训练从1934年10月开始,1935年10月结束,前后历经一年才完成。乡镇长是保甲人员中知识程度最高、人数最少的群体,他们的训练尚且如此缓慢。那么,知识程度较低、人数数百倍于乡镇长的甲长,其训练的举办更为不易。尽管江苏省政府很清楚甲长训练的意义,"而甲长为保甲之基础人员,自负执行保甲事务之重责,自非受严格之训练,不能收施行保甲之实效"④。不过,由于甲长知识程度太低,教学

---

① 徐幼川:《甲长训练始末记》,《江苏保甲》第1卷第20期,1935年11月。
② 江苏省民政厅编:《江苏省保甲总报告》,1936年版,第205~209页。
③ 《苏州训练乡镇长之困难》,《申报》1935年7月12日;《苏州乡镇保长暂缓训练》,《申报》1935年7月17日。
④ 江苏省民政厅编:《江苏省保甲总报告》,1936年版,第221页。

存在困难，又因人力和财力难以筹措，甲长训练只得一再推延。直到抗战全面爆发，江苏省只有一半多的甲长受过训练。因此，无论从深度和广度上而言，江苏保甲训练的成效都是有限的。

第三节　整理保甲

1935年底,江苏各县保甲编查基本完成,保甲训练逐次展开,各县以保甲推行各项政令,已取得了相当的成效。为此,江苏省政府颇为自豪地说:"本省江南北各县,保甲编查,早已告竣,除消极方面收清除奸究之大效外,民众得此基本组织,顿易散乱为凝固,即教育建设暨其他政令,亦得以运用称便。"[①] 盛赞之余,当局认为,保甲实施并非已经完成。相反,编查工作完成,不过是保甲制度躯体形成而已。保甲精神取决于户口查报是否确实,而户口异动查报能否准确,则需取决于保甲人员能否切实履行职责。基于上述考虑,江苏省勉励各级保甲人员道:"顾此后之户口异动查报及整理训练等事,有待为继续不断之努力者,尚复甚多。"[②] 在当局看来,户口异动查报和整理是维持机构运行的重要手段。因此,保甲编查完成后,江苏省于1935年12月底制定了各县户口总复查须知,通令各县立即举办户口总复查,以重点整理保甲组织。1936年11月24日,江苏省政府第878次会议通过了各县整理保甲办法。[③] 省政府深

---

① 陈果夫:《江苏省政述要·民政篇弁言》,见沈云龙主编:《近代中国史料丛刊续编》第97辑,台北:文海出版社1983年版,第3页。

② 陈果夫:《江苏省保甲总报告·序一》,江苏省民政厅编,1936年版。

③ 沈家琪:《苏省保甲整理后之动向》,《江苏保甲》第3卷第4期,1937年3月。

信,通过整理保甲,可以健全和维持保甲机构。

一、户口总复查

在江苏省政府看来,"欲求保甲组织之能继续完成,非于编查户口工作完竣以后,接办户口异动查报不可。"① 为此,江苏省制定了户口异动查报暂行办法,要求已完成保甲编查的县份必须接办户口异动查报。不过,各县对户口异动查报的办理并不认真。正如民政厅在一份报告里所说,除了太仓以外,其他各县的户口异动统计表并不能及时送到民政厅。日益积压下的统计数字,自然错误颇多,不少县份迁入与迁出的户口数字相差很大,这足以说明各县办理户口异动是多么漫不经心。② 因此,户口总复查势在必行。当局是这样考虑的:一县之内,清查户口未必能同时完竣。如果等到其他各区一律办理完竣后才举行户口异动查报,那么,原有户口异动已发生变动。即使各区清查户口能够同步完成,及时查报,各户户长未必能够了解户口异动查报的意义,更不会去自动报告。再加上一些保甲长自身工作中的怠忽,户口异动查报的准确性将会大打折扣,"倘历时较久,或兼遭灾害,则户口变动更剧。欲实行户口异动查报,非先举行户口总复查不能恢复常态。"③ 而且,铜山等十多个县在户口异动查报之前,已向民政厅请示所属各县户口总复查方法。民政厅认为,有必要将总复查推广到其他各县。因此,江苏省于1935年12月制定了各县户口总复查须知,通令各县办理户口总复查。

根据《江苏省各县户口总复查须知》的规定,总复查应注意的事项和实施步骤如下:(1)总复查可以分成复查、抽查和考查三个阶段:复查阶段是以保为单位,县政府派员会同当地乡镇公所,分别指导各乡镇保长办理;抽查阶段,由县府会同党教军警机关分组办理;考查阶段由民厅或专署派员办理。(2)

---

① 陈果夫:《江苏省政述要·民政篇》,见沈云龙主编:《近代中国史料丛刊续编》第97辑,台北:文海出版社1983年版,第38页。
② 《民厅订立公安机关并办理户口异动查报办法》,《江苏保甲》第1卷第24期,1936年1月。
③ 江苏省民政厅编:《江苏省保甲总报告》,1936年版,第193页。

各县复查期限为3日,非雨雪不得展延。(3)复查开始前,县政府应召集区长会议,依次举行乡镇保甲会议,逐级讲习复查办法,并发给表册。(4)复查时,保长应督率所属拿着毛笔、粉笔、红墨水、户口调查表和联保连坐切结,挨户逐一复查。遇有编查错误,或编查后的异动未能查报整理者,依保甲法令分别整理。(5)各县复查完毕后,应着手抽查,抽查期限为3日,非有雨雪不得展延。抽查前,县政府应召集当地党教军警机关,分派抽查人员,开会讨论抽查方法及其他注意事项。在抽查人员的分配上,每区至少应分3组,每组至少应有2人分途抽查。抽查人员也要带上户口调查表、保甲规约、保甲法令汇编、纸笔墨、门牌纸、浆糊、钉钳、私章和印泥,以备抽查时纠正之用。(6)区公所抽查完毕后,应于10日内收齐经复查之各保户口调查表,召集乡镇保甲长重新更造区户口统计表,然后呈送县府。更造户口统计表完成后的5日,存区公所的调查表,应依据复查抽查的各保原户口调查表进行校对。校对完成后,区公所将原调查表发还至保长办公处。(7)县府收到各区户口统计表后,将在3日内汇造县户口统计表,编撰复查报告书,一并送民政厅及行政督察专员公署,以备上级抽查。(8)民政厅和专署接到各县户口统计表及总复查报告书后,应派员考查。(9)各县总复查费用,除县府及区乡镇公所人员旅膳费应由各该机关办公费项下开支外,其余抽查人员的旅膳费及其必需费用,准在各县纸张印刷费项下动支,每万户最高以20元为限。① 在总复查期间,一些县份规定,除了办理户口异动之外,尚需注意检举烟民和游民。如萧县和沛县在总复查中规定:"遇有各种邪教、红枪会、无极道、圣贤道,应令自首。无保莠民,得以报县处置。"② 启东和吴江在总复查时,也要求保甲人员检举烟毒犯和无照私吸的烟民。③

可见,自下而上的总复查,是以乡镇保甲户长的积极配合为基础。只有这样,县政府所造送的户口统计表才能准确。为此,1936年1月,民政厅要求各县县长、县政府第一科科长、科员、区长和助理员等负有视导职责。关于保长

---

① 江苏省民政厅编:《江苏省保甲总报告》,1936年版,第194~195页;《砀山举行保甲总复查》,《江苏保甲》第1卷第8期,1935年7月;《吴江县户口总复查》,《江苏保甲》第2卷第3期,1936年3月。

② 《萧县举行户口总复查》,《江苏保甲》第1卷第18期,1936年10月。

③ 徐幼川:《吴江县办理户口总复查之经过》,《江苏保甲》第2卷第5期,1936年4月。

方面,视导员应当注意的内容有:"保长是否切实奉行其资望标准,切实执行保甲规约? 是否认真查察,并审查户口异动报告? 是否每月复查户口一次? 对于政府法令是否切实执行?"关于甲长方面,视导员应注意的内容有:"甲长是否认真督率履行保甲规约? 是否切实教诫居民共负联保责任? 是否确实查填户口异动? 对于门牌户口,是否按月编订? 对于政府法令,是否努力执行?"①根据民政厅所定的要求,各县政府也制定了相应的奖惩措施。以启东为例,该县政府要求党教军警各机关在抽查时,必须注意调查以下事项:"1.保长复查是否亲自督率甲长处理? 2.乡镇长是否召集保长会议和详细解释复查方案? 3.乡镇长是否前往抽查? 4.抽查是否按总复查须知去做? 5.是否办理户口异动? 有无停止情事? 6.迁徙证是否已实行? 7.考查甲长办公处。8.考察保甲长应注意保甲会议及认识程度。"尤其值得注意的是,县政府要求保甲长不可怠忽工作。如果保甲长并未遵办或故意规避,将会受到惩办;情节重大者,将会被送到区公所或就近军警机关关押。抽查人员如果发现一甲有3户与表不符,并未改正情事,将会增加抽查的甲数。如果一个乡镇有3个保编查不准,抽查阶段将暂告停止,乡镇长尚须即日重查。②以军警和区公所督促保甲长工作,并非限于启东,淮阴区各县也有类似的规定。淮阴区专员王德溥要求,所属各县派兵协助办理户口总复查,既要检举莠民和烟民,又要推动保甲整理。根据王的建议,民政厅通饬素有匪患的县份可以采用这种总复查方式。③

尽管总复查制定了严密的措施,但实施过程中不可避免地受到了消极影响。其一,由于一部分区乡镇保甲长消极地对待总复查,致使困难重重。如青浦县政府曾抱怨道:一些区乡镇保甲长为了省事起见,只不过将附近市镇略加复查就告完工。有的甚至足不出户,只不过将表册稍加整理,就草草了事。至于那些穷乡僻壤的地方,区乡镇保长们觉得省政府定然不会去派员抽查,便对那些地区的复查置之不理。该县政府斥责这种做法是"似此敷衍塞责,迹

---

① 《江苏省民政厅视导员要点》(1936年1月17日),江苏省档案馆藏,卷宗号:1054-1-490。
② 《全体抽查员出动启东举行保甲总复查》,《江苏保甲》第2卷第4期,1936年3月。
③ 生苗:《一年来之江苏保甲》,《江苏保甲》第2卷第23期,1937年1月。

近欺骗",它告诫区乡镇保甲长不可"玩忽要政",必须挨户复查。①类似情况也发生在其他县份。如泰县第二区区长凌月如对于保甲办理心不在焉,致使该区保甲编组紊乱。县政府不得不撤换了凌,并重新派员整理。②相比之下,吴江县长徐幼川则较为客气地说:"惟各保甲长等对于户口异动查报,稍欠认真。"③在沛县,县长杨国镇同样抱怨道:"由于保长责任心太轻,并不能踊跃从事,县政府所派的人员无法指挥他们。"保甲长消极办理户口异动查报,造成抽查错误竟占了3/5。④其二,区乡镇保甲长不能娴熟复查手续,以致各种错误前后迭出,欲求户口查报准确,自然是缘木求鱼。如淮安第一科科长张权所说,总复查错误的原因"系由于主办的人对法令手续还不十分明了,所以发生错误"。淮安、淮阴两县整理保甲的督察员张毅忱也有这样的看法,"各区发生错误原因,都不是各级保甲人员不做,乃是由于不知如何做法。"⑤其三,黄河水灾的影响。1935年7月10日,黄河在山东鄄城董庄决口,江北10个县受灾,灾民达百余万。汪洋大水之中,只有一些屋顶和柳梢能够露出水面,"水尽黄色,蛙鳗之属。死骸漂浮,腐臭不可向迩。庐舍多草结,坍毁殆尽。败栋圮椽,破墙芦壁。零落不堪属目。间有砖构。未被摧折者。亦仅余瓦脊一痕。倚斜波际而已。"灾民用木板制成简易木筏,载着家具,络绎不绝地向外逃亡,或在树上搭建临时住所,凄惨地等待援救。⑥灾情最重的邳县,灾民达30万人,受灾面积达2/3以上,一些无家可归的灾民选择了自杀。⑦由于水灾造成的人口流离,保甲组织荡然无存,复查起来并不容易。为此,江苏省要求赈灾应与保甲编查相结合。据江苏省赈灾大纲的规定,受灾各县第一期的赈灾工作之一,即为"办理

---

① 《青浦县政府告诫各区长切实办理总复查》,《江苏保甲》第2卷第3期,1936年3月。

② 张燨:《泰县办理户口总复查写实》,《江苏保甲》第2卷第5期,1936年4月。

③ 徐幼川:《吴江县办理户口总复查之经过》,《江苏保甲》第2卷第5期,1936年4月。

④ 杨国镇:《沛县办理户口总复查之经过及今后之计划》,《江苏保甲》第2卷第5期,1936年4月。

⑤ 《淮安县保甲会议记录》,《淮海》第10期,1936年3月。

⑥ 江苏省地方志编纂委员会编:《江苏省志·民政志》,方志出版社2002年版,第482~483页;朱玉吾:《铜灾巡礼记》,《江苏月报》第4卷第5、6期合刊,1935年12月。

⑦ 《邳县县长向专署赈乞》,《申报》1935年11月30日。

灾民户口临时异动,借第二期救济清查户之用"。第二期赈灾工作也与保甲编查有着密切的关系。即召集流亡,实施灾民急赈;按照户口发放赈衣和赈款;推动以工代赈,选择灾区壮丁移充导淮工夫或筹办他项工程。①

经过总复查,各县发现保甲编查中存在着相当惊人的错误。如沛县县长杨国镇所说,"复查时,发现错误之处,不一一而足。如有门牌而无调查表者,未挂门牌者,钉挂顺序不合者,甲内户数不符者。年龄以多报少或者以少报多,人口总数错误者。"②沛县总复查所发现的错误,也频繁地出现在其他县份。据盐城县县长李直夫总结该县总复查时说,该县有1231户户口不在该地却未举行户口异动查报,有500户户次出现错乱,有8899户番号颠倒,有27户户长已发生更改。就错误统计来看,年龄不符者有233起,无门牌者有145起,门牌遗失的有89起,门牌未换的有218起,未报户口异动的有6095起,未具联保切结的有218起,联保切结未捺印的有5起,未加入保甲规约的有79起,共计9729起。进入抽查阶段,错误依然严重。户口不符的有1023起,门牌遗失的有22起,门牌未换的有90起,未报户口异动的有979起,未具联保切结的有139起,切结未捺印的有6起,未加保甲规约的有3起。抽查发现错误计有2804起。③即使运用军队协助办理户口总复查的淮阴专署,总复查的成绩也并不令官方感到满意。当时,淮阴专署委任张毅忱担任淮阴、淮安两县整理保甲督察员,张到淮安后,一个多月内,亲自前往各区乡镇,不辞辛苦地抽查保甲。保甲抽查完毕后,张在该县保甲会议上毫不客气地指出:"此次抽查各区,感觉没有特别好的成绩,而且还有许多错误。"在淮安县的12个区中,只有两个区的复查成绩令张感到欣慰。据张的观察,枪炮烙印、船户登记、连环监视切结、户次编组和保甲规约等多不合规定。有的乡镇之间并未贴保甲长衔牌,"既碍观瞻,又混乱系统"。有的门牌是新旧并存,难于稽查;有的居民不是将门牌随意搁置,就是将门牌当成宝物藏了起来。"各户户长在联保切结捺印时,有画十

---

① 《江苏省救济办法大纲》,江苏省档案馆藏,卷宗号:1054-1-899。
② 杨国镇:《沛县办理户口总复查之经过及今后之计划》,《江苏保甲》第2卷第5期,1936年4月。
③ 李直夫:《盐城县办理户口总复查之经过》,《江苏保甲》第2卷第5期,1936年4月。

字的,颜色不一,污秽不清,怪态百出,殊为遗憾。"①淮安县政府第一科科长张权声称,保甲编查之初,为了竞选缘故,保长们竟任意虚报保、甲、户三项。经过总复查,保甲户数大幅度压缩,保数比原有减少114个,甲减少1214个,户数减少7606个。与此形成对比,编查之初,农民因害怕抽丁课税而漏报或少报人口。经过总复查,该县人口增加38 878人,壮丁增加3882人,寺庙增加38个,船户增加223个。②该县因总复查人口竟"增加"了近4万人,足见,原有的编查是何等粗心大意。

如果说上述县份关于总复查的报告仅能给我们一些纸面印象的话,那么,睢宁县科长沈家琪的日记,则生动地记述了他所经历的户口总复查。以下是沈关于户口总复查的摘录部分。

"总复查后,以办理烟民自新登记,为良心所驱,自告奋勇,作下乡巡视。第一科科长说:'你去很好。'费县长也说:'你们去抽查,我也要实际去先行抽查抽查。'我们先往平常办理不努力的分区去看看,使他们着鞭猛进,平衡发展。此次总复查工作,应同在水准线上才好。我决定去第三区,先到了最东北与宿迁交界的沙集镇。在县长的督同下,分头挨户抽查,大致尚不差。在围城东南隅,瞥见一甲,户牌户口也对,但费县长细心看出其乡名不对,询问,果然,该户系新迁户,将旧门牌带来,还没换新的。户长已报至甲长。县长以该管甲长未报更正,显然属于失职,按照保甲规程处以罚金5元。

"圩内房屋无顶,家徒四壁,问保甲长,知道该处受劫不下数十次。1930年最烈。遍查户口,无大错,仅有一户由未成年的孩子当户长,当即令更正。……县长讲了保甲总复查应注意事项,尤须注意,务须一样一样的做到,违者以抗命议处,决不旁贷。保甲长办公处条示,应粘贴于木板之上,日间悬之门外,夜即收进来,可保永远,至要至要。

"又乘车到第二区高作集抽查,分三路。正抽查时,区长及区丁来共同工作,凡抽查应更正之点,由何科长与我逐一说明。且再三叮嘱丁区长注意,返署时已万家灯火。

---

① 《淮安县保甲会议记录》,《淮海》第10期,1936年3月。
② 张权:《淮安保甲之检讨》,《江苏保甲》第2卷第11期,1936年7月。

"次日,到了七八区。先在八区魏集镇抽查,此处门牌整齐,并无错误。……又去七区抽查梨园、望山、顺河、台城、三山等乡镇。三山区距离县城有130公里,此处人民,均视为天高皇帝远之地,素来无法无天,从未见过县长。费县长到处讲演,随时训练,均属中肯切要之词,颇获民众之欢心。……抽查结果,该区成绩独优,门牌整齐,编次无误,且家家户户可对答如流;禁烟条示,亦能明晰。又乘车返经古邳,张区长以县长枵腹从公,留县长进晚餐。县长以夜深辞。抵署时已三更有余。

"次日,县长去专署,嘱我与何科长继续抽查第一区。本以为第一区可获效果,第一区徐区长属于实干硬干者。上午,我们先查了城南关睢城两镇,户次倒置,户口错误者所在多。作者身为骇异,推其原因:这是废历年,乡镇保甲长忙于过年耳。……到兴隆乡,颠倒错乱者更甚,问之保长何在,有人说他赶会去了。

"到了沙河潘村两乡地方,遇到一个地保,由他领路,顺便谈了内幕。这时,旗鼓喧天,锣声震地,男扮女装之牧野童子,穿插歌舞,各种小曲,以及迎会送会,磕头如捣蒜而已。一时抽查数百户,当时已五时了。返署已经下午三点。与何科长约明日九点出发继续抽查。次日,抽查第一区岗头、信仁等乡,亦有错误发现,令人莫名其妙也。后省派黄委员由宿迁赶来睢城指导,他到第一区召集乡镇长训话,晓以大义,明以利害,以及方法进程有关。训话完毕,乡长说:'坏了,我们都弄错了。'黄委员说:'怎样?'他说被指导员指错了。县政府此前派一位陈指导员来指导编查,要按'之'字形,以前编的弄错了。作者不知有位陈指导员,并未派他。其实,乃一位指导员病了,叫他临时代理的。黄委员不辞劳苦,一一指示,几乎说得舌敝唇焦,众人恍然,作者这才明朗,大悟。这位生病的指导员定弄错了箍桶匠,所以,造成了牛头不对马嘴。我们讲习的原则,以面对户,自右向左,挨户编号。经何科长一再叮嘱,这位陈先生来一个别出心裁的'之'。结果,这费了公家5000张门牌,乡镇保长费多宝贵的时间,这个教训够深刻了。

"查了两天,县长也回来了,马上又去四区板桥、龙沟、官山、李集等镇抽查。惟板桥大王庙一集,户次稍乱,查口不甚确实,当该保甲长分别受处罚。

"又赴五区清河、德厚、桃园等地,尚属正确。保甲户政及男女口数,家喻户晓,条示了。每户能对答如流。保甲之组织意义能深入民间,可欣幸也。……又去六区之大王集、河滩、姚集等抽查。尚可观。惟有一二保户口稍有错乱,嘱区长克日改正。至此,八区抽查告一段落。"①

从上述睢宁县总复查的结果来看,除了第二区抽查较略、结果不详之外,其他7个区中,在第一区、第三区和第四区的复查错误多不能避免,如新迁户门牌并未更换、未成年孩子当户长、户次凌乱、编组错误等。只有第五区、第七区和第八区的抽查结果令县政府感到满意。总体上来看,抽查结果可谓优劣参半。尽管我们不能确定县长本人是否真的"枵腹从公",但至少有一点是可以肯定的:那便是县长能够认真抽查保甲。在那些沈看来是"天高皇帝远"、"百姓从未见过县长"的地方,县长费公侠竟能亲自抽查至晚上,以至于费返回专署时"已三更有余"和"万家灯火"。其他县份,县长也基本能认真去做。如泰县县长张燡在总结该县总复查时写道:"预定27日出发抽查,因天气阻滞,3月1日积雪已融,交通稍便,乃分头抽查。民厅钱委员3月8日到县。9日出发,赴县境三区考查。沿途前往东乡至海安折回,再赴九、十区考查。本县办理认真。县区人员之努力,自信尚无遗憾。"②正如华鹤松所说:"江北曾在1935年进行了总复查,各县长奔走苦干,如期做好。"③

不过,江苏省政府也不能对总复查抱以太大希望。尽管县政府能够认真抽查,他们的训导尚称努力,但这并不意味着乡镇保甲长能够认真复查。如此看来,保甲编查所出现的错误仍无法避免。正如费公侠一样,多数县长除了能对抽查地方的保甲长尚有鞭策作用外,并不能保证其他未抽查地区的保甲复查能够准确无误。因此,沈家琪不得不承认,"好坏是相对的,本无一定,全在责任心之驱策和努力程度而定。""抽查千百家,行千百里,乃是走马灯式巡视,所获甚少。"可以说,走马观花式的抽查,只有在县政府不断地保持"责任心"和"努力"下才能奏效。当时,萧县奎河镇一位名叫苏农的事务员声称:他本人在一年内复查该镇保甲3次,这才保证了保甲编查的准确性。显然,只有持续

---

① 沈家琪:《户口总复查之回忆与感想》,《江苏保甲》第2卷第10期,1936年6月。
② 张燡:《泰县办理户口总复查写实》,《江苏保甲》第2卷第5期,1936年4月。
③ 华鹤松:《江北保甲宜从整理和异动方面做去》,《江苏保甲》第2卷第20期,1936年11月。

的复查,才能保持户口的准确性。①然而,这对于人力、财力有限的县政府来说,又是较为困难的。因此,总复查的效果很有限,户口异动查报的松弛依然较为突出。江苏省政府只得抱怨道:"如皋、南通、海门、淮阴、奉贤、江都及铜山区所属各县,每有不肖之徒,在甲地为非,化名迁入乙地,乙地无从根究,终于地方治安前途,甚有影响,因有由徙出地之乡镇长签发迁徙得之试行。又工厂林立之处,户口迁徙频繁,另立循环登记簿以资考察。"②

二、全面整理

尽管总复查并不能纠正保甲推行中的各种错误,总复查中所发现的各种错误却引起了江苏省当局的高度重视。当局认为有必要在全省范围内进行一次全面整理保甲的行动。于是,1936年5月,江苏省在该年度行政计划里指出:"各县保甲编查成绩不齐,对于组织尚未健全之县以及遭受水灾保甲必须整理县份,均拟加以整理。"③同月,江苏省根据松江和金山的保甲抽查报告,发现该县保甲编查"殊多欠完善之处",如保甲门牌及户口调查表内户口数与实际数不符;户口调查表事别多栏,填载多错误;保甲规约均空泛不实用,未能确切办理;船户保甲,尚未补办完竣;乡镇保甲长人选,亦未健全。因此,省政府通令两县县长切实整理,分区督促。④

松江和金山保甲推行中所发现的错误,并非是两县"专有",其他县份所发现的问题更是有过之而无不及。在江北,由于保甲编查与导淮征工、剿匪同时进行,各县难以顾及保甲编查,保甲组织几乎处于停顿状态。阜宁县便是一个例证。据该县两名保甲督察员的观察,为了减轻导淮起见,保长们任意缩减各

---

① 苏农:《一年工作纪要》,《江苏保甲》第2卷第24期,1937年1月。
② 陈果夫:《江苏省政述要·民政篇》,见沈云龙主编:《近代中国史料丛刊续编》第97辑,台北:文海出版社1983年版,第38页。
③ 《江苏省政府二十五年度行政计划》,江苏省档案馆藏,卷宗号:1054-1-491。
④ 《令松江金山县长切实整理保甲》,见江苏省政府秘书处编:《江苏省政府公报》第2282期,1936年5月22日。

保户数,致使各区保甲编组比较凌乱。"联保切结方面,代捺或未捺者,数见不鲜。"①至于户口异动查报方面,不少户长并不能自动报告,有的竟隐匿不报,保甲长却对此听之任之,"故遗漏错误甚多"。作为保甲组织督导人员的区长,往往办理懈怠,敷衍了事,致使"本县保甲如斯腐败"。②盐城县保甲的情况似乎更为糟糕。据该县保甲督察员的观察,该县保甲编组更多敷衍了事,"历史沿革不问,地理之区域不知,但为其个人便利而已。于是,有插花之形势层见叠出,演成割裂之形态,凌乱不堪之局面。门牌与切结上名不相符,不胜其改,更之不胜其改,谬误百出。"联保切结方面,"多由乡镇长闭户造车,虚构事实,集三五人于一室,每人十指轮流应用,敷衍了事。本甲之内,虽有作奸犯科,而同甲各户根本不负任何责任"。户口异动方面,也多由乡镇长"向壁虚造"。"保长从未能亲自查挤,甲长更不知异动为何情事。以言组织完整,根本非所问也"。枪炮登记和船只登记并未遵行。③邳县的情况稍为好一些,不过,保甲编查中的错误仍然无法避免。由于个人年龄变更引起户口册上的信息一再涂改,户口异动引起增添注销,户口调查杂乱不堪。有的册籍因为整理保管不甚注意,有的因缺乏封面,以致严重散失残缺。又因当时的征兵和选举等事项,"有私行涂改册籍者。乡镇保长瞻徇情面,任其妄为,甚至有串通作弊者"④。即使保甲办理最有成效的武进,保甲组织的松懈依然存在。据该县一份报告声称,本应由区公所召集的乡镇保甲会议,各区多未举行;保甲人员应送呈的户口异动报告书和统计表,竟达一二月之久;保甲人员对户口调查表记录的填写,既不切实又较潦草,无疑影响了户籍统计的准确性。⑤

由上可见,江苏保甲组织在推行两年后,开始出现了"停顿"或"松懈"的状态,因此,不少县份的保甲督察员呼吁,整理保甲已是刻不容缓,"惟编查时间匆短,未尽妥确,表册历沿迄今,尚须整理"⑥。"本县近以保甲组织,日渐松

---

① 周麻、吴镇邦:《阜宁整理保甲整个计划》,《江苏保甲》第 2 卷第 20 期,1936 年 11 月。
② 周麻、吴镇邦:《阜宁整理保甲整个计划》(续完),《江苏保甲》第 2 卷第 22 期,1936 年 12 月。
③ 吕相周:《盐城县保甲近状与改善意见》,《江苏保甲》第 3 卷第 4 期,1937 年 3 月。
④ 张钊:《邳县整理保甲办法述要》,《江苏保甲》第 3 卷第 4 期,1937 年 3 月。
⑤ 《武进县订定改进保甲计划》,《江苏保甲》第 2 卷第 22 期,1936 年 11 月。
⑥ 戴绍泉:《松江县整理保甲方案》,《江苏保甲》第 2 卷第 18 期,1936 年 10 月。

懈,为推行要政,巩固治安计,殊有迅速整理严密编查之必要。"①他们认为,如果轻视保甲整理,"则牵一发动全身,足以摧毁整个保甲,并将过去努力,亦破坏无遗矣"②。"若不积极整顿,日久弊生,保甲前途不堪设想。"③

与此同时,保甲在推行两年后,各县热衷于滥用保甲,推动各项建设,其造成了保甲长苦不堪言,严重地影响了保甲的效能。据时人观察,各县政府都有驱策保甲长的观念。尽管民政厅规定了保甲运用的四项范围,但实际上却远不止于此。教育厅要求壮丁训练,建设厅要求征工,民政厅要求限期检举烟犯,财政厅通令清欠田赋和查挤白契等。收捐,征税,保护路桥、路轨、电杆和公路行道树等大凡公共事物,各县都交给保甲人员看管。征工按甲抽丁,禁烟执照还得由保甲长复署。征收房捐,保甲长须领队。各县编制的运用方案可谓五花八门,应有尽有。"各地对于保甲,不特滥用而已,且百事并举,终焉一事无成。保甲长疲于奔命,民众啧有烦言,诚为保甲前途之诟病也。"④"种种麻烦痛苦,使得一般的保甲长,在百忙交加之下,在义务职的嗟叹中,于是消极,于是辞职,于是倾轧扰乱。甚至为逃避麻烦与痛苦,不得不背井离乡。"⑤在睢宁,沈家琪也有这样的感慨,他说:"检举烟犯,植树,积谷,识字并随。乡镇保甲长及壮丁壮妇,大有忙不胜忙、做不胜做之慨。为保甲前途考虑,须有时间妥配,不可使一口气运用。在层峰因欲各项事业平均发展,而于下层工作苦矣。"⑥无锡第四区一位保长曾对一位调查者诉苦说:"保长工作太多,有时夜间尚须工作,即保长想从好处作,亦办不到,不得已只求敷衍了事。本人屡次请辞,只是辞不脱,真苦也。"⑦从这位保长的经历可以看出,"敷衍了事"是保长应付纷至沓来的政令的一种普遍反应。从官员来看,他们与其说同情保甲长的苦楚,不如说更为关注保甲的效能问题。自下而上,各级官员都对滥用保甲的前途感

---

① 《溧阳县整理保甲》,《江苏保甲》第2卷第18期,1936年10月。
② 梁适善:《苏省保甲之改进方案》,《江苏保甲》第2卷第14期,1936年8月。
③ 周麻、吴镇邦:《阜宁整理保甲整个计划》,《江苏保甲》第2卷第20期,1936年11月。
④ 章鼐:《关于整理保甲的两种展望》,《江苏保甲》第3卷第8期,1937年5月。
⑤ 居秉溶:《运用保甲的困难及其现状》,《江苏保甲》第1卷第10期,1935年6月。
⑥ 沈家琪:《户口总复查之回忆与感想》,《江苏保甲》第2卷第10期,1936年6月。
⑦ 张纯明:《现行保甲制度之检讨》,《行政研究》第2卷第3期,1937年3月。

到忧心忡忡,他们希望能够为保甲"减负"。如南通县从事民教工作的居秉溶,曾在江苏省政教合一座谈会上讲道:"我们承认保甲是个好人的组织,除弊的基础,但目前一班人,尤其是政府把保甲看成兴利的基础,一切艰难困苦,七拉八杂的工作,都往保甲长身上推,结果,保甲长不是辞职,便是消极。本处方面,认识这点,尽量减轻保甲长的负担。"① 一名区长同样担忧道:"保甲科员、区长、督察员、户籍警为有给职,大部分乡镇保甲长为义务行为,责以胜任之工作,资能计日蒇事;责以繁重之工作,则每流于怠忽。怠忽风炽,兴趣锐减,效率亦随之大打折扣。积之继久,习惯成风,窃为保甲之制危也。"② 铜山县长王公玙说:"无论何事,均运用保甲,功令纷繁,应接不遑,令其游山阴道上,如坠五里雾中,则结果必致以负载过重,轮折毂摧,保甲长既感烦琐不安,而事功亦难期有效。"③ 民政厅秘书邹辰侯承认:"甚至政府有一政令,乡镇保甲长即有一种工作。……其结果不仅将召百废俱兴、一事无成之讥,保甲之机能与效用因之而废。"④

到了1936年6月,民政厅在收到了各县保甲推行的报告后,总结了办理保甲以来的种种失误。第一,滥用保甲的弊端。民政厅在通令里说,各县运用保甲往往漫无节制,几乎没有一件事不交托给乡镇保甲长办理。最令保甲长感到痛苦的是,有些县份要求保甲长催征田赋⑤和勒令办理盗匪案件。如果保甲长有违延,他们难免不被拘押。这样使得政府和民众都将保甲长当成了以前的地保和总甲,民众自然没有当保甲长的兴趣了。第二,各县户口异动查报,颇多遗漏,甚至有向壁虚造的情事。各县户口异动清册,多凌乱不堪。有的或以乡镇为单位,分订成册,或以异动事项,分类订成册,编订程序并不一致。第三,县政府和保甲工作人员的敷衍和漠视。民政厅指出:"县府与保甲工作

---

① 《江苏省政教合一问题座谈会记录》,《政教合一》第1卷第3期,1935年6月。
② 王其用:《一年来从事区政的感想》,《江苏保甲》第2卷第16期,1936年9月。
③ 王公玙:《关于保甲运用的商榷》,《江苏保甲》第1卷第22期,1935年12月。
④ 辰侯:《苏省保甲运用之探讨》,《江苏保甲》第3卷第8期,1937年5月。
⑤ 如在江都,为了催征积欠田赋,县政府通令各区乡镇保甲长带头缴纳,"乡镇保长,应督同乡镇丁,鸣锣转催,并以此次催粮成绩考核各区乡镇保长办事之能力。"见《扬州县府严催清缴田赋》,《申报》1935年9月22日。

人员切实努力者多,而漫不注意者亦复不少。第一科科长为主管人员,于保甲法令或不尽明了。户籍科员亦未专门制定,致户口异动事项,辄多延误。"第四,各县户籍警虽已经设置,但并无人员指挥,不能发挥效用。第五,各县保甲规约大多空泛无用,并未认真执行。第六,联保连坐切结,于户口发生异动时,多未随时整理,致此切结,颇多紊乱。第七,各县水上保甲编组多不切实,以致编组并不正确。船只检查办公处的组织,亦多有名无实。第八,各县有未制发保甲长办公处挂牌者,有未备置录保甲规约之粉牌者,有未印发保甲户口简明表者等。①为此,江苏省政府要求,各县务必严格纠正滥用保甲的弊端,改变保甲组织的松懈状态。

1936年冬,江苏省政府颁布《江苏省各县整理保甲办法》和《各县乡镇保甲长改选暨整理保甲详细手续》,通令各县按照该办法对保甲组织和人事两方面予以整理。

第一,整理保甲人员的规定。首先,该办法要求整理保甲的主干人员应切实加强督促。按照规定,江苏省政府规定整理保甲的人员为县政府第一科长、户籍科员、保甲督察员、各区区长、区助理员及乡镇保甲长等,"必要时得调县属各机关职员协助之"。县政府和区公所应当分别派员督促乡镇保甲长切实整理,县长还应于整理保甲期中常驻各区巡视,"整理人员如有怠忽者,应分别严加惩处。"②其次,为了刷新保甲人员阵容,江苏省政府要求各县应于1937年2月28日前举行乡镇保甲长的审查与改选。③在乡镇保甲长资格审查方面,各县应组织乡镇长资格审查委员会,由县长、县府秘书、第一科科长、保甲督察员及各该管区区长等组成,以县长为主席委员。同时,各区应组织保甲长资格审查委员会,由区长、助理员、保甲督察员及各该管乡镇长组成,以区长为主席委员。乡镇保甲长资格审查委员会应缜密审查保甲长资格,重新改选保甲长。④在推选乡镇保甲长方面,现任甲长经审查合格并加委后,才可推为

---

① 《民厅指示办法纠正保甲推行缺点》,《江苏保甲》第2卷第13期,1936年8月。
② 《各县乡镇保甲长改选暨整理保甲详细手续》,《江苏保甲》第3卷第1期,1937年2月。
③ 《各县乡镇保甲长改选暨整理保甲详细手续》,《江苏保甲》第3卷第1期,1937年2月。
④ 《江苏省各县整理保甲办法》,《江苏保甲》第3卷第1期,1937年2月。

保长;保长审查合格并加委后,始能依法推选乡镇长;乡镇长经审查合格后,须由县政府加委。如果乡镇保甲长重选一次仍不合格,保甲长可由区长径行指定,呈报县政府核查。乡镇长则由县长径行指定,分呈民政厅及该管专署核查。新任甲长的名册由区公所送县政府存查,新任保长的名册由县政府汇造送专署存查,新任乡镇长的名册由县政府送民政厅和专署存查。上述这些名册应于改选后10日内完成汇造和呈报。①

第二,健全保甲组织的要求。(1)保甲编组方面,江苏省政府要求各县整理保甲应以乡镇为单位,保甲编组应以保持原有编制和次序为原则。各县城厢保甲的编组,由原来25甲1保一律改为10甲1保。各县已有的木质门牌应一律加贴纸面门牌,并加盖上县印。门牌上面应由区公所用墨笔正楷填写。各县应重造保甲户长姓名清册和户口简明表。(2)在户口异动方面,各县应通令乡镇保甲长按照原有户口调查表按户复查,再由县政府及区公所派员抽查。随后,县政府应核造各种户口统计表,分呈民政厅及该管行政督察专员公署。户口调查表由县依照新颁式样印发,乡镇长、保长按照规定填写3份,分别存于区公所、乡镇公所和保长办公处。在全县保甲整理完成后,各县户口异动查报应按照暂行规定切实办理。(3)联保切结方面,原有联保各户,如果仅有一户或两户迁入或徙出,仍用原有切结。如果联保各户有3户以上徙出与迁入,应当换具新结。如果徙出的户过多,具结各户不及3户时,各户应当与本甲其他各户合具一结。(4)保甲规约方面,由于原有保甲规约多不切实际,省政府要求保甲规约条文不得超过10条,以求简明易行。(5)船只和枪炮登记方面,无论已办还是未办,均应按照已有规定切实办理或整理。②保甲整理完成后15日内,各县政府应编拟详细报告,呈送至民政厅和专署核查。1937年的3月31日以前,各县的保甲整理工作应一律完成。③

第三,关于整理保甲费用的规定。各县应在颁布保甲整理办法5日内赶造

---

① 《各县乡镇保甲长改选暨整理保甲详细手续》,《江苏保甲》第3卷第1期,1937年2月。
② 《江苏省各县整理保甲办法》,《江苏保甲》第3卷第1期,1937年2月。
③ 《各县乡镇保甲长改选暨整理保甲详细手续》,《江苏保甲》第3卷第1期,1937年2月。

整理预算。①各县整理保甲所用的各种表册切结、门牌,保长、甲长及办公处牌,应由县政府统制分发应用。该费用由各县纸张印刷费用下动用开支。②

整理保甲办法颁布以后,各县逐步实施。整理保甲之前,各县召集新任乡镇保甲长举行了讲习会,并要求县保甲督察员和各区区长严加督察和指导,厉行奖惩。整理保甲开始后,各县印制了整理保甲须知和各种表册,逐级分发给乡镇保甲长。各县还制定了保甲整理的进度,"非限定日程,不足以矫正疲惫。制定进度表一种以限制,而整理过程中,犹恐各级人员有妨碍或怠忽或力有所未逮之处,特饬全县警察机关尽量协助,以期早观厥成。"③在整理过程中,乡镇长要督同保甲长调查户口,详查所有门牌、户口调查表、保甲规约、联保连坐切结和户口简明表等,县长应巡视整理情形。保甲整理完成后,保甲督察员和区长要抽查整理情况,每个乡镇至少抽查3个保,每个保应抽查2甲。如果发现所抽查乡镇的保甲不符合要求,整理人员除了受到惩处外,还得重新整理。④

尽管各县制定了较为完备的整理保甲计划,但整理工作并非没有阻力。首先,雨雪天气影响了保甲整理的进度。如在扬中,"乡镇保长整理保甲步骤,因废历年关,又多雨雪,进展迟缓。"⑤在海门,由于连日雨雪天气,"道路泥泞,行走维艰。各方整理工作,是以延搁。抽查人员未能如期出发。"该县只得将整

---

① 《各县乡镇保甲长改选暨整理保甲详细手续》,《江苏保甲》第3卷第1期,1937年2月。

② 《江苏省各县整理保甲办法》,《江苏保甲》第3卷第1期,1937年2月。

③ 周麻:《阜宁改选乡镇保甲长整理保甲之经过与将来》,《江苏保甲》第3卷第6期,1937年4月。军警参与保甲整理的情况并不限于阜宁。如溧阳,该县决定,剿匪期间,该县与金坛、句容、高淳、溧水和皖属郎溪等接壤区划为整理区。整理区内,每组士兵会同乡镇保甲长挨户整理,不听指挥、懈怠义务或办理不力者,将受到保甲规程的处罚。山麓之单独或少数棚户,应先归并到附近村庄内。那些不能拆迁者,令两家股实居户出具保结,保甲长应随时监察其行动。见《溧阳县整理保甲》,《江苏保甲》第2卷第18期,1936年10月。

④ 《溧水县整理保甲实施法》,《江苏保甲》第3卷第3期,1937年3月;王任民:《川沙县整理保甲之概况》,《江苏保甲》第3卷第5期,1937年4月;《松江县整理保甲实施程序》,《江苏保甲》第3卷第5期,1937年4月;严溥泉:《宝应县整理保甲之步骤》,《江苏保甲》第3卷第7期,1937年5月。

⑤ 洪康燮:《扬中县整理保甲经过》,《江苏保甲》第3卷第7期,1937年5月。

理工作展期20天。①其次，这一时期江苏省所推行的政令与整理保甲产生了一定的冲突。如金坛县原定1937年3月6日整理保甲，因新旧乡镇长办理移交手续和春季推行劳动服务的影响，该县决定稍行展缓整理工作。②又如萧县，原定3月7日开始整理保甲，由于春季劳动服务的影响，该县要求乡镇保甲长按级征工，督率民工在所有公路、行道和河道旁植树造林，保甲整理工作因而推迟了一周。③相比之下，淮阴整理保甲更为缓慢。由于该县多数乡镇保甲长仍在导淮工段服务，整理保甲不得不展缓至1937年5月中旬。④再者，一些区乡镇保甲长在整理工程中的懈怠行为，影响了保甲整理的质量。不可否认，一些乡镇保甲长能够在上级严厉督促之下，切实整理保甲。如在扬中，"各级保甲人员，办理各项工作，未见顾此失彼，要为本县考核之严也。"⑤与此同时，保甲人员的敷衍仍无法避免。如在海门，一位区长因整理保甲成绩低劣，受到了县政府的申斥，被责令重新抽查纠正。⑥

在当局看来，通过整理保甲，既可以达到"淘汰老弱，甄拔优秀，刷新保甲阵容"，又能强化人民的政治意识和国家民族观念。此外，它还可以"调整自治机构，树立地方动力也"。⑦就实际情况来看，江苏省当局的意图在一定程度上能够实现。以海门为例，整理保甲后，保甲长中不识字者的比例有所下降。1935年，该县保长不识字者比例为10.12%；1937年，该县不识字者比例则为8.82%，不识字者百分比下降了1.3%。相比之下，甲长不识字者比例的下降幅度更大。1935年度，甲长不识字者比例为41.5%；而1937年整理保甲之后，甲

---

① 施德才：《海门推选乡镇保甲长暨整理保甲述要》，《江苏保甲》第3卷第6期，1937年4月。
② 杨卓茂：《金坛县整理保甲计划及其实施状况》，《江苏保甲》第3卷第5期，1937年4月。
③ 姚雪怀：《萧县改选乡镇保甲长及整理保甲概况》，《江苏保甲》第3卷第6期，1937年4月。
④ 《淮阴县整理保甲五月中旬开始》，《江苏保甲》第3卷第7期，1937年5月。
⑤ 洪康燮：《扬中县整理保甲经过》，《江苏保甲》第3卷第7期，1937年5月。
⑥ 施德才：《海门推选乡镇保甲长暨整理保甲述要》，《江苏保甲》第3卷第6期，1937年4月。
⑦ 张渊扬：《整理保甲之观感》，《江苏保甲》第3卷第8期，1937年5月。

长不识字者比例为 21.6%，不识字者比例下降了近 20%。①同样，金坛县县长杨卓茂不无自豪地说："县府因派定高级职员多人担任指导员，区以下则无不全体动员，贯注精神，按既定方针，一致递进，尤以所发保甲问答，深能唤起民众实际之认识。联保切结，已经全部更换，详加训释，亦颇使一般户长得充分之了解。故经此次整理后，实有显著进步"。盛赞之余，杨也不得不承认：只有各级保甲人员切实办理户口异动，主管人员"随时抽查，勿稍间断"，联保切结和保甲规约能够严厉执行，"不稍宽假，方能使民众畏法就范，知守望相助之义。使奸宄无从潜踪"。整理保甲的成绩才能保持下去。②显然，整理保甲不过是一种权宜之计，这又恰恰说明了它的局限性。

小　结

本章讨论了政府与保甲的关系。为了能让保甲的施政纲要得以贯彻、保甲组织能按政府的意图运转，江苏省政府在编查、训练和整理三个方面投入了很大的精力，取得了相当的成效。

编查阶段，江苏省政府注重横向的宣传和纵向的视导，以加强保甲知识的灌输和激发保甲人员的紧张感。各级党政机关、社教团体和学校等组织，利用文字、图画、歌谣、宣传队、讲习和演练等多种形式来宣传保甲，不仅壮大了保甲运动的声势，还增强了民众对保甲知识的了解。与此同时，陈果夫为首的江苏省政府，提倡实干作风，推动以县长为主体的地方官员切实下乡视导，厉行奖惩，加强了编查工作中各级官员的紧张感。

进入保甲训练阶段，江苏省各县对乡镇保甲长的精神、军事和知识三个方

---

① 据 1935 年度的统计，该县保长人数为 1255 人，不识字者为 127 人。甲长人数为 12 638 人，不识字者为 5251 人。1937 年 3 月整理保甲后，该县保长人数为 1259 人，不识字者为 111 人；甲长人数为 11 639 人，不识字者为 2513 人。笔者根据以上数据计算保甲长不识字者的百分比。参见江苏省民政厅编：《江苏省保甲总报告》，1936 年版，第 219~214 页；施德才：《海门推选乡镇保甲长暨整理保甲述要》，《江苏保甲》第 3 卷第 6 期，1937 年 4 月。

② 杨卓茂：《金坛县整理保甲计划及其实施状况》，《江苏保甲》第 3 卷第 5 期，1937 年 4 月。

面进行了训练。经过训练,乡镇保甲长的思想、行动和能力得到了不同程度的提高,现代国家和民族意识增强,这为抗战前的民众动员起到了积极的推动作用。

为了健全保甲机构和刷新保甲人员阵容,江苏省政府通令各县举办户口总复查和整理保甲。户口总复查时期,各县对于保甲编查中出现的各种错误进行了部分修正。1936年底,江苏省政府通令各县从健全保甲组织和乡镇保甲长改选两方面去整理保甲,并制定了相关的办法、步骤和考核标准。经过两次整理,官方的统治意图得以部分程度的实现。

然而,江苏省保甲的实施也存在着相当的局限性。从组织方面来看,无论是保甲的编查还是整理,江苏省主要依赖地方各级官员的严密督察,而不是激发广大民众的主动参与。由于地方官员的视导只能仅限于少数地区,这使得广大乡村地区的保甲组织容易陷入废弛状态。从人事方面来看,战前江苏省只是完成了乡保长训练,近一半的甲长尚未举办训练。由于受训科目和训练管理中的问题,再加上受训人员面临改选,在缺乏持续督导和训练的情况下,保甲人员的训练成效难以维持长久。

第四章 CHAPTER FOUR

幕后与台前：士绅与保甲

近代以来，由于政治动荡，国家权力对乡村社会的控制力减弱，士绅①们打着"自治"的旗帜，自下而上地蚕食

---

① 关于"士绅"的定义，学术界从未有过一致的看法。早在20世纪40年代，吴晗和费孝通所编的《皇权与绅权》一书，收录了学者们对此的思考。当时，吴晗和费孝通的看法并不一致，其区别在于士绅是否与官僚身份相同。参见吴晗、费孝通等著：《皇权与绅权》，上海观察社1948年版。随后，张仲礼等学者倾向于将传统"士绅"定义与功名、学品或学衔和官职相联系，认为士绅通过各种利益和法律特征来体现特权，以保护家乡福利为己任。参见张仲礼：《中国绅士：关于其在19世纪中国社会中的作用》，上海社会科学院出版社2002年版，第1~54页；瞿同祖：《清代地方政府》，范忠信等译，法律出版社2003年版，第284~298页。
费正清等海外学者认为，"士绅"的身份还应当与一定经济地位相联系。参见[美]费正清：《美国与中国》，世界知识出版社1999年版，第33页；[美]巴林顿·摩尔：《民主和专制的社会起源》，拓夫、张东京、杨念群、刘鸿辉译，华夏出版社1987年版，第131~132页；[美]石约翰：《中国革命的历史透视》，王国良译，东方出版社1998年版，第47~48页。
1905年，科举制度废除后，虽然士绅的身份和来源呈现多元化特征，但士绅构成的基本条件并未有太大改变，仍强调经济实力、社会地位和成功的政治联系。不过，与传统士绅相比，民国时期"士绅"还要与政府机构发生联系，从而增强自身在宗族和乡村社区中的力量。"士绅"应当是那些精明能干、熟悉传统、办事公正和深孚众望的权威人士。参见[美]孔飞力：《中华帝国晚期的叛乱及其敌人：1796—1864年的军事化与社会结构》，谢亮生、杨品泉、谢思炜译，中国社会科学出版社1990年版，第228页；庄孔韶：《银翅：中国的地方社会与文化变迁：1920—1990》，北京：生活·读书·新知三联书店2000年版，第42~43页；于建嵘：《岳村政治：转型时期中国乡村政治结构的变迁》，商务印书馆2001年版，第92~96页。
当然，近来海外学者采用了更为广泛的"地方精英"的概念，以期取代"士绅"。王先明对此提出质疑，他认为，"地方精英"这个概念只是西方移植到中国研究的一个表述，无法反映近代社会的变动，也不符合中国乡土社会的实体表达，"士绅"话语仍是民国乡村权力的结构性特征。参见王先明：《士绅构成要素的变异与乡村权力——以20世纪三四十年代的晋西北、晋中为例》，《近代史研究》2005年第2期。
综上学者们的讨论，笔者认为，"士绅"应当是具有较高的文化程度、经济地位和社会声望的人群。他们通过功名、做官或与政府保持联系的方式，在当地发挥政治影响力，并具有为公众服务的精神和能力。本文讨论的"士绅"即采用这样的定义。

地方政权,吞噬普通民众的利益。因而,膨胀的绅权引起了历届民国政府的敌视。1914年,袁世凯政府下令取消地方自治,这可以说是国家欲借政治统制以重新树立权威的一个尝试。1916年,袁世凯帝制复辟失败以后,乡绅对地方的控制获得了短暂繁荣。不过,随着国民革命的推进,国共两党都以"打倒土豪劣绅"为政治动员的口号,绅权在20世纪20年代中期至30年代初受到了严重的抑制,尤其是国民党统治核心区内,这种趋势更为明显。一方面,国民党政权开始以强势姿态自上而下地扩张权力,乡绅们逐步感受到了国家政权的威慑,失去了独立性,开始在国家体制内谋求利益。另一方面,国家政权扶植了一批以区乡镇保甲行政人员为主体的新乡绅[①]阶层,以此来树立国家在乡村的权威。在这两方面因素的影响下,抗战全面爆发前国民党统治核心区内出现了政权与绅权合一的趋势。

[①] 此处"新乡绅"的概念,借用了魏光奇"新官绅"的概念。他认为,凡在现行公共组织机构中担任首领的,皆可列入新官绅阶层。例如商会、农会、教育会会长和地方保卫团总首领和各类区乡行政首领及中小学校长等。参见魏光奇:《官治与自治:20世纪上半期的中国县制》,商务印书馆2004年版,第360页。

第一节 从忧惧到合作：士绅的反应

一、政府打击土豪劣绅的压力

北伐以后,国民党政权一方面开始与旧军阀和旧官吏进行妥协,吸收其加入政权,对民众的利益和苦难漠不关心,严重地腐蚀着早期运动的革命精神;另一方面,它采取了"清党"运动,淘汰了许多最进步的积极分子,切断了自己与群众运动的联系。于是,国民党不再提出用激进的方法去拯救国家的疾病,趋于保守。①由于存在这些弱点,国民党政权不得不勉强迁就旧秩序的领袖。然而,这并不意味着国民党所依赖的基础便是土豪劣绅。正如魏光奇所认为的那样,国民党是以革命党自居的执政党,即以新知识分子和新军人为基础、在布尔什维主义影响下兴起的新式政党。它声称要继承孙中山的革命遗志,实行"以党治国",谋求将自己的政党组织变成国家组织的核心。为此,它不仅试图要"剿灭"与自己政纲不同、但同属新式政党的共产党,也必然要扫除阻

---

① [美]易劳逸:《流产的革命:1927—1937年国民党统治下的中国》,陈谦平、陈红民等译,中国青年出版社1992年版,第16~19页。

碍"党治"实现的旧社会势力,尤其是清末以来所形成的"绅权"。正因如此,"分共"之后,国民党并未放弃打击土豪劣绅的主张和措施。①

1927年3月,国民党湖北省党部颁布了《湖北省惩治土豪劣绅暂行条例》,设立了省县惩治土豪劣绅特别法庭。根据条例,惩治的对象为十类人:"一、反抗革命或阻挠革命及作革命宣传者。二、反抗或阻挠本党所领导之民众运动(如农民运动、工人运动、商民运动、青年运动、妇女运动)者。三、勾结军匪蹂躏地方或党部人员者。四、与匪通牒坐地分赃者。五、借故压迫平民,致人有死伤或损失者。六、包揽乡村政权,武断乡曲,劣迹昭著者。七、欺凌孤弱,强迫婚姻,或唆嫁孀妇,聚众掳掠者。八、挑拨民事诉讼,从中包揽图骗图诈者。九、破获或阻挠地方公益者。十、侵蚀公款或假借名义敛财肥己者。"违犯上述条例者,将被终身剥夺公民权,受到不同程度的刑罚。②

国民党定都南京后,为了"发展党治精神,保障民众利益",1927年7月,国民政府决定修订《湖北省惩治土豪劣绅暂行条例》。根据《修惩治土劣条例草案》,土豪劣绅具有所列以下行为,将被处以死刑、无期徒刑、有期徒刑或没收财产之刑罚。这个修订案把土豪劣绅定义如下:"一、武断乡曲、欺压平民。二、欺人之孤弱,以强暴胁迫行为,而成婚姻。三、因资产关系,而剥夺人身体自由。四、重利盘剥。五、包庇私设烟赌。六、挑拨民刑诉讼,从中包揽,诈欺取财。七、胁迫官吏,为一定或不为一定之处分。八、逞强纠众,妨害地方公益或建设事业。九、伪造物证,指使流氓图害善良。十、恃强怙势,勒卖勒买动产或不动产。十一、盘踞公共机关,侵蚀公款,或假借名义敛财肥己。"③同年8月4日,国民政府根据上述草案,颁布了《惩治土豪劣绅条例》。从前后两个条例惩治的对象来看,其差异有两点:第一,与前者相比,后者不再强调土豪劣绅的政治性了,即不再把对抗革命和阻碍民众运动者列入土豪劣绅的罪行,这与国民党从革命党到执政党的转变有关。第二,南京国民政府把对抗政府的行为,也列为土

---

① 魏光奇:《官治与自治:20世纪上半期的中国县制》,商务印书馆2004年版,第370页。

② 湖北省地方志编纂委员会编:《湖北省志·大事记》,湖北人民出版社1990年版,第315~316页。

③ 《修惩治土劣条例草案》,《申报》1927年7月15日。

豪劣绅的罪行。为了处理土豪劣绅案件,国民党政权将土豪劣绅案件的审理列入"特种刑事案件"范畴,中央和各省相应成立刑事地方临时法庭。

到了1932年,鄂豫皖三省"剿匪"司令部颁布了《剿匪区内惩治土豪劣绅条例》。次年,军事委员会南昌行营对此加以修正,颁行了《修正剿匪区内惩治土豪劣绅条例》,通令在"剿匪"省份实施。其中,土豪劣绅的"画像"如下:"一、武断乡曲,欺压人民致死者。二、恃豪怙势,蒙蔽官厅,或变乱是非,胁迫官吏为一定或不为一定之处分者。三、逞强恃众,阻挠政令或地方公益者。四、假借公家名义派捐派费,从中敛财肥己或盘踞公共机关侵蚀公款,未满百元者。五、伪造物证,指使流氓陷害良善者。六、包庇、私设烟赌者,有期徒刑。七、因摊派差役、公费,指官讹诈而剥夺他人身体自由者。"①与1927年颁布的《惩治土豪劣绅条例》相比,《修正剿匪区内惩治土豪劣绅条例》增加了对"摊派差役、公费"舞弊的惩处,这与国民党军队"剿共"过程中征兵摊派是同步的,很大程度是为了缓和这些地区的社会矛盾。

大致看来,国民政府打击土豪劣绅的运动是从江浙等核心区向国共斗争激烈的地区拓展。根据学者们对江苏打击土豪劣绅的研究,江苏省打击土豪劣绅主要分布在1927—1930年时间段内。②国民党清党之后,国民党党内一批年轻的革命者并没有放弃在地方上推行社会革命的努力,"在清党好几个月后的江苏,这种努力都围绕着把革命推进一步。"③国民党江苏省政府对土豪劣绅的打击,主要体现在军事镇压、政治打击和经济剥夺等三个方面。

1.军事镇压

这种方式多发生在苏北刀会活动频繁的地区。当北伐军与军阀孙传芳的军队在苏北拉锯时,地方上五花八门的势力把持政权,蠢蠢欲动,政令不易贯

---

① 《修正剿匪区内惩治土豪劣绅条例》,《江西省政府公报》1935年6月20日,转引自游海华著:《重构与整合:1934—1937赣南闽西社会重建研究》,经济日报出版社2008年版,第126页。

② 李巨澜:《失范与重构:1927—1937年苏北地方政权秩序化研究》,华东师范大学2005年博士论文,第136页。

③ [美]盖斯白著,徐有威译:《从冲突到沉寂:1927—1937年间江苏省国民党党内宗派主义和地方名宿》,《史林》,1993年第2期。

彻。因此,国民党政权决定用武力处决一些土豪劣绅,以此来争取当地民众的支持。丰县土豪劣绅孙基士被镇压即为一个典型的例子。1928年2月,当北伐军进入丰县时,广大民众认为苦尽甘来了。中小学生们进行盛大游行,高呼"打倒土豪劣绅"等口号。当时,孙把持丰县县政多年,横行乡里,无恶不作,人人恨之入骨。每次进城,孙的马车都在商团团丁前呼后拥下飞驰。路人稍有躲闪不及,便会遭到孙的车夫的鞭打,曾有数十人都尝过这种鞭打之苦。路人赵某因被孙的马车溅了一身泥浆,说了几句不满的话,赵的脸上便被留下了两条鞭疤。县长王公玙请孙去赴宴时,孙的夫人劝他别去,孙不以为然,他觉得王公玙不过一个小孩子,不能拿他怎样。当孙赴会后,王公玙立即宣布了孙的罪恶,出示省令处决孙的文件,当场派人将孙击毙。孙被镇压后,"该县百姓欢呼雀跃,喜不自胜,都长长地吁了一口气。"①从丰县民众的兴奋反应来看,处决土豪劣绅孙基士的确赢得了一些民心。后来,王公玙回忆道,丰县之所以推行政令容易,并无牵制顾虑,其原因在于"地方上革命同志于战胜旧势力后异常团结,并与政府合作无间,有共信、有大力"②。

正如吴寿彭认为的那样,"刀会既是田主及一切封建势力保全其土地权而挣扎的武力反抗,也是这反抗武力利用了一般民众经济生活之衰落而发生争斗心理所鼓成的。"③应当说,吴的分析具有一定的道理。相当多的帮会组织只不过是豪绅地主欺压农民的工具。如常熟地主陆绍芬有门徒400人;丹阳地主周景容收买门徒五六百人;句容地主叶桂三有徒弟3000余人,势力遍及句容、溧水和溧阳等县;丹阳地主姜继恒广收地主、流氓和兵痞为徒弟,其徒孙达到

---

① 邱守梅:《中共在丰县建党的初期情况》,见中共冀鲁豫边区党史工作组办公室:《中共冀鲁豫边区党史资料选编》第4辑(上册),第243~244页;杨秋心、宋元春:《孙基士被枪决之后》,见中国人民政治协商会议江苏省丰县委员会文史资料委员会编:《丰县文史资料》第10辑,1992年版,第28~29页。

② 王公玙:《我在铜山县长任上》,见政协江苏省铜山县委员会文史资料研究委员会编:《铜山文史资料》第5辑,1985年版,第110页。

③ 吴寿彭:《逗留于农村经济时代的徐海各属》,见冯和法主编:《中国农村经济资料》,上海:黎明书局1935年版,第357页。

了2500余人,横行丹阳东门外80余里之地。溧水刀会林立,村村设堂,堂主多为地主,他们纠集了各种恶势力,称霸一方。①因而,国民党对刀会首领的镇压,一定程度上体现了其对土豪劣绅的打击。1929年3月,宿迁小刀会在首领刘士荣等人的领导下举行了暴动,抗议国民党在农村破除迷信和没收庙产的行为。会徒捣毁了国民党县党部和该区新式学校,县长童锡坤仓皇出逃。随后,省府派军镇压,数千会众被迫缴刀,刀会首领刘士荣等4人被捕杀,小刀会活动为之消沉。②同样,涟水刀会暴动时,会众围攻县城3天。暴动很快被当局镇压,幻想着做皇帝迷梦的刀会首领朱温,被涟水县政府送上了断头台。③在赣榆,1930年,豪绅许鼎馨所率领的近万名大刀会会众,包围沙河镇达18天。不久,国民党第二十六师陈耀汉派军镇压,许则逃到了青岛,会众遭到了解散。④由地方豪绅所领导的刀会暴动,引起了江苏省政府的注意,江苏省政府下令取缔刀会组织,并将其编入政府的民团系统,刀会活动趋于没落。如江浦刀会于1932年被县长周平南编入保卫团,县政府还对刀会进行了军训。⑤随着国民党统治的加强,淮阴、宝应等县的刀会,大部分遭到了解散。⑥甚至到了1935年,打击土豪劣绅的行动也未停止。如在赣榆,省保安大队长于世梅"清乡"期间,处决了一个横行乡里、欺压平民的恶霸刘立密,民众感到大快人心。⑦

---

① 段本洛、单强:《近代江南农村》,江苏人民出版社1994年版,第291页。
② 郑克明:《宿迁小刀会始末》,见中国人民政治协商会议淮阴县文史资料研究委员会编:《淮阴县文史资料》第2辑,1988年版,第45~49页。
③ 《涟水刀会暴动》,见中共涟水县委党史办公室编:《涟水党史资料》第1辑,1983年版,第13~16页。
④ 孙宜武:《往事六则》,见政协赣榆县文史资料研究委员会编:《赣榆文史资料》第6辑,1988年版,第39~40页。
⑤ 宋振亚:《我所知道的江浦刀会》,见政协江浦县委员会文史资料研究委员会编:《江浦文史》第4辑,1989年版,第24页。
⑥ 曙东:《淮宝地区小刀会活动简介》,见中国人民政治协商会议江苏省淮阴县委员会文史资料委员会编:《淮阴文史资料》第4辑,1990年版,第83页。
⑦ 孙宜武:《往事六则》,见政协赣榆县文史资料研究委员会编:《赣榆文史资料》第6辑,1988年版,第42页。

2.政治打击

国民党要想向乡村进行权力扩张和树立权威,必须对把持乡村政权的土豪劣绅实施政治打击。当时,各县县党部和民众团体多由受过新式教育、新思潮的人所组成,他们往往针对旧式地方权势人物进行指控,实施打击,借此建立新权威。曾任县议员、商会会长、保卫团团总和乡镇董事的旧日当权者,多被冠以土豪劣绅的名号而受到冲击。如涟水前清廪贡生朱际云,曾任县劝学所总董、县视学、县参议员和清乡副办、省议员、县团防保主任等职。朱在地方办学颇有成绩,维持地方治安也有建树。1927年,北伐军抵达涟水后,县党部指控朱为土豪劣绅,将朱押送至扬州公审,又将其关押在省城。1929年,郑寅伯通过顾祝同的关系将朱保释回来,朱自此一蹶不振,于1931年猝然去世,据传朱乃吞金自杀。①1929年3月,沭阳县劣董张公田,因"盗卖枪支、欺诈取财和吸食鸦片",被县政府通缉。②同月,阜宁县保卫团团总崔赞成,因"挑拨诉讼,妨害公务"而被该县承审员控告。③在高邮,1929年12月,第四区教师集体控告劣绅曹凤仪霸占学田,贪污公款,国民党当局便将曹逮捕入狱,打击了这名劣绅的声势。④在淮阴,该县公判一批土豪劣绅,召集民众旁听。⑤在邳县,曾拜苏北安清帮大头目王遴卿为师的刘德彰,当过地总(收田赋税),不务正业,常聚伙为匪,祸害乡里。30年代初,随着打击土豪劣绅运动的进行,刘被县政府关押起来,直到徐州沦陷后,才得以释放回家。⑥

在苏南,打击土豪劣绅的行动也在有序地进行。1927年3月,无锡光复

---

① 《清廪贡生朱际云》,见政协涟水县文史资料研究委员会编:《涟水文史资料》第7辑,1990年版,第47~48页。

② 《通缉沭阳县劣董张公田》,见江苏省政府秘书处编:《江苏省政府公报》第104期,1929年4月9日。

③ 《令依法判决杨谢氏周玉春经界涉讼案》,见江苏省政府秘书处编:《江苏省政府公报》第104期,1929年4月9日。

④ 高邮县编史修志领导小组编:《高邮县志》,江苏人民出版社1990年版,第34页。

⑤ 《清江公判土豪劣绅》,《申报》1927年7月2日。

⑥ 王克:《邳南统一战线工作对刘德彰及其所部的影响》,见中国人民政治协商会议江苏省邳县委员会文史资料委员会编:《邳县文史资料》第7辑,1989年版,第108~109页。

后，在打倒土豪劣绅声浪的影响下，民众捣毁了万安市总董孙霖甫和前董事孙屏东等家，烧毁了他们的田单契纸。当孙等人请求县署拘捕暴动首领袁士魁等人时，数千乡民高举"打倒土豪劣绅"的小旗，请求县长公判孙屏东等人。县长秦某虽然一再劝慰，但民众并不肯散去。无奈之下，县长只好派警察拿办孙等人，民众又推举市党部代表从旁监视。①4月4日，无锡农工商及妇女解放协会等七团体，请求第十四军惩办土豪劣绅，发封其逆产。②因此，无锡县政府召开了谈话会。根据《湖北省惩治土豪劣绅暂行条例》，该县决定设立人民裁判委员会，由县市党部、县政府、市民政局和民众团体等各推代表组成。③一个多月后，县党部控告红十字会会长蒋哲卿和县商会会长王克循为土劣，要求县政府通缉、严惩此3人。④在嘉定，县党部控诉王耀庭为土劣，县政府裁定后，王被判所犯罪名达10条，这些条文包括："1.所画之契纸，十之八九均写绝契，以欺乡愚。2.利率有高至五六分者。3.借款与人先扣利银。4.收利规定重阳节，即第一年不满全年者，至重阳必须交足一年利银。5.重阳节过期不归利银，即以利银并入本银，另换契纸。如至明年重阳不交利银，即将抵押田产没收。6.乡人赎回田地，契纸多不交还，或称已经毁去，以图复燃。7.乡人早还款，必须算足一年利银。即隔一日归还，亦必如是。8.利用地痞，遍索平民，致本利之外，复化额外之钱。9.指令可欺之平民，诱出作保，或唆使其代为出面。10.强迫中保签字。"⑤在常熟的椿树头，一名地主遭到了拘押，理由是他曾殴打过佃户。农协不仅查封一些恶霸的家宅，还将土豪劣绅戴高帽子游街。⑥1929年4月，常熟县党部常委屈丽时指斥土豪劣绅"作孽泱民，恶毒已极，形成社会黑

---

① 陈明胜：《革命话语的分歧：从1927年"清党"前后打倒土豪劣绅谈起》，《党史文苑》2011年第2期。

② 《无锡七团体请愿法办土豪劣绅》，《申报》1927年4月5日。

③ 《无锡筹组人民裁判委员会惩办土豪劣绅》，《申报》1927年4月6日。

④ 《无锡严缉土豪劣绅》，《申报》1927年5月20日。

⑤ 《嘉定惩办土豪案续纪》，《申报》1927年7月15日。

⑥ 谢锡祺：《我的爸爸谢玉芝的一生》，见政协江苏省委员会文史资料研究委员会编：《江苏文史资料选辑》第20辑，1987年版，第29~37页。

暗势力"，民众惨遭其铁蹄蹂躏。为此，屈丽时号召民众应尽力检举这些土劣。在党部的动员下，一些劣绅受到了惩办，如曾任乡董的张玉田因私设赌博、侵吞公款而被逮捕，并被判刑6个月。①

需要指出的是，很多时候，打击土豪劣绅，也常常被地方各派视为攻击对手、铲除异己的手段。这从上海政治分会的一份公告便可看出。这份公告声称：近日，各县发现许多人民互相指控为土豪劣绅的案件，双方不惜使用暴力。地方各派势如水火。现在各派竟然用革命标语，彼此寻仇，完全视人数多寡和实力强弱而定。今天这派实力强了，便可以指责对方为土劣，循环报复，仅凭个人意志，将把法律放在何种位置？须知往日在土豪劣绅压迫之下，并不能奈何他们，因此，革命军才以"打倒土豪劣绅"为口号。现在，政权已归革命政府。遇有土豪劣绅，理应按照颁布条例来办理。未颁布前，应有司法机关来起诉。公告继续说，以后如再遇到此种仇讦之案，一概不应理睬，但司法机关得按照案犯事实处理。如果再有指控别人为土劣，而加凌暴，应由行政官厅予以逮捕，提起公诉。依其情节轻重，照律论罪。②

3.经济剥夺

经济剥夺也是惩治土豪劣绅的一种重要手段。沭阳土豪程肇混被惩，便是一个典型的例子。1927年底至1928年初，程肇混利用军队和政府之间的矛盾，挑拨军队派的县长单心田、党部负责人章琴川等人，与省政府新委派的县长李宜吉、省党部新委任的县党部负责人徐泉发生冲突。在第二十六军的支持下，程指挥地方武装和家丁围攻县政府，打死支持省政府和省党部的周肖实、王相和等人，关押了省政府委派的县长李宜吉。案发后，省政府责令军队放人，并欲逮捕肇事者程肇混，程仓皇逃到安徽军阀陈调元处躲难。随后，省政府鉴于"其平时鱼肉乡里，祸害地方之罪迹，已至擢发难数，全县民众，受其压榨剥削，十难逃其一二"，决定将程的家产充公，以雪公愤。③此外，陈的同党们

---

① 邓若华：《20世纪前半期常熟地方精英考察》，华东师范大学2004年硕士论文，第34~35页。
② 《政治分会处置土豪劣绅之公告》，《申报》1927年5月7日。
③ 《沭阳程肇混逆产充公案》，见江苏省政府秘书处编：《江苏省政府公报》，1929年12月7日，第307期。

也受到了严厉的处罚,多半被送进监狱,以"土豪劣绅"罪听候审判。①当国民党政府打击土豪劣绅的势头稍缓后,程费力运作,终得以重返沭阳,发还家产,但程的权威已不复存在。1929年间,江苏各地多名豪绅被没收家产。如"前江苏督军齐燮元,张謇之兄张詧,东海的沈仲长,海门的陆冲鹏,宿迁的马启龚,泗阳的盖少云,沭阳的程肇浞,萧县的邵世恩等6人,淮安的江祖照,吴县的陆钦庠,东台的孟铎,无锡的史景山,兴化的戴以文,东海的顾震,另有张勋和王佐良等人都被党部或民众告发",省政府令各县暂将这些豪绅的家产扣押。②

通过打击土豪劣绅,传统绅权在乡村受到了严重削弱,国民党政权逐步在乡村建立起权威。不过,我们也不能就此便认定国民党政权是为了踢开士绅而独霸乡村。相反,国民党非常强调政府应与其所认为的"正绅"或"地方公正人士"合作。如1931年6月,在国民党三届五中全会训令各省党部的电文里,国民党中央强调:应切实联络那些"纯正老成、办理社会事业著有成绩、乡望素孚之人士",只有这些"正绅"才能劝导和组织民众,增强"剿匪"工作的力量。③到了1933年,《修正剿匪区内惩治土豪劣绅条例》颁行不到两月后,蒋介石担心该条例会触及他所认为的"贤良正绅"的利益,因此,蒋又通令各属不得任由人民挟嫌诬告这些"正绅"。为了保护这些"贤良正绅",蒋强调,以后惩治土劣办法,若无确凿证据,不得滥用。④某种程度上说,国民党打击土豪劣绅之举,不过是向乡绅发出一种讯号:只有依附于国家体系,并与政权密切合作,乡绅才能继续发挥作用。那些敢与政府

---

① [美]盖斯白著,徐有威译:《从冲突到沉寂:1927—1937年间江苏省国民党党内宗派主义和地方名宿》,《史林》1993年第2期。

② 缪斌:《一年来之江苏民政》,《江苏旬刊》第46、47、48期合刊,1930年1月,转引自李巨澜:《失范与重构:1927—1937年苏北地方政权秩序化研究》,华东师范大学2005年博士论文,第138页。

③ 荣孟源主编:《中国国民党历次代表大会及中央全会资料》上册,光明日报出版社1985年版,第1007页。

④ 游海华:《重构与整合:1934—1937赣南闽西社会重建研究》,经济日报出版社2008年版,第126页。

唱对台戏的士绅,将会被当局扣上"土劣"的帽子而遭受打击。常熟士绅与国民党政权合作,便是一个典型的例子。国民革命军第十七军副军长杜起云刚到常熟,便宴请地方士绅到鸿运楼餐馆聚餐。席间,士绅们起立表示谢意,官绅之间觥筹交错,极为欢洽。①可以想象,打击土豪劣绅的条例,很难运用到与政府关系密切的士绅身上,这也恰恰说明国民党打击土豪劣绅的局限性。

二、"胡萝卜加大棒":政权整合绅权的一种策略

打击土豪劣绅,可以说是国民党调适政权与绅权关系中较为刚性和激进的一种手段。不过,国民党政权也会以较为温和渐进的方式来抑制绅权。一方面,国民党在省县各级政府体系内尽可能吸纳士绅参与政权,以与士绅达成谅解;另一方面,国民党极力向县以下的乡村社会扩张权力,推进乡村政权建设,从而产生了一个重要变动:那就是清末和北洋时期主导乡村社会的传统士绅阶层,逐渐被区乡镇长为代表的新乡绅阶层所取代。

国民党江苏省政府建立后,它也频频向士绅们抛出了"橄榄枝",希望双方达成谅解,以推动政权与绅权的合作。在省县政府的各种专门委员会中,"地方公正人士"则频频被邀请参与。先看省级专门委员会的设置。1932年6月25日,内政部颁布了《省自治筹备委员会组织规程》,规定该委员会为筹划本省地方自治设计、考察、指导和宣传等事宜,除了由省政府、省党部和民众团体等派员之外,委员会还聘请4~8名"素负重望而有自治学识或经验者"为委员。②治安方面,由于日军于1932年发动了"一·二八"事变,国事危急,为了增进地方民众自卫,辅助军警维持地方治安,江苏省政府决定统一各县地方保卫团,聘请"地方公正人士"若干人组成江苏省保卫委员会,以办理全省保卫团务。该委员会的名单如下:"马相伯、韩紫石、陈端、伍崇文、汪问渔、徐钧丞、沈梦莲、朱华、朱绍文、张仲仁、黄任之、杨翰西、朱子桥、王兰济、成静

---

① 邓若华:《20世纪前半期常熟地方精英考察》,华东师范大学2004年硕士论文,第27页。
② 曹余濂:《民国江苏权力机关史略》,江苏文史资料编辑部,1994年版,第72页。

生、苏企六、李印泉、张公权、董绥经、陈光甫、王丹樵、费仲深、陆小波、郑实等。"①从上述名单中,我们可以看出,有些士绅不仅在江苏,甚至在全国都具有很大的影响力。禁烟方面,1934年,江苏省设立禁烟委员会,除了民政厅长和省政府推派人员之外,还聘请"公正人士"充任委员,秉承省政府处理全省禁烟事宜和监督所属机关。凡吸烟售烟和土膏的取缔,缉私和牌照凭证及吸烟售烟数量的稽核都由该委员会执掌。②1935年设立的江苏省普及义务教育筹备委员中,其中便有"镇江士绅和热心义务教育者3至5人"③。

　　县级专门委员中,仍不乏士绅们的身影。1928年,根据江苏省各县公产管理处的规定,该处设主任1人,主计员3至7人,事务员若干人。主任及各员由财政局商秉县长后,聘请本县"地方公正人士"担任。到了1934年5月,公款公产管理处规程做了一些修订,如要根据公款数额分成甲、乙、丙三等,人员设置上并无太大的变动,主任和委员人选仍由"县长就本县公正人士信用素著者聘任之",他们均为名誉职,可以根据地方财政状况支付车马费,一年得连任一次。④1931年6月,各县成立了文献委员会,聘请"本地方之硕学通儒及熟悉地方掌故者"为委员。同年7月,为了调解土地纠纷和评估地价,各县还成立了县土地公断委员会,由县长、土地局长、财政局长和建设局长为当然委员,其他委员由县土地局长就"地方公团代表和公正人士具有法律知识者"加倍推选后,再由省土地局选定聘任。⑤1932年,各县奉令成立县保卫委员会,县长和县党部派一人为代表,教育会、农会、工会和商会代表各一人及每县公正人士一人为委员。⑥1934年3月,各县设立县建设委员会,负责全县浚河、筑路、保坍、修堤等事务。县长、建设局长(或科长)为主任委员,各县还要遴选"地方团体及公正人士中热心提倡建设事业之学识及经验者",报呈建设厅批

---

① 《江苏省保卫会——省府聘定委员二十人定本月二十二日成立》,《申报》1932年2月20日。
② 曹余濂:《民国江苏权力机关史略》,江苏文史资料编辑部,1994年版,第76页。
③ 曹余濂:《民国江苏权力机关史略》,江苏文史资料编辑部,1994年版,第80页。
④ 赵如珩:《江苏省鉴·财政》,新中国建设学会,1935年版,第25~26页。
⑤ 曹余濂:《民国江苏权力机关史略》,江苏文史资料编辑部,1994年版,第186页。
⑥ 赵如珩:《江苏省鉴·财政》,新中国建设学会,1935年版,第124页。

准,任期为两年。1934年5月,各县设立了禁烟委员会,由县长和公安局长聘请公正人士3人组成。其他如县合作社整理委员中,成员包括了"地方热心合作运动人士"若干人。1936年5月,江苏省各县设立了清查田赋委员会,当然委员有县长、财政局长、土地局长和省财政厅清理田赋专员、官产沙田分局长,其他委员由各县县长聘请"地方公正士绅"充任。1937年2月,各县所设立的县地政局调处委员中,主任委员由县地政局长担任,其他委员由县地政局长从"地方公团代表和公正人士"中选定。①

由上可见,地方政府的财务、建设、教育和保卫等事务中,地方士绅都在继续发挥作用,甚至尚能主导地方政务。如1934年,曾任泰兴县长的郭大荣,被人控告挪用地方巨额款项,为此,他在呈送省府的信函中说道:由于中共在泰兴的暴动,该县地方人士共同集议筹设防务委员会,购置枪械,添设兵力。事前,地方人士报案,"县长在名义上仅负监督之责,各项收支概况,由该会公筹公用。"②郭的辩解无疑反映了地方士绅影响力之大。吴县县长吴企云,曾对农民开会讲演时自称"兄弟",便引起了士绅们的恶感。随后,士绅控告吴有贪污行为,吴被迫辞去县长职务。③士绅权力在地方政务中的重要影响力,使得省县各级官员必须要尊重士绅们的建议。如1935年3月,财政厅长赵棣华和建设厅长沈百先视察苏北导淮各县时,为了了解苏北治安和垦荒状况,赵、沈便召集各县县长和地方人士谈话。④

就县政建设而言,那些政府与士绅关系密切的县份,县政便容易推进。抗战前的萧县,便是一个典型的例子。据1935年县政参观团的记述,"原系丰沛

---

① 曹余濂:《民国江苏权力机关史略》,江苏文史资料编辑部,1994年版,第187~189页。
② 《关于请求复议的呈文》(1934年2月),江苏省档案馆藏,卷宗号:1002-乙-151。
③ 吴趋:《姑苏野史》,江苏文艺出版社1990年版,第182页。
④ 《导淮各县视察记》,《申报》1935年3月27日。赵棣华从县长和地方人士那里了解到,"阜宁最严重问题是土匪,其北区界涟水县,有地如常,深入海滨,距县城太远,出没无常。可以说是三不管地带,警察大队稍弱,即为匪所胁,人民防匪,不仅行旅戒心,即商人在柜与人交易,腰间亦有插枪之必要。记者过盐城上冈镇之次日,即有土匪拒捕被枪杀之新闻。二、淮阴涟水阜宁等县散在民间之枪支,每县均以万计,防匪仍感不足,匪患堪忧。三、各县荒地之多,总数有千余万亩。盐城田地有六百万亩,但有田赋者,不过三百万亩左右,范堤以东及湖荡低田皆未科。"

萧砀四大匪薮中的一县,从前若有人要到萧县去,莫不胆寒心战的,现在却一改旧观,成为最有成绩、最有希望的一县了。"①当时,民政厅长余井塘在多个场合都高度地称赞了萧县建设和该县县长姚雪怀。陈果夫在后来的回忆录中也称赞了萧县的成就:"他(姚雪怀)在萧县任内很能苦干,根据总理的地方自治开始实行法,一件件实行。对于人民的选举等,均有了训练。萧县原为好讼的一县,姚县长到任后,把讼事一天天减少,这靠感化入深,才能有此成绩。所以我要他放手做去,他办土地陈报就比江宁切实得多,而且教育界全体动员,乡村自治人员也全体动员,数天之内就做完,做了全县丈量土地的教育工作,他做任何事都很彻底,都是动员全县的人来干。所以全县无论水利、公路、电话、造林、教育、地政、合作、工业、农业,都有了很大的进步。"②即使新中国成立后所编的《萧县志》也承认,王公玙、姚雪怀两县长任内的8年间,"萧县政绩为江苏省最突出者,有'模范县'之誉。"③不过,萧县县政的建设成就,很大程度上也是依赖于县长与士绅们的亲密合作。正如时人观察的那样,萧县县政能够"有今日之灿烂之结果",不仅归功于县长姚雪怀的锐意整顿和力图发展,还与"地方人士前后参与其间,相与玉成者也"有关。④1933年,姚雪怀接任萧县县长时,在县政府高级职员中,只有秘书和第二科科长是姚带来的,承审员、会计主任是由厅、院派来的,其余的多由地方士绅担任。其结果便是:"地方士绅、党部与县政府当局,完全打成一片,如同一家人,事事能够互相商量,商量定后,就切实做出。"⑤

又如沛县,县长杨国镇之所以被当地民众称为"清官",也得益于杨能够拉拢地方士绅参与政权。1935年秋,杨国镇接任沛县县长后,便先拜访了该县阎、赵、封、张等几家大族,劝说他们参加地方政权,以造福桑梓。这几家多为大地主,在地方上很有影响力。五四运动后,他们多不愿公开参政。经过杨国

---

① 龚心齐、罗志渊:《江苏各县县政参观纪要》,《江苏月报》第4卷第5、6期合刊,1935年12月。
② 陈果夫:《苏政回忆》,台北:正中书局1951年版,第14~15页,南京图书馆藏。
③ 萧县地方志编纂委员会编:《萧县志》,中国人民大学出版社1989年版,第571~572页。
④ 许健:《萧县县政调查报告》,江苏省民政厅,1935年版,第11页、第135页,南京图书馆藏。
⑤ 龚心齐、罗志渊:《江苏各县县政参观纪要》,《江苏月报》第4卷第5、6期合刊,1935年12月。

镇的拜访,阎汉亭出任了县救济院院长,封晓亭出任公款公产管理处主任。此外,杨还拉拢沛县士绅李锡党为挚友,任命李为县田赋征收处主任。就连杨所带来的4名科长的家属,也被安排在李家的两个客屋院内,私人关系相当融洽。士绅们对杨的拉拢表示感激,作为回报,他们极力拥护杨所推行的各项政令。① 再如铜山县长王公玙在任时,素有"模范县长"之称,但王也是一位善于协调各派士绅的官员。当时,铜山县地方上分成壁垒分明的两派,后来,有一部分国民党党员对两派都感到厌恶,又产生了一个中间派。面对"三驾马车"相互倾轧的局面,王只好拉拢各路人员和超党派的"社会贤达"人士,这才勉强维持了铜山的局面。②

县以下乡村政权建设中,当局也竭力吸纳那些受过新式教育、认同国民党意识形态的地方人士参与区乡镇政权,以扩大国家在乡村中的政治权威。根据国民政府《县组织法》的规定,区乡镇长必须由本籍人来担任。由于这些区乡镇长凭借着一定的特殊身份和资格出任这些公职,地方社会便形成一个以区长为主体的新乡绅阶层,新乡绅进而拥有了控制和影响地方社会的权势和声望。③

三、士绅回应"铁血政治"

在拉拢地方士绅参政的同时,政权并没有停止抑制绅权的企图,尽管这种做法具有渐进性和温和性。如上所述,当士绅进入各级专门委员会后,江苏省政府对于绅权的削弱和防范并未消失,士绅依然对政府保持忧惧的心态。当省政府以"铁血政治"去推动地方各项建设的时候,士绅渐渐地感到再也无力反对,转而寻求合作,尤其在陈果夫执政以后。1933年10月,当陈果夫为代表

---

① 徐冠群:《沛县抗战前末任县长——杨国镇》,见中国人民政治协商会议江苏省沛县委员会文史资料委员会编:《沛县文史资料》第4辑,1987年版,第34~35页。

② 王公玙:《我在铜山县长任上》,见政协江苏省铜山县委员会文史资料研究委员会编:《铜山文史资料》第5辑,1985年版,第100页。

③ 魏光奇:《官治与自治:20世纪上半期的中国县制》,商务印书馆2004年版,第376页。

的新一届省政府宣誓就职时,全省重要的士绅们联名发了一个挽留前任的电报,其用意自然是反对陈氏主政。这些士绅们认为,这些专办党务的人从政,一定做不好的。他们似乎觉得大祸临头的样子。陈果夫为此请教了省政府委员罗良鉴,罗说:"不必去理他,我们做我们的事就是了。如果我们做得好了,或者做久些,他们自然一个个会改变态度的。"① 陈采纳了罗的主张,决定以实干作风去争取士绅们的支持。陈果夫主政下的江苏,政府以"铁血政治"去迫使士绅就范,其具体可体现为以下几件事情上。

第一,加强对乡村经济的干预。其突出表现在土地陈报和催欠大户征粮两个方面。

早在1927年,江苏省财政厅长张寿镛经常警告士绅不得抗粮。随后,省政府决定要铲除土豪劣绅、书吏差役之种种积弊,要求各县县长亲自下乡查勘灾情,不得任令土豪劣绅图私捏报。② 到了1934年,财政厅长赵棣华谈到财政困难时指出:"大户把持抗纳"和"大户包揽不纳"是造成田赋积欠的重要原因。③ 因此,自1928年至1937年间,江苏省通令各县举办土地清丈和陈报。由于土地整理的矛头指向拥有众多田地的士绅,士绅对此反应较为消极,甚至是反对声接连不断。1933年4月至5月间,在镇江等四县土地陈报过程中,士绅以各种形式进行阻挠。在镇江,第五区有3个乡的业主多怀疑观望不前,他们害怕"土地查报后于人民有不利之处"。尽管区长向该乡男女老幼详解了土地陈报的好处,"然四乡仍有不良分子捏造谣言,故意阻挠工作者"④。在宜兴,调查者注意到10年间士绅纳税态度的前后变化:10年前,乡村父老都告诫"国课早完为一大快意事";10年后,"一部分富有家产者以早纳为可耻,以能拖欠钱漕为面子。"更为甚者,徐志鹏等300余人通电反对土地陈报,要求县政府先清丈再查报,士绅的通电引起了省厅的重视。后来,县长钟竞成聘请了士

---

① 陈果夫:《苏政回忆》,台北:正中书局1951年版,第102页,南京图书馆藏。
② 赵如珩:《江苏省鉴·财政》,新中国建设学会,1935年版,第4页。
③ 赵如珩:《江苏省鉴·财政》,新中国建设学会,1935年版,第12页。
④ 张德先:《江苏省土地查报与田赋整理》,见萧铮主编:《民国二十年代中国大陆土地问题资料》第29辑,台北:成文出版社1977年版,第14233页。

绅吕梅笙等人组织常务参事会后,政府与士绅的关系才趋于缓和。①调查者张德先认为,四县土地陈报中,士绅都持反对的态度,其原因在于政府处理不当。由于政府担心地方反对,总想用迅雷不及掩耳之手段办理陈报,然而,这种做法不免引起士绅的反感,"沉静者不合作,急躁者动辄共计。"宜兴办理得稍好一些,那是因为县长手腕灵活,补牢有术;溧阳的土地陈报,几乎不可收拾。江阴和溧阳两县陈报中,县党部都持反对态度。②其实,张德先的看法并非全面,政府在土地陈报中处理得是否妥当,并不是引发士绅反对的根本原因。而土地陈报本身将会威胁到士绅的经济利益,才是根本原因。哪怕涉及关于田地的一些风吹草动,也会拨动士绅们紧张而敏感的神经。萧县梅村实验区的调查就可以说明这一点。当实验区要求调查土地时,多数田主们请求政府不要调查土地。当田主们的请求被县政府和乡公所拒绝后,他们便故意造谣。在田主们的鼓动下,四五个村子的男女老幼都到实验区请愿,一致请求政府停止调查田地。③

即使士绅们的反对声一浪高于一浪时,江苏省政府也并不为之屈服。当时,一位曾在财政部任职、时任浙江省财政厅长的人,在江苏某县拥有数千亩田地,欠粮很多,江苏省政府为此催征甚紧。这位厅长便通过财政部向他所拥有田地的县政府施压,要求该县停办土地陈报。陈果夫则针锋相对,指出,财政部的电话与现行政策是矛盾的,因而,他下令该县不必理睬财政部的电话。陈还告诫现任官员,若官员在陈报中不纳粮或不补齐欠粮,其田地将会被充

---

① 张德先:《江苏省土地查报与田赋整理》,见萧铮主编:《民国二十年代中国大陆土地问题资料》第29辑,台北:成文出版社1977年版,第14272~14338页。

② 张德先:《江苏省土地查报与田赋整理》,见萧铮主编:《民国二十年代中国大陆土地问题资料》第29辑,台北:成文出版社1977年版,第14471页。

③ 仇需生:《萧县梅村自治实验区初期工作纪要》,《江苏月报》第4卷第2期。事实上,土地清丈中地主与政府发生冲突的案例,并不仅限于江苏。如在江西,拥有数十亩、数百亩的地主们,在省会南昌聚众开会,公开反对土地登记。在福建,地主和士绅们不愿自己的利益受到损害,便消极对待和公开抵制土地清丈。参见熊式辉:《海桑集:熊式辉回忆录》,香港:明镜出版社2008年版,第65页;庄孔韶:《银翅:中国的地方社会与文化变迁:1920—1990》,生活·读书·新知三联书店2000年版,第45~46页。

公。于是,浙江省财政厅长不得不补缴了欠粮。不过,事情并没有完,当湖州举办土地陈报时,浙江省财政厅一位职员为了讨好上司,故意捏造了陈果夫在湖州有田却不缴粮的谣言。陈当然很生气,便将此事告到了蒋介石那里。当着蒋介石的面,陈果夫请浙江省主席黄绍竑清查他在湖州的田地,黄声称湖州那边土地陈报弄错了,彼此不过是一场误会。①

不仅陈果夫本人不为权势所阻挠,地方政府对欠粮大户的催征也并未放松。正如陈果夫认为的那样,"这些大户,大半是地方上有力士绅,他们心目中,自以为惟有他们是可以不缴粮的。县长怕得罪巨室,不敢去催,年复一年,愈欠愈多,愈多愈舍不得缴。"②因此,陈要求各县县长严加催征,不用理会士绅们的阻挠。陈还较为开明地认为,"肯做事的县长,一定会得罪地方上一部分人。尤其是好的县长,要得罪坏人。"③陈的看法无疑是给那些敢于催征的县长们吃了一颗定心丸,因此,地方政府对欠粮大户的催征,往往持强硬的态度。吴江耆绅费仲深之死,便是一个典型的例子。费仲深(1883—1935),名树蔚,吴江县同里镇人,出身在一个名门大族之家。费的祖父曾为休宁训导,父亲为同治乙丑进士和翰林院编修,后简授河南学政。1902年,费与外甥柳亚子同去苏州参加府考和道考。第一场,费第一,柳第二。第二场,柳第一,费第二。费娶了湖南巡抚吴大澂之女为妻,与袁克定为连襟(后来,费的儿子还娶了袁世凯的孙女为妻),成为直隶总督袁世凯的幕僚,深受袁世凯器重。1914年,费官至肃政使。虽然与袁世凯家族有姻亲关系,费却并不赞成袁称帝。为此,费曾直言劝谏,但并未被袁氏父子采纳。费只好退隐苏州。返乡后,费集资兴办布厂、电厂等工业,还与地方人士筹设了江丰银行,以微利放贷给吴江震泽的农民,帮助他们渡过旱涝灾害。随后,费还在苏州设立了信孚银行,作为救济商业的资本。1924年,费被选为苏州总商会特别会董。在任期间,费积极筹划地方教育、水利、赈灾和治安等项设施的兴革。1928年,费当选为苏州总商会执行委员。1931年,江苏省以发行建设公债之名敛财,费发动四县绅士公呈,

---

① 陈果夫:《苏政回忆》,台北:正中书局1951年版,第47~48页,南京图书馆藏。
② 陈果夫:《苏政回忆》,台北:正中书局1951年版,第46页,南京图书馆藏。
③ 陈果夫:《苏政回忆》,台北:正中书局1951年版,第139页,南京图书馆藏。

慷陈民困,力请缓征,当局因而未敢开征。由于费送长子和小女出国深造,耗资巨大,筹措力竭①,尽管祖上留下了很多的田产,但因农村持续歉收,收取的租米不够缴田赋,费累年积欠田赋太多,他被吴江县政府一再催逼。②1935年,绝望之下的费仲深,请求吴江县政府将其田地充公封卖。费在呈文里凄惨地说:"旧赋既未请讫,新账又迫在眉睫,展转思维,苦无点金之术,农租无法催迫,变产又无人接受,因思官方对于粮欠,三申五令,不曰封产,即越押追。然押追而无可缴纳,何如封产之较有实际。吴江冯思树客栈,去岁以逋赋过多,提出租产田亩,请吴江县长标卖归偿,奉准有案。费氏租栈,所有田亩1800余亩,情愿悉数抄呈坐落亩分,呈请钧府听后如何处置,如何准予封卖,不论有无受至,而租栈可免征租之开支,可免缴赋之责任,何幸如之?前批以租抵粮之呈,谓无例难准,此则新例在邻县,封产原为追粮,当不难邀准。如不然者,则皮骨已空,喘息将尽,亦无所逃罪。鹄俟批示遵。"③然而,他的请求并未得到县政府的准允。忧惧之下,费大受刺激,于同年4月8日中风而死。④3个多月后,苏州另外一位拥有2000亩田地的杨评玉,也因政府的催租而自杀。由于杨催收的田租每亩为1元,但缴粮时每亩要缴为1.2元。杨生前已对田租失望,又对抗租产生了恐惧,只得以开设暑期补习馆增加收入。⑤费、杨之死,很大程度上与政府的强势催征有关。土地陈报和催欠大户征粮,士绅明显感受到了

---

① 朱宏涌:《费仲深先生事略》,见苏州市政协文史资料研究会编:《苏州文史资料》第16辑,1987年版,第119~124页。

② 当然,费仲深为何不缴纳田赋,说法稍有出入。朱宏涌在《费仲深先生事略》中指出,费积欠乃是客观原因所致。因为费的子女出国,耗资巨大,且农村经济歉收,费所主办的银行又周转不灵,存欠相抵,亏空太多。而陈果夫在《苏政回忆》中则指出费不缴纳田赋乃费主观上并不愿缴纳。陈说道:"某县有一位老绅士,曾在满清做过官,欠粮甚多,县长几次向他催缴,都置之不理,乃把他的账房押起来。在这位绅士看来,县政府竟敢向他逼缴,真是岂有此理。后来也只得同意缴欠,但一算数目很大,又舍不得拿出来,一天天拖延,正在这又气又心疼的时候,他的不上进的儿子,又逼他要钱用,内外夹攻,这老头就此一气中风而死。"

③ 陈灿生:《中国农村崩溃与挽救》,《江苏月报》第4卷第3期,1935年9月。

④ 《苏州耆绅费仲深作古》,《申报》1935年4月10日。

⑤ 《苏州田主杨评玉自缢》,《申报》1935年7月9日。

政府的威势。

第二，收编地方团队。政府对士绅的威慑，并非仅限于田赋征收方面，还体现在收编地方团队方面。省政府认为，各自为政的地方武力，必须由省保安处进行统一指挥和训练。其原因在于："各县地方的警察队、保卫团和商团等由地方各自办理，名目纷歧，指挥不一，靖卫未彰，转多流弊。"①至于地方士绅各自把持的保卫团，更为江苏省当局所不满。当局认为，这些名目不一的地方保卫团，多由区乡豪绅们据为私有。其团丁又多招募而来，非但不能保卫乡土，间或贻害地方。②为了统一地方团队，江苏省于1932年成立了省保卫委员会，聘请多名士绅充任委员，希望赢得士绅的支持。保卫会的整理工作，以裁汰招募的团丁和训练有职业的土著壮丁为原则。经过一年的宣传，编练开始稍有基础。1933年10月后，江苏省政府进行了改组。为了统一指挥起见，江苏省决定将保卫团划归民政厅和保安处办理。此时，由士绅们所组成的保卫会，不过是一个咨询机构，名存实亡。编组保甲后，江苏省保卫的重心已不在保卫训练方面，"过去基础，于是根本动摇。"③保卫会实权的丧失，士绅办理地方武装之权必然受到削弱。然而，政权的扩张并没有停止。1934年1月，江苏省决定将各县保卫团与警察队合编为保卫队，由保安处统一指挥和训练。同年7月，江苏省遵照并参酌了军事委员会委员长南昌行营所颁发的《各省保安制度改进大纲》，决定将各县地方武力改编为43个保安大队。随着保甲制度的完善，省政府裁撤了各县原有的商团、守望所和民团组织等地方武力。④在整编地方武力的过程中，士绅的反应极为敏感。如1934年8月总理纪念周上，保安处长项致庄抱怨士绅并不能谅解政府的所为，更不愿主动地与政府合作。项说道：

---

① 陈果夫：《江苏省政述要·保安篇》，见沈云龙主编：《近代中国史料丛刊续编》第97辑，台北：文海出版社1983年版，第387页。

② 赵如珩：《江苏省鉴·政治》，新中国建设学会，1935年版，第123页；《太仓保卫之沿革》，《江苏省保安季刊》第1卷第4期，1934年10月。

③ 赵如珩：《江苏省鉴·政治》，新中国建设学会，1935年版，第124页。

④ 陈果夫：《江苏省政述要·保安篇》，见沈云龙主编：《近代中国史料丛刊续编》第97辑，台北：文海出版社1983年版，第387页。

"此次统一队伍指挥,实为增加力量,保障治安,而各地人士,每多误会,以为军队统一集中乃为扶植个人势力。因此,有此思想上之隔膜,致使统一指挥,难于短期完成。又如民众训练,地方人士,亦多误解其意义。然而,各县人士仍旧有许多不明了之处,横生阻挠。譬如商团,他们以为商人自己出的钱,自己雇的人,与政府何干?殊不知凡为武力的组织,皆为受政府指挥管理。政府统一事权,完全为地方而非为个人一己之私。"①从项的讲话里,我们可以看出,士绅之所以阻挠和误会政府收编地方团队,乃是政权不断蚕食传统绅权的领域所致。

第三,严惩漠视政令的士绅。政府对于那些违犯政府禁令的士绅的惩处,可谓毫不留情。1934年,嘉定、太仓、保定三县海塘筹备兴筑时,地方士绅杨卫玉和江问渔到镇江拜访了陈果夫,他们请求陈果夫担任三县救济院的董事。陈认为事有蹊跷,毕竟一个地方救济院的董事没必要由省府主席担任。因而,陈没有答应杨和江的请求。不过,陈立即派秘书处去查询,这才知道事情的缘由。这个由士绅张家璈所办的救济院,曾于1932年"一·二八"事变时向政府领取了救济费、忙漕和借券总计100万元。然而,救济院用于救济贫民和建筑的花费仅为10余万元,大多数经费尚由士绅们保管。当听说省府要查账时,士绅们便想拉拢陈,以缓和矛盾。经省政府委员王柏龄的清查,陈果夫得知救济院尚有70万余款,便令建设厅长沈百先将此移作修筑三县海塘工事。陈后来回忆说:"那些原本想找岔子的,反而被我们指到了错处,自然无话可说了。"1935年,鉴于黄河在山东东庄决口,省政府决定在微山湖筑堤,但地方士绅不少对此作出反对。陈下令:"凡敢阻挠者,得以格杀勿论。"在省政府的严令之下,地方士绅反对声为之消沉。②陈果夫为首的江苏省政府的政治作风,影响了江苏各县县长的政治作为,一些富有作为的县长,绝少迁就和姑息士绅们的妄为。如太仓县长温崇信,为了表示禁烟的决心,他下令抬棺举行,先后把

---

① 《联合纪念周项处长报告》,见江苏省政府秘书处编:《江苏省政府公报》第1744期,1934年8月16日。

② 陈果夫:《苏政回忆》,台北:正中书局1951年版,第57~58页,南京图书馆藏。

吸毒的地方豪绅朱可久、吴祖淦、陈士勤之孙等人逮捕勒戒。①高淳县长陈列甫,为了整顿县城市容,规定行人一律靠左走,上街不准赤膊、拖鞋、吸烟。狮树乡湖口头有个姓徐的地方士绅对此很不以为然,故意拖着鞋、嘴里叼着烟,依旧在街上大摇大摆地走来走去,结果,徐某被警察抓起来,绑在了县保甲局门前示众,威风顿时扫地。②1936年,邓翔海任吴县县长时,正逢佃户抗租的高潮,邓主张须废除催甲制度,不得拘押佃农,否则将以擅自逮捕论罪;准予农户缓缴租米,加强地主与佃户之间的调解。地主们大为哗然,纷纷向监察院、行政院、财政部、内政部乃至军事委员会控告邓"思想不正,偏袒暴民"。邓并未为之屈服,仍按照自己的方案推行,租佃风潮渐渐平息了下来。③同年7月,启东决定发行土地债券,准备收买从崇明划出来的土地,将其作为扶植自耕农实验区。不过,此举招致了崇明士绅的强烈反对。崇明业户推举龚剑秋和冯悦甫为代表,他们声称:"业户骤悉此情,如闻晴天霹雳,佥以为此种办法,无异将业户判处死刑,崇人誓死反对。"为了达到目的,崇明士绅筹款向省府请愿,动员各乡同乡会为之声援,指控启东县党部常委周儒谦等人"意图擅夺地权,实行慢性共产",呼吁国民政府迅速扑灭。启东县党部也毫不示弱,他们动员农会和教育会公开为之宣传,消息很快传开,"万民欢腾,兴奋异常"。佃户们甚至用车送粮食至县党部和县地政局缴租,络绎于途,数里不绝。目睹这一幕的启东县地政局长刘岫青,也被佃户们"寻求光明与要求解放之热情"感动得掉泪。④显然,温、陈和邓等几位县长,敢于以强硬姿态迫使士绅就范,可以说是陈果夫执政理念在这些县份的具体化。尤其是邓翔海,曾以强硬态度面对苏州权绅,并不畏惧权绅们的不断控告,这与当时陈果夫本人的支持是分

---

① 肖崇干、郑凤石、狄斗南:《1917—1949太仓历任县长简历》,见中国人民政治协商会议江苏省太仓县委员会编:《太仓文史资料辑存》第2辑,1984年版,第23页。

② 陈后翔:《陈列甫在淳二三事》,见中共高淳县委党史资料征集小组办公室、高淳县志编纂委员会办公室编:《高淳史志资料》第8辑,1988年版,第109页。

③ 邓翔海:《七十浮生尘影录》,见沈云龙主编:《近代中国史料丛刊续编》第84辑,台北:文海出版社1981年版,第49~51页。

④ 刘岫青:《启东租佃问题与扶植自耕农运动》,见李文海主编:《民国时期社会调查丛编(二编)·乡村经济卷》下册,福建教育出版社2009年版,第685~687页。

不开的。

综上所述,由于政府在财政、军事和社会等方面的权力扩张,士绅逐渐感受到了政府的威慑,这自然引起他们的畏惧和阻挠。不过,在反对无效之后,士绅逐渐转向与政府合作。陈果夫在其回忆录里,则专门生动地描述了江苏士绅态度的转变。兹摘录如下。

"果然做了半年以后(笔者注:即1934年4月左右),省会附近的绅士来见了。过了些时,各地绅士逐渐来见了。自从我们发行公债,又是在做起导淮等工作,他们反对不了之后,更是一个个来见。最后来见的是黄炎培辈。他是暗中反对我们的主要分子。他来镇江后,非见我们不可。在会客室坐等了我们下午午睡的时间,相见之后,说了不知多少颂扬的话,叫人听了肉麻。这是我们到江苏的第三年(即1936年)。满三年之日,江苏士绅只有歌颂,没有反对了。镇江的冷御秋在纪念会中,说了许多公道话,又领导了全省商联会,自己抱病步行到省府,献旗上匾。后来他退到汉口,还对他人以'开元'、'天宝'来比拟我们的江苏政治,以为此先生恐不可复见。虽然是他一时感慨过誉之词,但亦可见我们这些党人不像老官僚一样,而是真替江苏做了事的。总之,从政必须要切实为民众谋利益,民众总会了解的。即使反对者,也会赞成帮助,甚至颂扬的,像江苏绅士的前后态度不同,就是证明。"①

上述陈果夫的这段论及政绩的话,难免带着自我夸耀之词。毕竟,该回忆录是陈临终前所作,它在很大程度上带有陈果夫的自我辩白之意。如他在"自序"中,希望该书目的之一就是:让那些"对于本党过去政治不甚了解之人"能够了解"一部分国民党政府过去在大陆一天天的在进步"②。不过,陈所说士绅态度从对抗走向合作的转变,还是较为中肯的。

---

① 陈果夫:《苏政回忆》,台北:正中书局1951年版,第102~103页,南京图书馆藏。
② 陈果夫:《苏政回忆·自序》,台北:正中书局1951年版,南京图书馆藏。

第二节 乡镇保甲长社会权威的树立

1927—1937年间,国民党在其统治的核心区内(尤其是江苏省),政权自上而下地扩张,一步步蚕食旧有的绅权。面对国家强权的威慑,上层士绅曾作出不同程度的对抗和阻挠,在对抗无效之后,他们转而寻求与政府合作。与此同时,国民党通过举办保甲,希望吸纳那些下层士绅来充任乡镇保甲长职务,扩大其在乡村社会的统治基础。那么,实际运作中充任乡镇保甲长的人员,是否具备国民党所设想的社会权威?本节将对此进行论述。

一、年龄结构

江苏省编组保甲时,关于保甲人员年龄的规定较为宽泛,20岁以上便可以担任。因而,50岁以上的乡镇保甲长尚占有很大的比例。下表是1935年江苏省乡镇保甲长的年龄分布。

表6　江苏省乡镇保甲长年龄统计表

	年　龄	20~29岁	30~39岁	40~49岁	50~60岁	60岁以上	总　计
乡镇长	人数	288	897	936	602	205	2928
	占总体比例	9.84%	30.64%	31.97%	20.56%	7%	100%
保长	人数	10 804	19 766	19 238	12 100	6452	68 360
	占总体比例	15.8%	28.91%	28.14%	17.7%	9.44%	100%
甲长	人数	97 753	196 383	209 205	134 827	79 618	717 786
	占总体比例	13.62%	27.36%	29.15%	18.78%	11.09%	100%

资料来源：江苏省民政厅编：《江苏省保甲总报告》，1936年版，第75~87页。笔者根据书中《江苏省各县乡镇长年龄统计表》、《江苏省各县保长年龄统计表》和《江苏省各县甲长年龄统计表》相关部分制作。

从上表可见，江苏省保甲人员的年龄多分布在30~60岁之间。在这个年龄段内，乡镇长所占的比例为83%，保长所占的比例为65%，甲长所占的比例为75%。大致看来，如果以50岁作为年富力强的分界线的话，20~50岁的乡镇长约占总体的72%，20~50岁的保长则约占总体比例的72%，20~50岁的甲长占其比例为70%。可以说，近3/4的保甲人员的身体状况符合政府所规定的标准。不过，由于50岁以上的乡保长仍占总体的1/4以上，即有1.8万人左右，这个群体必然要受到各县政府的重视。

在传统乡村社会里，由于缺乏变动的文化，长幼之间就可以发生社会的差序，年长的对年幼的具有教化和强制的权力。①而且，人的品质只有在长年的生活中才可以体现出来，年长的人无疑被人们认为具有丰富的经验，他们可以成为年青一代的榜样。村庄领袖要想成功地行使职责，很大程度上得依赖于他对村民的了解。②因此，对于为村社服务的人来说，年长是一种财富而不是缺陷。年长的人容易赢得人们的尊敬，且具有威信，他们往往成为村内和跨村行政组织和宗教组织的首领。③20世纪以后，国家权力不断地向乡村扩张，

---

① 费孝通：《费孝通选集》，天津人民出版社1988年版，第118页。
② 杨懋春：《一个中国村庄：山东台头》，江苏人民出版社2001年版，第179页。
③ 费孝通：《江村经济：中国农民的生活》，商务印书馆2001年版，第90页。

它希望用精力旺盛的人承担地方上日益增多的职责。在国家看来，年长者已不是乡村政权的最佳人选。尽管如此，年长者在乡民意识中仍然发挥着一定的影响力。据时人对无锡漆塘山一带村庄的观察，这些村庄名义上由乡长负责管理，事实上，多由当地年岁较高、家庭经济比较充裕的人来负领袖的责任。凡遇开山、关山、禁例和罚款等公共事业，村民更多诉诸于茶店议定而非乡镇办公处。① 昆山县自治实验区一次保长选举，则从选举程序上显示了年长者所具有的优势。1934年11月30日，实验区召集了42名甲长召开甲长会议。区长演讲过保甲精义之后，甲长们推选了两名保长。当选者之一即为70岁的蒋增珊。此时，蒋称自己"身患偏枯，不能服务"，请求辞职。蒋的职位便由另外一名票数居多的赵璧所充任。② 可以肯定的是，类似蒋增珊这样年迈而被推举为保长的事例并不新鲜，1.8万余名50岁以上的保长就足以说明这一点。

基于现实考虑，保甲实施过程中，省县行政长官"尊老"之举频频发生。1935年，江南各县乡镇长在镇江集中受训时，陈果夫在讲演之后，还专门访问了几十位年长的乡镇长（年纪最大的已有70多岁）。陈认为，这些乡镇长都是民间领导人物，他们的举动无疑会影响一大批民众，这对政府举办壮丁训练是极为有利的。陈果夫的尊老之举，使得乡镇长们大为感动。陈后来回忆说："他们虽然不能参加军事术科，但仍能上堂听讲。我询问他们对于训练的感想，他们都说只怨年迈，抗敌实际任务，只好付诸儿孙，自己从旁协助便是了。他们对于军事训练都感兴趣，并且了解到训练的意义。"③ 兴化县保长茶话会也是一个较为典型的例子。1935年4月2日下午5时，天气晴朗，该县县长张崇基和民政厅保甲指导员黄懋材，在县府举办了茶话会，邀请该县60岁以上的104名保长参加。当时，出席的保长多在60岁至78岁之间，他们对此"喜上眉梢"。茶话会上，县长勉励保长们尽力奉公，以示敬老。会后，日已西沉，县长与出席的保长摄影留念。保长则向县长提了不少建设意见，县长表示将予以

---

① 倪养如：《漆塘山中的农民生活》，《中国农村》第1卷第10期，1935年7月。
② 《昆山自治实验区选举保长》，《申报》1934年12月3日。
③ 陈果夫：《苏政回忆》，台北：正中书局1951年版，第93~94页，南京图书馆藏。

采纳。报道声称,此为该县"空前的敬老大会"。①南通县长金宗华的"尊老"也较为突出。1935年9月,南通保长举行训练时,县长金宗华鉴于保长人数众多,不便于个别谈话,因此,要求除了训练和教导处抽调保长进行谈话外,金亲自召集70岁以上及边远地区的保长谈话。谈话中,金向年老的保长详细地询问了地方情形,勉励其"振作精神,努力服务"。②与张崇基和金宗华的敬老之举相比,睢宁县县长费公侠的尊老之举更具有喜剧性。在一次下乡抽查保甲时,费发现了一名尚留着发辫的老人,便责令这名老人回家后把发辫剪除。不过,费公侠知悉这名老人已经78岁了,还要来本庄探望其103岁的岳母,费公侠一改态度,表示将召集老人会,以作敬老之意。③费公侠抽查保甲的行动,却变成了一个尊老的趣闻。可见,尽管国家期望的人才标准是年富力强,但它并不是刚性地实现这个目标。尤其当年老保甲人员尚占有相当比例的情况下,国家政权还要向地方社会进行妥协。

不仅如此,当时官方的报道也对年长的保甲人员较为关注,尤以在保甲训练中。如武进保长训练时,该县报道声称,训练的群体中有"20岁的青年,也有须眉白发的老者"。其中,最老的一位保长已有71岁,因而被免除军训。④溧阳保长受训时,该县"年老不堪受训者"被排在队末。⑤高淳保长受训时,该县考虑到年老的保长有早睡的习惯,并不强制他们参加晚间本地问题的讨论。⑥东台保长训练时,舆论称赞年老的保长听讲认真,"学员孜孜受训,年老保长20人,扶鸠上课,雍容听讲,精神饱满,生色不少"⑦。如皋保长受训时,报纸声称"学员们秩序井然,精神饱满,年逾70岁的数人"⑧。嘉定保长受训时,观察者

---

① 《兴化县张县长邀请全县年老保长茶叙》,《江苏保甲》第1卷第7期,1935年5月。

② 金宗华:《一年来之南通保甲》(续),《生力月刊》第1卷第5期,1936年3月。

③ 沈家琪:《户口总复查之回忆与感想》,《江苏保甲》第2卷第10期,1936年6月。

④ 侯厚宗:《贡献一些有效办法》,《江苏保甲》第1卷第9期,1935年6月;侯厚宗:《武进县保长训练之经过》,《江苏保甲》第1卷第15期,1935年9月。

⑤ 《溧阳县保长训练之一般情形》,《江苏保甲》第1卷第13期,1935年8月。

⑥ 《高淳县保长训练所开学》,《江苏保甲》第1卷第22期,1935年12月。

⑦ 《东台保长训练近讯》,《江苏保甲》第1卷第9期,1935年6月。

⑧ 《如皋县开始训练保长》,《江苏保甲》第1卷第9期,1935年6月。

发现了"近八旬的老人",便称赞这是"人文荟萃"的表现。①在江阴,受训保长的优越床位,则是留给那些年老保长之用。②

有时,在乡保长威望和年龄之间,政府官员则多会选择前者而非后者。在当局看来,只有争取那些年老而又有声望的人,才能够赢得民众的支持。当然,这需要政府在理想和现实之间作出妥协。睢宁县政府科长沈家琪的一次亲历,便可说明这一点。曾经担任该县保甲长训练教官的沈家琪认为,那些年老的乡保长不适宜受训,更不适合任职。如他所说,"不管他是年龄七十岁也好,八十岁也好,甚至八十岁以上的还是九十岁接近的,还在受训。雪白的胡须,手持龙头的拐杖,亦步亦趋,这样乡镇保长在社会上年高德勋,虽能给我们钦佩,但放进去受训,未免不景气,或改推,或令其免训。"③可是,地方现实却不得不令沈打消了这样的念头。当沈抽查该县第三区后王林的保甲时,他认为该地保长应该与乡长对调。因为他在担任保甲长训练的教官时,便知道此处乡长识字不多,保长比较能干。当沈向第三区区长征询意见时,区长说:"此人人老持重,乡间颇有信仰,应暂缓对调。"区长的这番话提醒了沈,沈觉得区长说得很有理,便放弃了乡保长对调的想法。④1936年,淮安县举行总复查时,淮阴专署派往该县的保甲督察员张毅忱强调,应当选举那些识字而年富力强者为乡保长,但遇有"年迈力衰却又有众望之乡镇长",也可保留。⑤

不过,随着保甲制度的推行,政府不断推动各项建设,年老乡保长无法应付日益繁重的任务。因而,江苏省当局对年老乡保长的指责便渐渐多了起来。早在1935年,江苏省保甲的设计者、民政厅官员张立瀛抽查了一个地方的保甲之后,表示对此并不满意。张解释说,除去不识字者和行为不当者之外,他看到了很多70岁以上、"年迈龙钟,听视不明"的保长。为此,张提醒各县训练

---

① 《嘉定保甲工作散记》,《江苏保甲》第1卷第18期,1935年10月。
② 郝遇林:《保长训练所之训育问题》,《江苏保甲》第1卷第19期,1935年11月。
③ 沈家琪:《训练乡镇长之回顾》,《江苏保甲》第1卷第16期,1935年9月。
④ 沈家琪:《户口总复查之回忆与感想》,《江苏保甲》第2卷第10期,1936年6月。
⑤ 《淮安县保甲会议记录》,《淮海》第10期,1936年3月。

保长时应注意保长人选。①民政厅另外一位官员邵体璋,也批评了各县旧有的尊老观念。因为正是尊老观念,使得乡民更情愿推举那些年迈之人为保甲长。邵认为,"这些保甲长恐难担当保甲之重任,宜淘汰之。"②盐城县保甲督察员吕相周指出:盐城县过去的乡镇保甲长不少是"年龄高大,脑筋冬烘"之辈,他们既无政治观念,也缺乏保甲常识,常将功令当做一纸空文。要想让其协助推进保甲,那可真是难乎其难。③甚至连一些乡保长都有这样的看法,他们认为,乡保长不应当由年老者担任,因为这些"花甲"和"年龄高大"的人,不是"耳目聋花",便是"精神颓废"。④

正是人们对年老乡保长的众多指责,江苏省开始酝酿重新设置乡保长的年龄。最早对乡保长年龄作出调整的县份是铜山。1936年初,铜山县县长王公玙制订了整肃保甲人员的办法。根据这个规定,20岁以下、50岁以上的保甲人员应当裁汰。"身体衰弱、精神颓废和不堪任事者"必须撤换。不过,铜山县政府也做了一些变通,那就是50岁以上精神饱满、且办事努力者,仍可保留。⑤铜山县对乡保长年龄的设置,可谓江苏省各县裁汰年老保甲人员的先声。到了1936年冬,适值保甲长改选和整理保甲,江苏省颁布了乡镇保甲长推选补充办法。根据这个办法,乡镇长的年龄被设置在30岁以上50岁以下,保甲长的年龄是20岁以上40岁以下。而且,乡保长必须身体强壮,并无疾病。⑥乡镇长的年龄不得超过50岁,保甲长的年龄不得超过40岁。这是一个大变动。江苏省当局希望以此裁汰老弱,刷新保甲阵容。为此,它要求各县乡镇保甲长改选时,乡镇长以保长兼任为原则。如果30岁以上50岁以下的地方公正人士,办事能力强,即使非保长,也可以由保长们推选为乡镇长,保甲长的年龄不得

---

① 张立瀛:《训练保长首当注意保长人选》,《江苏保甲》第1卷第15期,1935年9月。
② 邵体璋:《本省编组保甲之过去与将来》,《江苏保甲》第1卷第13期,1935年8月。
③ 吕相周:《盐城县保甲近状与改善意见》,《江苏保甲》第3卷第4期,1937年3月。
④ 华鹤松:《江北保甲宜从整理和异动方面做去》,《江苏保甲》第2卷第20期,1936年11月;王如桂:《整理保甲应注意乡镇保长的识字问题》,《江苏保甲》第1卷第14期,1935年8月。
⑤ 《铜山县政府整肃保甲人员》,《江苏保甲》第2卷第3期,1935年3月。
⑥ 《江苏省各县乡镇保甲长推选补充办法》,《江苏保甲》第3卷第1期,1937年2月。

任意变更。①这种刚性的规定,不允许县政府与民政厅之间留有讨价还价的余地。如淮阴和高邮等县曾请求将乡保长的最低年龄划一,即乡镇长可由 20 岁至 50 岁的人担任,以应对"地方人才缺乏"的局面。不过,地方政府的请求遭到了民政厅的拒绝。②

江苏省政府关于乡保长从"尊老"到"抑老"的变迁、保甲人员年龄的重新设置,使得保甲人员的年龄趋于年轻化。它体现了这样一个过程:20 世纪以来,随着现代国家政权建设的开展,地方政治开始从"无为"走向"有为",基层行政人员必须具备年富力强的身体条件,才能适应自上而下无休止的索取要求。以海门为例,据 1935 年度的统计,海门县有保长 1255 人,其中,20 岁以上 29 岁以下的保长为 208 人,占该县保长总数的 16.6%;乡镇长有 120 人,30~39 岁有 51 人,约占总数的 42.5%。③到了 1937 年,乡镇保甲长经过改选之后,保长有 1259 人,20 岁以上 30 岁以下的保长有 704 人,约占 56%。120 名乡镇长中,31 岁以上 40 岁以下者为 75 人,约占总体的 62.5%。④尽管乡保长年龄的统计年限稍有偏差,但我们仍能看出基层行政人员年轻化的趋势。

二、文化结构

在乡村社会中,教育和财富对决定士绅的身份起着主要作用。是否受过教育,将乡村社会分作士绅和农民两个阶层。在精英们看来,读书人才具有优越感,那些未受教育者只能被称作"无知愚民",这本身就包含了对无知者的蔑视。受教育的不同成了区别阶层和特权的标志。只有接受教育,才能博得相当高的社会威望和身份。即使进入民国时期,那些渴望成功的人,一生最主要的目标仍是在政府中获得职位,教育是实现这种梦想最有利、最可靠的办法。所

---

① 《各县乡镇保甲长改选应注意事项》,《江苏保甲》第 3 卷第 2 期,1937 年 2 月。
② 《答疑第一百六十三:乡镇长之年龄不得变更》,《江苏保甲》第 3 卷第 3 期,1937 年 3 月;《答疑第一百七十二:年未满 30 岁之保长不得兼任乡镇长》,《江苏保甲》第 3 卷第 4 期,1937 年 3 月。
③ 江苏省民政厅编:《江苏省保甲总报告》,1936 年版,第 75~82 页。
④ 施德才:《海门推进乡镇保甲长暨整理保甲述要》,《江苏保甲》第 3 卷第 6 期,1937 年 4 月。

以,村民都把教育当做提高社会地位的手段。①在他们看来,从事农业是下等的职业,有学问的职业才是高尚的职业。人们只有受过教育,才能看懂土地契约,认识纸币,这使得他们在交易中不会被骗。读书对于一个家庭地位的提升有着巨大的影响。②

由于社会权威要以文化权威为基础,这使得我们有必要考察一下乡镇保甲长的教育程度,以探析他们与乡绅之间究竟有着多大的关联。幸运的是,1935年度江苏省乡镇保甲长的教育程度统计,为我们描述了一个基本轮廓,如下表所示。

表7 江苏省乡镇保甲长教育程度统计表

	教育程度	不识字	私塾	小学	中学	大学	其他	合计
乡镇长	人 数	130	3976	1284	2026	185	465	8066
	百分比	1.61%	49.29%	15.92%	25.12%	2.29%	5.76%	100%
	对 比	1.61%	98.39%					100%
保 长	人 数	7634	41 129	12 419	5435	288	1455	68 360
	百分比	11.17%	60.16%	18.17%	7.95%	0.42%	2.13%	100%
	对 比	10.77%	89.23%					100%
甲 长	人 数	299 357	341 909	58 699	6912	254	10 655	717 786
	百分比	41.7%	47.63%	8.18%	0.96%	0.03%	1.48%	100%
	对 比	41.7%	58.29%					100%

资料来源:江苏省民政厅编:《江苏省保甲总报告》,1936年版,第212~225页。笔者根据《江苏省各县乡镇长教育程度统计表》、《江苏省各县保长教育程度统计表》和《江苏省各县甲长教育程度统计表》相关部分制作。

---

① 周荣德:《中国社会的阶层与流动:一个社区中士绅身份的研究》,学林出版社2000年版,第240~241页。

② 何学尼译:《工业化对于农村生活之影响》,见李文海主编:《民国时期社会调查丛编·乡村社会卷》,福建教育出版社2005年版,第260页;杨懋春:《一个中国村庄:山东台头》,江苏人民出版社2001年版,第140~141页。

如上表所示,我们可以得出这样的看法:其一,乡镇保甲长的文化程度依据职务的高低成正比,职务越高,教育程度越高。甲长群体中,识字率达到近2/3;保长群体中,近90%都能识字;乡镇长群体中,识字率达到了98%,中学程度出身者占到了1/4。足见,战前江苏省对乡保长文化程度的整合还是较为成功的,其识字率已达到89%以上,而甲长的文化程度较为逊色。其二,乡镇保甲长在乡村社会中的整体文化程度较高。考虑战前江苏省各县民众的平均识字率为15.21%①,那么,乡镇保甲长(尤其是乡保长)的平均识字率,整体上远高于民众的平均识字率。与识字程度较低的普通民众相比,乡镇保甲长的文化程度可谓脱颖而出。其三,就乡镇保甲长文化程度分布而言,受过私塾教育者的比例最大,其占了一半左右(其中,保长受过私塾教育的比例更高,达到了2/3)。受过小学教育的也占一定的比例,约18%的保长和16%的乡镇长受过小学教育。如果再以中学程度为分界线,除了乡镇长中学程度出身比例较为乐观外,受过中学以上教育的保甲长只占总体很小的比例(尽管并非没有,如武进的保长群体中就有外国留学生、前清进士和大学生)。②受过中学以上教育程度的保甲长,无疑是引人注目的。如嘉定保长姚明辉就是一个典型例子。姚明辉(1881—1961),曾在上海暨南大学、大同大学、大夏大学、持志大学和上海大学等任教授。③保甲推行后,姚被推选为保长。当嘉定保长受训时,一名记者问他:"君身为大学教授,岂屑于受此训者乎？"姚说:"我所学者,为文学,而保甲制度,未尝研究,仍有受训之必要。"④

不过,像姚明辉那样的大学教授,毕竟在乡镇保甲长中系凤毛麟角,并不具有代表性。真正具有代表性的是受过私塾教育的保甲长的比例。那么,为何在废科举、设学校后的30年间,乡村领袖仍多出身于私塾而不是新式学校呢？

---

① 据1935年度《江苏省各县识字人口统计数》中的数据,江苏省各县识字人数为5 295 803(其中识字男性为4 722 495人,女性为573 308人),总人口为34 828 063。见《江苏省保甲总报告》,江苏省民政厅编,1936年版,第114~116页。
② 侯厚宗:《贡献一些有效办法》,《江苏保甲》第1卷第9期,1935年6月。
③ 上海市《嘉定县志》编纂委员会编:《嘉定县志》,上海人民出版社1992年版,第1121页。
④ 《嘉定保甲工作散记》,《江苏保甲》第1卷第18期,1935年10月。

其一,经济考虑是乡村民众选择私塾教育的首要因素。清末以来,政府虽然鼓励设立新式学校,但对设立的小学投入了极少的资源,其结果便是:农村中几乎并无新式学校,最好的新式学校都集中在城市里。新式学校的学费和其他消费远高于原来的私塾。就读于私塾的学生,不过掌握一些儒家经典便行,新式学校则需要一系列的教科书、参考书、图书馆及实验设备。这样,新式小学教育的花费是旧式私塾的两倍,中学和大学的花费则是原来的四五倍。① 其二,在乡民看来,私塾的授课内容和管理方式比新式学校更具有适应性。正如时人观察的那样,"私塾教材迎合了百姓的口味。接近生活,能写一手好字,做篇好文章。洋学的课程还要唱歌游戏旅行,百姓认为是胡闹,不会约束学生。且反对书中猫狗都会说话,认为书中不讲孔圣人。私塾让人能写字记账,知书达理。管理上,教员因生活问题而不安于教,常常缺席,利用教学时间干其他事情。私塾管得严,采用个别教学法,乡间学生缺席时最适合,有事迟读几天书,并没有补功课赶功课的说法;洋学旧式两样,缺一两星期课,就是先生许他补,学生也不愿意念了。"② 陈果夫在江宁调查教育时,曾向乡下几个老者询问了地方教育情形,那些老者都是连连叹气。在陈的再三追问下,那些老者说:"我们的子弟,如果到学校去读书,就等于他们送掉了。读了书,再也不肯帮我们做事,读的书又毫无用处。就是暑期农事忙,正需人手,他们又都因为功课,不肯下田。不瞒主席说,我们的小孩,还是进私塾读书哩。"陈又问为何那些私塾没有这些弊病,那些老者说:"私塾学的,将来有用。而且农忙时不妨碍农事。读完了还能留在乡下,不至于老想到城里去。"③ 其三,与新式教员相比,塾师在乡村中更能赢得地方社会的信仰。由于小学教员多毕业于高小或师范讲习,年青、经验少,在乡间并无地位。乡民认为他们不过是毛头小子,而塾师在地方上则具有较高的地位,很多私塾本身就是那些地方士绅所举办。塾师不仅能给农家孩子取个高雅的名字,还能帮助乡民们写信件、对联和帖

---

① [日]韩敏:《回应革命与改革:皖北李村的社会变迁与延续》,陆益龙、徐新玉译,江苏人民出版社2007年版,第13页。
② 廖泰初:《动变中的中国农村教育》,1936年版,第34页。
③ 陈果夫:《苏政回忆》,台北:正中书局1951年版,第75页,南京图书馆藏。

子。有时,塾师不仅会帮助乡民订立契约,检读完粮的单子,还能帮助乡民处理婚丧择吉事务。乡民与官方打交道,也离不开塾师的帮助。塾师能写一手好字,足以包揽词讼。因此,塾师在乡村中具有较高的声望。乡民们送子女入私塾,不在于"跳龙门考状元",而在于结识这些"村塾夫子"。①因此,科举被废除后,并没有导致私塾的衰败,尤其在广大乡村,私塾比学校更具有竞争力。如30年代的萧县,私塾发达,远超过学校。②江北地区除了南通、如皋和盐城之外,"几无教育可言,一般村中只有冬烘私塾"③。即使在武进,穷乡僻壤的地方,仍分布着许多私塾。④如此看来,在私塾盛行的社会氛围下,生活在乡村中的乡镇保甲长,多数必然受到了私塾教育的熏陶。不仅如此,有些私塾本身就是由乡镇保甲长所举办。如萧县李家楼的保长李淮廷,原来的职业是私塾教师。⑤扬中县的私塾更为发达,塾师在地方上很有势力,"乡镇保甲长大半都是私塾先生和他们学生充当",这使得县长都不易做好。⑥

然而,私塾所授予乡镇保甲长的知识,远不能适应20世纪社会变迁的需要。据萧县一些曾上过私塾的村民的回忆,"那时,孔子的画像是悬挂在教室墙上,教学方法仍是几百年前的方法,私塾先生只要求学生背诵经典,根本不解释文中的含义,也不用他们生活中的问题来加以诠释。私塾所学的内容全是文科的,他们只学习那些对家族的忠诚、对长辈的恭敬、对祖先的敬仰以及其他维持社会系统和文化的道德原则。"⑦由于私塾向学生所传授的多为儒家

---

① 尤蔚祖:《一个停着不进的农村里的生活》,《申报》,1936年1月16日。
② 许健:《萧县县政调查报告》,江苏省民政厅,1935年版,第70页,南京图书馆藏。
③ 王南屏:《江北农村实况》,见千家驹编:《中国农村经济论文集》,北京:中华书局1936年版,第618~619页。
④ 李范:《武进县乡村信用之状况及其与地权异动之关系》,见萧铮主编:《民国二十年代中国大陆土地问题资料》第88辑,台北:成文出版社1977年版,第46946页。
⑤ [日]韩敏:《回应革命与改革:皖北李村的社会变迁与延续》,陆益龙、徐新玉译,江苏人民出版社2007年版,第13页。
⑥ 陈果夫:《苏政回忆》,台北:正中书局1951年版,第86页。南京图书馆藏。
⑦ [日]韩敏:《回应革命与改革:皖北李村的社会变迁与延续》,陆益龙、徐新玉译,江苏人民出版社2007年版,第15~16页。

经典,而非现代的知识,受过私塾教育者很少能适应现代国家的需求。30年代,从事铜山农村调查的刘承章对此评论道:"从私塾出来的学生,不仅对普通常识都蒙然不知,甚至读了十余年书,连日常的便条及书信都不会写的也很多。"他感慨地说,"这些学生皆是近代国家社会需要不得的'文盲',他们所有的并不是知识,而只是认识了一个个的单字,或是背熟了几句老文章而已。"① 又如张惠群对如皋乡村调查后,不得不承认,这些塾师无非是"脑筋陈腐"之辈。②

由于受过私塾教育的乡镇保甲长人数众多,一些乡镇保甲长本身就是私塾先生,为了使乡镇保甲长能够适应党治政权的需求,江苏省采取了两方面的措施。一方面,举办保甲人员训练,通过精神训话、军事训练和知识训练,除了向保甲人员灌输三民主义意识形态之外,还向他们讲授各种现代知识,以增强其国家和民族意识、服务乡里的精神。这种训练一定程度上推动了保甲人员的知识结构开始从传统到现代的转变。如高淳县保长训练时,训练人员组织学员讨论了苏北水灾的募赈问题,受训保长还捐了40元。③ 同样,东海县文庙镇甲长训练时,训练人员向甲长出了以下几个问题:"三民主义的内容是什么?晚间如何预防敌人飞机?如何预防毒气弹?蒋委员长决定到几年禁绝烟毒?省政府规定运用保甲的四种范围是什么?甲长为何要训练?华北自治运动是民意吗?"甲长们能回答上来的占78.08%,能答对一部分的占10.80%,不能回答的占11.12%。虽然年老发白的甲长们占了相当比例,但经过此次训练之后,他们的知识边界已经渐渐跨域了儒家经典的范围,开始接触一些现代知识。其中,好几个念过数十年儒家经典的老学究的甲长,还向训练人员送了许多赞美的诗词。足见,老学究式的甲长已经与受过国家新式教育的训练人员建立了密切的联系。④ 不仅如此,保甲训练还使保甲人员关注的视野不仅仅局

---

① 刘承章:《铜山县乡村信用及其与地权异动之关系》,见萧铮主编:《民国二十年代中国大陆土地问题资料》第90辑,台北:成文出版社1977年版,第47551~47552页。

② 张惠群:《江苏土地局南通盐垦公司实习总报告》,见萧铮主编:《民国二十年代中国大陆土地问题资料》第108辑,台北:成文出版社1977年版,第57382页。

③ 《高淳县保长训练所开学》,《江苏保甲》第1卷第22期,1935年12月。

④ 彭大铨:《一个甲长训练班的经过及其评价》,《东海民教》第1卷3、4期合刊,1936年1月。

限于狭小的乡土社会,而是开始投向国家和民族的危机。如抗战全面爆发后,南通新港镇的一名保长,率领乡民杀死一名下乡勒索的日本兵和翻译官,这名保长还高呼:"打死他,有责任我负。"①一定意义上说,这名保长的英勇行为,当与战前的保甲教育不无相关。

另一方面,鉴于乡镇保甲长与私塾有着密切的联系,江苏省当局对私塾教育采取了渐进的改良。扬中县私塾改良,便是一个典型的例子。由于该县私塾先生人数众多,乡镇保甲长也多以私塾为业。陈果夫便委任年龄较高的洪康燮出任该县长,以迎合当地的情况。洪康燮赴任前,陈要洪暂时不必袒护学校,甚至可先把私塾的长处介绍到学校去,然后又要私塾采取学校的长处,用感化的方式去推动新式教育的发展。②洪上任后,对扬中的塾师进行了培训。后来,有的塾师还到镇江参观了新式的学校。因此,私塾已不再教授四书五经,而是和学校一样教授国语、算术常识等课,私塾的质量得到了提高。③通过这种"旧瓶装新酒"的方式,江苏省既争取了塾师和保甲长等人的支持,又向他们输入了现代知识。此举无疑具有积极的意义。

三、经济地位

与教育密切相关的是财富,它也是人们提升社会地位的主要手段之一。中国的士绅具有政治和经济的双重意义,他们拥有的地产与官职有着很大的关系,"在农民大众眼中,士绅还包括大地主,这是统治阶级的经济基础,他们的高墙大院里圈有许多庭院,雇佣的仆役很多,并储存粮食物资和防盗器材。"④进入民国,虽有废科举、读经和士绅免赋的特权,然而,中国城市革命对乡村

---

① 潘敏:《江苏日伪基层政权研究:1937—1945》,上海人民出版社 2006 年版,第 24~29 页。
② 陈果夫:《苏政回忆》,台北:正中书局 1951 年版,第 86 页,南京图书馆藏。
③ 杨春圃、杨秋农:《旧社会扬中教育片段》,见中国人民政治协商会议江苏省扬中县委员会文史资料研究委员会编:《扬中文史资料》第 6 辑,1987 年版,第 93 页。
④ [美]费正清:《美国与中国》,世界知识出版社 1999 年版,第 33 页。

影响甚微,构成士绅阶层的重要条件仍是地位和财富。①只有拥有足够的财富,人们才可能接受到良好的教育。"当一个乡村的领导人并没有直接的经济报酬,而且为达到此地位,需要经过长时间准备费钱的过程,才能使自己达到一定的文化水平,一个穷人家的孩子要得到这种职位的机会是比较少的。"②由于体力劳动和空闲时间的相互排斥,农民长时间要忙于田里劳动,他们的精力被辛苦的劳动消耗尽了,缺乏长期能够用于读书的闲暇时间。而且,他们所挣得的微薄收入,无力支付高昂的读书费用。那些能够接受教育者,家里不是拥有较多田地的地主便是富商。只有那些地租和商业利润的收入,才能为接受教育者提供闲暇的时间。③如在 20 世纪 20 年代的华中地区,拥有土地 30 亩的地主,才能供应两名子弟就读初等小学;50 亩田地的地主才能供出一个子弟读高等小学;拥有土地 200 亩的地主,才能支持一个子弟念完初中。④

不仅如此,乡绅必具有一定的经济基础,他们才可能有闲暇和精力去关注社会的公共事务。⑤动乱的年代里,村庄的首富差不多是农民们所仰仗的主要人物。他们筹备枪械,组织自卫,保护农民们的生命财产,为乡村穷人提供最低的生活保障。⑥这不仅有助于提高他们的社会威望,更有助于在其周围聚集起一批充满感激之情的追随者,从而使其在当地的社会地位合法化。⑦因此,考察保甲人员的经济地位,也是考察其社会权威的一个重要组成部分。

由于保甲人员群体众多,分布又广,相关统计资料较为缺乏,要想弄清楚

---

① 庄孔韶:《银翅:中国的地方社会与文化变迁:1920—1990》,生活·读书·新知三联书店 2000 年版,第 41 页。

② 费孝通:《江村经济:中国农民的生活》,商务印书馆 2001 年版,第 103 页。

③ 周荣德:《中国社会的阶层与流动:一个社区中士绅身份的研究》,学林出版社 2000 年版,第 240~241 页。

④ 苏云峰:《社会变迁》,见台湾"教育部"编:《中华民国建国史》第二编,民初时期(三),台北:"国立"编译馆 1985 年版,第 1508 页。

⑤ 于建嵘:《岳村政治:转型时期中国乡村政治结构的变迁》,商务印书馆 2001 年版,第 95 页。

⑥ 《沭阳农业农村农民之概况》,《农村经济》第 2 卷第 6 期,1935 年 4 月。

⑦ [美]詹姆斯·C.斯科特:《农民的道义经济学:东南亚的反叛与生存》,程立显、刘建译,译林出版社 2001 年版,第 52~53 页。

战前保甲人员的经济地位,是一件较为困难的事情。即以1935年的《江苏省保甲总报告》,只对乡镇保甲长的职业分布做了统计,并不能反映其经济状况。不过,根据当时的报刊、调查资料和回忆录,我们大致可以得出一个较为保守的结论:乡镇保甲长的经济状况要优于一般的民众,甚至可以说是较为富裕的人家。更为重要的是,乡镇保甲长的经济地位与其职位和平均教育程度成正比。即职位越高,教育水平越高,其财富的拥有也较高。因而,在乡镇保甲长群体中,乡镇长的经济状况最好,保长的经济状况又次之,甲长的经济状况再次之。

笔者曾对1934—1937年《申报》中关于江苏省乡镇保甲长被劫事件作了统计。通过乡镇保甲长家被劫的钱物中,我们大致可窥出他们的经济状况。

表8 1934—1937年《申报》关于江苏省乡镇保甲长被劫事件的统计表

报道时间	乡镇保甲长籍贯	职务	姓名	被劫物品及家庭情况
1934.3.20	海门刘周乡	乡长	沈楚江	勤俭持家,略有积蓄。
1934.4.14	江阴万安乡	乡长	王玑廷	由单60张被劫,漕粮赈册粮串和土地陈报通知单265张被烧毁,被劫300元。
1934.4.30	太仓蛇浜乡	乡长	杨子安	被劫金珠衣物甚多。
1934.5.9	吴江严墓北院乡	乡长	陈大洋	家道小康,素为匪徒垂涎,劫去衣饰甚多。
1934.6.7	吴县七子山	乡长	顾蔚伯	劫去现洋金饰衣服约值数百元外,并劫去保卫团寄存之步枪一支,自卫手枪及套筒枪各一支。
1934.7.18	高邮沭家庄乡	乡长	沭如乾	被化装成农民的匪徒绑去,索价2万元。
1935.4.4	松江铁桥乡	乡长	高钟逵	劫去皮衣5件,棉夹单衣100余件,金圈1副,现洋6元,手提箱2只,麻袋6只。
1936.7.22	太仓某乡	乡长	浦孙泉	劫去衣饰钞洋计值3000余元。
1936.11.7	无锡济福乡	乡长	狄克	被劫金戒等物。
1935.3.13	无锡方陶乡	上水浜保长	沈锡麟	被劫衣服饰物合计200元
1935.5.9	无锡太平乡	第一保保长	费某	被难民劫去由单衣饰等。
1935.5.25	无锡柏庄乡莫家庄	第八保保长	潘凤镜	家道小康,有良田800亩,房屋1间5造。

续表

报道时间	乡镇保甲长籍贯	职务	姓名	被劫物品及家庭情况
1936.2.2	无锡东桥乡	某保长	华鲁卿	法币、银角、铜圆、白布绸袄等件。
1936.11.1	无锡南泉镇	第四保保长	蔡品芝	在荡口镇开木行,家道丰富,被劫法币、首饰达1400余元。
1935.5.19	海门边靖乡	第九保保长	郁近仁	被焚毁民屋一间,损失400元。
1935.8.4	南汇凫达乡	某保长	钱福康	被劫物品不详。
1936.11.20	南汇下沙镇	第十保保长	姚心根	被劫步枪一支,金戒4只,损失百余元。
1935.3.26	松江天马山三十五图	第三保保长	王鼎成	家道小康。
1935.7.31	松江萌冈十九图	第七保保长	陈允运	被劫手枪及子弹30粒,狐皮摊皮等袍子金珠首饰甚巨。
1935.9.12	松江潘库乡	第二保保长	陈凤祺	被劫衣服10余件,藤篮3只。
1935.9.12	松江护塘乡	第三保第五甲甲长	何才根	被劫白米2斗,夹被2条。
1935.9.17	松江胡桥乡	第六保第五甲甲长	顾才富	被劫白米2石,23匹布,寿衣10余件,麻袋6只。
1935.9.19	松江护塘乡	第四保第三甲甲长	张道生	勤俭持家,差堪温饱,被劫20元及衣服布匹。
1936.1.16	高邮新平乡	第十保第十四甲甲长	杨宝富	家道小康,搜去首饰及衣物。
1936.2.26	高邮保民乡	第九保第六甲甲长	邵有才	家道小康,搜去衣物及新造大船一艘,装稻49石。
1936.4.8	高邮张庄镇	第三保第四甲甲长	黄两银	被劫现洋衣物首饰存银合计300余元。
1937.1.24	高邮北岸乡	第一保保长	仇永喜	被劫自卫枪一支及食米。
1936.3.5	太仓阜民乡	第七保保长	高仲清	家有雇工。
1936.7.27	江都聚丰乡	第九保保长	阎雨楼	家有雇工。
1936.8.5	昆山新圩乡	第一保第九甲甲长	邹裕卿	家道小康,抢去200余元及衣物首饰。
1936.12.19	昆山歇马桥	第五保第九甲甲长	朱仁龙	被劫300余元及贵重物品。

资料来源:《海门沈楚江爱子被绑》,《申报》1934年3月20日;《江阴乡长家被盗搜劫》,《申报》1934年4月13日;《太仓乡长家被劫》,《申报》1934

年4月30日;《吴江严墓北院乡长被绑》,《申报》1934年5月9日;《苏州七子山乡长家遭劫》,《申报》1934年6月7日;《高邮沭家庄被绑五人》,《申报》1934年7月18日;《松江乡长家被盗行劫》,《申报》1935年4月4日;《太仓露天庙盗劫伤人》,《申报》1936年7月22日;《无锡两商号遭匪劫》,《申报》1936年11月7日;《无锡乡区劫案连续发生》,《申报》1935年3月13日;《无锡劫案并志》,《申报》1935年5月9日;《无锡第二区大火焚毙女孩》,《申报》1935年5月25日;《通缉本年二月份吴县等县各案逸匪》(1936年4月11日),《江苏省政府公报》第2248期;《无锡苏州木行深夜被劫》,《申报》1936年11月1日;《海门保长家被匪纵火焚毁》,《申报》1935年5月19日;《南汇召杜两商团截获四盗匪》,《申报》1935年8月4日;《南汇祝桥镇花厂被劫》,《申报》1936年11月20日;《松江天马山保长被绑》,《申报》1935年3月26日;《松江浦南两劫案之惨剧》,《申报》1935年8月2日;《松江保甲长家同受盗劫》,《申报》1935年9月12日;《松江保甲长家同受盗劫》,《申报》1935年9月12日;《松江胡桥乡甲长家被劫》,《申报》1935年9月17日;《松江八区甲长又被盗劫》,《申报》1935年9月19日;《高邮新平乡盗劫被绑一孩》,《申报》1936年1月16日;《高邮保民乡邵家被劫》,《申报》1936年2月26日;《高邮甲长被劫烧烂两腋》,《申报》1936年4月8日;《高邮东北乡绑劫迭出》,《申报》1937年1月24日;《太仓盗匪行劫伤人》,《申报》1936年3月5日;《扬州聚丰乡被匪抢劫》、《昆山南外滩匪劫伤人》,《申报》1936年8月5日;《昆山匪徒抢劫农家》,《申报》1936年12月19日。

从上表可以看出,被劫的乡镇保甲长,要么"家道小康",要么拥有"由单"(即征收田赋的单子);或拥有雇工。有的仅被劫金额就达数百元,而30年代江苏省各县佃雇农的年平均收入仅为30余元。[①]如此看来,有些保甲长被盗匪劫走的财物,则相当于贫雇农数年乃至十年以上辛苦劳作的收入。有

---

① 1932年,根据实业部的调查,六合、丹阳、赣榆、仪征等县佃雇农的工资在七八十元至百元间,而沛县、丰县、铜山等县佃雇农的年工资不过10元,佃雇农的平均收入为33.2元。见赵如珩:《江苏省鉴·社会》,新中国建设学会,1935年版,第32~33页。

的乡镇保甲长被绑匪索诈成千上万元,由于土匪对肉票的勒索,多视绑架者的经济状况而定,那么,上述被绑架的乡镇保甲长,其家庭无疑是相当富裕的。

20世纪30年代乡村的调查日记和资料,同样可以印证上述的推论。1933年,据有人对无锡6个区的235个乡镇长和乡镇副的调查,其中,大小地主占78.3%,富农占13.6%,中农仅占8.1%。其中,在119名乡镇长中,拥有土地超过50亩的占64.7%,他们平均占有的田地为146.6亩。相比之下,乡镇副每户拥有的土地为63.1亩,50亩以上者占37.1%。即使那些50亩以下的乡镇长和乡镇副,人均占有的土地也超过了20亩,这已是普通农户平均占地的4倍(无锡普通农户每家所占的田地尚不足5亩)。①据启东县农会对该县11位乡长的调查发现,这些乡长拥有的土地最多的可达42亩,最少的也有10亩。10亩以上20亩以下仅有3人,人均占有田地为21.7亩。②同年,再看行政院农村复兴委员会调查者日记,其中,不乏一些关于乡镇长经济地位的描述。邳县半里庄乡乡长家开了一所私塾,能够供应十几名学生读书。③常熟任塘乡乡长,"是本村唯一的地主,头脑清晰,各农家人口和土地分配情形都能一一道出"④。常熟高英乡,"乡长赵孟浩,人精干,经营花边行抽水机,每年获利3000元。"⑤盐城民治乡乡长的经济状况,则可以间接推出。该乡乡长的弟弟曾经在钟南中学念过书,这是调查者在乡村所遇到为数不多的几个中学生。⑥即以当时的乡村而言,能够供应一个中学生的家庭,至少需要百亩以上的土地,显然,这名乡长的家庭在当地必定不是贫穷的人家。

1934年,保甲制度推行以后,担任乡镇长者所需的经济条件,仍未有太大改变。如睢宁西安乡乡长一职,从1930年至抗战全面爆发前,一直都由大地主

---

① 李珩:《中国农村政治结构的研究》,《中国农村》第1卷第10期,1935年7月。
② 《江苏省启东县农会》,中国第二历史档案馆藏,卷宗号,422(2)-86。
③ 行政院农村复兴委员会编:《江苏省农村调查》,上海:商务印书馆,1934年版,第68页。
④ 行政院农村复兴委员会编:《江苏省农村调查》,上海:商务印书馆,1934年版,第82页。
⑤ 行政院农村复兴委员会编:《江苏省农村调查》,上海:商务印书馆,1934年版,第85页。
⑥ 行政院农村复兴委员会编:《江苏省农村调查》,上海:商务印书馆,1934年版,第88页。

邱心斋之子邱灵修担任。期间，县长换了好几届，但邱灵修的职位却稳如泰山。①1935年，曾担任涟水张集乡乡长的王锦成，家中有田地二三百亩。②在沭阳塔山乡，乡长乔为谦，他的弟弟是泰山寨寨主，兄弟二人控制了该乡所有的枪支，乡民惟这二人是从。③在铜山，毛寨乡乡长一直由地主刘自修担任。刘出身于豪强地主之家，他的一名叔叔刘大鹏曾任圩董，另外一名叔叔刘大申所拥有的田地达10余顷。④在费孝通所调查的吴江开弦弓村，保甲制度推行前后，两任乡长都由当地比较有声望和富裕的人担任。一位是陈先生，曾是清末秀才，后来成了一名校长。另一位是周先生，他是蚕丝厂助理厂长。陈和周的生活比较富裕，尽管不是村中最富的人。"他们为公众服务的精神和能力，使他们得到了权力和威望。"⑤在宜兴和桥，富农和乡长凭借财产的信用和特殊的关系，组织起信用合作社。因此，他们能够直接从银行贷到款项，从而增强其经济实力。⑥后来的调查也可间接证明这一点。有人曾对1950年苏南22个县206个乡的地主做过调查，在5016户地主之中，有1251人曾出任过乡保长。如果每户地主有一人参政的话，那么，地主充任乡保长的比例接近25%。⑦当然，家庭贫寒者担任乡镇长的例子并非没有，但这是较为罕见的情况。如宝应推行保甲制后，崔凤五担任了振兴乡乡长，他的家中只有七亩半土地，并无其他财产。因而，崔可谓"由一个穷人登上政治舞台的"。⑧更为重要的是，98%

---

① 时垣卿：《邱锡康其人》，见政协睢宁县文史资料研究委员会编：《睢宁文史资料》第3辑，1986年版，第117页。

② 求真：《王氏"四大庭院"的破灭》，见政协响水县文史资料研究委员会编：《响水文史资料》第9辑，1994年版，第90页。

③ 邓翔海：《七十浮生尘影录》，见沈云龙主编：《近代中国史料丛刊续编》第84辑，台北：文海出版社1981年版，第43页。

④ 李冰：《抗战前夕铜北三区爆发的一场群众斗争》，见政协江苏省铜山县委员会编：《铜山文史资料》第2辑，1983年版，第75~77页。

⑤ 费孝通：《江村经济：中国农民的生活》，商务印书馆2001年版，第102~103页。

⑥ 李珩：《宜兴和桥及其附近的农村》，《中国农村》第1卷第2期，1934年11月。

⑦ 段本洛、单强：《近代江南农村》，江苏人民出版社1994年版，第280页。

⑧ 鲜月林：《我记忆中的崔凤五先生》，见中国人民政治协商会议江苏省金湖县委员会文史资料委员会编：《金湖文史资料》第4辑，1988年版，第77页。

以上的乡镇长都识字(1/4以上的乡镇长具有中学以上的学历)的情况,足以说明乡镇长的家境并不逊色。毫不奇怪,当地政局的学生下乡调查时,他们一到乡长们家里,便会受到乡长们很好的款待。如曾在东海县作农村调查的冯光烈,便受到了西石乡乡长陈相骋的款待。尽管这名乡长向冯讲了当地农民的穷苦情形,但他自己招待冯的饭菜却是"四菜一汤","一只鸡烧得颇为清雅"。此外,陈还摆出了用面制成如松花的食品,吃起来似乎如豆精。联系当时"许多的农民连饭都吃不饱"的情况,无怪乎冯本人都觉得"亦足见地方之雅趣"。①

我们接着来看保甲长的来源,他们更多出身于富有之家。据睢宁县一位老人的回忆,"保长虽无工资,但是可以不缴纳区、乡的捐派款及下面的一切杂税。因此,干保长的多是富有之家。"②在江南的常熟,一名老人的口述材料,同样强调了保长们的富有出身,"国民党设乡设村,还有保,就是一个村,三四十个人设一甲长,保长一般是村里较富裕的,没有工资的,自己愿意干,有经济来源。"③在东台县的王港乡,一位名叫王泽民的保长曾于1937年捐出了6间房子来作为私塾的校舍,这些房子都是杉木结构,砖墙草盖。有人曾以1995年的物价来计算,这名保长曾经捐出的房子约值1.2万元。④在仪征龙河乡,1937年春,时任第一保保长的杜有志,其祖上三代都以经商为生。⑤再据曾在仪征钱粮柜任职的邱贤伦的回忆,他曾在三乙坊遇到一位姚姓保长,这名保长家有100亩良田。由于缴粮不拿串有利可得,姚某便请了邱到他家里喝酒,向邱缴了30元的人情费,请邱为他打点。结果,姚某只须缴纳四成的田赋就算了

---

① 冯光烈:《连云港实习调查日记》,见萧铮主编:《民国二十年代中国大陆土地问题资料》,台北:成文出版社1977年版,第53012页。

② 贾铭:《辛亥革命后睢宁政局的演变》,见政协睢宁县文史资料研究委员会编:《睢宁文史资料》第4辑,1988年版,第12页。

③ 李学昌主编:《20世纪常熟农村社会变迁》,华东师范大学出版社1998年版,第517页。

④ 李朴:《爱国人士王泽民献房办学纪实》,见政协大丰县文史委员会编:《大丰县文史资料》第12辑,1995年版,第88~89页。

⑤ 杜有志口述、吕芝平整理:《站在人生的十字路口》,见中国人民政治协商会议江苏省仪征县委员会文史资料研究委员会编:《仪征文史资料》第5辑,1988年版,第66页。

事。①在东海的刘王庙,当江苏省地政局的一名学生冯光烈调查该地时,队丁将冯领到了当地的一名金姓保长家歇息。这名保长"列茶盒糖果六七事表示旧年款客之意"。当冯问及关于当地风情和地价等事,这名保长坦率地讲了该村佃农和自耕农的分布状况、农户的副业。还讲道,粮食价格跌落,农民生活困苦,以致当地读书人较少。②从这名保长的言谈和举止来看,这名金姓保长的出身定在当地处于优越的地位。同样,在费孝通所调查的开弦弓村,下设3个保,保长是由两名地主和一名富农充任。③1935年12月6日,《申报》刊载了一起"苏州手枪走火击毙烟伙"事件,肇事者则是戚墅镇保长兼商团教练郁振之。保长兼任商团教练,足以显示这名保长有着可观的收入,他在当地也是有势力的人家。④即使那些比较贫穷的地方,保长的经济状况还是较优于当地乡民的平均水平。一位名叫魏译之的人,曾对吴县一个贫穷的隆田上村做了观察,魏写道:"这个村庄住了112家,全都是业农的。房屋没有几间砖砌的,全家都是芦草的篷子,没有窗户,没有光线,更谈不上什么设备。朱保长的家里是较为好一点,显然在他的砖砌墙上开了几个窗户洞,在屋内仍然黑暗得辨白不出东西来。"⑤

再看甲长的经济状况。1936年,据时人对东海文庙镇77名甲长家庭资产的调查统计,财产在100元以下者为5人,占总体的6.5%;财产在100元以上500元以下者为25人,占总体比例的32.5%;而财产在500元以上3000元以下有47人,占总体比例的61%。⑥与当时佃雇农的收入状况相比,这些甲长的

---

① 邱贤伦口述、叶明整理:《仪征旧县衙的钱粮柜》,见中国人民政治协商会议江苏省仪征县委员会文史资料研究委员会编:《仪征文史资料》第3辑,1986年版,第63页。
② 冯光烈:《连云港实习调查日记》,见萧铮主编:《民国二十年代中国大陆土地问题资料》,台北:成文出版社1977年版,第53013页。
③ 黄万纶:《费孝通"农村调查"的反动本质》,上海人民出版社1958年版,第40页。
④ 《苏州手枪走火击毙烟伙》,《申报》1935年12月6日。
⑤ 魏译之:《江苏山西实习调查报告》,见萧铮主编:《民国二十年代中国大陆土地问题资料》第107辑,台北:成文出版社1977年版,第56888页。
⑥ 彭大铨:《一个甲长训练班的经过及其评价》,见江苏省立东海民众教育馆编:《东海民教》第1卷第3、4期合刊,1936年1月。

经济状况明显要优于佃雇农。毫不奇怪,镇江的一位调查者会惊讶地发现,一位名叫仲六顺的甲长竟娶过 5 个老婆,显然这名甲长也绝非贫民出身。① 然而,考虑到甲长的教育程度远低于乡保长的教育程度,甲长群体的整个经济地位自然要较乡保长的普遍水平逊色一些。与乡保长相比,甲长完全是一个位卑事繁的苦差事,滥用权力的机会又少,几乎是一个人所避之不及的角色。如上所述,有人曾对文庙镇的 77 名甲长做了问卷调查,只有 23 名甲长表示愿意担任此种职务,未及全体比例的 1/3。其余甲长要么表示"就算愿意"、"那个愿意,也是没办法"和"实在不愿意"。② 这种情况说明,保甲长虽然并称,但甲长的实际地位与乡保长有着很大的差别。

四、社会声望

讨论乡镇保甲长的社会权威,不能不讨论其社会声望。社会声望反映了民众对于组织或个人的认可程度。从战前乡镇保甲长的年龄、文化程度和经济状况来看,他们的社会地位要比普通民众高一些。尤其在政府的严密督导和训练之下,数十万名乡镇保甲长的国家和民族意识得到增强,他们的精神、思想和行动都有了相当的转变。对此,淮阴区一位从事党务的官员方元民,热情地称赞道:

"现在乡镇保甲长镇长与以前的董事,在本质上已有所不同。过去的董事,大多是鱼肉乡民的土劣,与民众利害是对立的。现在的保甲长乡镇长,大多都是具备一些新知识的教育,有些曾受过小学或中学以上的教育的。再就经济上讲,他们多是能自食其力的正人,大多数尚能洁身自好,为人表率。还有一些特征是值得赞叹的,就是大多数保甲长乡镇长与区长关系密切融洽,这更使得一般设施,容易深入民众而达到实现。如果保甲制度能通行各省,拿着我

---

① 陈秩:《姜湾生活学校的农家调查》(下),见江苏省立大港乡村教育实验区编:《乡村教育》第 1 卷第 3 期,1936 年 3 月。

② 彭大铨:《一个甲长训练班的经过及其评价》,见江苏省立东海民众教育馆编:《东海民教》第 1 卷第 3、4 期合刊,1936 年 1 月。

们有组织的广大民众,可以抵挡帝国主义的坚甲利兵。"①

方元民对乡镇保甲长群体的观察,难免有些夸大之词。不过,他描述了一批乡镇保甲长的共同特征:即文化程度较高,经济上能够自食其力,道德上能"洁身自好"、"为人表率",能够与区公所保持密切的联系。这反映了一批乡镇保甲长是由乡村领袖担任的事实。方的这种观察,的确可以得到相当多的例证。如1936年4月,江苏省政府规定各县征收田赋时,"除设置催征警外,应当指挥区乡镇保甲长或当地公正士绅负责协助办理。"在官方话语里,即以功能而论,保甲人员与公正士绅之间并无太大差别。②再据萧县李家楼一位老人的回忆,只有名声好且与上层官员具有良好关系的人,才能被选为保甲长。③常熟殷弄村的一位老人也有类似的看法,保长不仅是村里较富裕的人家,还具有较高的社会地位,"靠威望处理事情,老百姓都听他"④。事实上,无论是30年代国民党官方的报刊,还是中国共产党建立政权后各县文史资料里面,均记载了不少富有声望的乡保长的事迹。如在组织社区防卫、调解人民日常纠纷、关心人民生活和为社区人民树立楷模等方面,一批乡镇保甲长无疑发挥着重要的作用,赢得了乡民们对他们的尊敬和信任。

然而,我们也不能对全体乡镇保甲长群体的社会声望估计过高。毕竟,战前江苏省乡保长兼备乡村领袖的比例并不太多。相反,许多保甲人员是由素质低下和毫无声望的乡棍所担任。他们多将保甲组织视为鱼肉乡里的工具,因而加剧了农民与政府之间的对立。选举保甲长时,与多数乡民的冷淡态度形成鲜明对比,地方劣绅势力却趋之若鹜,不择手段。有的不惜将一户分成几户,人为地造成保甲数目的膨胀,以作为竞选的资本。⑤为了争取选票,有的不惜设酒席邀请民众;有的年龄大了,便将自己的年龄改小,似乎重演了帝制时

---

① 方元民:《对于苏省保甲工作之片段的观感》,《江苏保甲》第1卷第18期,1935年10月。
② 《修正江苏省各县田赋征收规则》,江苏省档案馆藏,卷宗号:1054-1-491。
③ [日]韩敏:《回应革命与改革:皖北李村的社会变迁与延续》,陆益龙、徐新玉译,江苏人民出版社2007年版,第78页。
④ 李学昌主编:《20世纪常熟农村社会变迁》,华东师范大学出版社1998年版,第517页。
⑤ 张权:《淮安保甲之检讨》,《江苏保甲》第2卷第11期,1936年7月。

代的世袭制;有的因子弟年龄过小,便将子弟的年龄以少报多,以争取选举;有的鼓励子弟在外做事,自己却借用其子弟之名参加选举,实际上仍旧把持乡政。①为了竞选成功,各方拉帮结派,互相攻讦。那些无所偏倚的政府官员,常常会遭到竞选双方的攻击。落选者则"怨天尤人,发生错误的观念,自己戴了墨镜,以为一切都是乌天黑地,桀犬吠尧,捏词诬控"②。有的满足于背后操纵,不惜任何唾骂,多为自己的代理人活动。某种程度上说,喧嚣一时的保甲长竞选,无非是地方势力对乡村权力的重新分配,"庸碌者,或受人之利用,或欲光荣于乡里,钻营活动,滥竽其间。狡黠者,借法令威吓无知之乡民,行其鬼魅伎俩。"③"此类人物大都为封建思想所束缚。对于选举,辄暗中把持,以致不惜任何唾骂,多为自己下层活动,而实际一切事业均由其操纵指挥。久任保甲长者,无不唯唯听命,此不特混乱选政,亦且妨害自治事业之推行。真正能够明了保甲规程、并且为当地服务的人,简直可谓凤毛麟角了。"④

与乡棍竞选保甲长的激烈情形相比,不少具有社会声望的乡村领袖对此却反应冷淡,并不屑于担任乡镇保甲长。他们认为:"乡镇保甲长义务多而权利少,事繁责众,尤易招怨。故洁身自好、学行较优之士,往往避之,惟恐不及。"⑤有的被选为乡镇保甲长后,往往弃之如履,置若罔闻,非但装作不知保甲长为何物,更以充任保甲人员为一件羞耻的事情,拒不接受任命;有的士绅虽然担任了保甲长,却从不过问保甲事务,"不前进也不退后,召集可以出席,被选亦不过辞。惟欲期如何负责,势属难能。设遇事争执,则顾此爱彼,态度不明"⑥。因此,保甲长职位或被土豪劣绅所窃据,或被那些目不识丁、毫无地位的人所充任。由于国家政权在江苏的强势地位,保甲长为土豪劣绅担任的现象并不普遍,倒是乡镇保甲长由素质低下和缺乏声望者充任的现象却并不新

---

① 杨国润:《为改进乡镇保长进一言》,《江苏保甲》第3卷第3期,1937年3月。
② 沈家琪:《一年来办理保甲的回忆与感想》,《江苏保甲》第1卷第23期,1936年1月。
③ 梁适善:《苏省保甲之改进方案》,《江苏保甲》第2卷第14期,1936年8月。
④ 萧善之:《保甲运用与保甲人选》,《江苏保甲》第1卷第13期,1935年8月。
⑤ 姚雪怀:《萧县改选乡镇保甲长及整理保甲概况》,《江苏保甲》第3卷第6期,1937年4月。
⑥ 周麻:《阜宁改选乡镇保甲长整理保甲之经过与将来》,《江苏保甲》第3卷第6期,1937年4月。

鲜。从两位民教工作者的笔下，我们能够感受到那些缺乏声望的保甲长的尴尬处境。

"现在乡镇保甲长，虽然坏人做不到，有身份的人却绝不愿做，所以被推出的乡镇保甲长，常常是社会上没有多大地位或是地方领袖以下的人物。……至于乡长以下的保甲长，城镇中乡镇保甲长，大家把他看成地保样的人物，有些是自己想做借此混点生活，有的是大家不愿意做不得已派到他的头上。有些事情，乡镇保甲长对于大门大户有地位者不敢去办，就是开会谈话他们不惟不敢去邀请，就是邀请了，那些人也不愿和比他低一头的保甲长们开会的。至于对付那些利害或是坏人，以乡镇保甲长的地位又压不住他，有时也不敢去同他们做什么事。因此除下清剿匪类、导淮、贷金等大家都注意的大事，他们借着全社会上一致的空气作用，有法去推行一下外，其余多是行而不通了，让他们通过会议去实施自治工作，大半都不可能。"①

"施教区龙泉乡第五保保长无人愿当，代理保长者吸鸦片，且不负责，致成无保长，乡长请我担任。保长要领导民众造林，开河，修路，办理地方自卫，整顿乡容，调解纠纷，普及教育等工作。保甲长无人愿当，因为民众们还有那'既不能令，又不受命'的恶根性。就是你以保长甲长的地位向民众说话，民众不但不听，反用冷语讥讽你，除非你有政治力量做后盾，同时地方上有什么事，皆找保长或甲长。"②

从上述民教工作者的观察来看，乡民常常将那些缺乏社会声望的乡镇保甲长视为地保和小甲一类的人物，这种看法又无形中贬低了保甲长的社会地位。在江北一些村庄里，多数乡民并不愿意推举当地乡间素有声望的人士为保甲长。结果，竟有土匪和村棍混入保甲长群体。那些稍微公正的人，不是能力薄弱，便是目不识丁。③事实上，许多乡民将保甲长视同以往的地保和乡约，"家中被劫一事，往往到甲长家问询。作匪者，为求其证明良善，不能遂愿，仇

---

① 《协助推进保甲问题》，《民教半月刊》第14期，1935年12月。
② 陈爕声：《兼任保长吗？》，《乡村教育》第2卷第2期，1936年2月。
③ 袁寿山：《海属保甲之检讨》，《江苏保甲》第2卷第15期，1936年9月。

念即生,詈言即出,以故公正者,对于保甲一职,无敢承充。"①有些保甲长试图执行政令时,乡民嘲笑他们是"出风头,拍马屁"。一位名叫孙家宝的政府官员的经历,便可说明这一点。当孙下乡抽查保甲工作时,陪同孙前往的乡镇保甲长,只得捧着户口册籍挨户查填,脸上总不免忸怩之色。路人则在旁边讥笑道:"查户口,乃贱役,本乡乡约地保之事,乡保长居然亲执其劳,未免太自贬身价了。"一名保长为此向孙抱怨了保长职务的尴尬。这名保长声称,保甲长的职务,多半为昔日乡约地保所做的事情。想要辞退,则为政府所不允许;想要执行政令,那无异于与乡约和地保争权了。孙只得感慨道:"其不明地位,蠢蠢可笑。"②

毫无疑问,上述保甲人员的产生情形和乡民对其的看法,说明了许多保甲长比较缺乏社会声望。一些乡镇保甲长的滥用职权、贪污和勒诈等,更加深了乡民对保甲人员的恶感。保甲制推行之初,有的乡镇保甲长便以违反保甲规程为由,任意向其所属乡民施以处罚。当政府同意保甲长可向各户征收保公所费后,不少保甲长乘机浮收以中饱,"而上级官署疏于监督,以致闾里骚然,深堪痛恨"③。有的乡镇保甲长则舍本逐末,助长是非,"本不应问之事,亦越权干涉,或率尔为之声请,甚至涉及司法。"当局因而警告保甲人员不得滥用职权。④有的乡镇保甲长以小儿头月或内子诞辰为名,广发简帖,公开敛财。⑤更有甚者,一些乡长并不理会地方政府的命令,巧立名目,公开摊派。如果农民稍有拖欠,乡长便任意向农民扣上违抗公款的罪名。⑥当江苏省推行防治盗匪、征工浚河和禁烟禁毒时,保甲长的诬告、贪污和勒诈等行为更为普遍,从而激起了民众多种形式的抵制与反抗(见第五章第二节),影响了国家政权在人们心目中的形象。

---

① 章萧:《关于整理保甲的两种展望》,《江苏保甲》第3卷第8期,1937年5月。
② 孙家宝:《乡镇丁之存废与保甲推进关系》,《江苏保甲》第1卷第24期,1936年1月。
③ 《奉令严禁保甲长浮收滥支保甲经费令仰遵照》,见江苏省政府秘书处编:《江苏省政府公报》第2409期,1936年10月21日。
④ 《扬中县政府告诫区乡镇保甲长毋为非法》,《江苏保甲》第1卷第23期,1936年1月。
⑤ 《镇江取缔藉筹敛财》,《申报》1937年2月4日。
⑥ 李惠风:《江苏铜山县的农民生活》,《中国农村》第1卷第1期,1934年10月。

总之,与乡村普通民众相比,战前江苏省乡镇保甲长者,多由一批年富力强、教育程度较高和家境富裕的人员所担任。这些为乡镇保甲长(尤其是乡保长)社会权威的树立,奠定了物质基础。甚至一批乡保长是由那些富有社会声望的乡村领袖所担任。可以说,江苏省保甲组织在吸纳乡绅方面取得一定的成效。不过,相当多的保甲人员仍由素质低下和缺乏社会声望的人员(不乏土豪劣绅之流)担任。他们操纵保甲选举,滥用职权,以保甲作为贪污和勒诈的工具,引起了乡民对乡镇保甲长的憎恶和反抗。因此,战前江苏省保甲长的社会权威只是部分地得到了实现。

第三节 绅权与政权合一的趋势

国民党统治建立以后,它在核心地区的强势姿态和拉拢政策,促使绅权与政权趋于合一。一方面,江苏省政府以打压的方式迫上层士绅就范,士绅们逐渐丧失了自身的独立性,他们开始寻求与政府合作;另一方面,江苏省政府又拉拢下层乡绅担任乡保长的职位,进而扩大政权在乡村地区的影响。保甲推行以后,这种趋势尤为明显。

一、协助推进保甲:上层士绅的反应

由于保甲是国民党政权控制乡村的一环,而乡绅又是乡村社会的实际控制者,政府要想与民众建立直接联系,就必须与士绅处理好关系。正如保甲制度专家闻钧天所说:"欲充分发挥保甲作用,首赖地方人士合作,不利其对立,指导员对于向有纠纷与意见之地方,或与地方有感情未洽之处,须顾及各方感情,不使其对立,愈趋极端。"①民政厅官员张立瀛同样希望那些"教职人员和热爱公益的人士"能够担任保甲教育的训练员。②

---

① 闻钧天:《保甲制度上之人的问题》,《保甲半月刊》第 2 期,1935 年 2 月。
② 张立瀛:《实施保甲教育的重要性及其方法》,《江苏保甲》第 1 卷第 5 期,1935 年 4 月。

保甲举办之初，一些士绅并不愿与政府合作。吴县和金山两县区长的集体辞职，即为一个例证。1934年11月，江苏省政府通令江南和江都举办保甲时，吴县全体区长便坚决请求辞职。他们在呈文中说：该县由23个区裁并为13个区，各区区域面积扩大，但行政和事业经费却削去了1/3。再加上办理保甲，区长们为此感到棘手。因此，第一区区长吴兰昌、第二区区长王德寿、第六区区长朱善庆、第九区区长张弘等人纷纷呈请辞职。尽管县长吴企云恳切挽留，但区长们去意已决。① 几天后，金山的区长们也如法炮制，他们指责县长涂开舆"到任以来，与情不恰，近奉令办理保甲事宜，编列预算，任意编减行政费，并不按章将保卫团费尽量统筹支配，地方人士，深致不满，各区长以办事棘手，无法维持"。因此，区长们提出总辞职，辞意坚决。② 如果考虑到不久前当局通令江南各县举办保甲的事实，吴县和金山两县区长的集体辞职，可谓对当局通令的当头棒喝。当然，江苏省政府也并不示弱，它不仅批准了吴县13名区长的辞职，还批示该13人将永不委用。③ 无疑地，士绅们以退为进反对保甲推行的举动并未奏效。至于金山区长请辞的处理结果，相关报纸和县志都未作记述，很可能是他们放弃了辞职，毕竟，吴县13名区长被惩就足以够警戒他们了。

与公开辞职相比，暗中阻挠似乎是士绅们反对保甲制度更为常见的手段。如江都县保甲督察员梁适善说："有闲阶级：惧于保甲编制任务，造作淆乱言语。知识分子：多轻视保甲制度，不屑协助。致使民众不明责任，甚至倒行逆施，暗中阻挠，为保甲事业之障碍。"④ 在睢宁，沈家琪也有类似的观察。该县保甲编组时，有一般士绅或临时的镇长就倚老卖老说："调查户口，我家办过好几回，就是这一回事，贴贴门牌，查查户口而已，岂有他哉？"沈为此抱怨说："尽管省政府要求实干硬干苦干快干，而这些人只能依样画瓢，马马虎虎，得过且过。这种人应放在18世纪才行。现时人才缺乏，只得因陋就简。好在无事。"⑤ 同样，民政厅保甲指导员孙云霞，也批评了士绅们不配合编组保甲的行

---

① 《苏州各区区长坚决辞职》，《申报》1934年11月2日。
② 《金山区长总辞职》，《申报》1934年11月6日。
③ 吴县地方志编纂委员会：《吴县志》，上海古籍出版社1994年版，第18页。
④ 梁适善：《苏省保甲之改进方案》，《江苏保甲》第2卷第14期，1935年8月。
⑤ 沈家琪：《一年来办理保甲的回忆与感想》，《江苏保甲》第1卷第23期，1936年1月。

为。他抱怨说:"本省编组保甲,负办理使命的,县政府以下,只有区乡镇公所等机关,教界同仁,能协助进行引以为己任的,尚不多得。"①当时,正如有的官员分析的那样,乡绅们对举办保甲有着复杂的反应,有的自认"心志清高",担任保甲长,反而会掉面子;有的觉得应"待价而沽",没有必要炫耀;有的因经济拮据,无法任职公事;有的因窃位的乡镇保长不肯推荐,致使其对保甲事务不闻不问,逍遥事外。②

不过,士绅们的消极对抗并没有持续很久,尤其在政府的拉拢之后。早在保甲筹办阶段,江苏省便通令各县应聘请地方公正士绅来担任编查委员,以缓和士绅们的对抗。如武进县编查保甲之初,有的士绅疑虑重重,觉得没有必要举办保甲。县政府就派出了区长和编查委员进行宣传,寻求"地方一般正派领袖人物"的支持。武进县长侯厚宗解释说:"因为他们在地方上有历史关系,负地方上的声望,一般的老百姓,对他们的信仰,颇为坚固,他们的言行,均为一般人所注意。"③1935年2月16日,溧水县举办保甲宣传周时,不仅县长苗启平、保甲指导员杨时须和8名乡镇长参加了保甲宣传周,还有30多名乡绅也参与其中。④

进入保甲训练阶段,各县政府则频频邀请地方士绅们和党政官员为受训人员讲演。1935年8月下旬至9月中旬,南通县保长训练时,每日上午9时至10时,县政府便请"党政领袖和地方名宿"为保长们讲演。县政府所列的这些名流及其所讲题目如下表。

---

① 孙云霞:《教育的保甲运动》,《保甲半月刊》第1卷第1期,1935年2月。
② 杨国润:《警告乡镇保甲户长并勖保甲户民》,《江苏保甲》第1卷第19期,1935年11月;陈振东:《保甲运用问题之我见》,《江苏保甲》第1卷第11期,1935年7月。
③ 侯厚宗:《武进保甲之组织训练与运用》,《江苏民政》第1卷3、4期合刊,1935年12月。
④ 《溧水县举行保长宣誓典礼》,《保甲半月刊》第3期,1935年3月。

表9 南通县保长精神训话的主讲人员及其讲题统计表

训话者姓名	现任职务	讲题	讲话时期
贾宗复	专署第二科长	如何运用保甲	8月20日
陈冠英	县党部特派员	地方自治与三民主义	8月21日
吴绩成	大生纱厂总务部长	我国的农业与水利	8月22日
张杰孙	四区党务指导员办事处主任干事	保甲训练与国民革命的前途	8月23日
罗慕华	南通中学训育主任	华北近况	8月24日
彭笑潮	区司令部参谋长	军事训练之重要	8月24日
盛世珍	地方法院院长	保甲与司法之关系	9月6日
刘世铸	地方法院首席检察官	诉讼手续与保长之责任	9月7日
彭玉谟	建设局长	浚河方法概要	9月8日
张宝琛	县府第一科科长	总理纪念周的意义	9月9日
姚根长	教育局长	为什么要训练保长	9月9日
李鹭宝	南通学院农科科长	保甲训练与农村改进	9月10日
章绶荪	四区党务指导员办事处干事	国难期间保长之责任	9月15日
张宝琛	县府第一科科长	不平等条约	9月16日
王志鸿	省棉作试验场场长	棉花改良问题	9月17日
吴育青	省棉场技士	改良棉花与驱除害虫	9月17日
于敬之	通州师范教务主任	中国目前之危机与今后保甲应有之觉悟	9月18日
吴绩成	大生纱厂总务部长	中国现状	9月19日

资料来源：金宗华：《一年来之南通保甲》(续)，《生力月刊》第1卷第5期，1936年3月。

从上可见，该县所请的地方名流，包括了党政部门、司法、教育和实业等领袖人物，这既显示出政府对保甲训练的重视，也显示了保甲推行过程中士绅与政府之间的密切合作关系。除了南通，其他县份的训练也差不多都要邀请士绅来担任保甲训练员。如武进县在筹设保甲长训练时，训练员除了聘请教育、公安和保安队人员之外,"地方人士"也频频被邀请来担任训练员。①1935年7月,仪征县保长训练时,民政厅保甲指导员邢昉、党政官员和本县士绅百余人参加。②同月,阜宁县保长训练时,下午1小时的名人讲演,则邀请了地方士绅解雯青、陈仲冕、张芷青、郭继芳和孙铁吴等为主讲。讲演中,士绅们为保长们讲述合作事业、农村改良、卫生知识、诉讼及调解须知、导淮浅说、义务教育和粮赋问题。士绅们的讲演是精彩的,因而"学员们能在溽暑蒸蒸之中,奔走听课,精神始终不懈"③。

那么,地方政府所请的这些士绅,究竟能否算作公正士绅呢?我们无法考询。不过,至少有一部分士绅,在当地应当具有较高的声望。曾为阜宁县保长训练做过讲演的陈为轩（字仲冕）,便是一个典型的例子。陈为轩（1869—1949）,14岁时考中秀才。17岁时考中优廪生并奖给优贡生,后因科场失意,应聘到外地教书,并刻苦钻研诗词歌赋和琴棋书画,尤以书法闻名。1908年,陈为轩等人创办了沟墩高等小学堂和沟墩师范。1909年,陈为轩在上海认识了陈其美等人,并加入了同盟会。民国初年,陈为轩曾任县教育会会长、《阜宁日报》社长和县文献委员会会长等,深得各界拥护,被推举为沟墩市议员和议长,随后再被选为县议员和省议员。1914年,他上书请求江苏省当局剿匪救灾,受到江苏省军政当局的重视。陈在乡里主持兴修水利和开发农田,拿出自己的积蓄来补助工程费用。1927年,在编著《阜宁县新志》之后,陈为轩归隐乡里。1931年,陈为轩拜访了韩紫石,并参加了"声援抗日会",敦促国民党抗日。④阜宁县能请出陈为轩这种具有威信的地方士绅来作演讲,不仅增强了保甲训练的效果,还推动了士绅与政府之间的合作。最早举办保长训练的萧县,保长受训之所以能得到民政厅的好评,其原因不仅在于县长的努力,也在于士绅们的合作。如民政厅厅长所说,"短期训练,有如此成绩,颇称难得。这与姚县长之努力,也与地方人士能推诚合作,不避艰苦,亦有以致

---

① 《武进县府拟具将举办保甲长训练》,《江苏保甲》第1卷第12期,1935年7月。

② 《仪征县保长训练筹备经过情形及开学典礼纪略》,《江苏保甲》第1卷第14期,1935年9月。

③ 《阜宁县第一期保长训练结束》,《江苏保甲》第1卷第14期,1935年9月;《阜宁县保长训练经过述要》,《江苏保甲》第1卷第24期,1936年1月。

④ 盐城市地方志办公室编:《盐城人物志》,江苏教育出版社1991年版,第178~182页。

之。"①"训练所所长姚雪怀,颇能切实负责,其诚恳勤劳的精神尤其感人。而党部同志及教育界同仁,亦均能精神焕发,始终如一。"②

在政府的积极拉拢下,上层士绅非但不再反对保甲的推行,还积极协助当局推进保甲的宣传和训练。甚至还出现了这样一种情形:推行保甲则成为士绅评价地方官员政绩的主要指标之一。如1935年4月,松江第一区区长李祖富因病辞职时,他向县政府声称:"近来以举办保甲浚河,同时并举。而旧疾复发,势难兼顾,特再呈请县府,吁恳辞职。"③李的请辞理由是明确的,即难以兼顾保甲与浚河,这说明举办保甲已为地方政府的主要事务。淮安和松江两县士绅对县长的评价,无疑说明了他们对保甲事务的认同。1935年7月,淮安县长姚崇国到省政府述职时,受到了士绅的好评。因为姚能会同保安队,不时于深夜间抽查户口,视察县政,"种种设施,较前大有进步,地方人士,莫不有口皆碑,成绩斐然"④。同年9月,当松江县长金体乾辞职时,松江商会等各团体发电挽留,该电文声称:"县长莅任三载,政绩卓著,对于地方行政,建树良多,尤以保甲、禁烟、建设诸端,抱革命精神,埋头苦干,求之现在行政官中,殊属难能可贵。"⑤即使在县以下官员的评价话语中,举办保甲也是一个重要指标。宝山第一区士绅挽留巡官朱萼的话语,便是一个典型的例子。1936年3月,宝山第一区巡官朱萼辞职时,当地乡保长和商民联名呈请县政府予以慰留。他们声称,朱巡官莅任一年间,能够尽心尽力办理保甲和禁烟事务。冬防期间,朱能够督率长警,彻夜巡逻,即使风霜雨雪,也没有松懈。⑥即使士绅们质疑国家政令时,也会诉诸于保甲话语。如镇江计划于春耕时节征工浚河时,镇江旅沪同乡会向县政府发电说,近年来农村凋敝,元气大伤,乡民不堪自给,大都在外谋生。如果以现时壮丁名册点计,恐怕半数

---

① 《余厅长嘉奖萧县受训保长》,《保甲半月刊》第2期,1935年2月。
② 余井塘:《江苏省办理保甲的经过及其现状》,《保甲半月刊》第4期,1935年3月。
③ 《松江第一区长辞职》,《申报》1935年4月19日。
④ 《淮安县长晋省报告县政》,《申报》1935年7月12日。
⑤ 《松江商会电请挽留县长》,《申报》1935年10月3日。
⑥ 《宝山朱巡官辞职照准》,《申报》1936年3月29日。

也达不到。①士绅能以保甲的推行去评价地方政府的政绩,足以显示他们对保甲的看法已有改变。

到了1936年冬,江苏保甲进入整理时期,乡镇保甲长改选迫在眉睫。江苏省政府通令各县组织乡镇长资格审查委员会,由县长、县府秘书、第一科科长、保甲督察员及各该管区区长等人组成;各区组织保甲长资格审查委员会,由区长、助理员、保甲督察员和各该管乡镇长组成。②为了杜绝保甲选举过程中的舞弊行为,各县乡镇保甲长审查委员会聘请地方士绅充任委员。如金坛县整理保甲时,县政府聘请地方士绅孙江左等5人为审查委员。③1937年3月,吴县乡镇保甲长改选时,乡镇长资格审查委员会是由地方士绅李根源、张一峰、张一鹏和程干卿等5人组成。④这些士绅在地方上都具有很高的声望。如孙江左,曾入私立上海法学院,还在日本专修大学留过学。⑤李根源曾于1898年中过进士,辛亥革命时,他与蔡锷发动新军起义。北洋政府时期,李曾任陕西省省长和农商总长,并一度代理总理。1923年,为了表示对曹锟贿选的不满,李愤而退出政坛,南下苏州居住,直至抗战爆发。在苏州期间,李发起保护吴县古墓,创办了善人桥实验新村,兴办学校和成年夜校,倡导公益活动,深得地方民众的敬仰。⑥张一鹏(1873—1944),出身于大地主家庭,光绪年间中过举人,后留学日本。北洋时期,张曾出任京师地方检察厅检察长,一度代理北洋政府司法部长。南京国民政府建立后,张在上海当律师,兼任了东吴大学法律教授。⑦程干卿,

---

① 《镇江旅沪同乡会吴蕴齐等代电》,江苏省档案馆藏,卷宗号:1004-乙-6104。
② 《江苏省各县整理保甲办法》,《江苏保甲》第3卷第1期,1937年2月。
③ 杨卓茂:《金坛县整理保甲计划及其实施状况》,《江苏保甲》第3卷第5期,1937年4月。
④ 《苏州改选乡镇保甲长》,《申报》1937年2月3日。
⑤ 刘国铭主编:《中国国民党百年人物全书》上册,团结出版社2005年版,第687页。
⑥ 中共吴县县委宣传部、吴县政协文史资料委员会编:《吴县历史名人》,1990年版,第214~215页;李希洛:《回忆先父李根源在吴县的岁月》,见中国人民政治协商会议江苏省吴县委员会文史资料征集整理委员会:《吴县文史资料》第2辑,1985年版,第104~112页。
⑦ 张宪文、方庆秋主编:《中华民国史大辞典》,江苏古籍出版社2001年版,第1022页。后来,张一鹏参加了汪伪政权,1943年12月出任汪伪政府司法部长,1944年病逝。

则于1935年担任了吴县商会会长。①

以区长为代表的新乡绅,凭借自己在地方上的威望,有力地确保了保甲制度的运作。其表现之一,他们凭借自己在当地的声望,推动乡保长调解民事纠纷,树立保甲组织的权威。曾任涟水县第五区区长的谢公让,便是一个典型的例子。谢公让出生于涟水一个富商家庭。谢的祖辈和父辈均苦读经史,深明大义,善于治家,精于创业。1925年,谢氏家族在港南建立了新宅,一进三院,建上、中、下3厅,60间带走廊砖石、木结构瓦房,一座三层瓦炮楼,另在港北建30余间门市房,出租给人家开商店。为了永葆家业兴旺,谢氏家族鼓励子孙们读书。1930年前后,公让考上了上海大夏大学,他的弟弟栗人则考进了南京中央大学。1934年,公让出任了涟水县第五区区长。在任区长期间,公让为人平和,正直廉洁,从不摆官架子,也不欺凌贫弱,因而,他被当地人们称为"清官"、"大善人"。遇到民事纠纷时,公让要么亲自调处,要么责成当地乡、保长就地解决,"当事双方,无不感激涕零"。②

与谢公让一样,镇江实验区区长郭培师,也是一个名望颇佳的区长。青年时期的郭培师,曾受陶行知的晓庄师范、黄炎培的中华职业教育社的影响。陶行知脱下西装革履,丢掉高薪,毅然去荒郊,睡地铺、穿草鞋,领着一群学生打土墙、盖茅屋、办学校的救世主精神,郭培师非常敬佩,便以陶行知为楷模。1934年,郭从中央政治学校毕业后,被分配在盐城行政督察专员公署工作。日军侵略加紧时,他给同学的信中写道:"与其留洋,莫如下乡。"于是,郭便到梁漱溟所办的乡村建设研究院进修一年。1936年夏,陈果夫有意任命郭培师为镇江县长,郭并没有接受,他只愿做个可以自主其事的区长。由于郭情愿到穷地方任职,民政厅厅长余井塘便推荐郭到向以穷乱闻名的镇江县上党区任职。随后,省政府将上党地区改为实验区,以郭为区长。接任区长后不久,郭提着藤包,形同商贩,走村串户,了解民情风俗。平时生活中,郭平易近人,喜欢和上党学校几十名员工同吃一锅饭,蔬菜自己种,豆腐炊工做,一周只吃一次

---

① 冯英子:《长短集》,山西教育出版社1998年版,第74页。
② 王化:《陈家港谢氏宗族史话》,见政协响水县文史资料委员会编:《响水文史资料》第9辑,1994年版,第85~87页。

荤菜。开饭时,大家站着就餐,碗筷自己洗刷。当一名工友要为郭端洗脚水时,遭到了郭的拒绝,郭反问这名工友道:"这里几十人,你都一一照应吗?不能这样做。"郭的举动赢得了部属们的爱戴,因而,实验区的事务进展得较为顺利。如义务教育的普及、烟毒的查禁、地痞土匪的惩治与改造等,都取得了相当的成效。在治安方面,郭曾当众宣称:"如果有人抢你一只鸡,我赔你一头牛。"仅仅几个月,该区的游民和盗匪便绝迹了。1936年底,省政府派人检查,肯定了该区所取得的成绩,并向实验区发了一块"全区光明"的奖匾。郭本人也引起陈果夫的重视。① 在保甲推行方面,实验区也办理得有声有色。由于郭常下乡了解民间的疾苦,对乡村的人口变动实情较为熟悉。他认为,一区之大,万户之多,仅靠几个户籍人员,不足以办理准确。而保长与民众朝夕见面,他们与乡民是非亲即友的关系,因而,实验区户口异动查报完全依赖户保长,"大致成绩尚好"。实验区还竭力让乡保长和学校校长互相兼职。乡民若遇到麻烦,可以去找乡保长,乡保长有事可去找民众。实验区还对保甲组织做了两点变通:不再提倡保甲规约和联保切结。第一,"不尚保甲形式,而在守法精神。我们保甲规约,联保切结总不要,我们只晓得应当如何去做,我们只要有守法精神,不论谁违反保甲法规哪一条,就拿哪一条去办谁,那就得了。"第二,"不拿管理力量去推行保甲制度,而用教育方法去养成保甲习惯。"② 不难理解,像郭培师那样富有声望的区长,恰是江苏省保甲制度推行的有力保障。

有时,正直的区长还能有效地抑制乡保长的贪污,促使乡保长们能够认真从事,积极执行国家所推行的各项政令。泗阳第三区区长胡修珍的例子,便可以说明这一点。

"胡修珍生于1895年,自幼在家中读四书五经。辛亥革命后,胡考取淮阴中学。因其父亲受到地方豪强的欺压,无法评理,修珍便改学法律,考进了江苏省法政大学法律系。大学毕业后,修珍到汉口担任了一个机关的科长。1922年,修珍任宿迁县承审员。在任期间,胡抑制地方豪强,先后将民愤很大的洋

---

① 杨伯举、刘大卫:《我们所了解的郭培师先生》,见滨海县政协文史工作委员会编:《滨海文史资料》第3辑,1993年版,第52~54页。

② 郭培师:《如何做区长》,中央政治学校毕业生指导部编:《服务》第1卷第4期,1939年。

河董事梁三和泗阳县公安局第三分局长胡太和免职。1928年,修珍随北伐军打到郑州,因一次马失前蹄而受伤,遂放弃了军旅生活,归隐乡里。回乡后,修珍曾学种棉,开油、槽坊,均无大的成就,又被陈姓诬告,打了一场官司,处境极为困难。后来,经县长董辙的动员,修珍担任了第三区区长。

"在任区长的3年里,修珍给人留下的第一个印象便是息讼。凭借自己多年学习法律的经历,修珍深知诉讼往往会两败俱伤,因而,凡涉及到诉讼,他了解情况后,总是动员协商解决,尽量避免将纠纷呈送到官府那里去。一次,沙、沈两家因土地纠纷,互相告状。胡修珍得知此事后,便约沙、沈两家到区公所,并在饭馆设置酒席,边吃边谈,提出了解决办法。席中,他说:'你们要继续告状,今天酒席钱由我出;你们两家如都愿意撤诉,酒席钱由你们两家平摊。'沙、沈两家见到这名区长亲自调处,都同意撤诉。后来,他又亲自带人去勘察地边,妥善解决了两家的土地纠纷。此事成为乡里一大美谈。

"不仅如此,胡的清廉也为他赢得了声望。当时流传着'导淮,导淮,当官的发财。区长盖楼房,乡长盖瓦房,保长腰儿幌'。可是修珍到工地,是坐着黄包车去,又坐黄包车回来。到家时,两手空空,现叫家人拿钱出来付车费。由于他带头不贪,乡保长就不敢乱动,因此,三区民工的生活就比别的区好得多。1936年秋,三年区长届满卸任时,修珍从洋河回乡,出了大门就听到鞭炮齐鸣,洋河街凡是有点身份的人家,门前都摆着一张大桌,上面放着一面镜子、一盆水,两旁站着主人,表示敬意,说明修珍公三年区长,清如水,明如镜。修珍每走到一桌前,必脱下礼帽,鞠躬表示谢意。从东大街转到米市街,围观者成千上万,米市街鞭纸落有寸把厚,一个上午才走出南门,鞭炮一直放到涵子,离洋河已有七里。"①

如果说区长胡修珍是以公正和廉洁赢得了民间声望的话,那么,盐城第三区区助理、士绅高醉园则以坚决地打击劣绅、维护乡里正义来赢得乡民们的敬仰。抗战前十年间,这名士绅以自己的社会声望,有力地抑制了当地的腐恶势力。

---

① 胡茂功:《我所听说的胡修珍》,见中国人民政治协商会议江苏省泗阳县委员会文史资料委员会编:《泗阳文史资料》第8辑,1992年版,第43~45页。

"1900年,高醉园生于盐城二区伍佑东乡引水沟村一个富有的家庭。1907年春季,高在其寡母的支持下进入了村塾。高的启蒙老师是一位科场失意、治学严谨的老夫子,这使得高受到了良好的教育。清朝灭亡后,高醉园进入了李社高等小学学习。1916年,他考取了南京的钟英中学。1920年秋,高以最佳的成绩毕业于钟英中学。不过,由于家族的内部矛盾和国家政局的南北纷争,高放弃了进入高等学府深造的机会。1922年,高应老师李卓哉的邀请,回到李社高小执教,为教育界前辈宋润等名士所器重。1925年,高在伍佑任教,时常抨击时政,因而招致了当地土豪劣绅的嫉恨。这一年,经宋润等人的推荐,高出任正便乡乡行政局长。当时,乡行政局成员多为血气方刚的青年,高便与这些成员一道为贫民申诉。他们革去了封建势力较大的陈绍文的乡董职务,收缴其自卫枪送县充公,还将陈搜刮得来的财物发还原主。经过乡行政局的打击,一帮劣绅威风扫地,其他恶势力也有所收敛。在此期间,高还创办了一个名叫《正便乡》的期刊,抨击为富不仁者,宣扬五四运动以来的新文化和新思想。此事招致了劣绅们的攻击,县党部出面干涉,《正便乡》只得停刊。

"1927—1937年间,高出任了盐城三区区助理和农会会长。任区助理期间,他与一名士绅陈子铁密约,不屈不挠地抵制伍佑盐商集团扩大灶地,反对旧《盐法》的实施,推动了洗碱植棉运动的发展,赢得了当地乡民的好评。不过,最令乡民们怀念的是高醉园打击劣绅的事迹。当劣绅杨作舟等人以修桥补路和自卫为名大肆敛财时,高当面揭穿了这些劣绅的把戏,勒令杨作舟等人取消这些名目,并向民众认错。另外一位劣绅陈自秋强娶一位贫农的女儿为妻,又将其虐待致死。此事激起了高的愤慨,他支持死者娘家越级控告,到处张贴呼冤的'揭帖',引起了社会共鸣。陈自秋因而坐卧不安,声名狼藉。区长顾一清纵容亲信敲诈勒索,聚敛民财,高便联合各乡乡长上书省县,终将顾赶下台。一次,一名土豪诬陷一位无辜的农民为土匪,私自关押了这名农民,趁机索诈。高知悉后,严厉谴责这名土豪是'诬良为盗'、'私立公堂'的肇事者,下令将无辜者释放回家,并将这名土豪带到区公所审理与处罚,群众闻讯称快。

"1930年秋,适逢'马党'之乱和严重的旱灾,伍佑东乡群众生活困苦,地主、土豪、恶霸趁机霸占农田。一名地主乘机私立界址,强占了一户寡妇孤儿的一亩多地。保甲长几次调解无果,高便亲自审理这项民事纠纷。他气愤地指责了这名地主强占民田的卑劣行径,并要公开制裁这名地主。最终,这名地主只得连连打躬作揖认错,退还了其所侵占的土地。"①

由上可见,自举办保甲以后,江苏省地位较高的士绅们并没有退出政治舞台,一方面,他们以担任编查委员、保甲训练员和乡镇保甲长资格审查委员的方式,继续活跃在保甲推行的整个过程。另一方面,以区长为代表的新乡绅,凭借着其在地方上的声望,协助政府推动保甲和抑制保甲长的不法行为。由于大量地方士绅进入国家行政体系之中,他们对本地方的事务有了更大的影响力,促使乡村政治与代表城市政治的县一级政治发生了更为密切的联系,国家与乡村的关系得到了一定程度的改善。②1936年10月,当回顾苏政三年成绩时,陈果夫声称,他所领导的省政府,之所以能够"承前任未竟之绪,一切多有良好轨范,得以赓续步趋",其原因除了中央政府就近指导外,"地方人士一致合作"也是不可缺少的因素。③

二、乡保长与乡村领袖合一的趋势

作为乡村社会的领袖,士绅得具有为公众服务的精神和能力,才能从村民那里赢得尊敬、权力和威望。④为此,他们需要执行许多任务,如组织社区的防卫、调解人民日常的纠纷、关心人民的生活、为社区人民树立楷模等。⑤江苏保甲制度推行后,由于乡保长的教育程度和经济状况都优于普通民众,其中一

---

① 蔡分、姚恩荣、蒋世俊:《爱国绅士高醉园》,见中国人民政协会议江苏省射阳县文史资料研究委员会编:《射阳县文史》第3辑,第124~128页。

② 于建嵘:《岳村政治:转型时期中国乡村政治结构的变迁》,商务印书馆2001年版,第198~199页。

③ 陈果夫:《江苏省政述要·总序》,见沈云龙主编:《近代中国史料丛刊续编》第97辑,台北:文海出版社1983年版。

④ 费孝通:《江村经济:中国农民的生活》,商务印书馆2001年版,第90页。

⑤ 周荣德:《中国社会的阶层与流动:一个社区中士绅身份的研究》,学林出版社2000年版,第99页。

部分乡保长还发挥了传统士绅在地方上的作用，执行着传统士绅在地方上的任务，他们逐渐取代了传统士绅，成为乡村社会的新领袖。这主要从以下几个方面来看。

第一，组织自卫。当农村地区的政治秩序式微、遭到盗匪侵袭时，村庄和当地的自卫就显得非常重要，村庄领导必须负起责任。①保甲举办之初，江苏省政府便通令各县组织守望所，以各乡镇保甲长为所长或主任，负责办理守望所一切事宜。各个守望所必须装备警锣及火把，遇到匪警，应在出事地点敲起警锣。邻近守望所闻警后，应当到出事地点救援。②待到保甲编组完成后，省政府又通令各乡镇保甲长统率壮丁队，组织自卫。

一些乡保长在组织壮丁队巡逻方面，发挥着重要的作用。当时，一位名叫陈声的乡长便是一个突出的例子。陈声出身于一个富农的家庭，读了几年书后自学医学，成为镇上有名的医生。陈好交乡民，常与乡民畅饮，或在诊所忙碌，深得当地人们的尊敬，因而被推举为乡长。在任乡长期间，他要做的第一件事便是组织守望所。"一·二八"事变之后，当地保卫团涣散，很多军械丢失。陈声召开了保甲会议，收买、修理了一些枪械。该乡设立了一个守望所，征集40名壮丁轮流值夜。壮丁的衣服、枪械自备或合备，不足之数由灯油费或乡公所办公费充用，甚至由陈的诊所收入先行垫支。冬防时，该乡镇的各个村庄都有武器装备。寒风凛冽的深夜，陈声组织了巡逻队，村庄保卫因而并未间断。陈的举动赢得了乡民的感激，乡民们乐于向陈和他的巡逻队提供杂粮，以作值夜点心，巡逻队员因而无不精神奋发。③1936年，担任涟水张集乡乡长的王锦成，也以组织自卫而著称。王出身于一个地主家庭，中学毕业后，王做过几年小学教员，教学认真，深得学生们的喜爱。接任乡长，王所做的第一件事便是剿匪。当时，庄上有一个名叫王盛茂的人，为王锦成的侄孙，很不学好，并有偷盗行为。尽管王锦成对这个侄孙进行了教育，但无济于事。当王决定逮捕这

---

① 杨懋春：《一个中国村庄：山东台头》，江苏人民出版社2001年版，第175页。
② 《江苏省各县守望所规则》，见江苏省政府秘书处编：《江苏省政府公报》第1744期，1934年8月16日。
③ 沈鸿绪：《值得介绍一个乡长》，《江苏保甲》第1卷第23期，1936年1月。

名侄孙时,王盛茂畏罪潜逃。王锦成毫不留情地开枪,打断了王盛茂的腿,又依法判了这名侄子的徒刑。因此,后人回忆道:"那时,地方治安比较安定,土匪是很惧怕王锦成的。"①再如启东第三区富国乡第十保保长龚志岩,也认真办理冬防工作。该保分为14个甲,龚保长要求每甲派出10名巡逻队员,由甲长率领巡逻。为了督促巡逻队员,每天午夜2时左右,龚亲自到轮值巡逻队检查,并召集巡逻队员点名一次。②曾任仪征龙河乡第一保保长的杜有志,晚年回忆他任保长的主要任务,便是协助乡里维持地方治安,调停民事纠纷。当时,时局混乱,匪患猖獗,龙河街乡民便集体出资买枪,组成一支商民自卫团,推举杜为自卫团长。尽管这个自卫团只有9个人、9支枪,但其担负的任务是防止土匪骚扰,保护商民和街坊的生命和财产安全。③

很多时候,乡保长所督率的壮丁队要与匪徒发生激烈的战斗。这时,乡保长的勇敢品质,将会在自卫中发生重要的作用。如1935年3月,宿迁第二区涧南乡乡长朱宝恒率领壮丁队巡逻时,发现一个村庄内有土匪的活动,朱便率壮丁队与匪激战了1小时之久,击溃了土匪。激战中,朱的肩膀和腿部被击伤。鉴于朱的英勇行为,县政府为朱记功一次,并在嘉奖书里说,这名乡长不仅能够明了举办保甲的意义,而且能够"身先士卒和奋不顾身"地捍卫地方,因此,他应当成为乡镇长们的表率。④再如一位名叫徐英吾的乡长,同样对地方自卫较为负责。盐城乡镇长训练后,徐英吾返回乡里,适逢县长通令各乡镇务必清乡。徐便督率壮丁队,协助军队搜索土匪。在一次剿匪行动中,徐所率的壮丁队击毙了1名持枪的土匪,捕获了2名嫌疑犯。⑤在吴县,1936年9月28日,当地富户缪通庭被10余名匪徒绑架后,陈慕镇长率10余名壮丁到周

---

① 求真:《王氏"四大庭院"的破灭》,见政协响水县文史资料研究委员会编:《响水文史资料》第9辑,1994年版,第91页。

② 《冬防期间保长实行查夜》,《江苏保甲》第2卷第22期,1936年12月。

③ 杜有志口述,吕芝平整理:《站在人生的十字路口》,见中国人民政治协商会议江苏省仪征县文史资料研究委员会编:《仪征文史资料》第5辑,1988年版,第66页。

④ 《宿迁二区涧南乡乡长奋勇杀敌》,《江苏保甲》第1卷第5期,1935年4月。

⑤ 徐英吾:《一年来从事保甲工作之回顾》,《江苏保甲》第2卷第3期,1936年3月。

家浜河一带搜寻,恰逢与匪船相遇,双方交火,壮丁队成功地击溃了匪徒,并救出肉票缪通庭。①1936年12月,灌云一名积匪刘小六的落网,也与乡镇长的努力是分不开的。刘小六曾抢劫了东海县卞锡山之家,绑架过卞锡容父子。当刘被政府通缉之后,便躲藏起来。随后,刘返回乡里,恰被该乡乡长黄士杰侦悉,这名乡长便暗率壮丁,成功地捕获了刘小六。②苏北巨匪孙立贤的落网,更应归功于当地乡镇长所率壮丁队的搜捕。孙立贤,曾为江北巨匪张志高之徒弟,为害过淮海各县。尽管省政府一再通缉,淮阴、涟水和沭阳曾悬赏1700元缉捕孙,但并未奏效。1936年9月,孙秘密返回沭阳,躲在他的徒弟杨桂荣家中。不料,杨向该乡乡长徐某密报,徐立即率数十名壮丁擒获了孙,并从孙身上搜出了盒子枪和烟枪等。③

保甲长在组织自卫方面也不乏一些卓有成效的事例。如在昆山,1936年2月2日晚,匪徒10余人手持枪械,蜂拥至高墟乡第五保第二甲甲长周长华家抢劫。抢劫中,甲长周长华趁隙逃出,鸣锣示警,未几,集合了200余名乡民,前往各个要口堵截,团团围住匪徒。不久,分驻所的巡官抓获了匪徒,将其押解到县公安局法办。④事后,昆山公安局向协助捕匪的保长朱道香、甲长周长华发放了名誉奖品,以资鼓励。⑤同年的7月25日晚,江都县属聚丰乡九保六甲九户保长阎雨楼家,遭到了多名持枪匪徒的抢劫。匪徒蜂拥入内,先恐吓雨楼父子和雇工等人,将其拘禁到一个房间,准备实行抢劫。不过,阎雨楼的儿媳妇趁着混乱从屋中逃出,连忙大喊呼救。邻里闻警,群起鸣锣。该保两名甲长率众组织拦截,与匪交火,身受重伤。邻庄闻警后,燃烧草堆,鸣枪示威,匪徒惊散逃去。事后,调查阎姓保长的损失,只是丢失了保长图记私章等零星物品,盗匪劫掠的企图并未得逞。另外,村庄内部出现盗贼时,保甲长也会亲率壮丁实施拘捕。如江都九区西来乡八保九甲住民刘荫生遭到贼盗,刘的儿子

---

① 《苏州缪通庭被绑获救》,《申报》1936年10月1日。
② 《灌云积匪落网》,《申报》1936年12月10日。
③ 《海州巨匪落网》,《申报》1936年9月5日。
④ 《昆山农民自卫捕获匪徒》,《申报》1936年2月4日。
⑤ 《扬州聚丰乡被匪抢劫》,《申报》1936年7月27日。

见状，唤起家人，查知失去未成熟稻9担5斗。乡丁杨坤见刘家到宗家庄的路上有撒掉的稻子，当即报知保长王世荣、甲长王世儒。保甲长便率领乡丁前往宗家庄挨户搜查，终于在陈学湖家的厢房棺柩中查到了赃物，随即将稻呈报乡公所，拘贼封赃。①

勇敢固然是乡保长能够成功组织自卫的一个重要品质，而机智更是乡保长组织自卫不可缺少的品质。如阜宁县第二区四教乡第一保保长汤乃归，便是以智谋轻易地除掉了危害当地安全的几名土匪。该保内的吉凤亭、吉兆荣叔侄二人，常纠集一些土匪，以抢劫为生。县长张渊扬对此早有所闻。保长受训时，张渊扬面谕保长汤乃归，密令汤务必限期肃清匪患。返乡后，汤保长鉴于匪多，一时难以消灭，便想出了一条"借矛攻盾"之计。先是，汤保长将吉凤亭带到乡镇指挥官处自新，顺利地缴获了这名匪徒的枪。接着，汤保长还让吉凤亭充当他的眼线，以缉捕其他匪徒。不久，汤保长成功捕获了田国藩、田罐子、王六子等几名土匪，地方得以安靖。此外，汤保长还劝告吉凤亭应洗心革面，力争做一个良民。然而，吉凤亭等人并未放弃旧业。一天，吉凤亭与吉兆荣将一名大布商骗到他们家中，抢劫财物后，又将其杀害。吉凤亭叔侄的杀人越货事渐被乡邻所知，并传至汤保长的耳中。汤保长本来想报告给军队，但又担心两名匪徒同时发难，难于同时就擒。要是逃走一个，定会后患无穷。经过再三筹划，汤保长决定用"以毒攻毒"之计除掉二吉。他先悄悄对吉凤亭说："事情败露，现有人知，我已担当不起。你能把吉兆荣捕获，抵你的罪，我就保你无事了。"吉凤亭信以为真，当即枪杀了自己的侄子吉兆荣。汤保长见计谋得逞，星夜赶往保安队处报告。保安队便派员将吉凤亭捕获，又从这名土匪的家中搜出杂色布多匹。由于人赃并获，吉又是一名著匪，保安队当即将吉枪决。事后，汤保长召集本保捐出百元，安葬了吉凤亭等人的尸体。②

第二，调解纠纷。乡村社会缺乏律师，农民又多不识字，几乎不知道如何写状子，也不知道往哪些地方投递。巨额的诉讼费和令人生厌的诉讼程序，使得农民对打官司望而却步。此外，数不清的此类故事和谚语，也使得农民们很少

---

① 《扬州保甲长查获赃贼》，《申报》1937年1月5日。
② 国润：《介绍一个办匪的保长》，《江苏保甲》第2卷第12期，1936年7月。

愿意向正式司法机关提出诉讼。这时,地方士绅因主持公道而备受农民们的重视,农民们都乐意由士绅来充当双方的仲裁者。①当然,如果士绅们在调解纠纷中办事不公,就会遭到当地民众的讽刺,常会落下个"鱼肉人民"和"骗吃骗喝"的不好名声。②对于士绅来说,乡村社会的舆论是一种约束。在战前的江苏,随着保甲制的推行,乡保长们开始在民事纠纷中扮演调解人的角色。

苏州租佃纠纷的调解中,乡保长发挥了积极的作用。1936年3月,邓翔海调任吴县县长后,正值该县租佃纠纷的高潮。当时,苏州唯亭地区发生虫灾,农民抗议催甲报荒不准,请求地主实地勘察灾情和减成减租。然而,地主非但拒绝了农民的请求,还动用保安队和催甲,将欠租佃农拘捕入狱。于是,千余农民捣毁了一个警察所,痛打了数名催甲,烧毁了催甲们的房子和船只。随后,抗租运动在郭巷和斜塘等迅速展开。③在抗租示威游行中,乡民们捣毁了一些乡镇保甲长的住宅。1936年上半年,苏州发生的抗租和抗捐斗争多达21起。其中,有两起人数超过了2000人,3起人数超过了1000人。其余的规模也达到了百人或数百人。④租佃纠纷之所以棘手,还在于苏州士绅势力的强大。苏州向来是世家大族和官宦子弟居住地,士绅的权势令历任县长都要顾忌。在清代,这些大地主购买田地后,并不亲自去履勘,任由私家账房经手。地主并不知田在何处,佃户有哪些,只有账房清楚。年深日久,经手人因死亡或变更,业主只能根据租簿收租米,佃户若不缴纳,他们就请知县帮助催缴。民国以后,司法独立,租佃纠纷属于债权债务领域,需通过民事诉讼来裁决,县政府已不再任意拘押佃户。为了催租,地主便雇佣当地流氓组成催甲组织,动辄

---

① 周荣德:《中国社会的阶层与流动:一个社区中士绅身份的研究》,学林出版社2000年版,第99页。

② 仇学元:《龙大头轶事》,见阜宁县政协文史资料研究委员会编:《阜宁文史资料》第4辑,1989年版,第71页。

③ 吴县党史办供稿,杨泉英、袁震整理:《吴县早期农民抗租暴动》,见中国人民政协会议江苏省吴县委员会文史资料征集委员会编:《吴县文史资料》第3辑,1986年版,第3~6页。

④ 中共江苏省委党史工作委员会、江苏省档案馆编:《江苏革命斗争纪略》,中国档案出版社1987年,第727~737页。

关押欠租农民。不仅如此,地主们还成立了田租处分所,俨然监所。地主的这些举动,自然招致了佃户们的痛恨。

邓翔海上任不久,地主纷纷向邓诉苦说,他们已有3年收不上租米,若政府不帮助催征,他们便无力向政府缴纳田赋。然而,邓并没有听信这些地主的片面之言,反倒认为,地主应对抗租风潮负主要责任。为此,邓的处理办法如下:一方面,邓对地主提出了警告,要求地主必须约束自己的行为,应做到如下3项:(1)废除催甲制度,如果再有拘押佃农者,将以私擅逮捕监禁论罪。(2)地主收租折合代金,应遵照政府规定数目,不得擅自抬价。(3)收租场所不得向佃户浮收任何分文,否则,将以欺诈论罪。另一方面,邓提出应向抗租的佃农作出一定妥协。他规定:佃户所欠前3年的租米,准予缓缴。农民以前所有的"越轨"行为,一律予以宽免。佃农以后不得再有暴动事情,否则,将按照治安紧急办法,由军警负责处理。在此基础上,邓要求地主和佃农应以谈判的方式来解决冲突。他规定:县区乡都应设立调解委员会,以调解业佃纠纷。县调解委员会由党政机关、民众团体和业佃双方所派代表等9人组成。区乡调解委员会由区乡镇长为区乡镇主任委员,业佃双方各派代表2人,当地公正士绅(不属于业佃双方)2人组成。租佃纠纷应先提交到乡镇调解委员会。如果乡镇调解无效,可以向区级调解委员会提出调解;若仍无结果,得向县调解委员会提出调解。当邓的办法公布后,拥有广大土地的权绅纷纷指责邓左倾,思想不正,偏袒"暴民",损害了业主们的正当利益。为此,士绅们在鹤园组织讨论会,曾象征性地邀请邓出席,却为邓所拒绝。权绅们感到怒不可遏,纷纷向监察院、行政院、财政部、内政部、军事委员会和江苏省政府控告邓,但邓并不为之动摇。当时,邓亲自召集各乡镇保甲长训话,告诫他们务必带头完租,否则,即以主持抗租论罪。同时,保甲长们还应当劝慰农民。①果然,这些措施很快赢得了农民们的支持,佃农开始踊跃向地主交租。到1936年腊月为止,地主的租栈收米达到80%以上,创下了该县30年以来的纪录。收到租米之后,地主们欣喜若狂,很快与邓达成了谅解,纷纷表示

---

① 当时,不乏一些士绅和保甲长能响应邓的举措,他们劝导农民,不得破坏秩序。参见《苏州车坊乡民蜂拥入城》,《申报》1937年3月3日。

感激。作为回报，士绅向邓送去了5万元，希望以此补助县政府的办公费，但邓并没有接受。① 毫不夸张地说，苏州租佃纠纷的解决，不仅得益于这名县长的果断和坚决品质，也得益于区乡镇长们的调解和保甲长的宣传。如果没有乡镇保甲长的努力，县长所公布的办法自然无法迅速传到佃农那里，更无法引起佃农的同情乃至支持。

如果说乡保长在苏州租佃纠纷的调解中，只是扮演一个配角的话，那么，民间纠纷的调解中，乡保长直接充当主角的例子也并不罕见。江北某县一位名叫夏继武的镇长，在其日记里为我们展示了这生动的一幕。

"初秋晨，我在镇公所查阅卷宗，还未坐定，一赤足垢面之壮丁，迎而立，首上仰，两臂后伸，十指张开，似蒲扇，做15度之鞠躬。口呼：'镇长老爷早'，惊异视之为周某，立还礼。问他何事，他说：'今晨南泥南河，被邻人商某撞坏穿透，他除不欲表示歉意外，反欲与我动武，因此，来请镇长老爷到茶社评理。同时，我已约了张某李某及区丁等奉陪，请镇长老爷就去吧。'我大笑：'我是镇长诚然，但并非老爷，你来找老爷评理，那你去请老爷吧。不过，茶社不是评理的所在，更不是请老爷的所在。'周某闻言，呆若木鸡，半晌问道：'某某的老爷是代人家打官司的老爷，但是我不愿意和他打官司，你镇长若不到茶社去，我这件事就白受他欺侮了，没有办法了。'我问他住在几保几甲，'我住在四保二甲二户'，他说。'你的保长不是高某，甲长不是宋某吗？'我问道。'是的，镇长。'他说。我说：'那么，你可将此事告诉宋甲长，请他调解一下。他若调解不了，再请高保长出为理断，这是我们使用保甲组织的地方，绝对不要你和他打官司，及花钱上茶社，但是，你切不要称呼他们为老爷，或许他们也忌讳老爷的名称，就不会理会你的。你去，我在这里等你。以两小时为限，违时不来，那你的事情定有解决了。'唐某自然服了。"②

至于宋某的事情是否得到解决，夏并未在日记里提到。但是，宋某并未到乡镇公所去，显然，他的事情经保甲长调解后得到了解决。夏为此感慨说，乡

---

① 邓翔海：《七十浮生尘影录》，见沈云龙主编：《近代中国史料丛刊续编》第84辑，台北：文海出版社1981年版，第49~51页。

② 夏继武：《一页日记》，《江苏保甲》第1卷第19期，1935年11月。

民遇到一小事便到茶社评理,不仅耗费了大量的金钱,其结果也并不乐观。利用保甲息讼,既可节省民力,又能运用保甲效能。事实上,由于乡保长在地方上的威信,他们在调解民间纠纷中是举足轻重的人物。如1936年,南通县富民乡教育局租款被劫案件中,被一个名叫陈允高的人抢劫,区公所要求劫犯陈允高之父陈载华交人。陈载华先是讲了自己教子无方,又请出一名士绅作保,表示愿意赔款。区长将此事上报后,县府同意双方调解解决。于是,教育局派出了两名代表,陈载华邀请乡长朱福生、保长黄礼云、甲长黄金甫和3名亲戚等具保,凑足500元以补足了被劫的租款。随后,陈载华和保甲长出了票契立纸。有鉴于此,县政府下令:继续通缉陈允高,但陈载华免连坐。①

当然,我们对乡保长的调解也不能评价过高。毕竟,调解纠纷固然能提高乡保长的声望,但也有一些乡保长更热衷于"制造"纠纷以调解来敛财。如1936年,泰兴第五区发生了一起索诈案件,杜鞠乡财神庙住持福祥到张凤乡管家庄义子戴裕寿家做客,因避雨未归,恰逢守望所所丁管太井、肖正新等持枪前来盘查,他们质问戴家有异乡人,为何不向保长报告?后经保长肖映光与村民肖映书的调解,戴裕寿写了10元凭票,此事才算了结。②这名保长是否与所丁共同分赃,我们无从得知。然而,这种嫌疑并非没有,我们可以追问,保长何以会在所丁持枪进入戴家后出现?他为何不肯作出有利于村民的辩词?另一起调解案件,充分展现了乡长"制造"调解的手段。据一位曾在仪征县钱粮柜工作的邱贤伦的回忆,1937年春,江苏省发行"救国公债",名为劝募,实为强迫。稍微殷实的富户,都要分摊50元至100元。由于购买的人很少,县政府财政科长大摔东西,大发脾气。恰逢上面下令"抓人迫交",邱认为这是"财气票"到了,便到乡下找"财神爷"。胥浦街有一个姓刘的商人被摊了50元公债,但刘死活都不愿交款。邱便带了两个人,直奔胥浦乡乡长张正泰家,张沉吟了一下说:"这个人就是'腊',抓一下也好。"邱率人用绳索把刘姓商人捆绑到乡公所,刘的老婆自然很是着急,忙找人说情。这时,乡长张正泰便出面调解,里

---

① 《通缉南通县教育局租款被劫之逸匪陈允高》,见江苏省政府秘书处编:《江苏省政府公报》第2235期,1936年3月27日。

② 耿凤:《泰兴农村的守望所》,《申报》1936年10月5日。

做鬼外做人,强迫刘某如数买了公债。此后,刘某还被迫"送"了邱等100元的"辛苦费"。后来,这些钱财都被邱、张分掉了。①

第三,组织社会公益活动。一个村庄领导人要想赢得村民们的尊重和支持,能否具有为公众服务的精神,也是一个重要指标。为此,士绅必须关注建设、教育和赈灾等问题,并应组织当地民众,完成各项建设。一部分乡保长和当地的士绅,积极地组织各种公益活动,赢得了地方民众的支持。

(1)建设方面。保甲举办不久,《江苏保甲》便刊载了数名乡保长主持当地工程建设的事例,尤其以东台县3名乡镇长的事例较为突出。1934年,出任东台县竹港乡乡长的是70岁老翁谢福田。谢在当地声望很高,"无不尊敬,望重乡间,大有一呼百应之势"。为了推行保甲事宜,谢雇小车亲自查察,遇到不合之点,便会耐心地与保甲户长讨论。导淮募捐时,他考虑到本乡贫户太多,便与当地一个公司经理协商解决办法。为此,谢不辞辛苦地往来七八次,问题终于顺利解决。又如新乡乡长杨家声,盐城受训后,杨召集各保保长商谈如何植树事宜。该保长们一致决定,每人在总理纪念诞辰周植树若干株。西溪镇镇长王明新,也是一个热心公益的镇长。当看到镇上有一段公路坍塌后,王便召集当地的士绅们募集了大批工砖,又组织该镇上千民工兴筑。修筑过程中,王身为表率,甚为忙碌,一段一丈六尺长、五尺宽的路面得以顺利完工。②1935年春,常熟县第四区张市镇的保长王宜山、杨宝田、邓关甫、徐关金等人,鉴于上年旱灾曾造成当地河塘断水一月,受灾面积达6000亩,乡民备感饮水困难,决定运用保甲组织疏浚河塘,基本办法按照以往"业食佃力"惯例征工疏浚。③再如1935年3月,当武进县林南和横林段运河准备施工时,该处两名镇长张钧和蔡廷彦,召集所属乡镇的保长和地方绅商举行联席会议。会议决定,自3月16日开工,每保应出20名工夫,所招工夫以本地人为原则。并推定镇长张钧

---

① 邱贤伦口述、叶明整理:《仪征旧县衙的钱粮柜》,见中国人民政治协商会议江苏省仪征县委员会文史资料研究委员会编:《仪征文史资料》第3辑,1986年版,第61~62页。

② 《东台县乡镇长勤奋从公》,《江苏保甲》第1卷第5期,1935年4月。

③ 《常熟县第四区张市镇各保保长集议》,《保甲半月刊》第4期,1935年3月。

为队长,蔡廷彦等4人为组长。①1936年4月,扬州瓜东圩岸兴修水利时,区长召集该工程附近的乡镇保甲长和士绅商讨。②又如青浦,一些乡保长还组织民众打扫街道,将街道按照各户划分为若干段,责成各保甲轮流打扫,由镇公所提供清洁用具、簸箕、扫帚、喷筒和臭药水。③以上可见,乡保长在地方建设方面的积极活动,使其逐步取代了传统士绅的功能。时人对兴化县老圩局的回忆,也能说明乡保长在组织水利工程中的作用。"自从举办保甲之后,乡保长取代了以往领导老圩局的总办、圩董、庄董、段董等职务,他们领导乡民修筑圩堤治水,曾经的圩董、庄董和段董的名称已不复存在。"④

（2）教育方面。一些乡保长在倡导地方教育方面也投入了较大的精力。乡长陈声的经历便可说明这一点。陈声所在的乡镇离上海市很近,乡民常去上海贩菜为生。当陈声从省会受训回来后,觉得乡民有识字教育的必要。于是,陈在该镇4个保设立了4所夜校,要求保甲长切实宣传和调查。在师资和课本方面,陈声与上海工学团的陶行知接洽,邀请工学团的工作人员来担任义务教师。不仅如此,工学团还向夜校赠送一些"老少通"的课本。设施方面,陈声请席云生创办的宝禅院为该镇夜校捐助了点灯费,又从别处借来了桌子和凳子。经费方面,陈声将乡镇办公费用作校办公费,每个夜校支出2元。冬防期间,由保长凑数垫支。每晚七八点,陈声都要与甲长视察各校一次。当民众有缺课时,陈亲自登门劝导,民众因而都能及时入校。1935年11月30日,该乡第一届识字班结束时,毕业学生达到173名,识字教育取得了一定成效。⑤松江县一位名叫潘伯英的保长,也是一位热心办理教育的保长。尽管潘的生活并不富裕,但他还是承担了识字班的开办费和经常费。潘声称:"为社会事业牺牲若干金钱,便可无愧于心,也稍尽国民天职。"识字班开办的第一天,潘

---

① 《常州运河林南横林段开工》,《申报》1935年3月17日。
② 《扬州瓜东圩岸定期开工》,《申报》1936年4月24日。
③ 《青浦县第五区公所运用保甲清洁街道》,《江苏保甲》第2卷第12期,1936年7月。
④ 易团九:《老圩局的往事》,见兴化市政协文史资料委员会编:《兴化文史资料》第13辑,1988年版,第16~17页。
⑤ 沈鸿绪:《值得介绍一个乡长》,《江苏保甲》第1卷第23期,1936年1月。

领导乡民们向国民党党旗和总理遗像敬礼,他作了《识字班的意义和展望》的演讲,潘车库中学校长潘哲基讲了《三民主义千字课本》。潘所举办的识字班,受到了乡民们的欢迎。如他所说:"2月1日那天晚上,附近寒风中夹杂笑声,天真活泼的小孩,健壮雄勇的青年,娴静含羞的妇女,精神矍铄的老人,或来读书,或因好奇心而来旁观。含有暖意的汽油灯照如白昼,在这封建势力根本还没有肃清的社会中,能够博得大众这样信仰,我们的确没有失败。"甚至在一个狂风暴雨、冷意逼人的夜晚,前往识字班上学的民众还能达到14人。①又如武进县南云镇第一保保长谈寿荣,他见该镇清水潭庙贫儿救济院的校舍不足以收留学生,为了培养当地人才,与当地士绅商洽后,谈保长便把自家1.2亩土地捐赠给贫儿院,以作为贫儿院的校舍。②1937年春夏之际,东台县王港乡第十保保长王泽民,眼见国难当头,便将希望寄托在"读书救国"上。为此,王不辞辛苦,顶着酷暑,东奔西走,到处呼吁,并向县政府和区公所申请办理学堂。为了筹建校舍,王把自家那座6间杉木结构、砖墙加盖的木房捐为校舍。抗战全面爆发后,王还劝说一所私塾与其所办的学校合并。由于家长们希望孩子读古书,怕上洋学堂,王与学校老师亲自上门走访,大力宣传,入校学生因而日益增多,达到了30余名。所授课程有语文、算术、珠算、音、体、美、应用文,深受家长和学生的欢迎。③

此外,乡保长们还积极参与一些维护乡村社区利益的社会活动。如在江都,江泰轮局发生火灾后,该处保长哈序东考虑到被焚各户多属贫穷人家,便亲自向城内外劝募,再将募捐到的棉衣裤及时分发给灾民。④在昆山自治实验区,乡保长们集体欢送一位即将到上海任职的实验区区长。⑤在嘉定,乡保长

---

① 潘伯英:《在保甲运用下办理第一届民众识字班经过》,《江苏保甲》第2卷第15期,1936年9月。

② 《武进县保长谈寿荣等热心教育》,《江苏保甲》第2卷第3期,1936年3月。

③ 李朴:《爱国人士王泽民献房办学纪实》,见政协大丰县文史委员会编:《大丰县文史资料》第12辑,1995年版,第88~89页。

④ 《扬州两火警焚烧十九家》,《申报》1936年3月15日。

⑤ 《昆山欢送自治实验区长》,《申报》1935年6月5日。

们曾集体参与一起控诉本县公安局长陈幼民的案件，他们指控陈疏于防范，警务废弛，不能维护当地安全，请求省政府和民政厅应免去这名公安局长的职务。①在邳县静仁乡，一名保长率领本村乡民，共同控诉一名勒诈本村的保安分队长，致使这名队长被县政府撤职拿办。②在南汇和松江，乡保长与士绅合作，控告了那些以禁烟为名、勒诈本地乡民的地方官吏，维护了乡村社区的基本利益。③在砀山，为了抵制土地陈报，一名乡长与士绅合作，动员数千乡民采取集体行动，迫使地方政府不得不调整了该项政策。④即以当时的经济纠纷（主要涉及屠宰税和契税）而论，许多乡保长尚能为本地乡民作证，这有利于地方政府较为客观地了解到乡村实情。⑤因此，不少涉案乡民的误判得以纠正。

由上可见，通过组织自卫、组织调解和举办社会公益活动等，乡保长在一定程度上赢得了地方民众的认同。因而，战前江苏省开始呈现出乡保长与乡村领袖合一的趋势。

小　结

北洋时期日益膨胀的绅权，严重地削弱了国家对乡村社会的控制，这是新

---

①　《嘉定公安局长被控》，《申报》1935年5月25日。

②　《令辑邳县代理分队长因案潜逃之陈西成》，见江苏省政府秘书处编：《江苏省政府公报》第2102期，1935年10月18日。

③　《松江城区巡长诈财彻究》，《申报》1936年5月10日；《南汇员警敲诈巨款》，《申报》1937年2月4日。

④　唐清平、刘彦洪：《城西反土地陈报斗争的经过》，见中国人民政治协商会议砀山县文史资料研究委员会编：《砀山文史资料》第1辑，1986年版，第88~95页。

⑤　《如皋县洪兆余等诉愿决定书》，见江苏省政府秘书处编：《江苏省政府公报》第2185期，1936年2月3日；《兴化县袁日昌诉愿决定书》，见江苏省政府秘书处编：《江苏省政府公报》第2306期，1936年6月19日；《武进县朱耀矩诉愿决定书》，见江苏省政府秘书处编：《江苏省政府公报》第2143期，1935年12月6日；《东台县王贵林诉愿决定书》，见江苏省政府秘书处编：《江苏省政府公报》第2624期，1937年7月5日。

兴的国民党政权建立新秩序后所面临的一个主要挑战。为此，本章以抗战前江苏省政权与绅权的关系为中心，讨论了江苏省士绅如何在国家政权的强势威慑下从忧惧走向合作的历程。这又分为两大阶段：抑制传统绅权和扶植区乡镇保甲长为代表的新乡绅阶层。

1927—1935年，国家政权在江苏地区以激进和渐进的举措来抑制绅权。从激进方面来讲，江苏省通过武力镇压、政治打击和经济剥夺，打击了土豪劣绅，迫使传统地方绅权全面衰落。从渐进方面来讲，国家政权拉拢地方士绅参加地方政府的财政、建设、教育和保卫等事务，又向士绅们抛出了"橄榄枝"。随后，政权通过土地陈报、催征大户欠粮、收编地方团队和严惩漠视政令的士绅，迫使地方士绅对政府的反应从忧惧走向合作。

与此同时，江苏省逐步扶植区乡镇保甲长为代表的新乡绅势力。1934年，江苏保甲推行前，江苏省已完成区长训练，区公所成为乡村的主要政治机构。江苏保甲推行后，国家政权又积极拉拢下层士绅担任乡镇保甲长。因此，战前江苏省保甲人员（主要是乡保长），多由一批年富力强、教育程度较高和家境富裕的人员担任，其中，不乏一些富有社会声望的乡村领袖。不过，相当多的保甲人员，仍由一批素质低下和缺乏声望的乡棍所担任。他们滥用职权，鱼肉乡里，加剧了乡村社会的动荡。战前江苏省乡镇保甲长社会权威的树立只是部分地得以实现。

因此，绅权逐步丧失了独立性，开始依附于强势的政权。保甲推行之初，一些士绅除了表示辞职和暗中阻挠以外，已无力改变政权的整体部署。在政权的各种拉拢之下，上层士绅们协助当局推进保甲的宣传、编查、训练和审查，凭借着国家政权继续发挥作用。同时，以乡保长为代表的新乡绅，在组织村庄自卫、调解纠纷、倡导公共事业和维护乡村利益诸方面，发挥了积极的作用，逐渐取代了旧有的村庄领袖。简而言之，无论是上层还是下层，士绅权力都要凭借国家政权才能发挥影响力，显示了绅权与政权合一的趋势。

第五章

冲突与合作：农民与保甲

保甲制度作为国民党训政体制下的基层政权组织，国民党自然较为强调政府在举办保甲过程中的提倡、督促、指导和协助等作用。不过，它并非不需要民众的合作。相反，国民党当局认为，要想让保甲能够实行、推进和完成，必须依赖于民众的努力。民众应当明白保甲是一种民主制度，有别于其他民团。而且，民众还应明白，"今值民主政治时代，人民为国家之主人翁，俱应由人民躬亲任务，一革颟顸依赖之习。尤在今日之中国，训政方始，社会事业，百废待兴，保甲实为地方建设之先决条件，须先于他项运动施行。消极之用，固以维持秩序，积极之用，以之奠建设之始基也。"①

基于这样的考虑，国民党希望民众应当积极地参与

---

① 闻钧天：《中国保甲制度》，上海：商务印书馆1935年版，第458页。

保甲工作、履行保甲法规、协助地方警察、组织自卫团肃清匪患和推进地方自治。①保甲是国民政府自上而下进行统制的工具,广大农民作为统制的对象,他们是如何感受和回应保甲制度,很大程度上影响着国民党向乡村权力扩张的成效。因此,有必要讨论一下农民与保甲的关系。本章拟从农民生活的环境入手,揭示出农民生存的政治逻辑,进而分析这种政治逻辑是如何作用于农民与保甲的关系。

---

① 董浩:《现行保甲制度》,上海:春明书店1942年版,第23~25页。

第一节 农民生存的政治逻辑

ERSHI SHIJI ZHI ZHONGGUO

一、农民的物质生活

要想讨论江苏农民对于政治的态度,我们必须首先考察一下农民生活的世界。只有了解农民生活的自然环境和社会环境,我们才能理解农民生存的政治逻辑。据时人的观察,"江苏是三个时代造成的三个区域合并而成的。在江南是可见工业资本的展开,淮扬一代因运河交通之便,在中古时代即有盛大之商业资本发达。在徐州一带就完全停留着在农业经济之一阶段。"[1]大致看来,江南农民的生活优于淮扬一带,淮扬一带的农民生活又优于徐海一带。然而,就整体农民的生活状况而言,不外乎贫穷和落后。

食物。江苏农民的食物种类不少,其种类有米、麦(黍、高粱、玉蜀黍)两种。大致来说,淮河以北的农民完全吃麦子。淮河以南,农民多以米为主要食物。吃米地方的蔬菜要比吃麦地方的蔬菜丰富一些,"乡人有时啖鱼嚼肉,淮北人即不如此,饭时有一二碗素菜即为已足,吃肉极少,一年除新年端午中秋

---

[1] 冯和法主编:《中国农村经济资料》,上海:黎明书局1935年版,第335页。

及收粮食时期以外,是无肉可吃。"①据时人对铜山县乡村的调查,十之八九的农民均告缺粮,多以杂粮充饥。②在其食物构成中,高粱占50%,豆类占15%,甘薯占20%,小麦占15%。中农和富农的食物是高粱和小麦。不过,即使富农也不能全吃小麦,贫农则要吃8个月的高粱,杂以豆类。剩下的4个月,以甘薯为主要食料。农民所吃的食物并不比上海拉黄包车的更为好一些。在当地农民看来,上海车夫所吃的大饼馒头,简直是一种奢侈品。③进入30年代,一些农民因为负债的缘故,不得不尽量降低他们的生活水平,"往日逢了节日要吃肉二斤的,现在只买半斤了;往日吃菜要用油煎炒的,现在用白水烹煮了;往日有病要吃药,现在他们却在听天由命了。佃农呢,他们更是可怜了,终年吃的是高粱,蔬菜都没有钱买。"④淮扬一带能够吃米的人家也仅是少数地主,农民没有吃米的资格。因为米的价格,要比杂粮的价格贵上一倍。因此,在农民们看来,无故吃米,无异于一种浪费。因此,他们的食粮是以玉秫、山芋、小麦和麦仁(大麦去皮者)为主要食品。他们把这些杂粮压碎了,粗的叫糕子,细的叫做糌子,再细的就是面。他们把面留着招待客人,自然不轻易吃。糕子是用来做饭的,糌子是用来煮粥的。除忙时和会客而外,农民多半吃粥度日。一年四季,三粥无缺的是好户,穷人只能吃两粥或一粥,甚至连粥也没有。由于蔬菜比杂粮更为便宜,春天白菜满园时,农民多以蔬菜为食。至于油酱醋之类的调料,农民们从不敢问津。佐餐以咸菜、咸萝卜、小蒜和酱渣为主。只有当有事或者亲友来访时,农民才会拿出青菜、豆腐和米饭招待客人,"至于吃鱼吃肉,那更是鲜有奇珍。一年三节而外,很不容易碰到的。到了荒年,高粱皮糠,也是食品。"⑤江南农民的基本消费也体现在食物上面。据有人对武进农家的调查,

---

① 王培棠:《江苏省乡土志》,上海:商务印书馆1938年版,第349页。

② 徐德瑞:《江苏铜山县农村经济调查》,《实业统计》第2卷第2期,1934年4月。

③ 刘承章:《铜山县乡村信用及其与地权异动之关系》,见萧铮主编:《民国二十年代中国大陆土地问题资料》第90辑,台北:成文出版社1977年版,第47454页。

④ 刘承章:《铜山县乡村信用及其与地权异动之关系》,见萧铮主编:《民国二十年代中国大陆土地问题资料》第90辑,台北:成文出版社1977年版,第47526页。

⑤ 许叔彪:《淮安农村概况》,《淮海》第1期,1935年6月;凌绍祖:《淮海面面观》,《淮海》第5期,1935年10月;尤蔚祖:《一个停着不进的农村里的生活》,《申报》1936年1月16日。

农民一年支出为 293.26 元,饮食费则为 191.99 元,食物支出要占到 2/3 左右。足见,农民的生活水平之低。调查者为此感慨道,当农民所得 2/3 为果腹之用时,真是"人生一生为口忙"的写照。① 在嘉定,大多数农民终年辛苦劳作,并不能吃上一顿饱饭,吃了上顿无下顿的情况并非罕见。有的农民甚至以麦麸为食物。② 1935 年,江南旱灾发生后的次年,农民不得不压缩自己的食物消费。据一位宜兴返乡者的观察,"全村吃米饭的只有十余家,其余却吃杂粮或者饿肚子。这是从来未曾有的事情。"③ 另外一位吴县的返乡者也有类似的观察,各户非但没有卤肉卤鸡,只能以粥度日,一些乡民甚至以煮烂的豆饼和草根充饥。④

衣服。徐海一带的农民多穿棉布,淮扬和江南的农民则布绸并用,其共同之处在于,所穿的衣服多破旧不堪。铜山一带,农民们多穿着 300 文一双的草鞋,裤子是在婚丧礼期内的体面东西,衣服是数年不曾更换,"洗了几次,他们认为是暴殄天物,因为自己留下来的汗渍,可使衣服增加工作的抵抗力。"⑤ "着棉袍以度严寒者仅十分之一,着皮袍及华丽衣服者百无一二。"⑥ 只有在春节,农民们才会穿上一件布的或新的外衣,但里面的衣裳多是褴褛和带有补贴。"赤足着草鞋者尤多,穿皮衣者少数。"⑦ 淮海一带的农民,很少能穿得起绸缎。能穿一件完整的青布衣服者,也并不多见。他们大都穿着东破西补的衣

---

① 李范:《武进县乡村信用之状况及其与地权异动之关系》,见萧铮主编:《民国二十年代中国大陆土地问题资料》第 88 辑,台北:成文出版社 1977 年版,第 46803~46805 页。

② 徐洪奎、沈时可:《嘉定县土地局实习总报告》,见萧铮主编:《民国二十年代中国大陆土地问题资料》第 104 辑,台北:成文出版社 1977 年版,第 55065~55066 页。

③ 企之:《久违了的故乡宜兴》,《申报》1936 年 2 月 10 日。

④ 张潜九:《吴县东山农村素描》,见中国经济研究会编:《中国农村描写》,新知书店 1936 年版,第 87 页。

⑤ 刘承章:《铜山县乡村信用及其与地权异动之关系》,见萧铮主编:《民国二十年代中国大陆土地问题资料》第 90 辑,台北:成文出版社 1977 年版,第 47526 页。

⑥ 徐德瑞:《江苏省铜山县农村经济调查》,《实业统计》第 2 卷第 2 期,1934 年。

⑦ 何新铭:《盐城实习调查日记》,见萧铮主编:《民国二十年代中国大陆土地问题资料》第 101 辑,台北:成文出版社 1977 年版,第 53183~53184 页。

服,"能有一件蓝布长衫,就是补一块,贴一块,总算外面光了。结婚是大典,男女能有些洋缎竹布,那便是新郎新娘的上等礼服。听到人家谈到丝绸毛皮,那好比天上神仙,他们可得而爱慕,不可得而捉摸。"①无论冬夏,农民只能穿着一双草鞋,而布鞋只有在出门见客时才穿。寒冷的冬季,农民仅有一件棉袄,有的连棉裤都没有。睡觉时,一些农民因买不起被褥,多脱得光光,只得用袴铺量衣作被,蜷伏抱着,犹如猴子吃桃子一样。②由于妇女衣着的来源是鸡蛋,她们常养了一只母鸡,靠着卖鸡蛋来买衣服。当蛋价跌落时,人们的衣着也随之降低。无怪乎一个农妇的母鸡死了,她们会哭得"如丧考妣"。③在江南,农民所穿的衣服多为亚麻布和棉布,只有少数人在正式场合才穿着丝绸的衣服。④"他们的衣服是无所谓单的夹的,能抓到就穿上。所谓整齐清洁在他们是从未想到的。"⑤至于床被,可以从新的时候盖到破烂为止,从不洗刷一次。农民身上的污垢和汗液排泄出来的内部分泌物,都可以在衣服和被褥上找到。夏天,农民必须忍受臭虫和蚊子的叮咬。到了冬天,农民多是破絮一袭,里面充满了小孩子的鸟屎臭,脱掉衣服,可以将成把的虱子捉下来。⑥

住房。江苏农民的住房,因区域的不同而构造有别。徐海一带,农民多住泥墙草房,极少住瓦房,只有城市居民才住瓦房。这些瓦房的筑造,多依照版筑泥墙的办法,减少直柱,以节省材料。到淮扬一带,瓦房才渐渐多起来,中产以上农家,住房多有一个八字形的大门,进门设有屏风。江南农民的住房,多以瓦房为主。⑦不过,就普通农民来说,其房屋总是狭小、简单和破旧,室内缺乏光线,每年都需要修理。一旦遇上风灾水患,房子多被摧毁。再加上土匪的骚扰,农民并不敢在住房内安装烟囱。烧饭时,屋内总充满了烟气,自然有害于

---

① 许叔彤:《淮安农村概况》,《淮海》第1期,1935年6月。
② 凌绍祖:《淮海面面观》,《淮海》第5期,1935年10月。
③ 尤蔚祖:《一个停着不进的农村里的生活》,《申报》1936年1月16日。
④ 费孝通:《江村经济:中国农民的生活》,商务印书馆2001年版,第115页。
⑤ 企之:《久违了的故乡宜兴》,《申报》1936年2月10日。
⑥ 苏冷:《睢宁的农民生活》,《农村经济》第2卷第8期,1935年6月。
⑦ 王培棠:《江苏省乡土志》,商务印书馆1938年版,第349页。

他们的眼睛。①在铜山的八里屯,"农民的房屋全是土壁,器具简陋,窗户不全,有些更是低得不敢抬头,小得不能转身。"②再看盐城农民的住房,"农家房屋如星罗棋布,草其盖而土其壁,矮小狭窄,每间可容数口,然寝室、储藏室、牲畜室、厨灶室等皆共聚一室也。若进屋之后,仔细参观,亦可以有条不紊的分别出来。"③淮扬一带,农民住房的矮小、破旧和灰暗并无二致。江都农民能够住上瓦房的,仅十分之一,其余的农民多以茅草当瓦、黄土为墙。这些房子多东倒西歪,颓旧不堪,"所占面积亦不大,长宽相乘,要以七八丈者为最多,不过一分多耳。房中黑暗异常,有窗框者极少。牛猪栏厕,大约即在门前屋侧,臭气熏人,而农民处之泰然也。"④一位调查者生动地描述了淮安农民的住房概况:"旧四围用土块一层一层堆起八九尺高,上面覆盖着柴草,这就是佃农的住屋。三间房子一扇门,两个窟窿着的窗户,是极普通的现象。再穷一点只有一间两间,加上开门,灶呀,床呀,水缸,小罐,小坛,马桶,猪,鸡子都在其内。走进去五香十色,令人晕厥。家内铺设,一张'敬神如在'贴得高高在上,而下便是香炉烛台之类。至多再有一张棺材式的旧柜,一张破不堪的桌子。穷人连这些也没有。其余便是矮桌、矮凳以及散乱破败的农具。一盏没有罩子的石油灯。烟灰熏得满屋漆黑。但是,他们的灯是不常点的,买了四两半的石油,往往点了一两个月。"⑤据一位返乡者对宜兴一个村庄的观察,尽管农户们的住处附近便是石灰产地,但他们都舍不得用石灰粉刷那些已被剥蚀得黄黑相间的墙壁。至于房顶上的漏洞,则多以茅草修葺。他们的菜园已不再用芦或竹制编制,而用向日葵秆和桑枝等一切不需要花钱的东西来编制。⑥吴县斜塘一个隆

---

① 苏冷:《睢宁的农民生活》,《农村经济》第2卷第8期,1935年6月。

② 刘承章:《铜山县乡村信用及其与地权异动之关系》,见萧铮主编:《民国二十年代中国大陆土地问题资料》第90辑,台北:成文出版社1977年版,第47454页。

③ 何新铭:《盐城实习调查日记》,见萧铮主编:《民国二十年代中国大陆土地问题资料》第101辑,台北:成文出版社1977年版,第53162页。

④ 吴致华:《江都实习调查日记》,见萧铮主编:《民国二十年代中国大陆土地问题资料》第101辑,台北:成文出版社1977年版,第53293页。

⑤ 许叔彪:《淮安农村概况》,《淮海》第1期,1935年6月。

⑥ 企之:《久违了的故乡宜兴》,《申报》1936年2月10日。

田上村,村民们所居住的房屋,没有几间是砖砌的,"全家都是芦草的篷子,没有窗户,没有光线,更谈不上什么设备。"①

行。江苏的交通较为发达,江南和江北都有火车通行,陇海路为淮北的横行线,京沪路、沪杭路为江南的横行线,津浦为江北的纵贯线,苏嘉路为江南的纵贯线。"汽车则风驰电掣于大江南北,大小汽船则鼓轮破浪于河湖港汊之间,淮北之独轮车,江南之乌篷船,是调剂轮船火车之不足,尚未可偏废。江苏人民对于行之方面,可称便利。"②然而,交通便利并不能为农民们所享用。农民们日出而作,日入而息,均以步行去耕作。多数农民所种的田地在十数里之外,他们不得不天明就去劳动,极为辛苦。③

生活在饥饿和贫困线上的农民,不得不长年累月地在田地上辛苦劳动,以勉强糊口。在淮安的农村,农民们要在三月里播种高粱、玉秫和稻子,四五月间需要除草、收麦、栽秧和种豆子。到了六七月间,农民须灌溉水田,旱田要防灾除害,同时收获玉秫和高粱。八九月间,他们要割稻和收豆子。十月时,农民要播种麦子。从十月到次年三月,农民也并无片刻休闲,男人们需要抄田翻土、修圩补路、拾草聚肥、搓绳编席、泥墙塞漏和挖河伐树,妇女则要缝衣种菜和制棉制鞋。④再据1927年的一个调查资料,金山县农民一天的生活如下:天色未明,5点左右,农民要起床收拾农具和备耕牛,然后赶到田间工作。早饭时,家人往田里送去半篮米饭和一碗咸菜。吃完之后,农民们需要继续上工。午饭后,农民要工作到晚上六七时才会回家。农忙时,农民们还要做夜工,工作时间可达到16个小时。夜间,为了给牲口添草料,农民还得起床三四次,这使得他们无法很好地休息。妇女要在5时起床,煮饭烧茶,将茶饭送至田间,与丈夫同吃饭和劳动。午饭,他们多以所剩的冷饭菜充饥。晚上回家后,妇女

---

① 魏译之:《江苏山西实习调查报告》,见萧铮主编:《民国二十年代中国大陆土地问题资料》第107辑,台北:成文出版社1977年版,第56868页。

② 王培棠:《江苏省乡土志》,商务印书馆1938年版,第349页。

③ 虞永江:《沭阳农村鸟瞰》(下),《淮海》第5期,1935年。

④ 许叔彪:《淮安农村概况》,《淮海》第1期,1935年5月。

尚需纺纱织布,彻夜从事工作。①

由于饮食低劣、营养缺乏,以及整年辛苦劳作,使得农民的健康状况受到严重影响。再加上农民素不讲究卫生,缺乏卫生常识,厕所多随意设置,随地倾倒垃圾,有些粪坑距离锅灶很近,"跳虱虫虱,人人皆有,每值夏令,蝇蛆随处皆是,时疫流行,无及时救济,惟翘首待毙。"②因此,患眼病和皮肤病者不乏其人。天花、霍乱、流行性感冒和痢疾等季节性传染病,常年困扰着乡民。③据1935年江苏医政学院对江北痞块病人数的统计,淮阴、泗阳、宿迁和涟水四县共有10万人染上了痞块病,患者"能力消失,动弹不得"。1931年到1934年间,泗阳刘庄村染上此病的人数增加了三四十倍。④农民一旦生病,因无钱去购买医药,更不容易请到乡村的医生,只得求仙问卜,这使其身体状况更为糟糕,只能任其蔓延。

因此,时人所写的一些日记里,无不流露出对农民悲惨境遇的同情与担忧,他们甚至认为农民的生活状况与原始人及奴隶相差无异。如他们眼中的邳县谭墩镇,"谭墩原来很富庶,十六年为匪陷落,烧毁过半,断墙残屋,历历犹在。农民多居草棚,冷清清的如入死境,衣着褴褛,哭丧着脸,这样十足象征了他们生活在怎样悲惨的境遇里!"⑤邳县半里庄的农民,"他们只能够吃粗酱饼,用蒜一根,穿破衣,聊以蔽体,这一种近乎原始人的生活了。"⑥再看刘秉章

---

① 段本洛、单强:《近代江南农村》,江苏人民出版社1994年版,第62~63页;"江阴的妇女,一天也要工作十五个小时。当清晨天还没亮时,她们就起床从事纺织,一直到夜深人静的时候,她们还是在煤油灯下纺织。除了两顿稀粥的时间或者照料孩子外,简直没有机会离开织机一步的。倘若家里还有失去工作能力的老母亲和六七岁的小孩,照顾小孩的工作则由老母亲来做。就连吃粥的时间,妇女们也得坐在织机旁边。"见罗琼:《江苏江阴农村中的劳动妇女》,《东方杂志》第32卷第8号,1935年4月。

② 虞永江:《沭阳农村鸟瞰》(下),《淮海》第5期,1935年10月。

③ [美]裴宜理:《华北的叛乱者与革命者》,池子华、刘东译,商务印书馆2007年版,第53页。

④ 《令民政厅及医政学院为淮阴各县商店痞块病蔓延令同迅用经济方法从事扑灭》,见江苏省政府秘书处编:《江苏省政府公报》第1861期,1935年1月7日。

⑤ 行政院农村复兴委员会编:《江苏省农村调查》,上海:商务印书馆1934年版,第67页。

⑥ 行政院农村复兴委员会编:《江苏省农村调查》,上海:商务印书馆1934年版,第71页。

对铜山农民的观察:"佃农呢,他们更是可怜了,终年吃的是高粱,蔬菜都没有钱买,六尺高的茅房哩,白昼都是黝黑的,除了屈身仅可出入的小门以外,再也没有空气的地方了。在夜里,像死一般的黑暗哩,有时透出鬼气憧憧的、微带绿色像豆粒大小的弱光来,便是这般猪狗生活的人们视若生命灯塔了。"①当一位调查者深入江都的农村之后,他发现大多农民智识程度极低,并不留心记忆全年支出。为此,这位调查者在日记中写道:"求其评中最透辟而传神者,厥为'种马铃薯,吃马铃薯,和马铃薯死去!'平日不知其言之深刻,今身临农村,才知其言之深刻,确实而有悲哀之情存乎其中也。"②江南农民的生活状况,同样引起了调查者的同情和感慨。据一位吴县返乡者的观察,"这些忠厚懦弱而又勤奋的农民,本来凡是使他们穷苦、愚钝、饥饿、破产,甚至于死亡的种种病根,是已降临到他们头上的,不过,他们的感觉迟钝,他们的生活又是极简单,所以一辈子苦苦恼恼,省吃俭用,终于把日子一天天的挨了过去。"③另外一位调查者同样描述了这一情况。据他对吴县一个村庄的描述,"斜塘附近的一户耕种10亩地的农户,却只能住着一个卑湿的房子,没有窗户,没有光线,只有茅篷下一张出入的小门,屋内的陈设,除了那张简单的木床外,便是一个小凳子,其余的便是一些吃饭用的工具。左边的屋角上站着一个瘦弱的黄牛,这些是他们在夜深人静时的唯一伴侣。周世彦同学笑着对我说:'一间黑暗的房子,装着三条生命。'如是听到古时的奴隶,与牛马同栏去买卖的故事。"④农民物质生活的窘困足见一斑。

---

① 刘承章:《铜山县乡村信用及其与地权异动之关系》,见萧铮主编:《民国二十年代中国大陆土地问题资料》第90辑,台北:成文出版社1977年版,第47454页。

② 吴致华:《江都实习调查日记》,见萧铮主编:《民国二十年代中国大陆土地问题资料》第101辑,台北:成文出版社1977年版,第53293~53294页。

③ 张潜九:《吴县东山农村素描》,见中国经济研究会编:《中国农村描写》,上海:新知书店1936年版,第88页。

④ 魏译之:《江苏山西实习调查报告》,见萧铮主编:《民国二十年代中国大陆土地问题资料》第107辑,台北:成文出版社1977年版,第56781页。

二、农民的精神生活

物质生活的艰苦,使得农民的受教育程度普遍低下。对于一个常年在田地辛勤耕作的农民来说,精力都在体力劳动中消耗尽了,没有闲暇的精力去读书。而且,读书还需要巨额的费用,收入微薄的农民也无力支付高额的读书费用。① 为了养家糊口和增加劳力,农民会让孩子及早从事看牛或拔草等事情。在费孝通所调查的江村,便可说明这一点。"尽管江村注册的学生有 100 多人,而实际能去按时听课的学生却不超过 20 人,学生忙于打草养羊充实副业,以至于学校的假期特别长。"② 在广大农民看来,识字不过是一种符号,只有城市居民才迫切需要,乡村农民未必用得上。而且,读书不过是贵族子弟和有钱有势人的营收,与农民生活状况无关。③ 在江北一些地方,学校往往招不到学生。为了扩大招生,校长只得设宴款待学校附近的学生家长和士绅。农民这才勉强把孩子送到学校读书,作为向学校人际交换的礼品。这使得当局不得不抱怨说,"民众脑筋顽固,轻视学校"④。"这种错误观念,还在农村中活跃,教育效能,也谈不到什么开展,人民还能食到教育均等的实惠吗?农村教育生活的广狭,于此可见一斑了。"⑤ 据 1931 年度的调查,江苏省学龄儿童为 462 万人,而入学儿童不过 68 万余人。这意味着 85% 的儿童都处于失学状态,普及率不过 15%。⑥ 就整个民众的识字程度而言,江苏民众识字率也是很低的。据 1935 年度江苏省各县识字人数的统计,各县识字人数为 5 295 803,总人口为

---

① 周荣德:《中国社会的阶层与流动:一个社区中士绅身份的研究》,学林出版社 2000 年版,第 243~244 页。

② 费孝通:《江村经济:中国农民的生活》,商务印书馆 2001 年版,第 50~51 页。

③ 杨开道:《农村社会学》,世界书局 1929 年版,第 103 页;《江苏省政教合一问题座谈会记录》,《政教合一》第 1 卷第 3 期,1935 年;《民国廿四年民众教育界应努力的方向》,《铜山教育》第 24、25 期合刊,1935 年 12 月。

④ 《沛县令区乡保甲长负责劝导儿童入学》,《江苏保甲》第 2 卷第 3 期,1936 年 3 月。

⑤ 胡政泉:《涟水农村生活之鸟瞰》,《淮海》第 1 期,1935 年 5 月。

⑥ 赵如珩:《江苏省鉴·教育》,新中国建设学会,1935 年版,第 16~17 页。

34 828 063，其平均识字率仅为15.21%。就区域分布而言，江北的识字率远低于江南。江北的萧县，识字率仅为3.2%，即便是识字率最高的武进，识字率也仅达到27.3%。①"有些乡村尽为蠢蠢者氓，几无一般的识字者，浑浑噩噩成了蠢顽无知的世界。"②"农民识字者甚少，至于种植作物，全用古法。作物病虫害，亦无法预防驱除，此为乡村教育之过也。"③

与普遍低下的文化程度形成鲜明对比的是，农民极为信奉超自然的主宰力量。由于自然界尚有不能控制的因素，这对"靠天吃饭"的农民生活形成了极大的威胁，很可能会将其努力化为乌有。农民将自然界的这些变化看作一个不可解的谜，只好将眼光投向那些神祇，希望那些神灵能够征服狂暴气候和肆虐灾害，保佑他们生活的安定。④虽然民国政府曾倡导破除迷信，但科学的光芒只是在极为有限的精英那里闪烁，国家权力并不能改变农民对神灵的崇拜。几乎每一次的自然灾害，都要唤起农民拜神求巫的迷信潮，甚至可以发展到愚不可及的酷烈程度。⑤事实上，每个村庄差不多都有土地庙供奉的土地神。朔望或丧祭时期，农民前去焚香供奉作祈祷丰年、保佑吉乐的祭祀。夏秋时节，农民举行青苗会行，作为拜神求雨、驱逐蝗虫的祷告。遇有天灾或疾病，农民多求天神收灾降福，并不谋求自救。毫不奇怪，"农村迷信之风甚炽"、"迷信事业甚盛"和"农民保守成性"等字眼，频繁出现在时人的农村调查报告之中。⑥而行政院农

---

① 《江苏省各县识字人口统计表》，见江苏省民政厅编：《江苏省保甲总报告》，1936年版，第114~116页。

② 王南屏：《江北农村实况》，见千家驹编：《中国农村经济论文集》，上海：中华书局1936年版，第618~619页。

③ 何新铭：《盐城实习调查日记》，见萧铮主编：《民国二十年代中国大陆土地问题资料》第101辑，台北：成文出版社1977年版，第53189页。

④ 章益校：《农村教育》，上海：黎明书局1934年版，第48页。

⑤ 夏明方：《民国时期自然灾害与乡村社会》，中华书局2000年版，第134页。

⑥ 周廷栋：《江苏太仓农民的现状》，《社会科学杂志》第2卷第1期，1930年3月；夏琼声：《高淳县农村经济调查》，《苏农》第2卷第5期，1931年5月；高维昆：《赣榆县农村经济状况概述》，《苏农》第2卷第2期，1931年2月；王南屏：《江北农村实况》，见千家驹编：《中国农村经济论文集》，上海：中华书局1936年版，第618~619页。

复会调查者的日记中,生动地描述了农民祈雨的情形:"每当汽车过农家,不论男女老幼,跑出门,惊慌失措地争望,不用人力,狂奔着,又这样神速,真够奇怪了。各个农家的屋角都插了三角形小旗,上面写着'雨来了',或者其他求祈的语句,还在一块停耕的田里,搭起丈多高的草台,台上设神位,有位老年人,正襟危坐,低着头,嗡嗡地念,台下有些人打锣鼓,毫无节奏,然而,大家不做声,诚恳地祈求老天下雨。在某小巷做了一条泥龙,很活气,可惜港底仍然没有一滴水,而农产愈见枯萎了。听说这儿的农人每年耗资于求神拜佛的血汗极可观,去岁县党部某委员倡议禁止,大遭农民攻击,险些酿成巨潮。"①

再如1934年夏天江南旱灾中农民的祈雨活动,同样说明了农民对神祇的崇拜有多么热切。旱灾发生后,一些乡民便声称他们看到了攀登在树上、双手合十正在叩拜太阳的旱魃,以解释旱灾的不祥之兆;②有的乡民则以天干地支的轮回推测旱灾的到来,因为清朝的甲戌年就曾大旱过,恰是甲戌年的1934年也不会例外。③江南各县农民的反应是复杂的:有的请求僧道设坛,有的力主吊龙灯以祈雨,有的建议商市断屠以求甘霖。除此之外,有的乡民还捣毁了山上的亭子,认为此举可使得蛟龙降雨。等到一切仍旧无济于事时,乡民便拥到区公所、县政府,集体请求官员也加入到祈雨行动。④在这样的情况下,南通区专员郑亦同,只好通饬各县长官应率领民众在空旷处祷告和鸣炮示儆,还下令所属各县民众打扫卫生、吃素食和虔诚悔过。⑤

据1934年度江苏省政府的调查,各县耗资于迷信上的费用为4794万元。⑥如果考虑到江苏省总人口数为3483万的话,那么,人均耗在迷信上的费用为1.38元。在当时,一个佃雇农年收入也不过33.2元,这意味着农民要将其收入

---

① 行政院农村复兴委员会编:《江苏省农村调查》,上海:商务印书馆1934年版,第75~76页。
② 《无锡亢旱声中之惨闻》,《申报》1934年7月8日。
③ 《常州连日奇热将成旱灾》,《申报》1934年6月28日。
④ 《苏州横泾乡民包围区公所》,《申报》1934年7月12日;《扬州乡民祈雨》,《申报》1934年7月13日。
⑤ 《南通通属旱灾严重》,《申报》1934年7月16日。
⑥ 王培棠:《江苏省乡土志》,上海:商务印书馆1938年版,第454页。

的三十分之一耗于迷信。①再根据江苏省地政局对无锡农民的调查,农民花在迷信上的费用是 1.5 元,而用于教育和卫生的开支仅 0.6 元(其中教育开支 0.5 元,卫生 0.1 元)。②可见,农民用于迷信的费用为其用于教育和卫生费用的 2.5 倍。类似的情况在常熟的农户调查中也可以发现,常熟农民花在迷信上的费用是 0.2 元,这是其教育和卫生上的费用的 2 倍(其中教育开支 0.1 元,卫生开支无)。③乡民不惜跋涉千里求神问卜,因此,江浙一带画栋雕梁的精美庙宇到处可见。每逢朔望,各庙香火极盛。农户门上都会贴上"完愿大吉"、"驱邪降福"等纸条,若进香之后,他们觉得上天已允予保障。④"如吴县盛行祈祷膜拜之风,故佛寺道观中,焚香顶礼者常踵接。统计吴江县寺庙有 1218 所,居全国第一位,僧侣多至 2800 人,而迎神赛会,莫不狂热异常。因迷信而多疑惑,一事之行,必先问卜,故执星相业者,往往而是。又多忌讳,举止行动,皆须吉利之语相吻合,故多可笑。"⑤即使水灾过后的苏北地区,烧香会仍不减当年,乡民仅用于云台山三胜会的香火纸马的花费,也不下数百万,其他普通的香会耗资也在数千元之间。⑥为此,一位名叫周廷栋的人不无感慨地说:"原来中国乡村,可以说是一切迷信大本营。"⑦

广大农民并不识字,缺乏与外部世界的联系,超自然的崇拜又加深了其封闭性和保守性。据时人的观察,在盐城,不仅妇女缠足,连 10 岁以下的女孩子都要缠足。"有的妇女到夫家去要下田受苦,预先把脚包小,还以为不是三寸金莲,怕找不到快婿,这与都市的摩登女士削足适履的高跟鞋一样可怜了。"⑧在赣榆,"乡村男子留辫者十居八九,妇女放足者百不得二,农民富保守性,且

---

① 赵如珩:《江苏省鉴·社会》,新中国建设学会,1935 年版,第 32~33 页。
② 阮荫槐:《无锡实习调查日记》,见萧铮主编:《民国二十年代中国大陆土地问题资料》第 98 辑,台北:成文出版社 1977 年版,第 51592 页。
③ 《常熟市志》编纂委员会编:《常熟市志》,上海人民出版社 1990 年版,第 1038 页。
④ 《太仓农村经济状况》,《农村经济》第 2 卷第 4 期,1935 年 2 月。
⑤ 王培棠:《江苏省乡土志》,上海:商务印书馆 1938 年版,第 384 页。
⑥ 林湛汪:《海属旧年社会风光》,《淮海》第 10 期,1936 年 3 月。
⑦ 周廷栋:《江苏太仓农民的现状》,《社会科学杂志》第 2 卷第 1 期,1930 年 3 月。
⑧ 行政院农村复兴委员会编:《江苏省农村调查》,上海:商务印书馆 1934 年版,第 88 页。

好斗争。"①即使在邳县城郊,"男人多赤膊,间也有留辫子的;女人都是蓄发缠足,着布衣,其长过膝。"②江苏省官方在涟水和阜宁的观察,也证实了这一点。"车停阜宁涟水县界,见乡间儿童沙眼癞头十居五六,风拂头发,十九虮卵成排,女孩七岁以上,即已缠足,其闭塞可想。"③在常熟灰丰桥一带,"两岸稻田,农夫农妇,一群群,脚不停留地努力抽水。男人多裸体,仅以裤围下部,女人不穿上衣,以花布束乳房。也有年龄较长的,半丝不挂的。"④当调查者在邳县谭墩拍摄村景时,一群儿童吓得四处逃散,这些调查者不得不感慨"其幼稚当可想见"⑤。即使在江南,农民听天由命的心理依然严重。如昆山县县长彭百川所说:"不过人民太安逸惯了,只靠天食饭,不肯努力,譬如去年闹旱灾,本不甚厉害。不过河沟中水位稍低,水车车身又短接不上,他们就不另想办法,看着田旱。"⑥1935年,螟灾发生后,江南一些乡民尚认为:"夏秋之交,旸热太甚,迷雾连朝,虫自天将,非人力所能防除。"至于毁灭稻根之举,不过是浪费体力而已。⑦同样,另外一位在吴江指导治螟工作的官员,也发出了类似的感慨。他认为,农民靠天吃饭与懒惰成性的心理未曾打破,这使得治螟工作颇为困难。⑧显然,教育程度的低下、迷信的盛行,加剧了农民落后和闭塞的心理。

三、农民生存的政治逻辑

生活在一个贫穷和落后的世界,农民形成了一套多元复杂的政治心理,他们对外部世界的看法具有冲突与合作的双重性。

---

① 高维昆:《赣榆县农村经济状况概述》,《苏农》第2卷第2期,1931年2月。
② 行政院农村复兴委员会编:《江苏省农村调查》,上海:商务印书馆1934年版,第66页。
③ 《导淮各县视察记》,《申报》1935年3月27日。
④ 行政院农村复兴委员会编:《江苏省农村调查》,上海:商务印书馆1934年版,第80页。
⑤ 行政院农村复兴委员会编:《江苏省农村调查》,上海:商务印书馆1934年版,第68页。
⑥ 龚心齐、罗志渊:《江苏各县县政参观纪要》,《江苏月报》第4卷第5、6期合刊,1935年12月。
⑦ 《昆山县之治螟工作》,《江苏建设月刊》第3卷第4期,1936年4月。
⑧ 吕金逊:《民国二十五年江苏吴江治螟纪实》,《农报》第4卷第9期,1937年。

第一,农民信奉生存至上的哲学,政治参与意识淡泊,其政治倾向很大程度上唯地方士绅是瞻。因此,士绅的态度无疑影响着农民与政府之间的关系。

由于生活在接近生存线的边缘,受制于变幻莫测的气候和地主的剥削,农民不得不把绝大部分精力和时间用于辛苦的劳动,最低限度地对外交往,勉强维持糊口。这种生存的需要成为农民耕种的基本目标,它影响着农民同邻居、精英和国家的关系。① 如斯科特所说:"农民的日常政治和日常反抗(当然还有日常的顺从)都源自这些同样基本的物质需要,这是再平凡不过的常识而已。忽略农民反抗中的自利性质就会忽略农民政治,同时也忽略了大多数低等阶级政治的决定性背景。"②

"人生一世为口忙"正是农民的真实写照。如1935年,铜山专员邵汉元曾向县政参观团抱怨说:"老百姓又属惰性太深,旧习太重,其所思者,惟一日三顿之'糊涂'或烧饼,此外,所谓国家、民族、革命、新生活等,他们都不懂得,所以各县县政殊难建设,更有何参观之价值云?"③ 可见,农民的吃饭问题超越了其他各种问题,政治参与距离他们最为关注的主题较远,"穷人通常很少参与政治,因为参与政治似乎与他们所关心的主要问题无关,也无助于解决他们的主要问题。对许多穷人来说,最紧迫的问题是解决今天、明天或下周的工作、食品以及医疗问题。"④ 农民对外部世界的看法是诚惶诚恐的,他们更多地关注土地所有权、赋税和价格等物质条件的改善,他们的要求往往是直接的、具体的和重视分配性的。⑤ 正因如此,他们奉行着一种极大极小的策略,对变革充满了疑虑,因为担心"所谓的进步可能将他们带入比现在更要糟糕的地

---

① [美]詹姆斯·C.斯科特:《农民的道义经济学:东南亚的反叛与生存》,程立显、刘建译,译林出版社2001年版,第5页。

② [美]詹姆斯·C.斯科特:《弱者的武器》,郑广怀、张敏、何江穗译,译林出版社2007年版,第358页。

③ 龚心齐、罗志渊:《江苏各县县政参观纪要》,《江苏月报》第4卷第5、6期合刊,1935年12月。

④ [美]塞缪尔·P.廷顿、琼·纳尔逊:《难以抉择——发展中国家的政治参与》,汪晓寿、吴志华等译,华夏出版社1989年版,第124~125页。

⑤ [美]塞缪尔·P.亨廷顿:《变动社会的政治秩序》,张岱山、聂振雄等译,上海译文出版社1989年版,第327页。

步"①。另一方面,由于农民很少识字,对外部世界了解甚少,无法知悉政府的政策和各种计划,他们多以畏惧和惊愕的眼光看待政府。"政府对他们来说是一个巨大无敌的势力,相隔甚远,非他们的能力所能控制,因此他们对政府也没有接近和了解的意念。政府已经变成了'远在天边'的东西,而不是农民用手触摸得到的东西,他们所看到的只是政府官吏外表的服饰、令人敬畏的制服、丝绸长袍、严厉的衙门前面荷枪的守卫。"②30 年代,江苏省农村调查同样为我们描绘了这一点。当调查者在邳县乡间做调查时,农民竟称他们为"老总"。当调查者在另外一区问询农民情况时,农民多不愿意据实报出他们的牲口,害怕调查者像"老总"一样蛮不讲理。③另外一名调查者在江都调查土地状况时,遇到了同样的尴尬,因为农民所答"皆为废话","且男子多不在家,女人回答,又多不中肯,费时多而收获少,故结果虽经 6 时,仅查得 14 户农家,4 户地主,已经唇焦舌敝,精疲力倦矣"。④即使在社会风气较为开放的丹阳,农民对于调查者的疑惧也未减少。他们对调查者并不信任,惟恐官府又要来加捐或者增税了,总不愿和盘托出。⑤

不难理解,政府与农民之间存在着太远的距离,它不能接近农民。士绅则充当了政府和农民之间的桥梁,影响着农民与政府的关系。作为社区领袖,士绅受过较高的教育,又具有一定的经济地位,掌握并制造着当地的公众舆论,懂得如何与官府打交道。农民只有依靠士绅的保护,才能不受官吏的侵犯。⑥时人为此感慨道,农民对于士绅们的顺从能达到"毫无理由的"和"强迫的"程

---

① [美]米格代尔:《农民、政治与革命——第三世界政治与社会变革的压力》,李玉琪、袁宁译,中央编译出版社 1996 年版,第 42~43 页。

② 周荣德:《中国社会的阶层与流动:一个社区中士绅身份的研究》,学林出版社 2000 年版,第 55 页。

③ 行政院农村复兴委员会编:《江苏省农村调查》,上海:商务印书馆 1934 年版,第 69 页。

④ 吴致华:《江都实习调查日记》,见萧铮主编:《民国二十年代中国大陆土地问题资料》第 101 辑,台北:成文出版社 1977 年版,第 53309 页。

⑤ 张汉林:《丹阳农村经济调查纪略》,《苏农》第 1 卷第 3 期,1930 年 3 月。

⑥ 周荣德:《中国社会的阶层与流动:一个社区中士绅身份的研究》,学林出版社 2000 年版,第 73~76 页。

度，竟甘心忍受地主、劣绅的敲诈和虐待。①大多数农民不希望介入政治，因为由士绅组成的政治阶级，将确保不参与政治的社会底层的生存。如果这种保障受到了阻碍，排除了一部分民众参与政治的道德结构，其合法性要素便会丧失。②因此，很大程度上说，政府要想赢得农民的合作，必须通过士绅才能实现。仍以30年代江苏省的农村调查为例。当调查者在邳县贺庄调查时，因为该乡乡长事先向农民说明，农民不再称呼这些调查者为"老总"，表现得诚恳热烈，这使得调查者感到快慰和兴奋。③在邳县庚癸乡，由于该乡乡长很明了本乡情形，又有地位，这为调查者省却了不少麻烦。④在常熟屯王乡，"头脑清晰"的乡长将各农家的人口和土地分配情形一一道出。⑤在江都第四区，调查者也得到了一位赵姓乡长的帮助，以至于这位调查者在日记里不无兴奋地写道："昨夜赵乡长声称我乃政府委员特来调查农民贫困情况，以作他日办赈之张本，是以附近农人赶午前来镇卖物之便，多来赵乡长家，听我查询。一时颇为拥挤。私心窃喜，但力嘱彼等当以实报，是在午餐以前进行稍微速，共查19户。"⑥相反，那些不予配合或者未得乡民信任的官员，往往会对调查造成障碍。如在常熟涧桥乡，由于调查者打搅了一位乡长的诵经，这名乡长不大高兴，只得勉强引着调查者挨户调查。⑦在盐城民治乡，由于区长是一个刚刚上任、且农民多不认识的官员，调查就受到了很大的不便。⑧

如果说上述士绅在乡村调查中的作用，充其量只是作为国家与民众之间的沟通中介，那么，下述关于禁烟的两个相反的例子，则生动地说明了士绅的

---

① 苏冷：《睢宁的农民生活》，《农村经济》第2卷第8期，1935年6月。

② [美]詹姆斯·C.斯科特：《弱者的武器》，郑广怀、张敏、何江穗译，译林出版社2007年版，第237页。

③ 行政院农村复兴委员会编：《江苏省农村调查》，上海：商务印书馆1934年版，第70页。

④ 行政院农村复兴委员会编：《江苏省农村调查》，上海：商务印书馆1934年版，第78页。

⑤ 行政院农村复兴委员会编：《江苏省农村调查》，上海：商务印书馆1934年版，第82页。

⑥ 吴致华：《江都实习调查日记》，见萧铮主编：《民国二十年代中国大陆土地问题资料》第101辑，台北：成文出版社1977年版，第53309页。

⑦ 行政院农村复兴委员会编：《江苏省农村调查》，上海：商务印书馆1934年版，第84页。

⑧ 行政院农村复兴委员会编：《江苏省农村调查》，上海：商务印书馆1934年版，第88页。

态度是如何影响农民与国家的关系。20世纪30年代初,涟水张集乡废黄河一带,农民几乎家家都种植罂粟,红花遍田,长势喜人。当涟水县政府通令铲除烟苗时,农民个个欷歔,不肯放弃,一再拖延。不过,士绅汪承俊主动铲除了自己家的烟苗,还向亲友大力宣传,晓以利害,服从命令。在汪的带动下,其他种烟户也都将烟苗铲除了。因此,涟水县政府对汪的行为大加赞赏。①另一起案件发生在沭阳。1934年,邓翔海就任沭阳县长时,陈果夫要求邓督促民众铲除沭阳北部某乡的烟苗;如有反抗情事,虽大流血也在所不惜。邓上任后,了解到一些情况:塔山乡乡长乔为谦及其弟弟、塔山寨寨主乔敏谦,包庇当地农民种植烟苗。为了不打草惊蛇,邓佯言要与邻县进行会哨,暗中却调集保安队疾驰至塔山乡。一天夜里,当乔氏兄弟尚未反应过来时,邓所率的部队已进入山寨,迅速将二人擒获,并下令按地址搜捕当地的烟犯。乔氏兄弟被擒获后,种烟各户均自动铲除烟苗,"其争先恐后之情形,俨同春耕"②。由上可见,政府要想赢得农民的支持,要么先赢得士绅的支持,要么用强力迫使士绅就范。

第二,由于生存至上的信念,聚村而居的广大农民形成了一套自卫式的"排外"心理,这使得他们能够在局部上形成团结,抗拒自然和社会等不利因素的影响。

就村庄内部而言,它不过是许多农家的聚居地,各户农民之间高度分散,缺乏合作。孙中山和蒋介石所谈到的中国社会是一盘散沙的观点,与此不无关系。有的学者甚至将此归纳为"善分不善合"。以血缘和亲情关系为纽带的传统村落里,农户之间的合作范围较窄,更多地集中在农忙时的换工、婚丧时的帮忙及借贷方面。③"上层阶级政治上的需要,加上农业政策的实施,造成农

---

① 周甫:《汪承俊先生事略》,政协响水县文史资料研究委员会编:《响水文史资料》第9辑,1994年版,第95页。

② 邓翔海:《七十浮生尘影录》,见沈云龙主编:《近代中国史料丛刊续编》第84辑,台北:文海出版社1981年版,第42~44页。

③ 曹锦清:《黄河边的中国:一个学者对乡村社会的观察与思考》,上海文艺出版社2000年版,第764~765页。

民个人主义和剩余劳力的结合,从而形成了一个相对分散的农业社会。"①农民生活的全部内容无非是每年耕作、收割庄稼、祈求上天保佑自己的粮食和家庭等。正如沃尔夫所说:"农民生来就拒绝参加造反或革命,所有的农民都倾向于单独劳动,他们赞扬个人努力的力量。他们彼此视为争夺稀有财富的相互竞争者而不是合作者。"②一家一户的小农生产,使得村庄在多数情况下是分裂的。邻里之间的争吵、家族间的世仇、贫富之间的矛盾是村庄内部紧张关系的体现。"紧张与冲突、猜疑和内讧及互不信任,是对外交往程度较低的村庄的一个主要特点。"③不仅如此,村庄与村庄之间也存在着隔膜。正如费孝通认为的那样,在传统农村社会中,由于人口流动率较少,社区间的往来也少,彼此孤立、隔膜。乡土社会生活呈现出地方性的特征。④乡土社会下形成了"生于斯、死于斯"的社会,农民既是生产者又是消费者,社会生活圈子很小。因而,农民更多地熟悉自己生活的村庄,而对外部世界充满了疑惧和排斥。一个普通的农民不仅对于那些虐待和剥夺他们的官吏持敌视态度,甚至对那些不属于同一阶级的人也不信任。在长期的歧视和虐待之下,农民对来到农村的城市人存有戒心。即使城里人向他们表示好意时,农民也常感到无动于衷。⑤

分散和冲突无疑是乡村社会的一个主要特征。然而,村庄内部也并非不存在合作,只是合作的前提是必须具有一个"外敌"的存在。"内部的一体只有当

---

① [美]巴林顿·摩尔:《民主和专制的社会起源》,拓夫、张东京、杨念群、刘鸿辉译,华夏出版社1987年版,第168页。

② [美]安东尼·奥罗姆:《政治社会学——主体政治的社会剖析》,张华青、孙嘉明等译,上海人民出版社1989年版,第354页。

③ [美]米格代尔:《农民、政治与革命——第三世界政治与社会变革的压力》,李玉琪、袁宁译,中央编译出版社1996年版,第60页。

④ 费孝通:《乡土中国》,人民出版社2008年版,第5页。

⑤ 周荣德:《中国社会的阶层与流动:一个社区中士绅身份的研究》,学林出版社2000年版,第76页。

它面对另外一个外部集团时,才能感觉自己的存在。"①当面临外部的自然灾害、匪患和地方官吏(有时甚至为难民)等不利于本地利益时,村庄内部的多数农民便会形成一定程度的合作,从而共同抗击"外敌"。水利问题所引起的地域冲突,具有一定的说服力。这种地域冲突可以发生在两个不同的区域单位(例如省、县、区和村庄)之间。省与省之间的冲突,表现在1935年黄河决口后江苏和山东两省的反应。当时,滕县微湖沿岸的代表张溎等上书山东省主席韩复榘,控诉邻省江苏以邻为壑的做法。他们讲道,由于江苏各县筑堤修闸,造成了黄河在山东的鱼台等县的泛滥。他们希望苏北各县应挖开堤坝,以作拯救。张溎等人的提议,得到韩复榘的支持,韩很快通电江苏省主席陈果夫,陈"闻之不胜骇异"。不过,江苏方面也毫不示弱,扬州制盐公司的代表也纷纷上书,坚决反对山东的黄河分流之举措。他们争辩说,如果黄河分流,将使淮北盐场数千万的盐税化为泡影,势必"上妨国税,下妨民生"②。后来,江苏省派出了民工先帮助鱼台县筑堤,这才平息了山东官绅的抗议。③县与县之间的水利冲突事例,也并不鲜见。如1932年夏,萧县决定治理该县4条河流,位于下游的宿县,立即聚众数千人,填平了那些水沟,时刻准备械斗。萧县县长王公玙派了代表与宿县协商,才得以疏浚4条河。不过,期间双方的械斗还是造成了一定的伤亡,王因而遭到了宿县和灵璧等县民众的控告。为了照顾和协调苏皖两省的关系,江苏省政府不得已给王一个记大过的处分,事端才算平息。④然而,两县的水利冲突并未随之消失,1932年至1936年间,两县因水

---

① [美]魏斐德:《大门口的陌生人:1839—1861年间华南的社会动乱》,王小荷译,中国社会科学出版社1988年版,第60页。笔者深受魏斐德的启发。他指出,鸦片战争期间,对于广东人来说,"汉奸"是一个模糊的概念,它可以指替外国人当翻译或写文件的中国人、偷买鸦片者、与外国进行贸易的商人等。它凝聚了反对城市、反对商人、反对洋人的感情。

② 《鲁苏两省对于洙水赵王河决口筑堤修闸及黄河改道事次发生争执处理情形》,中国第二历史档案馆藏,卷宗号:1—3275—D1。

③ 陈果夫:《苏政回忆》,台北:正中书局1951年版,第59页,南京图书馆藏。

④ 董尧整理:《王公玙在萧县》,见中国人民政治协商会议萧县文史资料研究委员会编:《萧县文史资料》第3辑,1986年版,第125页。

利问题又发生了 4 次冲突。①1933 年,涟水征工建设拦清坝,希望堵住六塘河宣泄之水。住在坝附近的沭阳乡民,支持涟水的举动。相反,此举招致了淮阴乡民的反对,因为涟水拦清坝的建设,无疑会增加淮阴承受洪水的风险。秋汛来临时,淮阴乡民便去开挖拦清坝,三县乡民因而发生了械斗。②1934 年 8 月,丹阳筑坝后,致使邻县金坛饮水困难。金坛各团体对此坚决反对。尽管省政府通令丹阳应拆除下坝,降低上坝,但丹阳方面置之不理。入秋,金坛下游面临饮水断绝困境,该处农民群情激愤,准备前往开挖,省政府只好再次出面调解。③一个月后,江阴和无锡两县也因一座泥坝的建筑与开掘而发生了冲突。④至于县以下各乡镇(工人与农民)之间的水利冲突,更是不可胜数。1934—1936 年间,因水利纠纷,海门、无锡和丹阳等县,发生了许多起械斗。有的械斗参与人数可达数千人,伤亡人数达到 20 余人。⑤

村庄自卫也是强化村民团结从而"排外"的表现之一。土匪的烧杀抢掠活动,对村庄内部构成了一个很大的外在压力,农民因而诉诸联庄会和刀会等组织。如在邳县,"当时家中稍微有碗饭吃的人家,都需购买自卫枪支,建立碉堡,白天注意入村生人,夜晚彻夜守护,有的还成立联庄会,互相支援。"⑥在江浦、桥林、斗岗、石桥、星甸、永宁等地,一些大的村庄,以村为单位成立了保村组织,轮流值班,日夜巡逻。以后又出现了联庄合作,一村鸣锣,众村响应。⑦与联庄会相比,刀会组织是 20 世纪 30 年代前后更具普遍性的村庄自卫组织。刀

---

① [美]裴宜理:《华北的叛乱者与革命者》,池子华、刘东译,商务印书馆 2007 年版,第 89 页;[美]费正清、刘广京主编:《剑桥中国晚清史》下卷,中国社会科学出版社 1994 年版,第 337 页。
② 《清江三县会勘拦清坝》,《申报》1934 年 4 月 16 日。
③ 《金丹两县水利纠纷》,《申报》1934 年 8 月 9 日。
④ 《澄锡人民争执泥坝》,《申报》1934 年 8 月 5 日。
⑤ 《海门浚河发生械斗》,《申报》1934 年 7 月 15 日;《无锡闾江河械斗伤人》,《申报》1935 年 4 月 4 日;《丹阳浚河工人与乡民冲突》,《申报》1936 年 2 月 16 日。
⑥ 退庵:《旧时代炮车的八大害》,见新沂县政协文史资料研究委员会编:《新沂文史资料》第 1 辑,第 113 页。
⑦ 宋振亚:《我所知道的江浦刀会》,见政协江浦县委员会文史资料研究委员会编:《江浦文史》第 4 辑,1989 年版,第 22 页。

会成员多为贫苦的农民,他们饱受土匪蹂躏之苦。当然,一些地主和名流也加入其中,将其作为维护自己利益的工具。刀会成员多由教师教授武艺和法术,信奉刀枪不入的神话,以增强精神力量。刀会能够有效地防止盗匪,因此,它受到了农民们的欢迎。在赣榆,大刀会建立后,当地土匪为之一扫。随后,会员遍布4个区,形成了一支数以万计的力量。①在江浦,老房董村的大刀会建立后,成功地抓获并处决了一名匪首,击毙了几名匪徒。接着,附近各个村庄纷纷仿效老房董村,办起了会堂。②这些农民为主体、地方名流领导的地方自卫组织,其目标又不局限于自卫。刀会组织还常常反抗国民党政权的税收政策和破除迷信的行为,成为地方势力对抗国家政权的工具,"苦于土豪劣绅,包庇纵容徒众,形成地方恶势力,尤其当战乱之际,满街自以为是大爷的'狼犬',使善良人们备受其毒。"③这些与政权相对抗的防卫组织的存在,严重地挑战了国民政府的政治权威。为此,国民党政权只好下令收编地方组织,放弃对农村的征敛,向地方名流作出和解的姿态,这才增强了其在乡村的实力。④

第三,国家政权能否为乡村社会提供有效的社会服务,这也是影响农民是采取反抗或合作的一个重要因素。

据学者们的研究,农民参与政治组织的根本动机是为了解决经济危机这一问题,他们把政治视为被迫进入大的外部世界的一部分,"他们的政治目标有限:只是为了获得有关他们家庭利益的具体问题的行政性的解决,而不是要求改善政府的政策。"⑤一旦农民被剥夺了最基本的生存需要,其所产生的极度紧张感所蕴含着的极为强大的能量就会爆发。"这种紧张转化而成的愤

---

① 孙宜武:《往事六则》,见政协赣榆县文史资料研究委员会编:《赣榆文史资料》第6辑,1988年版,第39页。

② 宋振亚:《我所知道的江浦刀会》,见政协江浦县委员会文史资料研究委员会编:《江浦文史》第4辑,1989年版,第23页。

③ 司马中原:《乡情琐忆》,见江苏省政协文史资料委员会、淮阴市政协文史资料委员会编:《淮阴文史资料》第11辑,1995年版,第82页。

④ [美]裴宜理:《华北的叛乱者与革命者》,池子华、刘东译,商务印书馆2007年版,第184~186页。

⑤ [美]米格代尔:《农民、政治与革命——第三世界政治与社会变革的压力》,李玉琪、袁宁译,中央编译出版社1996年版,第13页。

怒就会像决堤的洪水一样急泻而出，产生巨大的盲目的冲击力，对于那些为富不仁、为官不良的剥削阶级和统治阶级来说，这固然是一个沉重的打击"①。在这个意义上说，如果政府能够为多数家庭提供最基础的生存条件，很可能会消除敌对农民动乱的潜在的爆炸性。在经济方面而言，政府对生存需求所提供的短期解决办法，使得农民放弃了多数类似农民起义的绝望行动。在社会方面而言，政府所提供的机会代表个人而非集体的安全保护路线。②因此，政府的职能并非仅限于统治和索取，它还应为乡村社会提供社会服务，维护农民的物质利益和社会利益。只有如此，才会激发农民的政治参与兴趣。

以20世纪30年代的江苏乡村而论，农民对政府的看法不是忧惧便是憎恶。当时，一位名叫张德先的调查者不得不承认："国民革命告成以来，人民对于政府之信赖，并不较过去为强。盖为政者，口头之善政太多，实施之良治太少，人民所要求解除之痛苦，迄未见自所解除。盖以数年来，农村凋敝达于极点，而农民之租税负担反致有加无已。"③"年来农民对政府措施已成惊弓之鸟，凡政府所派之调查员概不信任，闻于土地一项尤讳莫如深，不以真相见告。"④另一位在江都乡村从事调查的吴致华，也发出了类似的感触。他在日记里写道："历来政府只知榨取农村，致农民有草木皆兵感觉使然。"由于政府并没有给农民提供有形的利益，农民只有缴纳钱粮的义务，他们认为政府是"不啻一万恶之魔鬼也"，连吴本人也引起了农民的反感。⑤在吴县从事土地调查的魏译之，无疑印证了张、吴的看法。当魏向农户问询缴租情形时，一位农民告诉魏："你们是政府派来的查抗租的。"无论魏再怎么追问，这位农民或者不

---

① 夏明方：《民国时期自然灾害与乡村社会》，中华书局2000年版，第295页。

② [美]詹姆斯·C.斯科特：《农民的道义经济学：东南亚的反叛与生存》，程立显、刘建译，译林出版社2001年版，第5页。

③ 张德先：《江苏省土地查报与田赋整理》，见萧铮主编：《民国二十年代中国大陆土地问题资料》第29辑，台北：成文出版社1977年版，第14501页。

④ 张德先：《溧阳实习调查日记》，见萧铮主编：《民国二十年代中国大陆土地问题资料》第105辑，台北：成文出版社1977年版，第55625~55626页。

⑤ 吴致华：《江都实习调查日记》，见萧铮主编：《民国二十年代中国大陆土地问题资料》第101辑，台北：成文出版社1977年版，第53288页。

答,或者借口不清楚,魏只能"怅然地归来"。①即使在经济文化较为发达的无锡,政府所组织的各级农会,并不能引起农民的好感。观察者认为,这些农会与农民痛痒并不相关,使得农民不知农会为何物。②从这些调查材料的字里行间,我们能看到政府在农民心目中的地位。显然,政府对于乡村是采取榨取还是服务的态度,也是影响农民与政府关系的重要因素之一。

概而言之,生活在一个贫穷和落后的世界里,农民与政府的关系具有冲突与合作的双重性。政府与士绅的关系、农民有无外部生存压力的存在、政府能否为农民提供有效服务,这些因素影响着农民回应政治的方式。从这样的意义上说,农民政治心理的特性,不可避免地作用到保甲实施之中去。因此,农民与保甲的关系,不可避免地带有这种双重性。

---

① 魏译之:《江苏山西实习调查报告》,见萧铮主编:《民国二十年代中国大陆土地问题资料》第107辑,台北:成文出版社1977年版,第56872页。

② 陈一:《无锡农村之现况》,《农行月刊》第2卷第4期,1935年4月。

第二节 农民与保甲的冲突

江苏省通过宣传、视导、训练和整理等手段,期望引起农民对保甲的热情。不过,正如政府所推动的其他改革一样,保甲推行的过程中,政治上向来冷漠的农民,多以怀疑、观望和敷衍等方式抵制保甲的编查。面对乡镇保甲长的索诈、中饱和贪污等,农民多以上诉和集体反抗来约束乡镇保甲长的非法行为,迫使保甲组织向乡村社会妥协。

一、抵制保甲的编查

保甲编查之初,当局要求农民必须配合保甲长办理保甲编组、清查户口、联保连坐切结与自新户管理、保甲规约、船只登记、民有枪炮烙印和户口异动查报等事项。其中,尤以户口清查和联保连坐切结为保甲办理的主要任务。然而,为了避免集体反抗保甲编查的风险,农民采取了斯科特所说的"弱者的武器",即以不需要协调、而又心照不宣的非正式网络来保护自己的利益、对抗秩序的大多数努力。①多数农民对保甲编查的最初反应是疑惧与阻挠。随后，他们多以敷衍和变通的方式对待保甲的编查。农民的消极行为，一定程度上瓦解着政府的统治意图。

1.疑惧与阻挠

在国民党当局看来，清查户口是地方自治举办的第一步，更是保甲制度的主要任务。编组保甲必须先从清查户口开始。②只有户口调查清楚了，民众的权利和义务才能各有等差，合理分配。③为此，当局通令举办户口清查，规定各户应填写如下内容：姓名、性别、职业、年龄、婚姻情况、教育程度、居住年数、现住或他往、家中有无枪械等。通过这种编查，广大农民才可以"透明"地展现在国家政权面前。政府的政令才会直达民众，政府与人民才能建立起权利与义务的关系。④

不过，对于以往的历届政府来说，清查户口并非易事。尤其在广大农民尚处于文盲的情况下，清查户口的阻力可想而知。早在清末地方自治开办之时，许多贫穷又不识字的乡民，便对户口调查一项极为反感。当时，社会上流行着两种谣言：一是户口清查为将来抽丁或抽人丁捐之先声，二是调查生辰和编造名册是为了卖给洋人造桥打桩之用。这些谣言先后在10多个县流传着，接连引发多起乡民捣毁乡公所和打伤户口调查员的事件。⑤1924年，受到山西村治的影响，江苏省长韩国钧决定仿照山西兴办村、闾邻制度，决定先从户口清查入手，以作为推行新政的基础。当时，由于士绅们担心新政将会削弱他们的权力，便阳奉阴违，暗中阻挠，致使户口清查并未奏效。1926年，韩去职后，新

---

① 斯科特所说的"弱者的武器"有：偷懒、装糊涂、开小差、假装顺从、偷盗、装傻卖呆、诽谤、纵火、暗中破坏等。见[美]詹姆斯·C.斯科特：《弱者的武器》，郑广怀、张敏、何江穗译，译林出版社2007年版，第2~3页。

② 《立法院通过保甲条例》，《江苏保甲》第2卷第17期，1936年10月。

③ 陈果夫：《苏政回忆》，台北：正中书局1951年版，第137页，南京图书馆藏。

④ 张玉法：《中国现代化的动向》，见罗荣渠、牛大勇主编：《中国现代化历程的探索》，北京大学出版社1992年版，第85页。

⑤ 王树槐：《中国现代化的区域研究：江苏省，1860—1916》，"中央研究院"近代史研究所，1984年版，第207~209页。

政便不了了之。①国民党执政以后,江苏省政府曾组织了两次户口调查。第一次户口清查的时间为 1928 年 6 月至 1929 年 3 月。第二次户口清查始于 1930 年 12 月,省政府本计划一月内办理完毕,因水灾和其他种种困难,直到 1932 年底才算完成。然而,这两次调查的结果并不能令当局感到满意,当局解释说:"此两次调查户口之结果,皆以户政久废,人民安于旧习,办理诸多棘手;而地方下级组织,又未臻健全,致调查期间过长,未尽确实调查。调查以后,虽令接办人事登记,然又绝少切实遵行。所有统计,当时既未准确,易时即复大异。"②

第一,保甲举办之初,农民对户口清查的主要反应是疑惧。正如清末举行地方自治所遇到的阻力一样,在农民看来,户口清查无非是抓壮丁或增加税捐的前奏。据昆山县徐公桥一位保甲主办人员观察,"户口清查是一件像秦始皇筑长城的劳苦工作,需要大量壮丁去做,是征役的初步工作。清查户口和赶筑道路,农民则以为长毛洪杨、革命军士又要来了,内心充满着恐怖与畏惧。"③一位在吴县东山乡村的调查者,也注意到乡民对保甲的疑惧反应。这名调查者说:"我所看见的不过是最近门上钉着的一块'保甲牌',这保甲又是一件使他们惊心动魄的事,他们虽然苦,然而求生的欲望还存在,所以他们不愿去死。他们怕办了保甲与调查户口,还要抽人去当兵或者要抽人头捐,这实在可怜极了。"④同样的情况也出现在江北。淮安县一名政府官员抱怨说:"人口初查时,乡愚无知,深恐抽丁课税,故隐匿不报,编查时利用委员易隔阂,户口不确实。"⑤甚至有的农民并不知保甲为何物,认为查户口、贴门牌和捺指印无非是扰民的东西,改划乡镇和编组保甲不过是为土劣提供了出头的机会。当时,一

---

① 万汉勋:《从清末到抗战开始县行政机构及县属地方组织变迁》,见政协涟水县文史资料研究委员会编:《涟水文史资料》第 1 辑,1982 年版,第 151 页。

② 江苏省民政厅编:《江苏省保甲总报告》,1936 年版,第 90 页。

③ 何子祥:《徐公桥的保甲》,《江苏保甲》第 2 卷第 17 期,1936 年 10 月。

④ 张潜九:《吴县东山农村素描》,见中国经济研究会编:《中国农村描写》,上海:新知书店 1936 年版,第 87~88 页。

⑤ 张权:《淮安保甲之检讨》,《江苏保甲》第 2 卷第 11 期,1936 年 7 月。

名官员感慨道:"任你怎样对他们讲保甲的好处,总是似信似疑。"①在宿迁,一位官员说道:"乡民不但不了解保甲的作用,并且传出许多无意识的谣言,增加了编查时期的困难。"②据一位曾在江北任保长的华鹤松的观察,当保甲刚在江北各县推行时,因筹划并不周全,"在民众方面,误认保甲制度,乃将来抽丁和当兵的伏线,故隐匿户口或所报不实。"③在泗阳,该县县长何昌荣也这样写道:"人民智识浅陋,不知保甲规约,订有何用,联保切结,具何意义。"④即使在保甲举办最有成效的武进,举办保甲之初,农民竟反问推行人员:"为什么要办保甲?办保甲有什么好处?"⑤

由于农民对举办保甲的怀疑和误会,各县的保甲编查进度很少能够依限完成。1935年,民政厅一名官员解释说,由于保甲宣传并未到位,"以是一般民众未能尽明真相,不免观望猜疑。而好逞之徒,甚或借故生端,从中阻挠。"⑥余井塘在检讨江北保甲推行的缺点时,也强调了民众的怀疑和误会阻挠了保甲的推行。他说:"至于一般的缺点,便是缺乏宣传的工作,不识字的人民自然弄不清楚保甲是什么东西。即一般稍有知识的人,如果没有注意到保甲这个制度的意义,也不会明了它的功用。因此引起了许多人们的怀疑误会,甚至纠纷,耽搁了工作的进行。"⑦

不仅如此,农民对户口清查的畏惧,使得他们习惯于漏报或少报户口,这反过来又影响到户口编查的准确性。在江北一些地方,农民害怕户口清查是征税的前兆,并不敢实报户口。当编查委员问他们有几个女儿时,有的农民还认为是皇帝选妃便隐匿不报;有的农民并不愿向调查者说出真实年龄,因为

---

① 张毅忱:《一年来从事保甲工作的感想》,《江苏保甲》第2卷第1期,1936年2月。
② 梁宗一:《组织保甲宣导委员会》,《江苏保甲》第1卷第11期,1935年7月。
③ 华鹤松:《江北保甲宜从整理和异动方面做去》,《江苏保甲》第2卷第20期,1936年11月。
④ 何昌荣:《半年来之泗阳县政》,《生力月刊》第1卷第5期,1936年3月。
⑤ 侯厚宗:《武进保甲之组织训练与运用》,《江苏民政》第1卷第3、4期合刊,1935年12月。
⑥ 周昪斌:《江苏省举办保甲之过去与现在》,《江苏民政》第1卷第1期,1935年3月。
⑦ 《余厅长对于江南各县保甲谈话会训词》,《申报》1934年10月30日。

害怕将会抽丁入伍。①民政厅不得不指出:"一般农民无知,认女子终归他家,不愿报填,一户如此,各户效尤,致有全庄匿报女孩之事。"②"关于年龄,民众每讳莫如深,胡乱填报。女子出嫁前少报年龄,重男轻女,女匿不报,他往日久,忘记报告。"③后来,当各县举行总复查时,调查者发现人口突然"增"多了。如淮安总复查时,该县人口一下子增加了 38 878 人,壮丁增加了 3882 名。④又如兴化县,经过整理保甲后,该县的普通户增加了 11 353 户,船户则增加了 731 户,人口也增加了 23 801 口。⑤再看东台县,1934 年至 1936 年间,该县人口之所以骤然增加了 11 562 人,除了人口自然增长之外,还与农民的漏报和隐瞒户口有着莫大的关系。⑥

第二,农民的疑惧反应,还体现在其对待联保连坐切结的捺印上。联保切结要求各户户长应联合甲内其他 5 人联保,以互相劝勉和监视,避免各户户长为匪、窝匪和通匪事情的发生。而且,联保切结还须联保各户捺印具结。事实上,捺印引起了农民们的反感。在江都,农民认为捺印是一件不祥的事情,无异于卖妻子的契约或者人命盗犯的画押而要验箕斗。因而,农民多让他人代捺或胡乱捺印。⑦在溧阳,乡民在填完户口单后,并不愿打指印。保甲指导员刘景纯通令保甲长须向农民详为解释,务必限期遵办,此事才算了结。⑧据江北一位名叫徐英吾的乡长的记述,乡民认为捺印是不祥之兆,并不乐意捺印。徐向农民解释说:"我国人众于全球,反为殖民地,乃一盘散沙所致。应当加强团结,只有好人团结,坏人才无容身之地。"由于徐曾为当地的塾师,又富有声

---

① 李巨澜:《失范与重构:1927—1937 年苏北地方政权秩序化研究》,华东师范大学 2005 年博士论文,第 172 页。
② 《三月来之江苏政治》,《江苏月报》第 3 卷第 2 期。
③ 邵体璋:《本省编组保甲之过去与将来》,《江苏保甲》第 1 卷第 12 期,1935 年 7 月。
④ 张权:《淮安保甲之检讨》,《江苏保甲》第 2 卷第 11 期,1936 年 7 月。
⑤ 《兴化县保甲工作整理完成》,《江苏保甲》第 1 卷第 12 期,1935 年 7 月。
⑥ 《东台县人口统计》,《江苏保甲》第 2 卷第 16 期,1936 年 9 月。
⑦ 《江都二期保甲推行中对于加盖指纹之异议》,《江苏保甲》第 1 卷第 12 期,1935 年 7 月。
⑧ 张德先:《溧阳实习调查日记》,见萧铮主编:《民国二十年代中国大陆土地问题资料》第 105 辑,台北:成文出版社 1977 年版,第 55690 页。

望,在徐的劝说下,农民这才一律捺印。①在松江,即使在县治所在地的第一区,"联保切结规约等,民众咸视为畏途,百般推诿,统计只十分之七。"直到民政厅保甲指导员召集乡镇长谈话后,困难才算解决。②在武进,捺印的阻力也并非不存在。起初,县政府要求农民用墨色捺印,农民并不配合。县政府只得把捺印颜色改为民间常用的表示喜庆的红色,莠民则用墨色,以区别良莠。"由县政府布告,并在县长姓名下先捺红色的指印。各区编查人员实行办理时,也一律先捺,以示提倡"③。后来,武进县捺印的弹性办法被其他县采用。如民政厅长余井塘下令,如果农民再觉得捺印是件倒霉的事情,可以将捺印颜色改成红色,各县县长和区长应先行捺印,以作民众的模范。④

由于农民本人对联保切结捺印的忧惧心理,在政府的一再催逼下,许多地方的捺印只能由乡镇保甲长一手包办。保甲举办之初,因为乡镇保甲长对于其责任并不清楚,也不重视。为了避免填写手续的麻烦,不少保甲长在自己家中随便填写捺印,有的甚至十指捺印,"或轻或重,或明或糊,或大或小,有偏有正。在表面上看来,短时间内,手续完全,似乎非常努力。如果挨户去问一下,便知道并非各户户长自己的指纹。他们对于自己应负的责任不明白,对于预先揭报匪迹、互相劝勉监视、不准为非作歹,那更谈不到了。这种有名无实的联保连坐切结,是形式的切结,简直等于具文,有何用处呢"⑤?

第三,虽然疑虑是农民在编查保甲之初的普遍反应,但也有一些乡民会公开抵制保甲编查。如1935年4月27日,泰县拜宫乡西游庄一带农民,公开反对保甲制度。该区区长急忙电请县政府派警镇压,从而激怒了当地农民。于是,数百农民高喊"捉区长"口号,围打了这名区长。⑥在无锡,该县城乡曾散布

---

① 徐英吾:《一年来从事保甲工作之回顾》,《江苏保甲》第2卷第3期,1937年3月。
② 《松江一区保甲限期结束》,《申报》1935年4月25日。
③ 侯厚宗:《武进保甲之组织训练与运用》,《江苏民政》第1卷3、4期合刊,1935年12月。
④ 《余厅长对吴县保甲之谈话》,《江苏保甲》第1卷第6期,1935年4月。
⑤ 黄建德:《如何办理联保连坐切结》,《江苏保甲》第2卷第14期,1936年8月。
⑥ 中共江苏省委党史工作委员会、江苏省档案馆编:《江苏革命斗争纪略》,中国档案出版社1987年版,第710页。

着这样一种谣言：门牌上所载的户长姓名，只有用红纸盖住，才能避免鬼唤人。虽然政府曾要求查禁，但谣言仍在安镇、查家桥和石埭桥等地传播。为此，县政府只得通令各保保长切实晓谕户长，避免庸人自扰。在政府的通令之下，东亭镇一名守望所所长孟广友率领团士巡查，发现周巷村仍有并未撕去的红纸，他要求该保保长周祥培和甲长周福泉，将迷信造谣的周富金、钱阿泉等5人带至区公所，分别处以6元的罚金。① 与无锡相邻的武进，公开阻挠保甲编查者也不乏其人。县政府只好将阻挠保甲推行的人定为"土劣地痞"。一旦县长接到关于阻碍保甲推行的事情，便会亲自调查，或派第一科科长下乡调查。② 在南通，在总结举办保甲一年时，县长金宗华承认，该县举办保甲之初的阻力并不小，因为那些"刁狡之民，借词兴端，故事阻挠"。举办保甲一年内，南通县竟处理了11起妨碍保甲的案件。③

2.敷衍与变通

农民的疑惧和抵制，使得各县保甲的编查进度受到了一定的影响。为此，当局决定从两方面入手：一方面通过组织各种形式的保甲宣传，督促官员下乡视导，强化民众对保甲知识的了解。另一方面，在政府的打压之下，士绅与政权的关系开始从对抗走向合作，"地方有识之士，并能从旁协助，通力进行，是为政府与人民合作图治之好现象。"④ 士绅协助推进保甲，对乡村民众起到了示范作用。农民对保甲的疑惧和阻挠也渐趋消失。然而，这并不意味着农民便会积极地配合保甲的编查。相反，他们对户口异动的查报采取了敷衍的态度，对联保切结则采取了有利于自己的变通，继续抵制保甲的编查。

第一，敷衍户口异动的查报。根据户口异动查报的要求，各户须将其出生、死亡、婚姻、继承、分居、迁徙、失踪和雇佣等情况及时报知甲长。甲长填写户口异动报告书后，应将各户情况报知保长。保长再将各户情况报知乡镇长，乡镇长以此登记户口。通过层层呈报，政府可以掌握各居户的情况，保证户口的

---

① 《无锡破坏保甲分别处罚》，《申报》1935年6月27日。
② 侯厚宗：《武进保甲之组织训练与运用》，《江苏民政》第1卷3、4期合刊，1935年12月。
③ 金宗华：《一年来之南通保甲》（续），《生力月刊》第1卷第5期，1936年3月。
④ 周异斌：《江苏省举办保甲之过去与现在》，《江苏民政》第1卷第1期，1935年3月。

准确性,"以完整保甲组织,并防止奸宄之匿迹"①。

事实上,农民很少认真执行户口异动查报。一方面,生活在饥饿线上的农民,大多时间要忙于生计,根本无暇向甲长报告户口异动。在江北一些村庄里,农民与保甲长家相隔两三里左右,并不愿因逐日奔走而荒废生计,"为户长者,时时受保甲之稽查,亦觉其厌烦。以此之故,则查报方面,愈行愈忽,愈忽愈缓。"②有的农民非但不愿意去报告户口异动,反而认为乡保长的查询是多事。③另一方面,农民多不识字,无法填写那些详密而琐碎的报告书,只能以口头方式报知甲长。在这样的情况下,户口异动并不能及时和准确地得到反映。④在淮阴一些村庄,有的农民竟不知道向哪个地方报告户口异动,直到在民教馆的工作人员帮助下,情况才有所好转。⑤

当然,在极少数情况下,农民也会认真地执行户口异动的查报。武进保甲牌法的实施,便是一个显著的例子。武进县政府认为,如果户口异动查报仅推诿给保甲长来做,不仅容易加重保甲长的负担,还会影响其生计。在繁重的事务之下,保甲长难免不会敷衍。这样,户口异动查报的准确性难以确保。因此,1936年,该县采用了一种保甲牌法,规定每甲制一个木片,上面写着甲户长的姓名、保甲规约和保甲牌使用方法。各户户长轮流收掌,每天中午12时交由另外一户户长执牌,各户户长必须共同报告当日出境入境的稽查和户口异动情况,传达政府的政令。值日户长不得推诿,否则,将会受到处罚。⑥这种办法先后在10个乡镇试办。随后,该县县长侯厚宗抽查了一些乡镇,其情形如下:

"我与保甲督察员前往抽查,不先通知保甲长,按门首找保甲牌,发现后问户长,十户中有七八户长在外工作,妇女出来答复。我问:'你们这块木牌是做什么用的?'回答:'这是保甲牌。'问:'这块牌系家家都有吗?'回答:'不是,

---

① 江苏省民政厅编:《江苏省保甲总报告》,1936年版,第173页。
② 华鹤松:《江北保甲宜从整理和异动方面做去》,《江苏保甲》第2卷第20期,1936年11月。
③ 《匿报户口异动之处罚不得由区公所自行处理》,《江苏保甲》第1卷第16期,1935年9月。
④ 芮养初:《如何使人口统计准确》,《江苏保甲》第3卷第6期,1937年4月。
⑤ 再扬:《复查保甲以后》,《江苏保甲》第2卷第10期,1936年6月。
⑥ 《武进县实行保甲牌法》,《江苏保甲》第2卷第15期,1936年9月。

这是一甲只有一块的。'问:'那怎么挂在你家门首了呢?'回答:'因为这块牌子是从第一户挂起,每户挂一天到正午十二点,交到一户去。大家轮流之日,今天该我家值日,所以挂在我门首。'当然,也有不一致的,'甲内哪天的生人死人搬家,或者有强盗,我家要马上报告甲长。'有的说:'保甲牌在我家,那么,这日如有死亡、出生、迁徙、强盗、烟毒犯发生,都应由我家去报告甲长处理。'这些户长十分之九为男子,说明挨户轮流共同负责。每户一日,午时交换,挂在门首,一望而知甲公务。如户长及妇女了解保甲牌责任,渐渐养成了劳逸平均、共同负责的精神,不容有所推诿。当然,我和户长谈话时,保长甲长也闻讯来了,我问甲长对于保甲牌实行后的感想如何,多数的答复是:'保甲牌未实行前,甲长事繁责重,日无暇晷,颇碍个人生计,引以为苦。自实行保甲牌后,全甲各户共同负责,甲长虽总负其成,而事务较繁,责任共担,不觉苦累。'但闻有一家男女两口,均出外工作,家中仅有留数岁的小孩,他家那天逢值保甲牌之日,那只有甲长替他照料。这是一个忠实的报告,各区区长对保甲牌发生浓厚的兴趣,要求扩大范围办理,决定以每区之半数镇实行,现在业已决定,在本月开始到下半年拟将全县一律照办。"①

如果从这名县长抽查的情况来看,这种劳役平均的保甲牌法,无疑引起了农民对保甲事务的参与兴趣。不过,我们也不能对此结果评价过高。其一,这种结果是在县长亲自下乡抽查时得出的,乡保长是否已组织农民进行了"预演"? 若县长未抽查时,农民能否继续认真执行? 这是值得怀疑的。其二,保甲牌法的实施,必须建立在广大农民具有较高的教育程度的前提下。武进是江苏民众识字率最高的县份之一,民众较易掌握保甲知识,保甲牌法实施的条件较为具备。相比之下,大多数县份却并不具备这样的条件。因此,当武进决定全县推广这种办法时,其他各县并没有响应。

更多情况下,农民并不认真地执行户口异动查报,致使户口异动查报只能由乡镇保甲长代办。据萧县奎河镇一名事务员的观察,由于户长缺乏填写能力,多以口头报给甲长。甲长识字者不多,差不多仍以口头报给保长。保长在接到甲长口头报告后,并不及时向上报告,仍以口头报给乡镇长。因此,户口

---

① 侯厚宗:《实行保甲牌以后》,《江苏保甲》第 2 卷第 24 期,1937 年 1 月。

异动报告书完全由乡镇工作人员代办。①类似情况出现在江南的青浦。据该县一位户籍警的观察,尽管农民已很少隐匿户口了,但他们常常仅对甲长说一声,就算做了报告。然而,甲长也各有职业,并不能及时向保长进行报告。过了一些时候,有的甲长便忘了此事。有的在大街上或田里遇见保长,顺便向保长报告。接到甲长的口头报告后,有的保长很快便忘掉了。有的保长因为不在家,甲长便告知保长的家属。很多时候,户口发生了异动,但户口册上并未及时改正。由于保长也系义务职,又要忙于生计,无法天天在家里处理此事。有时,即使接到甲长报告后,保长也不过是在户籍册上写了一下,便把报告书往户籍册里一放,或者随手放在抽屉或台子上,依旧忙手头的事情。由于保长的家中人多手杂,不少报告书不是被污染了,就是被其家人弄破损,有的报告书还丢失了。待到月终,保长只能把手头已有的报告书存报给区公所。②对此,阜宁县两位保甲督察员不得不承认,"户口异动时,户长不能自动报告或隐匿不报,而保甲长多怠忽于查察,故遗漏错误甚多。"③更有甚者,在盐城一些村庄,非但甲长不晓得异动为何情事,就连保长也未能亲自查挤,整个户口异动查报只能由乡镇长"向壁虚造,以其敷衍之能事"。该县在户口总复查时,县长统计了保甲编查中所出现的错误:所有错误事件的9279起中,未报户口异动的事件竟有6095起,占到所有错误事件的2/3。④该县保甲督察员不得不感慨道:"以言组织完整,根本非所问也。"⑤保甲长尚且没有认真执行户口异动,何谈农民能把户口异动当回事来做。

由于自下而上的马虎与敷衍,区乡镇公所接到的报告书与户口异动的情形多不相符,"出生类,大半是年月及生者名字不符,死亡类,是年月日及死亡之原因不符。除本县本区外,每每不知从何处迁来,或徙往何处,随便填写地址,害莫大焉。究其原因,并不是查报人员敷衍,实在是迁入的人,或真不知以

---

① 苏农:《怎样办理户口异动查报》,《江苏保甲》第2卷第10期,1936年6月。
② 徐励:《保甲长应备户口登记异动簿之我见》,《江苏保甲》第2卷第21期,1936年12月。
③ 周麻、吴镇邦:《阜宁县整理保甲计划》(续完),《江苏保甲》第2卷第22期,1936年12月。
④ 李直夫:《盐城县办理户口总复查之经过》,《江苏保甲》第2卷第5期,1936年4月。
⑤ 吕相周:《盐城县保甲近状与改善意见》,《江苏保甲》第3卷第4期,1937年3月。

前详细的地址,或故意隐瞒及妄报。查报人亦莫能明知真相。迁出者多不告而去,及徙出后,查报人知之,亦不知徙往何处,即或事前报告,有的不愿说出徙出真正的目的,叫查报人亦不能得到实情。"①因此,区公所的户籍册并不能与各保保长的统计人数相符,各保长的户籍册也不能与各户内人口相符,整个人口数目并不能得到一个准确的统计。②

第二,农民还对联保连坐切结采取了有利于自己的变通。根据国民党当局的看法,区乡镇保甲体现了纵向上的统制,联保连坐则为民众组织的联锁,它要求民众互相劝勉和监视,以"团结好人,制裁坏人"③。按照保甲法令中有关联保连坐的规定,各户户长应联合甲内至少5户户长共同具结,声明结内各户互相劝勉和监视,不为通匪和纵匪。如有违犯,他户应即密报。否则,联保各户应实行连坐。④江苏省政府扩大保甲宣传之后,农民对联保连坐切结不再感到疑惧,但采取了有利于自己的变通。其表现如下:

其一,农民多不肯为那些流动频繁、较为陌生的外人作保。在这些人群中,外来游民是本地乡民不愿为之联保的对象之一。在遇到天灾人祸的情况下,农民往往向其他地方乞讨或谋生,从而成为游民。不过,在本地乡民看来,乞讨游民或外来谋生的人,容易有越轨行为。为此,本地乡民多不肯为外地人作保。如1935年,奉贤县政府上书民政厅说,由于旱灾和蝗灾的影响,该县发现大批游民。由于这些游民既无职业又无亲族,乡民多不肯为之联保。该县请示民政厅如何办理。⑤民政厅明确指出:本地乡民不得拒绝与游民联保。尽管民政厅有这样的批示,但农民很少愿意执行。1937年,盐城县政府的上书,便可说明这一点。该县上书道:"无业游民,行为不正,同甲各户,不愿为之保,而亲戚朋友,亦无人为其担保。此户无通匪、窝匪之重大嫌疑,又无游民教养机关收留。"⑥民政厅只得重申,同甲各户必须为游民联保,并应互相监视彼

---

① 苏农:《怎样办理户口异动查报》,《江苏保甲》第2卷第10期,1936年6月。
② 徐励:《保甲长应备户口登记异动簿之我见》,《江苏保甲》第2卷第21期,1936年12月。
③ 闻钧天:《保甲之精神与机构》,《江苏民政》第1卷第1期,1935年3月。
④ 江苏省民政厅编:《江苏省保甲总报告》,1936年版,第35页。
⑤ 《莠民仍须联保》,《江苏保甲》第1卷第7期,1935年5月。
⑥ 《无业游民之处置办法》,《江苏保甲》第3卷第1期,1937年2月。

此的行动。

由于乡民不肯为游民而联保,游民生活受到很大的影响。一位名叫钟星明的人,曾目睹了一位得不到本地乡民联保而又无处藏身的游民的惨状。

"前几天,我在焦洋乡第三保发现一个事实,在附近村庄一座坟茔上,有一所芦篷里,住了一个游民。男女老幼三四口,平时做小工生活。当这联保的时候,左右邻居,不但不赞成,并且一致要求将其驱逐出境。最后,那游民这样说:'诸位行行好罢!这里不容住,我又搬到哪里去呢?到处不是一样吗?'这事到现在还是悬案。现在,政令也应为游民着想,他们平时最苦的生活,衣食不周倒算了,还弄得到无处容身,这成什么世界呢?"①

这位游民的惨状,既能说明保甲法令的森严,又反映了乡民对民政厅法令的变通。尽管民政厅反复强调民众不得拒绝与外来的游民联保,然而,乡民们并不肯认真执行。因此,钟不得不承认"这事到现在还是悬案"。除了游民之外,那些在旅馆、茶肆、戏院及歌女处所等处出入的人员,或邻居为公务员和商民的人员,由于来历复杂,也成为乡民拒不联保的对象。②

其二,从村庄内部来看,农民也有一些不愿与之联保的对象。首先,农民不愿为那些与自己有仇隙的人具结联保。正如余井塘对萧县的观察,"萧县有好几个乡间、村间仇恨,素不往来,谁都不愿为互相担保,因为他们是世仇。这样有二三十户,县长请示,我们也没有办法,只得让他们跳过仇家与远邻联保。后来,人们看到了好处,于是,把已办连坐切结再办。"③另一位名叫顾琛的官员,也有类似的观察,"某镇陈姓不愿与赵姓联保,又因地域困难,经几次劝说才勉强同意,但在联保上写道:'他家可保,独不保赵某。'这是不负责的。"④我们从中可以看到,邻居间的仇隙是如何影响着村庄间的联保方式。其次,一些在乡里不齿之人,尽管并没有为匪、窝匪或通匪的嫌疑,不少农民也不肯与之

---

① 钟星明:《从保甲谈到游民问题》,《江苏保甲》第2卷第5期,1936年5月。
② 金宗华:《一年来之南通保甲》,《生力月刊》第1卷第4期,1936年2月;罗志渊:《联保的重要及其困难的解决》,《保甲半月刊》第2期,1935年2月。
③ 余井塘:《江苏省办理保甲的经过及其现状》,《保甲半月刊》第4期,1935年5月。
④ 顾琛:《如何增加联保切结的效力》,《江苏保甲》第2卷第3期,1936年3月。

联保。县政府只好采用了处理自新户办法,强制寻求富户为其担保。①再者,一些乡村男子在外谋生,子女均幼,只好以妇女为户长。由于乡村的传统,青年妇女很少与外界接触,多不愿担任户长。有的即使当了户长,"虽勉强联保,亦多借词推诿不负责任"②。

其三,在江北一些匪患严重的地区,如果政府对土匪打击不力,农民就会与土匪联保。1934年前,由于江苏尚未举行有效的清乡,江北许多县份已经匪化了,帮会组织利用师徒关系,横行乡里,烧杀淫掠,肆无忌惮。一些劣绅多通匪,乡民更加盲从,"凡为匪窝匪通匪者,非但恬不知耻,甚且引以为荣"③。1934年,江北实施清乡和编组保甲之初,"为匪之人,大都强悍凶横,无敢抗者,善良民众,不惟不敢检举,借为免全家惨杀计,且于每逃徒被捕之后,多代为设法保释,因保出后,即可受该匪的保护了。"④正是基于这样的考虑,农民仍多怕匪而不是怕兵,并不相信政府可以有效地打击土匪,"少数坏人也不敢不联保,不敢检举,联保连坐失效,办理自然成为具文,保甲完全等于零。"⑤到了1935年,江北匪患最严重的淮阴区,在淮阴专员王德溥有效的清剿下,农民不再畏惧土匪,转而配合政府的清剿行动。此时,保甲检举才算真正产生了效力。与此相对应的东海区所属各县,农民与土匪联保的情况依然存在。据一位官员的观察,"我们常见地方上的土匪送到县政府去,不但不能把窝家及联保的人给以相当处分。有时,土匪还要出来,不是反控栽赃,就是报仇寻杀。"因此,农民只好与土匪一起联保,盗匪毫无畏惧,继续潜伏起来,伺机待动。⑥正如斯科特所说,农民对抗无法抗拒的不平等的努力,体现了他们防止最坏和期待较好结果的精神和实践。⑦如此看来,农民对于联保切结的

---

① 金宗华:《一年来之南通保甲》,《生力月刊》第1卷第4期,1936年2月。
② 《同甲各户不得拒绝联保》,《保甲半月刊》第1期,1935年2月。
③ 王德溥:《江苏省淮阴区剿匪工作总报告》(续),《淮海》第4期,1935年9月。
④ 龚心齐、罗志渊:《江苏各县县政参观纪要》,《江苏月报》第4卷第5、6期合刊,1935年12月。
⑤ 张毅忱:《保甲实施问题的研究》,《江苏保甲》第1卷第7期,1935年5月。
⑥ 袁寿山:《海属保甲之检讨》,《江苏保甲》第2卷第15期,1936年9月。
⑦ [美]詹姆斯·C.斯科特:《弱者的武器》,郑广怀、张敏、何江穗译,译林出版社2007年版,第426页。

变通,体现了他们趋避风险的理性考虑。

二、抑制与约束乡镇保甲长的所为

乡镇保甲长既是国家权力在基层的代表,又是保甲组织的领导人物。农民对乡镇保甲长的看法和反应,很大程度上影响到他们对保甲组织的看法。保甲编组以后,国民党不仅赋予了保甲长在保甲组织中的支配权,还利用保甲组织从事自卫、建设、教育和司法等事务,保甲长的权力随之扩张。在此过程中,一批素有声望的乡镇保甲长,尚能积极协调政府与民众的关系,无疑赢得了农民的支持。与此同时,一些乡镇保甲长乘机滥用权力,营私舞弊,这便引起了广大农民的抵制与反抗。大致来看,农民约束和抑制保甲长非法行为的方式有两种:即控诉和集体斗争。

1.控诉

根据《江苏省清查户口编组保甲规程》的规定,乡镇保甲长负有维持本乡镇保甲内安宁秩序之责,即他们拥有对所属保甲内居民的教诫、处罚、看管、清查和分配任务等权力。在官方的授权之下,一些保甲人员凭借手中的权力,随意向保甲内居民施以惩罚,想方设法为自己谋私。这种滥罚和贪污行为引起了乡民们的控诉。

第一,农民会用上诉的方式来抑制保甲长对他们的滥罚。保甲编查过程中,江苏省政府规定了居民违反《保甲规程》的惩处范围。如果居民有通匪、窝匪或反动分子等行为,甲长或各户户长知情不报,将会受到 4 日以上 30 日以下的拘留。"拒绝加盟条约,户口异动查报不实;任意销毁门牌,不遵守保甲长分配的工作,执行保甲规约怠忽。"居民有如上行为,将会处以 4 元以上 40 元以下的罚金,不依限滞纳者,一元折算一日科拘役。[①]尽管省政府订立了保甲惩罚的范围,但这种保甲惩罚的判决仅依赖于保甲长之口,因此,保甲长滥用权力的现象难以避免。据赣榆县一些老人的回忆,当该县编查保甲时,农民必须熟记门牌内容和户主姓名,此外,还得记住省长、专员、县长、区长的姓名。

---

① 江苏省民政厅编:《江苏省保甲总报告》,1936 年版,第 36~37 页。

如果不能记住门牌的内容,往往要被乡保长打骂。"同乡、保长不睦的人,每查一次门牌几乎都要挨揍一次,所以至今有些老年人,一提起查门牌的事,还骂不绝口。"有的乡保长竟利用国家法令来铲除异己。该县锥底村的一个农民,不过有些小偷小摸的行为。该村保长便勾结乡长的弟弟冒充乡长,乡保长联名检举这个农民为土匪。次日,这个农民便被保安队的军官抓走,受到严刑拷打,下午就被枪决。①类似的例子发生在苏北一个村庄的征兵过程中。事情起因于区长和乡长的滥收捐款,一位农民出于义愤而向上级检举此事,区长和乡长等差点吃了官司。作为报复,区长和乡长随后派人特意抓这名农民为壮丁。经过此事后,这位农民哀叹道:"打死也不敢实说了"。②保甲长的滥罚可见一斑。

当然,农民也并非甘愿忍受保甲长的滥罚,他们会用司法手段来维护自己的利益。尤其当保甲长以违反《保甲规程》为由向农民施以滥罚时,一些农民便诉诸国家政权来抑制保甲长的所为。一些案例为我们展示了这一切。1934年8月,武进第三区石桥镇镇长徐定真向县政府报告说,该镇一位名叫徐礼堂的农民违背保甲规约,因为徐将县长张贴在刘达富门前保护转水河养鱼的一条布告撕毁了。接到报告后,公安局分驻所将徐带到县政府究办。县政府认定,徐违反了该镇保甲规约中一个条款,即"切实奉行政令,服从上级机关指挥,保护公共文告",决定处以徐6元的罚款,要求徐限期缴纳。无奈之下,徐将此事呈报至民政厅。民政厅认为,在《保甲规程》第39条处罚范围中,只有拒绝加盟保甲规约者才会处以罚金。至于违背保甲规约的处罚,尚未有相关的规定条文。县政府如此"比附援引"是毫无道理的。而且,该县政府仅凭镇长徐定真的证词,并未传讯当事者之一、该保保长张文焕,这种处分是轻率的。因此,民政厅要求县政府须向徐礼堂退还罚金。③

---

① 孙宜武:《往事六则》,见政协赣榆县文史资料研究委员会编:《赣榆文史资料》第6辑,1988年版,第41~43页。

② 子奇:《征兵新政下的苏北农村》,《中国农村》第3卷第7期,1937年7月。

③ 《武进县徐礼堂诉愿决定书》,见江苏省政府秘书处编:《江苏省政府公报》第2164期,1935年12月31日。

类似的情况发生在该县第六区的遥观巷镇。1936年1月,遥观巷镇第二保第十二甲临时户的居民周三志迁入第一保第九甲后,周并未向甲长报告。当第一保第九甲甲长戚兰生得知此事后,立即向镇长居耀炳汇报。镇长认为,房主王文郁系这两个临时户的户长,却未向甲长报告户口异动情况,属于违反《保甲规程》的规定。除了派人勒令周搬出第一保之外,镇长居耀炳请县政府处以王文郁10元罚款。王表示不服,便将此事呈报至民政厅。在接到王的陈诉后,民政厅推翻了县政府的处分。民政厅回复该县政府道:户口异动是户长的责任,而本保临时户的户长应当是周三志,并非房主王文郁。而且,临时户周三志仅从第二保迁入第一保,属于正式迁往,与《保甲规程》所列的条文"知有情形可疑之人潜入者"并不相符。镇长责令周三志搬出该甲已属处分过当,且又处罚王文郁10元罚金,显然属于处分失误,违背了法令的精神。①

进入保甲训练阶段后,一些乡保长仍会以违反《保甲规程》为由,任意向农民施以惩罚。这时,一些农民也会以上诉的方式去挫败乡保长的企图。1936年,淮安县乡民查步成的诉愿判决,便是一个典型的例子。1935年6月,淮安县第五区羊肠乡举办壮丁训练时,将施训地点选在了福缘庵。6月10日,乡长杨林试图借用查步成和韩士宽的张大庄作为训练场所,遭到了查和韩的拒绝。查、韩解释说,其种的田中有瓜菜,不愿被践踏。不久,该县第六区闹事请愿的乡民路过羊肠乡,查、韩二人因好奇便去观看。为了报复查、韩,乡长杨林将此事报告给区公所和县政府,杨声称,"查、韩二人鸣锣聚众,阻止壮丁训练。"接到杨的报告后,县府传讯了查、韩二人。尽管乡长对二人的指控并未得到证实,但县府仍认定二人违反了《保甲规程》,理由是:二人没有将大张庄借给乡长训练壮丁,实属没有遵守保甲分配的工作。因此,县政府处以二人各40元的罚金。查、韩对此不服,便将此事呈诉到民政厅。经过审定,民政厅推翻了县政府对二人的处分。民政厅认为,因为《保甲规程》关于居民分配工作不遵的处罚,仅限于保甲长分配保甲任务方面。而羊肠乡乡长向查、韩二人借用土地,不过是乡公所与诉愿人发生的私法关系,并不属于保甲工作惩处的范围。

---

① 《武进县王文郁诉愿决定书》,见江苏省政府秘书处编:《江苏省政府公报》第2510期,1937年2月19日。

县政府对二人的处分是错误的,理应向其退还罚金。①由此可见,农民在国家政权的支持下,有效地抑制了保甲长的滥罚,使得乡保长的权力扩张并非毫无限度。

第二,农民还用上诉的方式去抑制乡镇保甲长的非法行为。当江苏省大规模运用保甲组织推行各项政令时,乡镇保甲长中饱谋私的机会加大。据时人的观察,保甲举办后,土匪活动减少了,但农民所得到的利益并不比损失的多。其原因在于:区长和乡保长互相勾结,可以敲诈农民。②在这种情况下,一些乡民也诉诸司法诉讼,以维护自己的利益。1934年,六合县陈堡桥乡的一起庵房纠纷案件,即为一个例证。当时,一位名叫徐润芝的师范毕业生,计划借用延寿庵办学。与此同时,该乡乡长黄富年也想占用这座庵房,黄为此阻挠徐的办学计划。不过,徐并没有理会黄的阻挠,依然出钱购置了一些课桌凳,坚持办校。黄却不肯善罢甘休,作为报复,他马上向县政府报称"徐润芝胆大妄为,未经批准擅自办学"。乡长黄富年的咄咄逼人,终于激怒了徐。徐决定以上诉来反击黄的挑衅。与黄的控告不同,徐以确凿的证据揭发了黄搜刮民财和欺压百姓的罪行。经过调查,县政府确认徐的控告内容属实。于是,在黄富年为其母祝寿那天,黄被县政府带走。③

如果说徐润芝对黄富年的成功反击,很可能与徐本人所掌握的文化资源有关,那么,下述三起案例,则展现了普通乡民如何利用上诉去挫败乡镇保甲长的非法行为。乡镇保甲长的索诈,往往是乡民上诉的主要导火线。第一起案例是关于启东乡民控诉乡长阳汉奎的勒诈。事情起因于1930年,时值盗匪骚扰,第一区乡民组织起自卫团,捕杀了几名匪首。5年后,乡长阳汉奎串通了被处死匪首的家属,控告当年的自卫队员曾存在着吓诈的行为。乡民们得知此事后,群情激愤,联名控诉。最终,阳被地方政府逮捕法办。④第二起案例是关于乡民们控诉保

---

① 《淮安县查步成诉愿决定书》,见江苏省政府秘书处编:《江苏省政府公报》第2413期,1936年10月26日。

② 苏冷:《睢宁的农民生活》,《农村经济》第2卷第8期,1935年6月。

③ 徐家杰:《缅怀先父徐润芝》,见六合县政协文史资料研究委员会编:《六合文史资料》第2辑,1985年版,第26页。

④ 《启东乡长吓诈被捕》,《申报》1935年6月14日。

长项兰初的勒诈。当江苏省要求保甲长检举烟民时,无锡西水关保长项兰初,屡次敲诈裴某(曾任无锡知县裴大夭之孙)。由于裴某患有精神病,且染有烟瘾,只得忍受项的索诈。到了1937年4月,项又以私藏烟土等恐吓裴某,意图索诈现款。裴的妻子不胜其扰,托人向省呈诉。在省政府派员调查清楚之后,县府派警传讯了项,项因而受到了制裁。①第三起案例是关于乡民控诉甲长单仲权的勒诈。1936年3月,村民在呈文中声称,单平日行为极其恶劣,为乡人所不齿,村民敢怒不敢言。窃据甲长职务之后,单更是肆意敲诈。1935年底,单强行向村民摊派,要求村民每亩田地及每头耕牛须缴2角。单被公安分局拘留后,承认了敲诈自肥的劣行,因而被逮捕法办。②当然,乡民控诉保甲人员的范围,并不仅限于反对保甲人员的索诈。只要保甲长侵害乡民的利益,乡民们就有可能诉诸控诉。如1936年4月,当松江保长徐士英雇人挖掘当地两名乡民的祖墓时,这两名乡民便以上诉的方式制止了保长的行为,尽管徐诡称"因知该墓无主,拟议砖石修筑桥路",但还是被法院审讯。③从这些事例来看,乡民并不会一味地忍受保甲长的勒诈,控诉似乎为他们提供了一种抑制保甲长非法行为的温和武器。

2. 集体反抗

如果说上诉是乡民抑制保甲长非法行为较为温和的方式的话,那么,集体暴力则属于农民反抗乡镇保甲长的一种激烈方式。正如巴林顿·摩尔所说:"民间流行的正义观念,会以新的方式引起争议,但自有其理性与现实的基础,越是偏离这一基础,便越需要诉诸欺骗与暴力。"④当保甲长的不法行为侵害到广大民众的基本利益时,便偏离了乡村社会的公正观念,促使农民们诉诸暴力手段。就战前江苏省来说,农民用集体暴力的形式来反抗保甲长,主要体现在两个方面:反对征工浚河中保甲长的贪污与克扣,反对保甲长违反乡

---

① 《无锡保长索诈被逮》,《申报》1937年4月8日。
② 《昆山甲长勒诈乡民被拘》,《申报》1936年3月5日。
③ 《松江保长掘墓被控拘解》,《申报》1936年4月9日。
④ [美]巴林顿·摩尔:《民主和专制的社会起源》,拓夫、张东东、杨念群、刘鸿辉译,华夏出版社1987年版,第383页。

土习惯等。

第一，反对征工浚河中保甲长的贪污与克扣。

自1932年起，江苏省开始实施疏浚河道工程。1935年，当各县保甲组织编查完毕后，省政府决定利用保甲征用民力，兴修水利。保甲组织在征工方面发挥了很大的作用。1935年，民政厅长余井塘对此给予较高的评价："上年度各县征工总数达40万人，如筑堤防黄，动辄集数万人，而修湖西堤一役，不崇朝即集合10余万工夫，于两星期间筑成百二十里之长堤，工程迅速，更可见保甲制度运用之效能。"①不过，许多区乡镇保甲长却乘机贪污中饱，引起了民众强烈的不满。如在征工过程中，得到富户贿赂之后，乡镇保甲长便不向富户派工，却把一些本不该出工的穷人编入征工名册。更有甚者，乡保长对生病不能出工的农民视而不见，只知一味殴打，强迫其出工。②有的乡保长还配合骑兵到乡下捉人，"乡长挨次催押至工程处报到，迟去算逃工，不去算抗工，这种罪名恐吓着每个农民的心灵。"③与此同时，县政府要求向不愿出工者征收代金。为了"广开财源"，有的保甲长便向本应免征"代金"的荒地所有者征收代金。④更多的保甲长只用少量的雇工，将繁重的任务压在民工身上，从而把相当多的代金巧妙地纳入私囊。⑤即使到了工地，乡保长也不忘克扣和中饱。如他们将民工做土方所得的工资克扣下来做生意，强行向民工配售口粮及其他生活用品，抬高价格，扣压斤两，从中盘剥。⑥1936年底，即使在导淮工程宣布完工

---

① 余井塘：《一年之江苏民政》，《江苏民政》第1卷第3期，1935年12月。
② 高胡：《革命五十年的回顾》，见中国人民政治协商会议江苏省金湖县委员会文史资料研究委员会编：《金湖文史》第5辑，1992年版，第2页；江苏省沛县地方志编纂委员会编：《沛县志》，中华书局1995年版，第824页；孙燮成：《不屈的王秉同》，见涟水县政协文史资料研究委员会编：《涟水文史资料》第2辑，1983年版，第1~2页。
③ 阿大：《泗阳挖河工夫的惨痛生活》，《中国农村》第2卷第10期，1936年8月。
④ 《高邮滩田免征代金》，《申报》1937年1月31日。
⑤ 王乃扬：《民国时期涟水导淮工地拾零》，见中国人民政治协商会议江苏省淮阴市委员会文史资料研究委员会编：《淮阴文史资料》第2辑，1988年版，第105页。
⑥ 封必琉：《岑池河民工暴动记略》，见中国人民政治协商会议江苏省灌云县委员会文史资料研究委员会编：《灌云文史资料》第2辑，1985年版，第138页。

后,政府已宣布不再征工,乡保长却巧立"看堤"和"回头望"等名目,继续向农民摊派,民间因而怨声载道。①当时,不少关于导淮的歌谣,便可以说明这一点,如:"导淮,导淮,当官的发财。区长盖楼房,乡长盖瓦房,保长腰儿幌。"②因此,就连官方也不得不承认,"查导淮征收代金,各县按亩抽赋。其中由县府制串征收,办理稍欠妥善。其征工各县,杂以改征代金以替征工者,大都由乡保长经纪期间,不免有不肖分子,利用机会,营私舞弊。"③"如某地最近之挑河,有乡镇长从中渔利,事先搜罗各保长名戳,假托办理某项公事。而各保之棚席费及土资,即可从中任意打折。而区乡镇长所执之收据,则都实足支出,以达到河工将缓而讼案累累。"④

在区乡镇保甲长的贪污与克扣之下,即使那些强壮的工夫们,卖尽力气的一天所得,也仅是两顿玉蜀黍稀饭,非但菜是没有的,就连盐味也很少尝到。遇到刮风下雨,工程只得停止,工程处便停止了伙食供应,工夫只能忍饥挨饿。至于工夫所居住的条件,也是极为恶劣,他们住在潮湿又阴冷的工棚里,有的工棚仅用草席盖在地窖上就算了事。因此,工棚遇雨倒塌而伤人的事件并不鲜见。⑤

---

① 泗阳县地方志编纂委员会编:《泗阳县志》,江苏人民出版社1995年版,第24页。
② 胡茂功:《我所听说的胡修珍》,见中国人民政治协商会议江苏省泗阳县委员会文史资料委员会编:《泗阳文史资料》第8辑,1992年版,第44页。当时,类似的歌谣还有:"乡长砌楼房,保长砌瓦房,甲长两头忙,群众喊冤枉。""乡长盖楼房,保长盖瓦房,甲长两头忙。"参见仇学元:《龙大头铁事》,阜宁县政协文史资料研究委员会编:《阜宁文史资料》第4辑,1989年版,第71页。据涟水一些老人的回忆,一位名叫朱培斌的乡长,起先只有10多亩地和三四间房子。导淮之后,这名乡长竟然连续盖了9间木椽望砖结构的瓦房。另外一位名叫王义山的乡长,曾因花天酒地而只得卖出了50余亩土地。导淮之后,这名乡长仍旧奢侈,还能供应儿子在外读书,王的土地却再也没有出卖过。参见王乃扬:《民国时期涟水导淮工地拾零》,中国人民政治协商会议江苏省淮阴市委员会文史资料研究委员会编:《淮阴文史资料》第2辑,1988年版,第105页。
③ 《令东台等九县工程处呈请饬应遵照"遵限完工"、"严稽征金"、"节用济工"、"通力合作"四点办理,仰切实遵照并布告》,见江苏省政府秘书处编:《江苏省政府公报》第2138期,1935年11月30日。
④ 贾中正:《保甲运用之商讨》,《江苏保甲》第3卷第3期,1937年3月。
⑤ 阿大:《泗阳挖河工夫的惨痛生活》,《中国农村》第2卷第10期,1936年8月;《导淮入海初步工程进行之实况》,《江苏建设》第2卷第8期,1935年8月。

这些无疑引起了农民们的极大愤怒,他们不得不诉诸于集体反抗。反抗的序幕迅速在江北导淮各县拉开。

在铜山,1935年秋,黄河在苏北决口后,铜山县下发了杉木和麻袋,动员民众在微山湖一带筑堤。该县毛寨乡乡长刘自修,竟私自侵吞了这些筑堤材料,用于盖自家的楼房。即使洪水淹没了许多村庄时,刘非但没有救人,反而一味地催款。于是,数千名愤怒的农民在李成栋等人的领导下,涌向这名乡长的家中,准备清算刘侵吞的财产。刘见势不妙,便扣押了李成栋,准备将李带至区公所。随后,农民又追至区公所,请求区长接见。遭到区长拒绝后,农民冲进了区公所,捣毁了区公所,撤掉了墙上所贴的地图、登记表册等。为了平息民愤,县政府只得释放了所抓捕的农民,还将毛寨乡划分为两个乡,其中,一个乡任命李成栋为乡长,民众的斗争才算平息。①

在高邮,农民殴打保甲长的反抗斗争也在不断地发生。1935年8月,保甲长向每个工夫索要6枚铜元的点名费,工夫正苦于口粮缺乏,又因督工人员强迫其挖毁农田。于是,3000余名农民,手持农具,攻入县政府,捣毁了警长办公室、司法办公室、建设科长的住宅和第一区公所,捆打了一位司法书记和法警。②次年4月,高邮疏浚三阳河时,2000余名民工为索取口粮、反对《国民劳动服役法》,举行了全体罢工,打伤了一些乡保长。不久,暴动遭到了县公安局的镇压,4名暴动民工被逮捕。③同年10月,当该县通令保甲长征收导淮代金时,乡民焚毁了两名保长的房屋,打伤了其中一位保长的母亲。暴动过程中,一位下乡催征的官员也被乡民乱拳打伤。④

在涟水,1935年春,工程处拒绝退换几名工夫所领的劣质面粉,还开枪打死了两名民工。此事激起了民工们的愤怒,他们烧毁了数十里的工棚,集体解

---

① 李冰:《抗战前夕铜北三区爆发的一场群众斗争》,见政协江苏省铜山县委员会编:《铜山文史资料》第2辑,1983年版,第78~80页。

② 中共江苏省委党史工作委员会、江苏省档案馆编:《江苏革命斗争纪略》,中国档案出版社1987年版,第716页。

③ 高邮县编史修志领导小组编:《高邮县志》,江苏人民出版社1990年版,第36页。

④ 《高邮乡民抗缴代金》,《申报》1936年11月6日。

散回家。暴动中,乡保长吓得躲了起来,驻地军队也不敢轻举妄动。为了平息民工的愤怒,江苏省政府只得将涟水县县长和建设科长免职。①

在灌云,1936年春,由于区乡保长克扣河工的经费,3万余名民工举行了暴动,他们殴打了一名区长,迫使当地官员承认了错误。当局被迫同意取消粮食配售,立即向民工发放现金,提高土方的单价。②同年7月,乡保长在征工浚河中的仗势欺凌,致使数百乡民集体结队到县政府请愿。③

即以征工浚河而言,农民反抗乡保长贪污克扣的斗争,并不局限于江北各县。在江南,农民也尝试用暴力反抗来抑制乡镇保甲长的嚣张气焰。如1935年9月,松江决定征工抢修海塘工程。开工一星期后,乡民并未见到工资,颇为焦急。因此,他们与一名监工员发生了言语冲突。当这名监工员试图开枪示威时,乡民群起而罢工,即刻向塘工局请愿。在此过程中,乡民们被一名乡长和一名保长的言语所激怒,便将乡保长捆绑在电杆上。在士绅的调停下,乡民同意释放乡保长。随后,县府表示将监工员撤职,乡民们的愤怒才算平息。④同年,金山4000余名民工因不满在连阴雨的天气上工,便包围了工程事务所,迫使工程事务所的副主任签字停工。一名镇长被挤成了残疾,一名工程事务员因受刺激而自杀。⑤1936年4月,在常熟,由于一名乡长征工走私的行为,千余乡民群起反抗,捣毁了这名乡长的住宅。⑥

除了此起彼伏的暴力反抗之外,农民还采取了消极怠工、逃跑和抢米等行动,以回应征工浚河过程中保甲人员的腐败。客观地说,江苏省利用保甲进行征工浚河,有利于改善农田水利设施和增进民众抵御自然灾害的能力。因此,征工之初,那些饱受水患之苦的农民比较乐意出工,挖土也比较卖力。随着自

---

① 王乃扬:《民国时期涟水导淮工地拾零》,见中国人民政治协商会议江苏省淮阴市委员会文史资料研究委员会编:《淮阴文史资料》第2辑,1988年版,第106~107页。

② 封必琉:《岑池河民工暴动记略》,见中国人民政治协商会议江苏省灌云县委员会文史资料研究委员会编:《灌云文史资料》第2辑,1985年版,第138页。

③ 章有义编:《中国近代农业史资料》第3辑,北京:三联书店1957年版,第1027页。

④ 《松江抢修海塘抚慰征工》,《申报》1935年9月14日。

⑤ 《金山县工赈浚河工程总报告》,《江苏建设》第3卷第1期,1936年1月。

⑥ 章有义编:《中国近代农业史资料》第3辑,北京:三联书店1957年版,第1027页。

上而下的贪污和克扣的蔓延，这些工程在农民心目中大打折扣。因此，农民们采取了各种形式的集体反抗，迫使乡保长的各种非法行为有所收敛。

第二，集体抑制保甲长违反乡土伦理的行为。

梁漱溟先生曾将乡村社会归纳为"伦理本位"。他认为，传统社会秩序下，农民行为的最大约束力来自于道德。道德是评价和审定一切社会的杠杆，更是社会规范的核心。乡里发生纠纷时，乡民更多诉诸于礼俗传统而非法律。① 正是由于乡土伦理在乡村社会中的支配作用，它影响到了乡民与保甲长的冲突。这又表现在两方面。其一，保甲长的霸道行为，将会引起农民的集体抵制。如1935年12月，淮阴第四区浪石镇的一名甲长王荫槐，与一位乡民李某发生了口角。他便回家取出一支盒子枪，当场将李家的一名男子和一名女子打死，随即逃跑。事发后，李家家人和女子的兄弟大为不平，便向县政府报案，请求缉凶法办。县政府派人前往勘察时，乡民多为李姓家人呼冤。为了宣泄公愤，乡民们自发地将王家的食粮、物器搬运售卖，供给李姓收殓死者。② 另一起案件发生在江都。1935年9月，该县第五区中闸镇章家荡甲长石德泉，检举了该村乡民章忠元有写恐吓诈财信情事，致使章被法院判处6个月徒刑，两家自此结下了怨仇。当章忠元刑满释放后，恰逢他的哥哥章忠有与甲长的父亲石大元发生口角，章氏兄弟便追到石家争吵。作为报复，甲长石德泉又一次向镇公所控告说，章忠有已将他家的锅灶捣毁。而且，石家柜中的30元法币和小儿索锁也不见了。镇公所在收到甲长的报告后，并未调查实情，便将章忠有解送到县府。70余岁的章母哀痛两名儿子都遭石家控拘，便于一天夜里在石家门前倒地气绝。章母娘家闻讯后，约集了百余名纺线妇女，前往石家理论。③ 章母能够赢得百余名妇女的支持，无疑说明了道德力量在乡村社会中的重要性。其二，乡保长为富不仁的行为，也会引起农民们的集体抵制。如1936年，海门光明乡乡长姚新以创办"善仓"积粮备荒为名，向农民征收元麦20多担。第

---

① 刘中一：《村庄里的中国：一个华北乡村的婚姻家庭生育与性》，山西人民出版社2009年版，第16~17页。
② 《清江甲长行凶杀人》，《申报》1934年12月8日。
③ 《扬州七旬妪冤愤暴毙》，《申报》1936年9月12日。

二年,该乡发生春荒时,农民纷纷向姚新借粮,却遭到了姚的拒绝和辱骂。农民们据理力争,他们认为,仓库的粮食是为备荒而用,理应借给饥民之用。不过,姚并不理会。于是,10余名乡民手持棍棒和扁担闯入姚宅,打开"善仓"分粮。其他乡民闻讯后,也手持器具,搬走了仓库里的粮食。姚看到农民的来势凶猛,只得顺从。①

显然,即使在国家政权无力约束的地方,乡保长的威权也并非可以肆无忌惮,而是还要受制于乡间道德力量的约束。在这种道德力量的主导下,乡民以集体反抗来抑制乡保长的不公正行为,保障其基本的生存利益。

---

① 《江苏人民革命斗争群英谱·海门分卷》编辑委员会编:《江苏人民革命斗争群英谱·海门分卷》,江苏人民出版社2000年版,第65页。

第三节 农民与保甲的合作

尽管农民与保甲之间的冲突贯穿于保甲推行的整个过程,但这并不意味着农民和保甲之间不需要合作。建立在乡村社会之上的保甲组织,不仅具有强烈的地缘和血缘的特性,还被国家赋予了相互监视和集体约束的特性。因此,各保甲民众(包括保甲长)之间的利益显得休戚相关。一旦有了外部压力(匪患、地方官吏和虫害)的存在,现实的保甲组织为民众提供了武器。为了抵制外来不利因素的影响,乡民多以保甲为单位而采取集体行动。

一、检举盗匪、讼棍和刑事案犯

以往的学术研究多强调保甲在防止盗匪中的失效,乡土伦理是如何制约着人们检举盗匪的行为。有的学者认为,"因为人们对家族和阶级的忠诚,总是超过对国家和地方政府的忠诚。因此保甲制度究竟能否非常有效地根除反叛活动,是值得怀疑的。"①"这种不情愿大部分由于邻居间的传统关系,使

---

① [美]韩丁:《翻身——一个中国村庄的革命纪实》,韩倞等译,北京出版社1980年版,第59页。

得村民很难向政府当局或外人举报另外一个村民的坏行为。"①甚至有的学者认为,由于保甲与农村传统存在根本性的冲突,"老百姓即使在死亡的威胁下,仍难形成互相告发的习惯"②。然而,事实并非如此简单。农民的行为在不同环境下会有所变化,他们可能会受社区规范约束的道义影响,也可能成为追求自身物质利益最大化的自利个体。③学者波普金认为,小农是使其个人福利或家庭福利最大化的理性人。他们能够根据结果概率的估计来做出最能达到预期效果的选择。社会现象是单个参与人处于选择环境下的理性行为结果。④

盗匪劫掠的对象比较广泛,其主要针对富有的地主和官员等,如党部常委、议员、区长、乡镇长、学校校长、收账员、厂长、巡官、退役军官等拥有雇工或奴婢的富有人家。⑤有时,商贩、医生、巫师、尼姑和会勘河界的工程师也成为土匪的劫掠对象。⑥不过,这并不意味着盗匪不愿"眷顾"穷苦的农民。江北的土匪、沿海的海匪和太湖南的湖匪等,烧杀奸淫,绑架勒索,无疑加剧了农民生活的痛苦。而"保甲之要旨,旨在消弭盗匪,保卫地方。然盗匪之来,虽或

---

① 杨懋春:《一个中国村庄:山东台头》,张雄、沈炜、秦美珠译,江苏人民出版社2001年版,第146页。

② 张鸣:《乡村社会权力和文化结构的变迁(1903—1953)》,广西人民出版社2001年版,第121页。

③ [美]李怀印:《华北村治——晚清和民国时期的国家和乡村》,岁有生、王士皓译,中华书局2008年版,第19页。

④ [美]李丹:《理解农民中国:社会科学哲学的案例研究》,张天虹、张洪云、张胜波译,江苏人民出版社2008年版,第31~36页。

⑤ 《高邮股匪洗劫区团部》,《申报》1934年7月11日;《常熟巡官突遭盗劫》,《申报》1934年9月15日;《苏州城内唐师长家被劫》,《申报》1934年11月29日;《扬州股匪劫尼姑庵》,《申报》1937年3月9日。

⑥ 《无锡湖甸盗劫四家》,《申报》1934年3月14日;《南汇大悲庵盗劫伤人》,《申报》1934年9月22日;《常州林庄庵深夜被盗劫》、《扬州股匪劫尼姑庵》,《申报》1937年3月9日;《阜宁科长工程师遭匪抢劫》,《申报》1934年11月9日。

啸聚于外,每多勾结于内,为正本源,计非联保无以相功"①。《保甲规程》规定,各县政府在缉获匪犯后,务必查明罪犯的住处和窝藏地点所系的区乡镇保甲,据此惩处同结的各户户长及所属的甲长。一方面是盗匪对农民生存安全的威胁,另一方面是政府严厉的法令,因此,农民与保甲在防止盗匪方面产生了相当程度的合作。1935年,淮阴区较有成效的剿匪,便是一个典型的例子。

1934年,随着保甲的推行,江苏开始在铜山、盐城和淮阴三个专署区部署剿匪。保甲在配合铜山和盐城区的剿匪行动中,发挥了相当的成效。正如1934年10月余井塘所说:"徐海一带,向来是多匪的域区,每逢青纱帐起,土匪群起如毛,今年夏防能安然渡过,有好几县不能不归功于保甲。最显著的事实是:一、坏人没有人保,不能立足于社会。二、出了绑票案子,肉票找不到窝藏。"②与铜山区和盐城区相比,淮阴区剿匪进展缓慢。在一次清剿行动中,负责淮阴剿匪的省保安一团团长几乎被击毙,就连指挥剿匪的淮阴专员赵舒也差点被俘。于是,省主席陈果夫请赵辞职,另调剿匪颇有成效的铜山专员王德溥接任淮阴专员,并授以王德溥较大的权限。王接任淮阴专员后,并不急于使用军队,而是先从编组保甲、清查户口和宣传入手,进而编训壮丁队、设立守望所、架设全区电话和设立感化院等。③为了加强军队与保甲的合作,王要求各部队所到之处,应首先宣传悬赏自新检举连坐等办法要点,广贴标语,随时召集乡镇保甲长切实演讲指导,以配合军队进入村庄挨户搜查。④在具体实施层面上,一方面,乡镇保甲长应将所属保甲内的匪犯自下而上地逐级呈报,再由乡长将匪犯的检举表呈送至保安第一团和区长。另一方面,乡镇保甲长必须进行层级具结,确保所属保甲内并无匪犯。如果一旦发现所属区域尚有匪

---

① 陈果夫:《江苏省政述要·民政篇》,见沈云龙主编:《近代中国史料丛刊续编》第97辑,台北:文海出版社1983年版,第35页。

② 《余厅长对于江南各县保甲谈话会训词》,《申报》1934年10月30日。

③ 陈果夫:《苏政回忆》,台北:正中书局1951年版,第19页,南京图书馆藏;王德溥:《江苏省淮阴区剿匪工作总报告》,《淮海》第3期,1935年8月。

④ 《江苏省第七区临时剿匪时间军事政治协同动作应注意之事项》,《江苏保安季刊》第2卷第2期,1935年8月。

犯，乡镇保甲长将以庇罪论罪。如果乡镇保甲长认为所属区域内的匪犯已经检举，并绝无隐瞒和漏报情事，同样应当具结。军队搜查户口时，若仍发现有未检举的匪犯，将拿具结的乡镇保甲长是问。①

  清乡的最初阶段，一些乡保长尚在观望之中。为了消除乡保长的疑虑，一方面，王先派军队进行清查户口，搜捕土匪。数日之内，军队在洋河附近查出多名匪首，并击毙了江北著匪张志高，政府和军队的威信为之大振。匪首张志高曾多次劫掠了淮阴、涟水、灌云、沭阳、阜宁和盐城等县，聚集众多匪徒，多次与政府军对抗。张所洗劫的阜宁益林和涟水古寨等处，不仅损失了巨额的财物，还使得当地百姓伤亡惨重，因此，"各县人民畏之如虎"②。张被处决后，保安团还严惩了几名有窝匪、通匪嫌疑的保长，并召集匪患严重地区的乡保长谈话，要求他们务必于1小时内检举出本保内的所有匪犯，否则便会被扣押和惩办。专署希望以此迫使乡保长与匪犯对立。③在政府军强大的攻势下，为了不使自己受累，"各乡保长，相继踊跃检举，由秘密进于公开，除少数甘心庇匪外，其余所有匪犯，几被全数检出。"④另一方面，王比较重视宣传的攻势，以此动员乡民积极配合军队的搜剿。如张志高被处决后，王将张枭首示众，借此机会加大了对匪患严重地区的宣传，打击了土匪的气焰。不仅如此，王又悬赏捉拿其他匪首，训练了数万名壮丁，使得"现在各该县区间，随时可见蓝制服少壮之队丁，往来村镇"⑤，增强了乡村的自卫力量。由于保甲编组的严密和军队威慑的压力，许多匪首畏惧潜逃。分散的土匪群龙无首，气势更为衰竭。最后，王还鼓励乡民自动捕绑匪徒，送专署法办。由于检举、悬赏和搜捕等法令的颁行，再加上连坐宣传的攻势和没收财产的规定，"风声所播，匪胆已寒"。

  由于"保甲组织，为检查匪类之显微镜"，淮阴区实施清乡后的3个月内，

---

① 杨蔚：《保安第一团清剿工作报告》，《江苏保安季刊》第2卷第2期，1935年8月。
② 《清江枪决著匪张志高》，《申报》1935年4月17日。
③ 《淮阴专署运用保甲制度大收实效》，《江苏保甲》第1卷第8期，1935年5月。
④ 杨蔚：《保安第一团清剿工作报告》，《江苏保安季刊》第2卷第2期，1935年8月。
⑤ 王德溥：《江苏省淮阴区剿匪工作总报告》（续），《淮海》第4期，1935年9月。

保甲与乡民共检举了4787名盗匪或嫌疑犯,大大加速了军队的搜捕。① 其中,有1962名匪犯被捕获,262名匪犯被击毙,其余的1244人被允许自新。② 另有十多名土匪或因搜查严密,无法逃跑,只得选择自杀。有的匪首即使逃出乡间之后,因亲友无人收纳,又害怕妻儿受到连累,只得在桑林里自缢。在淮阴袁集乡,一名匪首准备躲藏时,族人害怕因其受累,便勒死了这名匪首。泗阳二区的一名匪首黄某,曾为匪十余年。当淮阴专署的法令通行后,黄某所属的联保各户不愿因他而治罪,纷纷退保。无奈之下,黄某竟不惜将自己的小孩扔到甲长门前的水池内,要挟甲长为其联保。③ 官方趁势将这些消息广为宣传,"匪区因此日渐缩小,匪众日益恐惧,人民都起来把匪绑送淮阴专署。在一短期内,竟达一千数百人之多。专署应接不暇,监狱又容纳不下,省府只得准王专员设一感化院,收容这批匪徒。这样不过几个月,淮阴区的土匪,便告肃清。"④ 事后,当局对此赞不绝口,"三月之间,竟将十数年扰攘匪氛,一举而廓清。昔日之萑苻满地,闾里骚然者,今则卖刀买牛,夜不闭户矣。素称难治之淮阴区,至此乃入康庄大道之域。"⑤ 官方在总结淮阴保甲剿匪成功的原因时,众口一词地承认了保甲组织所发挥的巨大作用:"淮阴区剿匪之法,最奏效者,为实施保甲组织,厉行检举,认真查挤,使宵小无遁迹,搜捕易获线索,匪徒多有因联保不得,走投无路,而畏罪自杀者。于此可见其组织之法之严密,尤足证保甲制度实为除害防奸千古不易之善政。"⑥ 不过,他们也承认了老百姓的积极配合作用,"又如淮阴区匪患,亘十余年,人民不得安抚,数月之间,渠魁授首,小丑降服,莫不畏威怀德,此亦当局与人民上下协作收效之明征。盖人民能得政府之保障,斯政府能得人民之拥护,所谓上下一致,官民合作,

---

① 王德溥:《江苏省淮阴区剿匪工作总报告》,《淮海》第3期,1935年8月。
② 凌绍祖:《淮海面面观》,《淮海》第5期,1935年10月。
③ 王德溥:《江苏省淮阴区剿匪工作总报告》(续),《淮海》第4期,1935年9月。
④ 陈果夫:《苏政回忆》,台北:正中书局1951年版,第20页,南京图书馆藏。
⑤ 《淮阴区剿匪之成功》,《江苏月报》第4卷第3期,1935年9月。
⑥ 《淮阴区剿匪之成功》,《江苏月报》第4卷第3期,1935年9月。陈果夫自己也承认,淮阴区的剿匪,"得力于军事剿匪者少,而得力于政治剿匪者多,证实了蒋委员长所说剿匪必须三分军事七分政治这一句话。"见陈果夫:《苏政回忆》,台北:正中书局1951年版,第20页,南京图书馆藏。

此古今为政之常经,而苏省已肇其基矣。"①如果不是农民长期饱受了匪患之苦,政府又没有表现出坚决的意志,农民能否认真检举和自动绑送匪徒,那将是值得怀疑的。

不仅淮阴区的有效剿匪归功于农民与保甲的合作,其他各县的农民对盗匪的检举也表现出较大的积极性。农民检举的对象可以从外来的盗匪到乡里之间,甚至还可发生在父子、兄弟之间。

首先,乡民检举的主要对象是外来盗匪。联保连坐切结是迫使乡民进行检举的一个重要原因。为了厉行联保连坐的法令,在缉捕盗匪过程中,地方政府常常会惩办一些未能检举盗匪的保甲长,以儆效尤。②盗匪被抓获后,地方政府还要进一步追究盗匪居住地民众的责任,其连坐的范围可遍及几个保的多名乡民。③可以说,针对窝匪的惩处往往较为严厉。1935年10月,江都霍桥镇一起窝匪案件的惩处,便可说明这一点。案发后,乡保长因受训受到了申斥的处分,甲长被判拘役10天,与匪同住的一名乡民被判拘役15天,同甲各户户长也被判拘役4天。④不过,农民对自己利害关系的考虑,则是他们检举盗匪的内在原因。如武进县长侯厚宗所说:"人民深知联保连坐的利害,外来生人,随即注意,如有可疑,即报告保甲长,因此许多拐逃妇女和私售非法彩票及其他不良行为者到境内一二天被检举。"⑤1936年5月19日,广东中山县的3名强盗从上海潜入苏州,准备实施绑票。当3名匪犯尚在茶馆里打盹时,乡民觉得其形迹可疑,便报知派出所。随后,警察队和壮丁队将3人逮捕,从其身上搜出了4柄利刃。顿时,千余乡民要求将此3人处以"种荷花"、"烧死"或活埋之刑。⑥从农民们对强盗的惩处议论上看,他们对外来强盗无疑充满了愤恨。

---

① 《苏省两年来政治之检阅》,《江苏月报》第4卷第5、6期合刊,1935年12月。
② 《松江绑匪劫守望所枪械》,《申报》1935年10月28日;《常州石庄案之解决办法》,《申报》1935年11月20日;《嘉定劫案两起并破》,《申报》1936年12月16日。
③ 《海门县府究办盗犯联保各户》,《申报》1935年5月7日。
④ 《扬州一户窝匪全甲连坐》,《申报》1935年10月15日。
⑤ 侯厚宗:《武进保甲之组织训练与运用》,《江苏民政》第1卷第3、4期合刊,1935年12月。
⑥ 《苏州三匪犯瞌睡被获》,《申报》1936年5月20日。

不难理解,农民为何与保甲有着共同的目标。又如 1937 年 3 月,丹阳后镇村 9 名匪徒的被捕,也要归于保长的检举。当数十名匪徒在后镇村唐义保家聚集时,该村保长唐时雍便向保安队密报。保安队立即派出荷枪实弹的队士前去拘捕。围捕过程中,除了逃走的匪犯外,队士拿获了 9 名匪犯,还搜出了手枪和斧头等凶器。①

其次,乡民的检举还可发生在乡里之间。"各县发生匪案,凡同结各户长及其所隶属之甲长厉行连坐以后,咸于本省保甲之办理认真,未可因循敷衍,遂于为匪、通匪、纵匪各户,无不破除情面而进行检举。"②事实上,"破除情面"的检举也发生在乡邻间,且检举的范围并不限于盗匪,甚至还可扩大至讼棍、拐骗犯、杀人犯和恐吓犯等行为不端者。讼棍是保甲检举的一个主要对象。1934 年,吴县蒋巷乡一名讼棍金南卿被惩的案件,便是一个例证。该乡乡长柳桂香和其他 34 名乡民控告了金南卿,声称金"行为不端,没有职业。专门收留窃贼,敲人竹杠。同贼出主意,横行不法,乡人畏之如虎,都敢怒不敢言,此人在乡一天,乡民即不安一天"。指控金的罪证如下:"包揽柳桂子与马秋廷女,张小弟与顾子山女,李视泉与顾云甫之女,金孝宗与徐好弟妹,顾金宝与蔡少甫女分人离婚;潘仁生因娶妻花了 200 元,潘金元夫妻被迫离异,包揽顾尽臣争产案、朱阿奴偷树案、顾协卿窃机管案、顾阿妹借款案。又强借江法师、金法师、柳桂香、傅长才、王才生、朱阿大银钱六七百元,少则一二百元。"经过调查,县政府认定金所犯的罪行属实,便将其送入习艺所感化。③另一起案子也发生在吴县。1935 年 9 月,东山镇的一名讼棍黄怡青向区公所报称,该乡保长滥用职权,甲长目无遵实和漏报户口。区公所派人调查后,认定黄纯属诬告。随后,洞庭东山旅沪同乡会和镇长一致认为:"黄向来不安本分、素好多事,专以诬告公务人员、包揽词讼为要挟欺诈的手段。"在区乡镇公所和旅沪同乡会

---

① 《丹阳后镇村暴徒集会》,《申报》1937 年 3 月 5 日。
② 陈果夫:《江苏省政述要·民政篇》,见沈云龙主编:《近代中国史料丛刊续编》第 97 辑,台北:文海出版社 1983 年版,第 36 页。
③ 《吴县金南卿诉愿决定书》,见江苏省政府秘书处编:《江苏省政府公报》第 1859 期,1935 年 1 月 4 日。

的推动下,黄被送入感化院。①

再看乡民对拐骗犯和索诈犯的检举。在武进,1935 年 4 月至 8 月间,无人肯保的 100 余名地痞游民遭到了检举,并被送进游民习艺所。该县第三区窝藏拐骗妇女的吴某和徐某,便是被联保各户报告至甲长,两人因此受到严惩。该区另外一名曾逃往他处的杀人犯恽某,刚刚潜回到汤庄镇,便被甲长报告给乡公所,恽某因而被逮捕归案。②1935 年,泰县农妇张竺氏的 15 岁女儿珍小,被人贩子翟某拐骗到第一区鱼行镇藏了起来。鱼行镇第二保第十五甲甲长周文元得知此事后,便向保长丁广文密报,翟某因而被解送到县府,并被判处 3 个月的徒刑。③1936 年 4 月,盗贼挖墙进入了松江第五区乡民楼有忠家中,准备偷窃楼家。当楼发出呼救后,盗贼逃走了。两天后,盗贼托楼所在村庄的村民张子先捎来一封信,信中写道,他们 7 人雇舟到楼家,损失了 10 余元,楼某必须赔偿,否则,将对楼某不利。楼便将此事报告给甲长楼有仙后,借盗匪恐吓乡邻的张子先因而被拘捕。④

有时,甚至乡里那些品行恶劣者,也遭到了乡民的检举。如 1936 年,吴县木渎乡五峰山莲池庵住持宽禄被检举,便是一个例子。鉴于宽禄在寺中私建密室、行为不检,县公安局下令将其驱逐,并由区公所遴选人员接管。不过,宽禄并不愿交出住持职位,暗中鼓动一些寺院的僧人呈请县府缓封,遭到了县政府的拒绝。随后,该乡保甲长丁士林等人上书县府说,该乡巡官的包庇使得劣僧的拖延得逞。接到保甲长上书后,县府和专署一致驳斥了宽禄的请求,责令其限期交出寺院。⑤

最后,检举甚至还发生在师徒、兄弟和父子之间。如江北巨匪孙立贤的落网,便为师徒之间检举的一个例证。孙是江北巨匪张志高之徒弟,曾为害过淮

---

① 《吴县黄怡青诉愿决定书》,见江苏省政府秘书处编:《江苏省政府公报》第 2127 期,1935 年 11 月 17 日。
② 侯厚宗:《武进保甲之组织训练与运用》,《江苏民政》第 1 卷第 3、4 期合刊,1935 年 12 月。
③ 《泰县运用保甲颇著成效》,《江苏保甲》第 1 卷第 11 期,1935 年 7 月。
④ 《松江贼书恐吓信之追究》,《申报》1936 年 4 月 27 日。
⑤ 《苏州劣僧请复查被驳》,《申报》1936 年 11 月 4 日。

海各县。尽管省政府一再通缉,淮阴、涟水和沭阳等县曾悬赏1700元逮捕孙,但并未奏效。1936年9月,孙秘密返回沭阳,潜藏在徒弟杨桂荣家中,图谋东山再起。不料,杨将此事密报给该乡乡长徐某,徐立即率壮丁队将孙擒获,从孙身上搜出了盒子枪和烟枪各一支。沭阳县政府鉴于杨举报有功,允许杨自首。①1935年,武进第七区发生了一起检举亲兄为匪的案子。1934年8月,该区第十二保第五甲的吴维清等人抢劫了一户农家。案发后,吴维清逃跑在外。一年后,当吴潜回家后,他的两名弟弟吴淦生、吴维元因保甲法令甚严,怕一旦别人报告,将会有连累之责。于是,两人便将吴维清缚住,报请保长呈区解县。县政府嘉奖了吴淦生、吴维元的大义灭亲之举,并请民政厅从保甲罚金中提出20元用作奖励。②更有甚者,检举还可发生在父子之间。如1936年,武进第六区政平乡陆凤生,勒死了与自己一块看戏的同伴。不久,陆的儿子暗中向县政府报告,声称其父私藏枪械,为非作歹,一桩勒毙弃尸案因而被破获。③

农民与保甲在检举盗匪中的合作,有力地抑制了盗匪的活动,还使得各县刑事案件大大减少。据一位名叫林大经的官员说:"铜山车站之劫盗,亦因保甲编组之功,户口已经清查,不能混迹其间,而致破获。"④在萧县,保甲所发挥的作用更为显著。1933年,当姚雪怀接任县长时,该县监内有囚犯400余人,囚粮常感不足,高等法院只得向该县派了一个清理积案委员。1934年,该县保甲编组完成后,"原有在逃匪类,逃避更远。游民由保甲长监视之,更有守望所,巡逻关卡,地方治安静谧"⑤。"讼案减少,囚犯现减至百多人,最初每月有讼案近百件,后来逐渐减少,最近每月仅20余件,囚粮从前感觉不足的,现在多余了1000多元。"⑥在阜宁,保甲举办前,每季度发生盗劫案件可以达到200起。保甲举办后,每季度仅发生10起盗劫案件。⑦在武进,1934年9月至1935年3月,

---

① 《海州巨匪落网》,《申报》1936年9月5日。
② 《常州乡民检举亲兄为匪》,《申报》1935年8月21日。
③ 《常州勒毙弃尸案破获凶犯》,《申报》1936年3月7日。
④ 林大经:《县政曝献》,《江苏民政》第1卷第1期,1935年3月。
⑤ 姚雪怀:《保甲运用之实例及意见》,《江苏保甲》第1卷第21期,1935年12月。
⑥ 余井塘:《视察各县县政后的感想》,《江苏民政》第1卷第2期,1935年6月。
⑦ 张渊扬:《一年运用保甲经验谈》,《江苏保甲》第1卷第21期,1935年12月。

保甲编查期间,该县每月平均发生5起盗劫案件,每月平均破获6起案件。自1935年3月保甲编查完成后,1935年4月至8月期间,仅发生了2起盗劫案件,每月破获的案件则达到了3起。①因此,陈果夫于1936年总结施政时说,保甲推行后的两年内,各县的保甲户长协助缉匪2187起,捕获匪犯2354名。②

总之,在国家政权强权的推动下,农民不同程度地参与到保甲检举之中,他们检举了盗匪、讼棍、刑事案犯及其道德败坏者。因此,江苏数年的匪患基本得到了抑制,这极有利于乡村秩序的安定。在农民所参与的诸多检举事件中,不可否认国家强权的作用,然而,如果不是农民常年饱受各种非法行为的困苦,他们能否参与到保甲的检举,那是值得怀疑的。可以说,乡村社会的各种不法行为,无论是对国家还是农民都构成了严重的威胁,这使得国家和农民有了共同的目标,保甲组织有机地成为二者合作的基础。

二、防治病虫害

江苏省土地肥沃,农作物繁盛,环境优良,但虫害的繁殖也极为迅速,对于农作物有较大的危害。1934年夏,江南发生旱灾后,蝗灾遍及了32个县,"蝗窜各区,漫飞他县,谈虎色变,影响收成"。到了冬天,气候异常温暖,虫卵易于孵化,这对麦苗构成了潜在的威胁。③1935年,江南各县稻田出现了大量螟虫,农作物损失较大,江苏省为此制定了《各县治螟运动办法大纲》,督促各县切实奉行,1936年度的螟害因而受到了抑制。1936年春,省会镇江附近一带松林发生松毛虫害,江苏省督促各县政府向各乡镇保甲长及壮丁讲授防治虫害的办法,督率乡民勤于捕杀,很快扑灭了此次虫害。1934—1936年间,防治虫害(螟虫、蝗虫和松毛虫等)运动中,江苏省政府利用保甲制度进行治虫,"由本府规定防

---

① 侯厚宗:《武进保甲之组织训练与运用》,《江苏民政》第1卷第3、4期合刊,1935年12月。

② 陈果夫主编:《江苏省政述要·民政篇》,见沈云龙主编:《近代中国史料丛刊续编》第97辑,台北:文海出版社1983年版,第48页。

③ 《令各县严密注意扑灭夏蝗勿使蔓延》,见江苏省政府秘书处编:《江苏省政府公报》第1964期,1935年5月7日。

治办法,利用保甲组织,责成县长督促区乡镇保甲长,领导农民办理治虫,收效颇巨。"①在政府的督导下,面临虫害威胁的农民与保甲组织进行了合作。

第一,防治螟虫运动。1935年夏,金山、昆山等20余县发现大量螟虫,稻作患了"白穗"现象,稻株的叶茎和稻穗突然枯死,变成白色。有些地方甚至全部稻田遭受这种灾害。各县稻作的收成最少损失20%,最高损失达50%以上。据当时的估计,江南各县稻作损失了1600万担,约计6400万元。②螟虫害发生之后,省政府要求各县组织巡回演讲,利用集会、文字和图画进行宣传除螟,尤应注意运用保甲制度扑灭螟虫和螟蛾,乡镇保甲长须负督导之责。农民应改良秧田,努力挖掘稻根,点灯诱蛾。故意阻挠或推诿不遵行者,须向政府缴纳螟卵螟蛾若干,或责令缴除稻根若干,或责以制作螟器若干。③随后,江苏省政府规定1935年11月中旬以及1936年2月中举行两期治螟宣传,各县县政府、县党部、区公所和区党部举行治螟宣传大会,务须召集乡镇保甲长举行治螟演讲会。各区区长和乡镇保甲长应督促农民,掘毁稻根和长期灌水,以尽快扑灭螟虫。④

在江南各县的治螟运动中,昆山治螟成效较为显著。早在1934年冬,天气温暖,适合螟虫越冬。昆山县为此制定了治螟计划及奖惩办法,要求各区公所责成乡镇保甲长督导农民,切实防治。不过,该时期的治螟效果并不理想,县政府承认:"惟农民智识浅陋,不能依照实行,以致酿成灾害,损失不赀。"⑤1935年秋,昆山县再次发生螟灾。县政府通令保甲长按户调查受害程度,填报表格送呈县政府。⑥随后,还请全国经济委员会农业处、实业部中央农业实验

---

① 陈果夫主编:《江苏省政述要·建设篇》,见沈云龙主编:《近代中国史料丛刊续编》第97辑,台北:文海出版社1983年版,第75~76页。

② 徐启华:《江苏省二十四年度治螟运动的意义和办法》,《江苏研究》第1卷第7期,1935年11月。

③ 《令金山等县先后呈送除螟计划及除螟奖惩》,见江苏省政府秘书处编:《江苏省政府公报》第1992期,1935年6月10日。

④ 《江苏省各县二十四年度治螟运动办法大纲》,《江苏建设》第3卷第4期,1936年4月。

⑤ 昆山县政府编:《昆山县县政报告》,武进振群印刷公司,1936年版,第99页。

⑥ 《昆山全县螟灾日渐扩大》,《申报》1935年9月6日。

所和中央大学农学院等机关合作办理。10月至12月间，昆山的治螟分为宣讲、毁灭稻根和肃清稻根三个时期。①在治螟的最初阶段，不少农民忙于掼稻、磨米、种菜、播麦、堆草和吃茶，多存观望，并不认真对待治螟任务。在督率人员劝说之下，农民们只好表面敷衍，待到督率人员离去后，治螟随之停顿。有时，甚至连那些督率人员也觉得劳苦多而功成少。

随后，昆山县改巡回指导为专人指导，县长彭百川不时督率保安队下乡督促和宣传。为了鼓励农民参加治螟运动，彭下令暂时关闭各乡镇茶馆，杜绝消遣时间。彭还制定了奖惩措施：凡11月10日以前能将稻根如法处理完毕者，每人可获得10元的奖金；反之，没有如法完成的农民，督察员将派警拘之。只有在地方人士担保其可以5日内遵行，他们才能被释放。成绩优秀的乡镇保甲长，可以发给匾额和奖状等作为纪念，以推动保甲人员"以身作则，为农民示范"。在政府的督导和奖惩之下，各村农民对于治螟已有所了解，便成群结队地下田工作，不再敷衍了事。最令农民感到困难的是那些种植紫云英的田地，"农民或拔或掘，莫不叫苦连天"，为此要投入更多的人力。治螟最忙的时间，"四五岁的小孩，八十岁老媪亦在田中，仍不足时，则雇工代之，其热烈情形，宛如栽秧时然。"②农民投身于治螟运动的积极性，有力地保障了治螟运动的成效。运动结束时，各区乡民已清除了63%以上稻田中的稻根。事后，县政府承认，实施前的宣传、治螟运动中的整个组织系统和督查力度逐步加紧，成为治螟取得成绩的关键，"此次治螟成绩，以视曩年徒尚虚文者，诚有霄壤之别矣。"③昆山县的治螟成绩很快受到了好评。1936年4月，江苏省政府评定该县治螟成绩最优，将县长彭百川记功一次。④

江南其他各县的治螟运动，无不运用保甲组织来强制推动。在吴江，"在智识尚未开之农民，而欲强令其实施冬季治螟工作，舍运用行政力量，强迫实施

---

① 任明道：《昆山县冬季实施治螟情形》，《农报》第2卷第35期，1935年12月。
② 柯象寅：《民国廿四年昆山县冬季治螟记实》，《农报》第3卷第6期，1936年2月。
③ 任明道：《昆山县冬季实施治螟情形》，《农报》第2卷第35期，1935年12月。
④ 《令昆山县长该县第一期治螟成绩最优应予记功一次其余努力人员应由厅分别嘉奖仰知照》，见江苏省政府秘书处编：《江苏省政府公报》第2258期，1936年4月24日。

外,别无他道"。县长以下的各级官员一律动员,治螟运动因而紧张起来,农民不再互相观望,因此,该县治螟运动取得了较大的成效。①又如高淳,县长陈列甫竟能冒雪下乡督导治螟,要求每户搜集稻根一担,堆积在乡镇公所和保长办公处晒干烧毁。随后,高淳治螟成绩也受到了省政府的嘉奖。②正是在地方政府的督促之下,1936年度各县螟害有所减轻,"未始非上年防治之功也"③。

第二,防治蝗虫运动。江苏较早运用保甲扑灭蝗蝻的是武进。1935年5月6日,第七区灵台乡的芦滩中发现了跳蝻,因为面积并不是很大,农民对此未加注意。不久,蝗蝻迅速蔓延,农民们惊慌失措。灵台乡乡长便召集紧急会议,决定组织乡民,捕捉蝗蝻。两天内,乡民捕获了30余担跳蝻。当一些农民尚对捕捉成效表示怀疑时,蝗蝻又在灵台附近的3个乡镇蔓延起来。于是,4个乡镇组织了扑蝗委员会,决定从5月12日起组织乡民下滩扑蝗,并以每斤60文的价格奖励收买。13日后,农民所捕获的蝗蝻数量增加到10余担,扑蝗委员会不得不将每斤价格减为40文。当时,扑蝗委员会规定,扑蝗的时间应是清晨早露以前到上午10点为止,但一般农民因生活驱动,自动于夜里趁蝻群集时扑捉,有的农民在半夜里竟能捕捉2担的跳蝻,因此,收买处像茧行一样拥挤。扑蝗委员会规定,收买跳蝻时,农民应填报保甲户次,报不出者将不会收买,官方将以此考勤各乡保甲工作情况。5月22日,扑蝗委员会组织480名农民,进入炙热异常的芦荡里,火攻围打蝗群。6月1日,第七区的蝗蝻全被肃清。7月20日,武进第七区的4个乡镇的芦荡里发现蝗蝻后,县政府再次派员会同乡镇保甲长,组织征工扑灭蝗蝻。自7月29日至8月5日期间,平均每日征工1415人。在县政府官员的指挥下,乡镇保甲长能够督率农民从十里路外赶到芦荡,其中,一位农民因黑夜赶路而被毒蛇咬伤了足踝。9月9日,第七区的秋蝻基本肃清。该县在总结扑蝗成绩时说:"健全的保甲组织是本县此次治

---

① 吕金逊:《民国二十五年江苏省吴江治螟纪实》,《农报》第4卷第9期,1937年。
② 《令高淳县长该县治螟均有成绩传令嘉奖》,见江苏省政府秘书处编:《江苏省政府公报》第2278期,1936年5月18日。
③ 陈果夫主编:《江苏省政述要·建设篇》,见沈云龙主编:《近代中国史料丛刊续编》第97辑,台北:文海出版社1983年版,第76页。

蝗最得力的自然组织,秋蝗期中,能每日征工千人以上,同时使千余人能服从出力的工作,这便是组织能力的表现。"①

再看松江治蝗运动。6月,松江第八区漆缺乡发现了蝗蝻,该乡第二保保长陆春荣立即向区长吴昌鼎汇报,吴便请稻作实验场的陈技士前去查看。经陈技士的查看,确认该区有10余亩的产蝻区。乡长徐安石督同保甲长购买了汽油,组织民众将四周草砍除后焚烧,很快扑灭了这些蝗蝻。随后,该区陆续发现产蝻面积已达100余亩,引起了县长金体乾的重视。恰逢松江保甲编查完毕,金决定运用保甲组织扑灭蝗蝻。于是,金令区长召集保甲户长,全体出动。与此同时,县长还令保安大队和小学教员等1400余人于6月11日早晨协同农民搜捕。根据陈的计划,该县将产蝻区域的四周开沟,以杜绝跳蝻飞窜。接着,区公所将该区划出纵横道路,分出地段,由保长督率各户长,按段砍伐杂草,尽力扑灭。为了激发农民的干劲,县政府将每斤跳蝻标价为160文。在6月11日这天,农民们缴获了1000余斤的跳蝻。当该区娘娘庙发生蝗蝻后,该乡乡长也运用保甲征集农民,4小时内便将10余亩的跳蝻扑灭殆尽。县长亲自查看了扑蝗过程,对此表示嘉许。返回县城后,他高兴地说:"此次除蝻,颇得益于保甲制度。否则,无如斯迅速有效也。"②

治蝗运动还在其他各县展开。在奉贤,该县第五区两个乡芦荡内的跳蝻,迅速在四五里区域内蔓延,该区区长召集乡保甲长谈话,决定每户出工一人,自供柴料,用掘沟火焚的办法扑灭。同时,政府决定以每斤110文代价收买,鼓励农民们积极参与,该县此项开支达到300元。经过县政府动员,蝻患很快被扑灭。③到了12月份,江苏省政府通令南通县长督率区乡镇长,指导农民尽力搜查荒地、芦滩和土埂上的秋蝗遗卵,掘出后或归鸡鸭之用,或放置在外冻袭,以杜绝后患。④到了1936年6月,当阜宁县大孙乡第四保又发现蝗蝻后,

---

① 《武进县之治蝗工作》,《江苏建设》第3卷第4期,1936年4月。
② 《松江运用保甲制度扑灭跳蝻》,《申报》1935年6月13日。
③ 《奉贤运用保甲灭蝻》,《申报》1935年6月21日。
④ 《令南通等县长转饬区乡镇长指导农民掘除秋蝗遗卵以杜后患》,见江苏省政府秘书处编:《江苏省政府公报》第2153期,1935年12月18日。

省政府申斥该县县长"办理不力",仍令县长督饬区乡镇保甲长与民众"克期扑灭,毋任蔓延"。①各县治蝗运动随之进入尾声。

应当说,扑蝗运动中农民与保甲的合作,有利于政府动员民众参与到治蝗运动之中。这对于遏制蝗蝻的蔓延和增加农作物的收益,有着积极的作用。不过,我们也应当注意,灭蝗运动中,各地区尚存在的畛域之见,致使扑蝗运动无法取得更大的成效。如武进第七区,尽管该区 1935 年 5 月时已扑灭了蝗蝻,但由于宜兴并不及早捕捉,致使 7 月间蝗群则从宜兴飞来,武进不得不动用人力和财力灭蝗。②7 月,省政府发电文,告诫各县经办人员不得"以邻为壑,希图卸责","各县人民不分畛域,合力扑灭"。③官方的这份电文里,同样印证出灭蝗运动中的畛域之见,这也说明农民与保甲的合作存在着相当的局限性。

综上所述,战前江苏省的防治病虫害运动,均是以行政力量来动员农民参与,尤其是以运用保甲组织最为有效。然而,防治病虫害运动的成效,并不能简单地归于国家政权的力量,更应归于农民对自身利益的计算。正是因为虫害威胁到了农田收入,农民自身利益受到了损害,他们才肯与保甲密切合作。

三、抗拒地方官吏和国家政策的侵扰

具有讽刺意味的是,防止盗匪和防治病虫害,促成了政府、保甲和农民三者的合作。然而,地方官吏和国家政策的侵扰,常会引起农民与保甲长同样的体会和感受,"不论在地方常规活动中还是在起义时的暴力行为中,共同的道德理念结构,即对于何谓公正的共同观念,都融入了农民行为的组织结构。"④

---

① 《代电阜宁县城据报该县办理预防蝗患不力应予申斥仰督属克期扑灭随时报核》,见江苏省政府秘书处编:《江苏省政府公报》第 2311 期,1936 年 6 月 25 日。

② 《常州第七区又发现秋蝻》,《申报》1935 年 7 月 19 日。

③ 《令饬各县治蝗不得互相推诿并注意指导掘除夏蝗遗卵》,见江苏省政府秘书处编:《江苏省政府公报》第 2020 期,1935 年 7 月 12 日。

④ [美]詹姆斯·C.斯科特:《农民的道义经济学:东南亚的反叛与生存》,程立显、刘建译,译林出版社 2001 年版,第 209 页。

在共同心理基础的作用下，农民常追随乡镇保甲长，并以保甲为单位进行集体反抗，保护受到威胁的生存资源。在此过程中，乡村社会中的不公正秩序得以修复。

第一，地方官吏对乡村社会的非法勒诈，常会引起农民与保甲长的共同抵制。农民与保甲长的集体行动，迫使国家政权对地方官吏的非法所为进行约束。

上诉是保甲长与农民集体抑制地方官吏非法行为的一个有力武器，它往往能赢得国家政权的有力支持。如1935年7月，邳县保安队二中队第一分队队长陈西成，曾到第二区静仁乡勒索乡民纪纾纪未遂，便将纪扣上"违反保甲规程"和"阻挠剿匪"的罪名。尽管纪并没有犯罪嫌疑，但还是被陈西成解送到感化院。随后，纪的哥哥、静仁乡第八保保长纪纾纪声称，他的弟弟被陈西成"借故勒罚，妄施捕解"，请求将陈撤职讯办。接到保长的上诉后，县政府便派员调查。调查期间，孙继元、沈发德和顾骑连等几名乡民，也纷纷指控陈西成有诈财和妨害自由等事情。县政府下令将陈撤职拿办，陈畏罪而逃。①可以说，如果不是保长与乡民共同对陈西成的控诉，这名队长欺诈乡里的行为是很难被当局惩处的。再如1936年5月，松江城区的巡长黄族强以查烟为名，对从太仓前来的蔡丹仁进行恐吓。黄诡称，太仓来文要拘拿蔡，除非蔡能向他交80元才可和解。当时，黄还逼迫甲长李进福作证人，迫使蔡交了35元。不过，当黄准备离开时，又将收条索回。镇长知悉此事后，控诉该巡长"极端敲诈，挟制甲长，贻害民众，且妨害警誉"，黄因此受到了惩处。②类似的情况发生在南汇。1937年2月，南汇周浦镇事务员曹斌文和一名法警手持政府训令，以密查鸦片为名，恐吓该镇富户朱菊堂。朱的侄子伯藩出面应答时，曹便要把伯藩带走。无奈之下，朱伯藩只好请保长陆志让、甲长张松夫与曹斌文交涉。曹开口便要600元，伯藩虽有些怀疑，但见训令并非伪造，只好交出了300元。后来，朱菊堂便

---

① 《令辑邳县代理分队长因案潜逃之陈西成》，见江苏省政府秘书处编：《江苏省政府公报》第2102期，1935年10月18日。

② 《松江城区巡长诈财彻究》，《申报》1936年5月10日。

向区公所和公安局控告了曹斌文等人,曹等人因此受到了法办。①

上述政府官员对保甲长的威逼中,农民基本上以较为温和的诉讼方式解决。有时,农民甚至用暴力来反抗政府官员的勒诈和威逼保甲长的行为。1935年6月,海门县三阳镇前任公安分局局长孙俊谋捉赌时未给收据,引起了该镇商民的不满。孙调任督察长后,接任该镇分局长的殷某,抓捕了该镇1名保长和4名商民,用刑审讯。为了抗议殷某的暴行,该镇商民举行罢市,一些被捕者的家属还向县政府提出刑诉,"以非法逮捕,严刑逼供,遍体鳞伤等词,请求验伤法办"②。在如皋县育才乡,盐兵勒诈乡民和威逼保长,也引起了当地乡民们的集体反抗。1936年7月16日,一位名叫丁维勇的盐民挑卤水时,遭到两名盐兵的勒诈,并被盐兵打伤。盐民为此痛打了这两名盐兵,缴了其枪械,还把打伤的盐兵藏了起来。事发后,税警队到该村找到了受伤的盐兵。作为报复,税警队把当地几名保长和盐民关进了税警队缉私营。税警队的所为令盐民感到愤怒。于是,盐民们鸣锣聚众,盐兵则鸣枪示威,双方剑拔弩张。一位名叫季惠人的士绅感到事态严重,连夜赶到区公所汇报,请求区长出面干涉。次日,税警队准备对苴镇的盐民进行报复时,该镇上的盐民们当即鸣锣聚众,育才和河北两乡数十里外的盐民和农民顿时聚集几百人,纷纷声援苴镇的盐民。此次冲突中,盐兵打死一名农民,打伤一名农民。随后,农民们抬着死者前往香亭寺,请求区公所为之伸冤。面对农民的请愿,区长派出一个排的常备队,两军对峙。县政府派人调查后,税警队得知众怒难犯,只得释放了被关押的保长和农民。然而,税警队并不愿承认自己的错误,反而指控盐民"走私违法、殴伤官兵、强夺枪械、聚众暴动",税警队开枪纯属自卫。区公所和县政府也奈何不得。此事便搁置起来,士绅季惠人和两名乡长奔走相告,坚决为死者申诉。经过10多次出庭作证,法院判决税警队败诉。税警队的一名队长因而被撤职,税警队大队长只得向盐民赔礼,向死者赔偿损失。自此,税警队和盐兵的非法行为才有所收敛。③

---

① 《南汇员警敲诈巨款》,《申报》1937年2月4日。
② 《海门县公安局刑讯保长商民》,《申报》1935年7月9日。
③ 沈谦:《记季惠人先生二三事》,见政协如东县文史资料研究委员会编:《如东文史资料》第3辑,1987年版,第54~55页。

第二,当国家政权推行一些危及地方利益的政策时,农民常会在当地保甲长的领导之下,集体抗拒国家政权的扩张。其中,尤以水利问题和土地问题最能体现这一点。

正如本章第一节所说,水利问题往往会引起两个地区之间的纠纷。保甲推行后,水利纠纷的区域性进一步渗透到不同的乡保之间,农民常以保甲为单位,参与到对外的冲突。当时,典型的一个例子发生在金山县。1935年4月,金山和松江两县计划疏浚长衫河,决定连同短衫河一起疏浚。当松江李塔汇乡长与泖六乡乡长尚在筹备开工时,金山泖六乡第六保保长俞雅云,率领30名乡民捣毁了短衫河上的一个小坝,河中已戽尽的水重又涌进。俞还到一座茶肆内演说,公开表示反对浚河,所属乡民则在俞的倡言书上签名以示呼应。浚河主任胡成年只得请水巡队将俞逮捕严办。①类似的情况还发生在丹阳。1936年4月,镇江西湖村农民在中心河筑坝后,截断了流经丹阳黄陵乡的水流,引起了黄陵乡的不满。于是,黄陵乡乡长朱昌发和保长率领乡民联名上书建设厅,请求拆除该水坝。作为报复,西湖村的农民便阻止黄陵乡疏浚中心河支沟。冲突进一步扩大,建设厅只好责令两县县长亲自勘查。②3个月后,另外一起由乡保长率领抗议征工浚河的暴动,则发生在江北的东海县。当东海第二区区公所计划疏浚司家荡河时,区公所召集陈墩、滥泥洪等乡的农民施工。起初,这几个乡并不愿遵行,工程进度受到了影响。在第二区区长李守桐的请求下,县政府派出公安股股长杜觊宝督率保安队进驻工地。此后,各乡到工的民夫达到了3000余人,工程进展较快,涟北等4个乡的工程即可完成。不过,滥泥洪乡对此仍置之不理,只派了少数的民夫应付,所应摊的工程仅完成一半。7月28日,该乡乡民还将应摊工程的下游偷偷挖开了一个口子,致使河水流出,阻碍了工程的进展。杜觊宝便督饬在工民夫加紧堵口和戽水,并要求滥泥洪乡长武秉元赶速加倍征夫到工,争取早日完工,但杜的命令遭到了武的拒绝。随后,杜便率一班士兵前往滥泥洪街,准备将武解往工地。当杜等人押着武准备离开滥泥洪街半里时,遭到了数十名持枪壮丁的追击,弹如雨下,只好

---

① 《松江保长率众阻挠河工》,《申报》1935年4月14日。
② 《丹阳中心河水利纠纷》,《申报》1936年4月24日。

向大嘴岗一带躲避,又遭到了该处保长戚凤翔所率的六七十名持枪壮丁的截击。冲突中,保长戚凤翔不仅将乡长武秉元救走,还夺走了保安队士兵90余粒子弹。杜所乘之马也被流弹所击伤,杜只好呈报东海县政府,县长何振刚即令第一区区长何某星夜前去处理。①

土地清丈常会引起农民与保甲长的共同抵制。如1935年秋,砀山城西乡民反对土地陈报,便是一个典型的例子。由于土地陈报要登记全部土地(包括以往不纳粮的荒地),按等级征粮。然而,农民害怕此为加重负担的前兆,群情激愤。红山乡乡长于秀生和另外一名大户崔清溪对此最为愤恨,因为其靠近沙河的荒地较多,其中一家拥有的土地达到了200顷。②于是,于秀生和崔清溪便秘密走乡串户,推举前任区长孙彦领为首领。鉴于孙等人在当地的影响力,第四区各乡各保农民纷纷手持枪械、杈子、扫帚和扬场锨等,齐集到县城请愿,要求县政府撤回决议,县长陈一郎被迫答应农民的要求,农民这才渐渐散去。随后,县政府派保安队准备抓捕孙时,遭到了上万农民的围攻,只得将孙释放。孙进而鼓动农民坚决斗争到底,因为铜山区其他八县都没有进行土地陈报,砀山也不应当举行陈报,农民应与政府继续对峙。后来,孙因担心自己的安危,中途逃离,乡长于秀生等继续领导农民反抗土地陈报。砀山县政府一面表示不准备办理陈报,一面暗中请铜山专署调集千余名士兵进入城西各个村庄。士兵见到手中没有标的农民,便用木棍痛打。农民各家只得积极准备木板,并请识字先生在木板上写上所属田地的长宽数目,一天之内便竖起多个木牌。③慑于政府的严令,那些隐匿阡头坵标的农户,"业主之填具报单,转请保甲长署名、证明者,亦络绎不绝,而不能自动填报单,十居八九,多赖保甲长代为填写。"事后,县政府鉴于"惟一二分子之信念不坚,妄图异动,几将保甲运用之最后荣誉玷污净

---

① 《海州保长聚众劫犯》,《申报》1936年7月29日。
② 章有义编:《中国近代农业史资料》第3辑,北京:三联书店1957年版,第694页。
③ 唐清平、刘彦洪:《城西反土地陈报斗争的经过》,见中国人民政治协商会议砀山县文史资料研究委员编:《砀山文史资料》第1辑,1986年版,第88~95页。据时人的回忆,土地陈报只是穷人的土地给陈报清楚。而富户则仍然从中取巧,因为他们可以盛情款待那些录标的工作人员,所以,他们的土地所定的登记较低,所报的面积也较少。

尽"，便将乡长于秀生等人封门通缉，悬赏捉拿。①1936年秋，铜山乔家湖地区也发生了一起农民与保甲长共同抵制土地清丈的事例。当时，政府试图在乔家湖地区筹建飞机场，便派出了清丈队勘察土地。当乔家湖附近的一名农民见到清丈人员后，飞快地跑至家里敲锣呼喊，抗议当局圈地。乔家湖周围3个村庄的100余名农民，手持各式农具，涌向勘察地，农民乔太安带头殴打了两名未来得及逃跑的勘察人员。作为报复，两小时后，县政府派出一队宪兵，包围了那些围打丈量队员的农民。宪兵队长质问"谁是保长"和"谁是甲长"，准备严惩保甲长。乔太安承认自己就是甲长，遭到了几个宪兵的鞭打，乔氏父子被抓走。后来，该村农民卖掉粮食，凑集数百元，才将乔氏父子保释。②

此外，国家政策对乡村习俗的干预，也会引起农民与保甲长的共同抵制。在这种情况下，保甲长往往会容忍乃至支持乡民维护旧习惯，并不理会国家政策，即使自己可能会面临被政府惩办的危险。如1936年8月，六合县猴子乡发生了一起敛财唱淫戏的事情，县政府派人前往查禁，该乡民并不理会，继续领着戏班子到东河乡唱戏。东河乡乡民郑必荣倡议挨户收钱，大肆演唱，该管保长非但没有制止，反而暗中保护。县长祈云龙得知此事后，密派法警星夜赶到东河乡，将郑必荣和保长解送到县府。③同样，萧县姚楼乡一名保长也因纵容乡民唱花戏和赌博等情事而被县政府撤职，县政府认为该保长"放弃职守"④。当然，如果保甲长不与当地乡民站在一起，无疑又会受到乡民们的抵制。一个典型的例子发生在昆山绿葭浦村。1937年2月，正值春节，该村村民准备在春节期间开演神戏。该村保长吴彦贞知悉后，前往劝阻，遭到了乡民们的反对，吴被乡民殴伤。⑤这些例子恰恰说明，生活在乡村社会的保甲长，必然

---

① 陈一郎：《办理土地陈报与保甲运动》，《江苏保甲》第2卷第18期，1936年10月。
② 《江苏人民革命斗争群英谱·徐州分卷》编纂委员会编：《江苏人民革命斗争群英谱·徐州分卷》，江苏人民出版社2000年版，第47页。
③ 《六合演唱淫戏》，《申报》1936年8月3日。
④ 《为姚楼乡第二保保长放弃职守撤职惩戒由》（1937年1月），江苏省档案馆藏，卷宗号：5-30-059。
⑤ 《昆山保长劝阻演戏被殴》，《申报》1937年2月18日。

要受制于当地的社会习俗。维护相同的生活习俗，也是保甲长与乡民协同作战的主要动力之一。

如上所述，当面临地方官吏的勒诈和国家政策的侵扰时，农民和保甲长结成了联盟，不仅有力地抑制了地方官吏的非法行为，也迫使国家政策有所调整。这些事例说明，尽管保甲是国家自上而下统制广大乡村的工具，但也为乡村社会提供了一个强化凝聚力的工具，有力地限制了国家权力的扩张。

小　结

本章从战前江苏农民的生活环境入手，进而讨论了农民生存的政治逻辑。生活在一个贫穷和落后的世界，农民对外部世界（乃至政府）的看法带有冲突与合作的双面性。农民的这种心态又受制于三方面因素：士绅的态度、外部的压力和政府的职能。正是冲突与合作心理的存在，农民与保甲的关系也具有此种特性。

一方面，保甲编查过程中，农民采取了忧惧、敷衍和变通等方式，有力地抵制着江苏保甲的编查。针对乡镇保甲人员的诬告、贪污、滥权和违反乡土伦理等行为，农民采取了上诉和集体反抗的手段，一定程度上抑制了保甲人员的非法行为。

另一方面，当面临匪患、虫灾、地方官吏和国家政策侵扰时，农民会与保甲组织进行不同程度的合作。即以匪患而言，在国家强力的推动下，饱受各种非法行为困苦的农民，检举了土匪、讼棍、刑事案犯及道德败坏者，这使得战前乡村社会秩序趋于安定。由于虫灾威胁到农民的生存利益，农民与保甲组织合作，投入到防治病虫灾运动中去。不过，当面临地方官吏勒诈和国家政策的侵扰时，保甲组织又成为强化乡村内部团结的工具。为了维护自己的利益，农民和保甲长结成了联盟，集体抵制地方官吏的勒诈和国家政策的侵扰。农民与保甲的合作，不仅使得地方官吏的非法行为有所收敛，也迫使国家权力的扩张受到相当的限制。

余 论 CONCLUSION

无序与有序:保甲与乡村社会控制

　　正如清末政府、北洋政府一样,为了应对全面危机,国民党政权热衷于全能主义政治。它试图首先建立一个强有力的中央政府,进而利用政权的力量来深入每一个领域和控制每一个阶层,以达到改造国家和重建社会秩序的目的。①为了加快政治集权化的进程,一方面,国民党政权积极运用武力镇压了地方军阀的挑战,并对中共领导的革命根据地发动了五次"围剿",迫使中共革命的战略重心从东南转向西北;另一方面,国民党政权实行省级政府合议制,县级政府裁局改科,收编地方治安团队,分区设署,推行乡镇保甲制度等措施,不仅寄希望于提高行政效率,而且试图将广大乡村的权力精英置于国家强控

---

① [美]邹谠:《二十世纪中国政治:从宏观历史与微观行动的角度看》,香港:牛津大学出版社1994年版,第3~4页。

之下。由此来看,20世纪30年代保甲制度的推行,不仅是国民党权力扩张战略的一个重要链条,还意味着国家与社会关系的重组①,即社会如何在国家政权影响下从无序走向有序的进程。

---

① 沈松侨:《从自治到保甲:近代河南地方基层政治的演变(1908—1935)》,《中央研究院近代史研究所集刊》第18期,第216~218页。

第一节 乡村社会控制的加强

ERSHI SHIJI ZHI ZHONGGUO

即以本书所研究的江苏省而言,通过 1927—1937 年的努力,江苏省当局对乡村社会的控制能力大大增强。从纵向上来看,江苏省政府自上而下地建立了一个由区乡镇保甲组成的严密行政网络。通过宣传、督导、训练和奖惩等种种措施,国家政权培植了一个新乡绅阶层,统治意图开始向长期处于政治边缘的广大农村地区扩展,其突出表现在国家对乡村的资源汲取能力得到了提高。从横向上来看,自治型的江苏保甲,其所扮演的功能已不局限于自卫方面,开始向政治、经济和文化等方面扩展,普通民众的日常生活受到了国家政权越来越多的影响,"对于农民来说,国家已不再是遥远的,更不是虚幻的。头顶草帽的他们可以经常看见象征国家权威的大盖帽。"[①]国家开始全面控制乡村社会。

第一,江苏保甲制度的推行,使得国家政权自上而下的行政控制力得以增强。国家行政控制力增强的实现途径体现在制度和人事两方面:即建立区乡镇保甲行政网络,扶植一批依附于政权的区乡镇保甲长等新乡绅阶层。

清末至 20 世纪 30 年代前期,县以下行政机构的正规化是历届政府加强

---

① 徐勇:《乡村社会变迁与权威、秩序的建构——对两部乡村政治研究著作的评价和思考》,《中国农村观察》2002 年第 4 期。

地方社会控制的主要手段。自1915年袁世凯宪政改革后,"区"已经成为政府最低一级的组织,这是国家政权在民初扩张的主要表现。①不过,乡村行政网络的真正建立却是在国民党执政时期。1928年国民党统一北方后,先后颁布《县组织法》、《乡镇自治施行法》和《区自治施行法》,县以下建立了区、乡镇、闾邻等自治组织。跨村的区公所和地方上经选举而产生的乡镇公所的设立,打破了封闭自治的村落社会,这使得村落(或村庄联合体)成为最基层的行政单位,标志着国家对乡村社会控制的增强。②据农村复兴委员会对江苏省农村的观察,区公所的组织已大致具备,并成为县政设施直达于农村的枢纽。相比之下,乡镇公所尚不完备。③

区级行政组织正规化之后,国民党政权又将眼光投向区以下的乡镇闾邻组织。1932年,随着国民党对中国共产党领导下的革命根据地的"围剿",军事化色彩的保甲制度开始成为豫鄂皖等省区以下的基层政权组织。随后,保甲制度逐步推行于其他省份。由于江苏省已有的自治传统、张立瀛为代表的江苏省地方官员对自治的推崇以及陈果夫个人权力斗争的考虑,江苏省采用了"自治为体,保甲为用"的制度设计,保留了原有乡镇一级的自治机构,仅将乡镇以下的闾邻组织改为保甲组织。根据保甲法令的相关规定,每户每甲对其他各户各甲的所作所为负有连坐责任。"通过这样层层设立的单位,政府可以在训政时期训练人民,使他们做好地方自治的准备。"④保甲制度推行后,国家与乡村社会的距离缩小了,国家政权能够比历代王朝更为有效地监控乡村社会。⑤

区乡镇保甲行政机构层层建立的过程,也是国家政权吸纳乡村精英、委任

---

① [美]杜赞奇:《文化、权力与国家:1900—1942年的华北农村》,王福明译,江苏人民出版社1996年版,第53~55页。
② 从翰香主编:《近代冀鲁豫乡村》,中国社会科学出版社1995年版,第115页。
③ 行政院农村复兴委员会编:《江苏省农村调查》,上海:商务印书馆1934年版,第61页。
④ [美]费正清:《美国与中国》,世界知识出版社1999年版,第251页。
⑤ [美]张信:《二十世纪初期中国社会之演变:国家与河南地方精英,1900—1937》,岳谦厚、张玮译,中华书局2004年版,第199页。

区乡镇保甲长等加强乡村社会管理的过程。

在这个过程中,一方面,国民党政权对膨胀的传统绅权进行了打压和抑制,将此作为重建乡村新秩序的主要举措。清末至北洋政府时期,由于政治动荡,绅权在"地方自治"的旗帜下逐步蚕食了地方政权。相反,国家权力在乡村只有微弱的影响。到了20世纪20年代中期,随着国民革命的开展,国共两党都以"打击土豪劣绅"为动员民众的手段,一定程度上抑制了绅权的扩张。① 即使"清党"后,国民党政权也并未放弃对土豪劣绅的打击。以江苏省为代表的国民党统治核心区里,政权对绅权进行了强硬的打压与柔性的吸纳,迫使各级士绅向政权就范。尤其在陈果夫主政江苏以后,士绅们对政权的反应经历了由忧惧到合作,日益依附于国家政权,逐渐丧失了独立性。

另一方面,国民党政权还积极扶植了一批以区乡镇保甲长为代表的新乡绅阶层,以扩大国家政权在乡村中的影响力。1928年至1934年间,江苏省政府通过举办区长训练和各县县长甄保等方式,加强了国家对乡绅阶层的政治录用。据1933年时人对江苏省13个县169个区长人选的调查显示,区长群体主要是由区长训练所毕业的学员构成,县政府出身、大学毕业生和留日学生出任区长的也不在少数,而出身于旧官僚和士绅的区长已经甚少。尤其在启东,该县第三区区长施文范乃复旦大学毕业生,"人很精干,一人兼具政治军事才能,很不容易,更可贵的是,他不愿意凭借他的地位鱼肉乡愚,而且与农人们很接近。"同时,启东县还出现了一位女区长。② 江苏省区级政权的改造基本完成。

1934年,江苏保甲举办后,当局规定了各级官员在保甲实施过程中的具体职责。民政厅保甲指导员、各县县长、区长、编查委员、保甲督察员、户籍警和乡镇保甲长等行政人员,自上而下地被编入保甲督察网络之中。各级党政教机关的保甲宣传与各县县长等频繁地下乡督导,使得区乡镇保甲长保持不断的紧张感,确保了保甲制度的实施效果。随后,各县对乡镇保甲长进行了精神、军事和知识等训练,乡镇保甲长的国家和民族意识因而得到增强。不仅如此,据笔者对战前乡镇保甲长(尤其是乡保长)的教育背景、经济地位和年龄

---

① 魏光奇:《官治与自治:20世纪上半期的中国县制》,商务印书馆2004年版,第363~369页。
② 行政院农村复兴委员会编:《江苏省农村调查》,上海:商务印书馆1934年版,第61~77页。

结构的研究表明,相当多的乡保长是由一批年富力强、具有较高的文化程度和经济地位的新乡绅担任,其能力和素质远高于普通民众。可以说,新乡绅在很大程度上已被吸纳至国家行政体系之中。与其他省份的保甲长尚被大量土豪劣绅窃据的情况相比,江苏的情况要好得多。因此,新乡绅对于国家政权的社会管理和社会控制起到了巨大的作用。

第二,江苏保甲制度的推行,增强了国家政权在重建乡村秩序、调控经济活动和整合文化教育等方面的综合能力。

1927年,国民党政权建立后,乡村社会的失控是困扰该政权的一个难题,即使在其统治的核心区也不例外。农村经济破产引起的饥饿与动荡,乡村政权被豪绅所控制而呈现出的"割据"的态势,土匪、烟毒和讼风盛行,社会问题凸显,中国共产党领导的乡村革命的兴起,这些使得国民党政权不得不诉诸于强权政治。正如亨廷顿所说的那样,正在现代化的国家,其所面临的最基本的问题不是自由,而是创立一个合法的公共秩序,"必须先有权威,然后才能对它加以限制"①。江苏省政府打击土豪劣绅与镇压中共革命的过程同步进行。在政权的持续打击之下,到了1930年,传统绅权受到了全面的削弱,这为政权向下的扩张扫除了障碍。由于国民党在江苏省各方面力量极为强大的事实、中共"左"倾路线的严重失误、陈果夫推行的"自首"政策的影响,到了1933年底,中共在江苏省的各级组织几乎全遭瓦解,已构不成对国民党江苏省政权的主要威胁。

1934年江苏保甲制度推行后,自上而下的行政网络和新乡绅阶层的形成,无疑推动了国家在乡村社会中的权威。自治型保甲的设计、陈果夫强调"实干"政治理念的影响,使得保甲成为实现"有为"政治的主要手段。其表现如下:

1.保甲制度的实施,使得战前江苏省的政治秩序趋于稳定。江苏省利用保甲制度和军事打击相结合,数十年江北匪患基本被肃清。而且,在国家政权的支持下,民众通过保甲组织对盗窃、索诈、拐骗和包揽词讼等不法行为进行了

---

① [美]塞缪尔·P.亨廷顿:《变动社会的政治秩序》,张岱山、聂振雄等译,上海译文出版社1989年版,第8页。

检举,危害乡村政治秩序的失范行为受到了抑制。再者,保甲在禁烟禁毒中也发挥了重要的作用。在保甲组织的严密控制下,连穷乡僻壤的烟毒也被纳入国家政权的查挤视野。截至1936年10月,江苏省禁绝烟民达13.4万余人,约占全省烟民比例的44%。①有力地遏制了烟毒泛滥的势头。

2.保甲制度的实施,使得国家对经济活动的干预能力、国家的财政汲取能力得到增强。1932年6月,顾祝同主政江苏时,由于历年田赋的严重积欠和财政制度的混乱,江苏省财政亏空竟达1000余万元。顾祝同为首的省政府无奈地向行政院提出辞职,行政院只好予以挽留。②1933年10月,陈果夫接任省主席以后,江苏省财政厅建立了省县预算制度,取消了数十种杂税,建立了财政秩序。与此同时,江苏省在宜兴、镇江、江阴和溧阳四县举办土地陈报。为了确保土地陈报的准确性,各县一改过去的粮书代办为乡镇长直接办理。保甲推行后,萧县等11个县也举办了土地陈报。土地陈报过程中,乡村社会不乏一些激烈的反抗。不过,在保甲长的挨户宣传和严密的保甲组织之下,土地陈报得以在短期内完成,乡间隐瞒土地的现象大大减少。③通过土地陈报,各县清

---

① 杨红运:《战前江苏省保甲的社会动员与社会控制研究》,华东师范大学2009年硕士论文,第43页。

② 《苏省府全体委员辞职》,《申报》1932年6月13日;《行政院议决案慰留苏省委员》,《申报》1932年6月15日。

③ 江苏保甲在土地陈报中的作用,时人以及后人的回忆都能证明这一点。如萧县,该县在保长训练时,土地陈报便被列为重要科目之一。土地陈报过程中,党政机关和保甲人员加强了宣传,该县土地查出了110万亩,田赋盈收4万余元,萧县县长受到了国民政府的嘉奖。时人认为,该县土地陈报的成绩与严密的保甲组织是分不开的,"事属创举,手续复杂,而该县于短期内,办理完竣,敏捷周密,而收事半功倍之效者,保甲组织,与有力焉。"参见周涤尘:《一九三五年萧县土地陈报概略》,中国人民政治协商会议萧县文史资料研究委员会编:《萧县文史资料》第3辑,1986年版, 第140~143页;许健:《萧县县政调查报告》,江苏省民政厅,1935年版,第134页,南京图书馆藏。又如睢宁,"因为保甲制度严密,五户联保,谁也不敢隐瞒,更不敢漏'标'。全乡'插标'结束后,由乡公所把全乡各户亩数、坐落界区,区公所再誊写一份报县。县田赋部门按区、乡、保、甲各户亩登记入册。土地陈报后,全县亩数核实,因此税收大增。"参见贾铭:《辛亥革命后睢宁政局的演变》,政协睢宁县文史资料研究委员会编:《睢宁文史资料》第4辑,1988年版,第18页。

查出大量隐匿的田地,少的有万余亩,多的达 110 万亩,纳税田亩数额增加,田赋收入随之增多。据学者王树槐的研究,与 1933 年的田赋收入相比,1937 年的田赋收入增加了 39.5%。①在土地陈报的基础上,国家重新修订税则,田赋较为公平地从更多的田亩上征收,人民的负担因而有所减轻。②再加上农村经济措施的推行(如整理江苏银行,扶助农民生产运销等),江苏省的财政状况日渐好转。1931 年度省财政收入仅有 2053 万元,1936 年度省财政收入达到了 4680 万元,同比增加了 2600 万余元。③省政府不仅还清了前任省政府的教育经费积欠,还增加了导淮和教育设施的费用。即使财政支出增加,江苏省的财政也并不感到竭蹶。1937 年春,各县库存的余款尚有 800 余万元,这与陈果夫接任初各县财政的穷困状况形成了鲜明的对比。④

3.保甲制度的实施,使得民众识字教育有所改善。早在清查户口阶段,各保甲内的教育程度、年龄和学龄儿童需登记在册,这为政府推行识字教育提供了依据。从 1935 年 6 月开始,江苏省要求各县举行强迫识字教育,制定了相关的法令和措施。江苏省要求每保至少需要办理 2 个成人识字班,保长负有督导之责。此后,在党政机关、社教团体和乡镇保甲长的热心倡导下,江苏省强迫识字教育取得了一定的成绩。截至 1936 年 10 月,江苏省各县识字班毕业的人数为 120 余万人。⑤

第三,江苏保甲的推行,增强了国家政权的社会动员能力,这为应对内忧外患的危机提供了组织手段。具体来讲,社会动员能力的增强,体现在救亡图存与社会建设两个方面。

---

① 王树槐:《江苏省的土地陈报》,见"中央研究院"近代史所编:《近代中国区域史研讨会论文集》下册,1986 年版,第 557 页。

② 如江宁田赋的税额从 1 元降到 0.89 元,萧县每亩减轻 28%,江都每亩减轻 0.1 元到 0.83 元不等,金坛每亩减轻 2 分,扬中每亩减轻 1 分到 6 分。参见陈果夫主编:《江苏省政述要·财政篇》,见沈云龙主编:《近代中国史料丛刊续编》第 97 辑,台北:文海出版社 1983 年版,第 35 页。

③ 《历年各省财政收支总表》,见国民政府统计处编:《统计月报》第 67、68 期合刊,1942 年 4 月。

④ 陈果夫:《苏政回忆》,台北:正中书局 1951 年版,第 51 页,南京图书馆藏。

⑤ 陈果夫主编:《江苏省政述要·教育篇弁言》,见沈云龙主编:《近代中国史料丛刊续编》第 97 辑,台北:文海出版社 1983 年版。

20世纪30年代,尽管国民党保甲制度推行的最初目的是为了对付中共领导的乡村革命,然而,日本帝国主义的侵略野心,不可能令国民党当局熟视无睹。尤其是中共革命战略西移后,日本帝国主义成了国民党政权所面临的主要威胁,保甲制度因而被国民政府赋予了民族主义色彩。从国民党政权中央层面来讲,民族主义是蒋介石政治生活的重要部分。在对外争取民族独立的旗帜下,蒋介石极为推崇以军事化组织向民众灌输纪律意识的做法。1931年"九一八"事变后,民族危机加重,救亡图存的呼声高涨,国民党当局相信,只有运用保甲组织和训练民众,民众的国家意识和国民责任才能加强,民众组织才能坚如铁壁铜墙,国防才能稳固。①

在这样的情况下,国民党当局使得保甲制度具有民族主义色彩,以动员广大民众做好抗战准备。一方面,通过保甲宣传(如标语和知识问答)和保甲训练(精神训话),江苏省不仅向保甲人员灌输民族主义意识,还唤起了民众对民族危机的紧迫感。如1936年绥远抗战爆发后,南汇各阶层民众热情地参加了援绥捐款运动。在城市,党政机关和商会组织号召人们捐出一天的薪水,用于援绥捐款;在乡村,政府运用保甲组织,推行一分运动,号召每人捐出一分钱,以支持前线士兵。②又如海州花厅乡全体保甲长和民众决定绝食一天,以捐款慰劳前线将士,乡长葛超将全乡的捐款上交给第一区公所。③值得一提的是,战前江苏省还训练了60万壮丁,增强了民众的自卫力量。抗战全面爆发后,壮丁队在守护桥梁、交通要道、仓库和防空掩护上面发挥了不小的作用。"经南京到昆山一带并无驻军,但地方仍能安定如恒。苏州城内,有几天无军队,完全由壮丁协助警察防守。可见这些训练过的壮丁,对抗敌确有很大功用。"④另一方面,江苏省按照国民政府的计划,推动具有国防性能的交通和通讯工程的建设。1933年至1936年间,江苏省修筑了1366公里长的公路。⑤不仅

---

① 郝遇林:《保长训练所之训育问题》,《江苏保甲》第1卷第19期,1935年11月。
② 《南汇推行一分运动》,《申报》1936年11月28日。
③ 《海州民众绝食以捐款》,《申报》1936年11月30日。
④ 陈果夫:《苏政回忆》,台北:正中书局1951年版,第94页,南京图书馆藏。
⑤ 陈果夫主编:《江苏省政述要·建设篇》,见沈云龙主编:《近代中国史料丛刊续编》第97辑,台北:文海出版社1983年版,第119~133页。

如此，出于救济江北农村和便利政讯军情的考虑，江苏省政府注重江北长途电话的兴建，同期在江北兴建了1100余公里的长途电话线，江南兴建了500余公里的长途电话线。到了1936年底，江苏省的长途电话覆盖到48个县份，覆盖比率达到80%①，各县之间遍设无线电收报收音机，专员所在地或重要县份，加设发报机，省县及交通部办的通讯联络也基本完成。②这些措施为江苏地区全面抗战作出了准备。

保甲社会动员能力的增强，还体现在征工导淮和农业建设等方面。江苏省处于长江下游，境内水网密布，湖荡众多，境内有江、淮、沂、沭和泗等主要河流，水域面积所占全省面积的比例居于全国之首，易受水灾侵扰。1931年淮河暴涨，运河决口，沿途10余县尽成泽国，农田和财产损失不计其数，"江北数十县人民，一过淮水暴涨，自栗畏惧，奔走骇汗。""农村经济日趋破产，伏莽潜滋，流亡载道，其重要原因实由水利失修，而江北导淮未成，尤为症结之所在"。③因此，江苏省政府将征工导淮视为救济农村和安定社会的关键工程。从1934年11月1日导淮工程破土，到1937年4月导淮工程完成，江苏省主要运用保甲组织来实施征工和管理。江苏省政府规定，江北各县应利用每年1月至5月的农闲时间来做工，征工人数最多时达到了24万人，"沿线的专员、县长、区乡镇保甲长，一齐动员，所用的工具，老的如牛车、独轮车、挑篓、人力戽水车等等，新的如汽车、皮带运土机、抽水机等等，应有尽有。"导淮入海工程完工时，江苏省筑起了一条167公里长、35公尺宽的运河，出土6200万多公

---

① 陈果夫主编：《江苏省政述要·建设篇》，见沈云龙主编：《近代中国史料丛刊续编》第97辑，台北：文海出版社1983年版，第133页。其中，关于1933年至1936年长途电话线距离的计算，笔者根据该书相关数据相加而来。1934年，江北各县架设了726.30公里的电话线；1935年，江北的淮河和运河段架起了383.13公里的电话线；1936年相关数字不详。同期的江南段，1934年，吴县至吴江段28.8公里；1935年，镇江至扬中段46公里；1936年，吴县、昆山、太仓、嘉定和上海等段达134公里，昆山、青浦和松江段66公里，溧水高淳段33.5公里，高淳、宜兴段138公里，宜兴、金坛段57公里，金坛、武进、江阴段77公里。

② 李巨澜：《失范与重构：1927—1937年苏北地方政权秩序化研究》，华东师范大学2005年博士论文，第236页。

③ 陈果夫：《江苏省征工办理导淮入海初步工程之动机》，《江苏建设》，第2卷第1期，1935年1月。

方,省政府名为"中山河"。①除了征工导淮之外,海州区各县疏浚了沂沭尾闾各河道;为抵御海潮和开发盐垦区,盐城区疏浚了里下河通海水道,兴建了通海泄水道;在江南,镇江、无锡、宜兴和丹阳等县整理了运河段,镇江和江阴之间修建了沿江水闸等。②这些水利工程的实施,对于改进水利灌溉系统和恢复农村经济起到了良好的作用。在江苏省征工浚河动员之下,农民增强了水利灌溉的意识,开始自动挖掘田亩间的沟渠,防备旱涝。江北匪患平定后,农村经济状况有所好转,1935年秋,徐海一带农村出现了二麦丰收的状况。③到了1937年5月,陈果夫察看了导淮工程沿岸的情形,感到非常的快慰:"淮阴一带的繁荣情形,与两年半开工时大不相同,是我平生最引以为快事。家家户户有穿新衣的人,房屋破旧的修理起来,面色憔悴的也都带上了春色,这都是导淮工程带来的好处。"④

在农业建设方面,江南各县利用保甲组织,动员了数以千计的民众从事防治虫害运动。省、县政府派出了技术人员,训练各乡镇保甲长和壮丁有关虫害防治办法,责令乡镇保甲长督率所属民众挖掘稻根,长期灌水,焚烧稻草,捕杀害虫幼卵,有效地遏制了虫害的蔓延。⑤甚至在一些地方,保甲组织还被用于农业推广。良种先从保甲长逐步向保甲内最有威信的农民推广,进而普及到全区。⑥为了调剂农村金融,不少县份利用保甲举办生产、信用、灌溉和运销等合作组织。这不仅有利于农村经济的复苏,也有利于政府对经济的统制。事实上,建设中动员能力的增强,反过来增强了国防动员能力。据陈果夫所说,一到抗战,江南各县就有现成的人才与设备来筹办伤兵医院。再加上战前征工浚河的实践,江苏各县人民都训练了挖掘土方。抗战爆发时,一位代理过某省主席的北方籍高级军官曾问陈:"想不到江苏人都会挖壕沟,而且都很努

---

① 陈果夫:《苏政回忆》,台北:正中书局1951年版,第54页,南京图书馆藏。
② 陈果夫:《苏政回忆》,台北:正中书局1951年版,第55页,南京图书馆藏。
③ 《苏北农村经济状况转佳》,《农村经济》第2卷第10期,1935年8月。
④ 陈果夫:《苏政回忆》,台北:正中书局1951年版,第55页,南京图书馆藏。
⑤ 陈果夫主编:《江苏省政述要·建设篇》,见沈云龙主编:《近代中国史料丛刊续编》第97辑,台北:文海出版社1983年版,第76页。
⑥ 郑大华:《民国乡村建设运动》,社会科学文献出版社2000年版,第344页。

力,就是苏州的女人也会做,是什么原因?"陈果夫则以江苏数年兴修水利训练人民相告,这位军官为此感到惊奇。①

总之,江苏保甲制度推行后,国家政权自上而下行政网络的建立、新乡绅阶层的形成,使国家对乡村社会的控制能力得到增强。同时,随着江苏保甲制度的推行,国家政治开始从"无为"走向"有为"。由于国家推动了政治、经济和文化等建设,曾经由社会承担的各项职能逐步被国家所取代,国家与社会之间的关系开始从"二元"走向"一元"。再者,保甲制度也为民国政府解决内忧外患的危机提供了组织手段。国民党利用保甲组织,对外反对侵略,对内推动社会建设,大大提高了国家的社会动员能力。

---

① 陈果夫:《苏政回忆》,台北:正中书局1951年版,第56页,南京图书馆藏。

第二节　江苏保甲制度的局限性

江苏保甲制度推行后，国家行政网络得以向长期以来处于政治边缘地带的农村扩散，乡村基层组织因而更多体现了"官治"意图。因此，国家政权的社会控制能力、财政汲取能力和社会动员能力得到了很大的增强。与此同时，这种政治强控模式所带来的局限性也是相当明显的，它最终导致了国民党改造乡村社会的失败。

第一，从制度设计上讲，保甲制度只有自上而下的政治统制，缺乏民众本位的政治参与，这是保甲制度失败的根本原因。

20世纪20年代前期，孙中山对地方自治进行了深入的思考，其地方自治构想多体现在《革命方略》、《地方自治开始实行法》和《国民政府建国大纲》之中，这些基本构想决定了南京国民政府地方政制改革的走向。声称继承孙中山遗志的蒋介石，却对孙中山地方自治思想的局限性（"一盘散沙论"、地方自治实现的阶段性和条件性）进一步发挥，片面地凸显了民族主义的色彩。在蒋看来，国家要想赢得自强，必须加强对民众的统制和训练，而保甲组织可以解决这一难题。民族危机的加重和中共革命在乡村的兴起，这些因素促成了民国保甲制度的复兴。当保甲制度从鄂豫皖等省份扩展到江浙等省后，江浙等省的保甲制度采取了自治型的设计，即以保甲制度来推进地方自治事业。

然而,自治型保甲制度的设计,并不能解决保甲与自治之间的根本矛盾。地方自治强调民主政治理念下的中央与地方的分权,意味着国家权力的下移与公共事务管理的分工,其必须具有一定的自治权限与主体地位。①保甲制度则是中央对地方集权的手段,更多体现了国家政令的传输和国家对乡村资源的征集,缺乏举办地方自治事务的能力。在"有为"政治的影响下,地方政府更多地将保甲视为"万能工具"的倾向,很少重视地方自治的真正内涵。后来,陈果夫承认,江苏省的地方自治并未有多少成绩,民权主义推行不力。其原因在于:"一般的县长,对一般县政努力的当然很多,其能根据地方自治开始实行法而努力的却很少。省府平时对于他们就很少从这方面指示鼓励,省府同仁自己,对于实行民权主义亦未见积极,而中央对于地方自治的法规,更多所阙略,都是民权主义所以未积极推行的原因。"②正是由于各县县长"对一般县政努力的当然很多",这些"有为"举措加大了乡镇保甲长的麻烦与痛苦,"一般的保甲长,在百忙交加之下,在义务职的嗟叹中,于是消极,于是辞职,于是倾轧扰乱,甚至为逃避麻烦与痛苦,不得不背井离乡"。③"驯至善良之辈,惟恐出任保甲长,而好事热中之徒,则趋之若鹜。"④即以普通民众而言,保甲组织非但无助于解决其温饱问题,反而增加了他们的负担。在各级官员能够有效监督的情况下,"壮丁壮妇莫不疲于奔命,一似大祸临头,虽无怨言,乃忍气吞声耳。"⑤在地方政府无法监督的情况下,民众采取了敷衍和集体反抗等形式,有力地瓦解着国民党的统治意图。美国学者盖斯白对此评价道,在国民党统治下的中国,并没有出现民众铁一般的团结。甚至一些地方政府的统治完全依赖武装部队的镇压才行,足见国民党统治有多么虚弱。⑥

---

① 王兆刚:《国民党训政体制研究》,中国社会科学出版社2004年版,第196~197页。
② 陈果夫:《苏政回忆》,台北:正中书局1951年版,第140页,南京图书馆藏。
③ 居秉溶:《运用保甲的困难及其现状》,《江苏保甲》第1卷第10期,1935年6月。
④ 辰侯:《苏省保甲运用之探讨》,《江苏保甲》第3卷第7期,1937年5月。
⑤ 沈家琪:《户口总复查之回忆与感想》,《江苏保甲》第2卷第10期,1936年6月。
⑥ [美]盖斯白著,徐有威译:《从冲突到沉寂:1927—1937年间江苏省国民党党内宗派主义和地方名宿》,《史林》1993年第2期。

第二，从控制目标上讲，战前江苏保甲更多地关注维持社会稳定，较少关注社会发展。因此，社会控制的动力不足，难以维持长久。

据政治学者的研究，政府的职能应当具有阶级统治、社会管理、社会服务和社会平衡四大功能。从传统到现代的转型过程中，政府职能的结构内涵发生了变动，其突出表现在政府职能应从侧重阶级统治转向社会管理和社会服务方面。①政府的职能已不能仅限于消极的警察治安，应为积极的社会服务。政府的性质不能仅是权力的加强，还应当积极地推动经济的保育。②如果以此审视江苏保甲所带来的行政职能，江苏保甲的局限性就极为明显。在保甲推行过程中，清查户口和联保连坐的实行、船只和枪炮的登记，广大乡村民众被有序地编入严密的行政组织之中。再加上保甲训练的展开，国家向保甲人员灌输了纪律意识，国家的阶级统治能力得到了增强。保甲推行后，江苏省赋予其诸多功能。首先，江苏省利用保甲检举盗匪，设置守望所，建筑碉堡，编组壮丁队，成立检查船只办公处，悬赏缉捕与奖励自新等。在国家政权的严厉打击之下，"盗匪咸逃往他处躲避，人民稍得安居"③，江北地区的剿匪工作取得了相当的成效，社会秩序基本稳定。其次，江苏省利用保甲检举烟犯，劝导烟民自新登记，强令戒绝13余万烟民。再者，江苏省还利用保甲进行强迫识字教育，试图用政治力量去扫除文盲，塑造适合现代意识的国民。最后，江苏省还运用保甲组织征工筑路、浚河、造林和合作等。

尽管保甲组织被赋予了无所不包的职能，事实上，地方政府最为关注的仍是保甲的政治统治和社会管理职能，保甲在社会服务和社会平衡方面因而并无太大作为。1936年底，江苏省政府在一份通令中指出：各县政府注重保甲的自卫功能，推进社会公益事业的功能则较为缺乏。因此，它要求各县政府，"尤当极力推进各项公益事务。如组织合作社，改良农具及农产品，修筑坝堤、水闸、河流、道路，造林，举办农业仓库。并派员详为指导，以期达到发展国民经

---

① 施雪华：《政府权能理论》，浙江人民出版社1998年版，第185~188页。
② 阮毅成：《地方自治与新县制》，台北：联经出版社1978年版，第139页。
③ 《海州四乡盗匪蠢动》，《申报》1936年6月19日。

济,培养自治精神目的"①。甚至陈果夫也承认:"江苏的保甲,办得比较切实,户口可算得相当清楚。至于进一步的就户口之中,分出何者应多尽义务,何者可以享受供养,使居民的权利义务,各有等差,却还没有做到。"②由于社会服务和社会平衡职能的缺乏,江苏保甲既无法让民众感受到公共服务的益处,又无法协调社会各阶层的利益关系,只是诉诸于政治统制。然而,仅仅依靠政治统制而不谋求经济变革,无疑是广大乡民缺乏主动参与的主要原因。早在20世纪30年代,有人就清醒地指出:"斯时农民所受压迫最深,所受痛苦最深,欲求复兴农村之繁荣,必先改良农村之经济。盖经济问题不能解决,其他问题皆成为空谈也。"③保甲对乡村社会的控制带有强迫性和不稳定性,只是造成了豪绅的暂时蛰伏、土匪逃到别处和农民的敷衍。一旦这种政治强力不复存在,各种反叛势力便会重新复苏。抗战爆发后,江苏省不少县份的会匪蜂起和相当多士绅投降日伪的活动,无疑说明了战前江苏省乡村社会控制的局限性。

第三,从控制成本上讲,江苏保甲对于乡村社会的控制成本高,代价大,乡村权力结构并未发生质的变化,社会危机依然无法从根本上解决。

20世纪后,中国现代化危机的存在,使国家政权开始加大了对乡村社会的整合,行政权力逐步向乡村社会渗透,其突出的标志是乡村行政机构的建立和基层行政人员由国家委任。"乡村社会的整合愈来愈依靠外部国家力量,乡村内生性权威力量急剧弱化,建构性权威的力量迅速突出。"④乡村基层组织的官僚化对于离散乡村社会的整合、现代性政治理念的输入和国家主导下新秩序的形成,无疑具有重要意义。然而,由于20世纪上半叶的中国仍然处于低水平的农业社会,无法为国家行政规模的急剧扩张提供有效的人力和物力资源,国家政权在乡村的改革发生了蜕变。⑤结果,国家现代化所需的各项资

---

① 《保甲为民众基本组织应努力推进各项公益》,《江苏保甲》第2卷第21期,1936年12月。

② 陈果夫:《苏政回忆》,台北:正中书局1951年版,第138页,南京图书馆藏。

③ 杨季华:《皖北农村经济实况》,见李文海主编:《民国时期社会调查丛编·乡村社会卷》,福建教育出版社2005年版,第161页。

④ 徐勇:《乡村社会变迁与权威、秩序的建构——对两部乡村政治研究著作的评价和思考》,《中国农村观察》2002年第4期。

⑤ 于建嵘:《岳村政治:转型时期中国乡村政治结构的变迁》,商务印书馆2001年版,第217页。

源主要由农民来承担,这引起了广大民众与政府的对抗,进而危及到国家政权赖以生存的基础。①

保甲制度推行后,国民党政权加强了对乡村社会的政治强控。尤其是在江浙等国民党统治的核心区内,国家权力强大,国家对社会呈现出支配的趋势。与此同时,社会诸多职能要由国家政权来行使,国家政权因而背上了沉重的负担。即以江苏保甲而论,它也无法摆脱经费困难和人才缺乏的困扰。

经费的困难。江苏省决定将各县地方自治经费移为办理保甲的经费,各县编查经费为34.5万余元,平均每户所需经费0.047元。保甲训练举办后,乡镇长训练经费所需5.28万元,保长训练所需经费14.18万元,甲长训练所需经费约3.74万元②,即全省所需的保甲训练经费为23.2万元;各县每年所需的保甲经常费(办公费、户籍费、事业费和纸张印刷费)为216.59万余元。③换言之,为了维持保甲运行,每年所需费用不下200多万元,这无疑是一个很大的负担。"财力富裕各县,尚可东挪西扯,勉强凑集,在财力艰窘各县,则罗掘俱穷,一筹莫展。编查工作之进行,几因之而陷于停顿状态。"④保甲编查完成后,江苏省利用保甲推动各项政令,并无薪水的乡镇保甲长,其所承担的任务却日渐增多,"其结果保甲人员,百番求去,以卸其责;而奸狡者,则假借名义,暗中敛财,亦属意中之事"⑤。

与保甲经费困难相伴随的是保甲人才的缺乏。孙中山在其地方自治构想中指出:地方自治的实现前提是精英群体对民众的训导。随后,这种精英主义路线成为国民党政权奉行的信条。1927年,尽管国民党政权对土豪劣绅实施打击,但这不过是国家政权迫使士绅就范的一种手段,并非意味着国民党放

---

① 纪程:《"国家政权建设"与中国乡村政治变迁》,《河南社会科学》2006年第2期。

② 其中,甲长训练并无准确数据,笔者根据有关数据估算出来的。1936年4月,铜山等14个县的甲长训练经费为8721元,每县所需623元,以此推算出60个县甲长训练所需经费约为3.74万元。

③ 陈果夫:《江苏省政述要·民政篇》,见沈云龙主编:《近代中国史料丛刊续编》第97辑,台北:文海出版社1983年版,第41页。

④ 张立瀛:《各县举办保甲经过之困难及其补救办法》,《江苏民政》第1卷第1期,1935年3月。

⑤ 梁适善:《苏省保甲之改进方案》,《江苏保甲》第2卷第14期,1936年8月。

弃了精英主义路线。相反,为了寻求"最迅捷和阻力最小的路线",国民党还积极拉拢那些肯与政府合作的士绅进入行政体系。①一些新乡绅开始参与地方政府、商会和自卫等事务。一批受过新式教育的士绅还与省政府建立了联系。他们对地方商业和实业的控制,最终与县政府岁入息息相关。于是,"对于缺地少地的农民来说,县府与新、旧绅地主的利益是一致的。"②区乡镇保甲组织建立后,具有较高政治、经济和文化地位的士绅,多被民众推举为区乡镇保甲长,其控制乡村社会的权力得以合法化。在那些正绅担任乡保长的地方,乡村社会的秩序化进程较为顺利。反之,在土豪劣绅窃据乡镇保甲长的地方,保甲人员的贪污、索诈和诬告等恶行蔓延,加剧了乡村社会的对抗与冲突,地方势力所酿的苦果则必须由国家政权来承担。当政权的威慑足够强大时,地方精英的不法行为尚能有所收敛,乡村社会的秩序相对稳定。1937年,抗战全面爆发后,江苏很快沦陷,战前国民党政权苦心经营的秩序化进程被打断,江苏保甲对乡村社会的全面控制随之瓦解。

纵观战前江苏保甲的制度设计、控制目标和控制成本,我们可以清楚地发现,战前江苏保甲在制度设计上轻视民众的政治参与,更多追求秩序稳定而非社会经济发展,国家政权为此付出了高额的代价。由于上述因素的存在,这种政治强控方式注定不可能维持长久。抗战全面爆发后,动荡的战争环境并没有给国家整合乡村提供足够的时间和资源,相反,保甲制度完全沦为国家征兵和摊派的工具,国家对乡村的榨取更为明显。保甲长动辄遭过境军队的鞭笞奴使,保甲体制既无法满足国家的需要,又招致了农民更大的愤恨,因而陷入了瘫痪和不作为的境地。③国民党改造乡村社会的努力遭到了彻底的失败。

---

① 张鸣:《乡村社会权力和文化结构的变迁(1903—1953)》,广西人民出版社2001年,第120页。

② 庄孔韶:《银翅:中国的地方社会与文化变迁:1920—1990》,生活·读书·新知三联书店2000年版,第42~43页。

③ 吴毅:《村治变迁中的权威与秩序:20世纪川东双村的表达》,中国社会科学出版社2002年版,第64页。

第三节 区域比较视野下的江苏保甲制度

ERSHI SHIJI ZHI ZHONGGUO

1927—1937年,国民党政权承袭孙中山的"三民主义",通过军事和政治手段将权力和资源逐渐从地方收归中央,建立了以党治为核心的中央集权。①10年间,南京国民政府利用国家力量推动金融、交通、教育、国防和轻工业建设,"在全球萧条的20世纪30年代,这些成就尤为令人瞩目。"而且,国民党在部分地区进行了社会和经济改革的重要尝试,中国的现代化出现了短暂的辉煌。②因此,费正清评价道:"南京政权开头的十年是自1912年以来最充满希望的时期"③。与城市的成就形成鲜明对比的是,南京国民政府忽视了农村急需的社会和经济改革,"没有解决中国民众的贫困和平民的悲苦生活这一国家最紧迫的问题"④。国民党高层盛行这样一种感觉,"农民已经世世代代受苦受难,只要等到政府解决了更为迫切的内忧外患问题后,农民的贫困问题才

---

① 陈明明:《在革命和现代化之间》,见陈明明主编:《革命后社会的政治与现代化》,上海辞书出版社2002年版,第231页。

② [美]李侃如:《治理中国:从革命到改革》,胡国成、赵梅译,中国社会科学出版社2010年版,第38页。

③ [美]费正清:《美国与中国》,世界知识出版社1999年版,第228页。

④ [美]石约翰:《中国革命的历史透视》,王国良译,上海:东方出版中心1998年版,第198页。

能解决。"这是国民党并不急于消除农民不满的社会经济原因。农民被剥削到了极点,只有一场革命才能解救他们。①在共产主义运动的影响下,农民的不满情绪成为潜在的政治力量,农村成了名副其实的易爆的火药桶。②如上所述,忽视农村社会和经济的改革,无疑成为国民党政权乡村执政能力脆弱的主要表现,更是影响该政权在大陆成败的关键因素。

不过,这并不意味着国民党在改造乡村方面并无任何积极意义的尝试。保甲制度的推行即为国民党应对乡村社会危机的主要举措。1932年,保甲制度在河南、湖北、安徽省推行。接着,湖南、福建和河北等省被划为"剿匪"省份,也一律推行保甲制度。到1937年为止,全国已有16个省市推行了保甲,其他省份尚在举办之中。③据时人的观察,保甲制度在多数地区是有名无实的,只有在江苏等少数省份才具有成效。④即以本书对于江苏保甲的考察而言,战前江苏保甲无疑在恢复国家权威和加强社会控制方面发挥了重要的作用,它是国民党政权在其统治核心区乡村社会秩序化的主要手段。在笔者看来,与全国其他地区的保甲制度相比,战前江苏保甲一枝独秀的原因在于三个方面:政治核心区域的优势、较为发达的人文环境和陈氏主政后官僚系统的刷新。

第一,由于江苏省处于国民党统治的核心地区,国民党在该地区的各方面力量都很强大,国家对此投入的力度也远大于其他地区,这些使得江苏保甲的实施具有其他地区无法比拟的政治地理优势。

1926年北伐以后,蒋介石急于达成全国统一的局面,除了对军阀集团施以武力打击之外,还积极与一些地方军阀进行谈判。这些军阀仅以承认南京政权为中央政权为条件,换取了蒋介石对他们半独立性地位的委任状。⑤这使得

---

① [美]徐中约:《中国近代史:1600—2000年中国的奋斗》,世界图书出版社2008年版,第573页。

② [美]易劳逸:《流产的革命:1927—1937年国民党统治下的中国》,陈谦平、陈红民等译,中国青年出版社1992年版,第334~335页。

③ 冉绵惠、李慧宇:《民国时期保甲制度研究》,四川大学出版社2005年版,第66页。

④ 王奇生:《战前中国的区乡行政——以江苏省为中心》,《民国档案》2006年第1期。

⑤ [美]徐中约:《中国近代史:1600—2000年中国的奋斗》,世界图书出版社2008年版,第543页。

1927年蒋介石所建立的南京国民政府,不过是形式上结束了军阀统治,完成了国家统一,其实际政治版图不出长江中下游地区。即使在这些地区,直到1934年还存在着共产党的根据地。①基于现实的考虑,国民政府采取了"重南轻北"的战略,即优先考虑维持核心地区的统治,在此基础上,逐步向外围呈圈层地扩大政治影响。②在这种优先发展的整体规划之下,国民党不仅在江苏省的政治和军事力量比较强大,而且国民党组织能深入到县级以下,这对基层政治产生了强大的影响力。③甚至到了1940年底,中共在苏皖边区的领导人仍将江苏视为"国民党的模范区,有深厚的基础"、"全国政治上最顽固的堡垒"。④足以显示出国民党对江苏苦心经营的成效。国民党政权在江苏的强势地位,客观上造成了两方面有利于保甲推行的因素:中共革命力量难以在江苏立足,地方士绅受到了国家强权的威慑。

一方面,中共革命力量难以在江苏立足。国民党政权定都南京以后,江苏成了国民党的京畿地带。为了镇压中共在江苏的革命活动,国民党在该地区驻守的中央军就有数十万人,尚且不包括各种地方武装。再加上各级行政机构的设立和特务组织的横行,在强敌包围之下,中共在江苏的活动受到了严重限制。即以武装力量而论,其规模小而多分散,分布区域较小,基本上以游击队形式活动,并未形成真正意义的红军。⑤中共在江苏的革命组织于1933年底已基本瓦解,客观上有利于江苏保甲的推行。

与战前江苏相比,凡是中共革命活动频繁的地区,保甲制度都会受到中共革命组织不同程度的打击和利用,这使得国民党当局的统治意图难以实现。如在湖北,由于国民党忙于"围剿"中共革命根据地,一些保甲长则协助"防

---

① [美]何炳棣:《明初以降人口及其相关问题:1368—1953》,葛剑雄译,三联书店2000年版,第93页。

② 袁成毅:《民国浙江政局研究:1927—1949》,中国社会科学出版社2007年版,第13~15页。

③ 崔之清:《国民党政治与社会结构之演变》中编,社会科学文献出版社2007年版,第948页。

④ 金明:《在苏皖边区地县委书记联席会上的报告提纲》,见中共灌南县委党史办公室编:《灌南革命史料》第2辑,1984年版,第19页。

⑤ 谈洪清:《土地革命时期的江苏红军问题》,见江苏省中国现代史学会编:《江苏省中国现代史学会——1982年学术讨论会论文选》,1982年版,第75页。

剿"任务(如办理军运、搜集情报、筹建碉堡和修复道路桥梁等),这使得保甲长无暇顾及户口异动查报和联保连坐等事务。①在江西,中共曾保持了较强大的革命力量,民众并不配合省政府推行保甲,致使多数地区的保甲组织有名无实。②在甘肃,当红军长征进入甘肃境内后,有的县城被红军占领,办理保甲的法令和户口表册丢失颇多,保甲推行只得停顿。③抗战爆发后,中共在河南和冀东成功地利用了日伪保甲,农民被动员和组织起来反抗日伪的法西斯统治,既保存了自己,又打击了敌人。④在广东,中共地方政权通过对保甲制度的渗透和利用,有力地回应了国民党的打压,沉重地打击了日伪反动势力。⑤由上可见,中共革命活动是影响到保甲实施成效的因素之一。

另一方面,地方士绅受到了国家强权的威慑,客观上有利于江苏保甲的实施。抗战以前的江苏省,国家政权对地方士绅进行了威慑和拉拢,较为顺利地将新乡绅纳入行政体系之中,一定程度上抑制了腐败和中饱等赢利型经纪的发生。在这个过程中,国家不仅加大了对乡村的财政汲取能力,还增强了对乡村治安、水利和农业等事业的投入,国家的榨取和服务能力均有所增强。可以说,江苏保甲代表了一种政治强控模式:即国民党在其统治中心依靠国家力量改造乡村社会的尝试。当然,这种政治强控模式并不仅限于江苏地区,而是随着国民党政权统治中心的转移而变动。抗战全面爆发以后,国民政府迁都重庆,国民党的统治重心从江苏转到四川,政治强控模式又在四川得以延续。据相关的研究表明,由于国家政权对于四川地区基层控制的日益强化,又积极提倡地方士绅担任乡镇保甲长,国家政权成为基层控制的核心力量。相反,地方士绅在治安、税收和教育等方面的权力角逐中受到了削弱,逐步被融进

---

① 赵丽娜:《民国时期湖北保甲制度研究:1927—1937》,武汉大学 2005 年硕士论文,第 33 页。
② 王友才:《"赤"、"白"之间:赣西地区的中共革命、"围剿"与地方因应》,复旦大学 2011 年博士论文,第 156 页。
③ 卢毅彬:《国民政府时期甘肃保甲制度推行透析》,《甘肃联合大学学报》2006 年第 1 期。
④ 朱德新:《二十世纪三四十年代河南冀东保甲制度研究》,中国社会科学出版社 1994 年版,第 171 页。
⑤ 沈成飞:《抗战时期中共广东政权与国民党保甲制度》,《中共党史研究》2009 年第 4 期。

地方行政的控制网络之中,成为推行国家政令的辅助力量。因此,国家政权有效地抑制了乡村基层政权土豪劣绅化的发生。①

相比之下,国民党统治的边缘地区,军阀和士绅势力比较强大,该地区的保甲制度与国家政权的背离比较大。无论是山西的村制,还是广西的民团,都是以军事化和警察化模式来控制乡村。这些基层组织的行政人员构成了地方军阀的统治基础。②又如20世纪30年代的宛西自治,地方精英将保甲制度视为加强地方控制和抵制国家渗透的一种工具,国家的官僚政治扩展难以实现。③在甘肃,由于近代化因素生长缓慢,传统士绅势力强大,县级政权不得不迁就地方豪绅势力。即使那些乡镇保甲组织,也受到了土豪劣绅的把持和利用,乡镇保甲长只得忍气吞声,无所作为。④可见,国家权威能否支配地方士绅,也是影响保甲制度能否贯彻国家统治意图的一个因素。

第二,与其他省份相比,江苏省较为发达的人文环境,不仅为保甲的实施提供了素质较高的人才资源,也为国家与民众的政治沟通提供了一定的民众基础。

宋元以后,"江浙成为中国的人文渊薮,文风之声,渐渐显著"⑤。近代以来,江苏接触现代文明的程度远高于其他省份。据王树槐的统计,1921年,江

---

① 王春英:《民国时期的县级行政权力与地方社会控制:以1928—1949年川康地区县政整改为例》,四川大学2004年博士论文,第145~149页;冉绵惠:《民国时期四川保甲制度与基层政治》,社会科学文献出版社2010年版,第118~127页。

② 如张鸣认为的那样,山西村制是晋系得以具备控制基层社会的行政网络,而50余万村闾长的存在,则是阎锡山能在中原大战下野后仍能遥控山西的重要因素。在广西,"三位一体"(行政、军政和教育)民团组织的存在,加强了基层干部对于桂系军阀的效忠。参见张鸣:《乡村社会权力和文化结构的变迁(1903—1953)》,广西人民出版社2001年版,第84~135页。

③ [美]张信:《二十世纪初期中国社会之演变:国家与河南地方精英,1900—1937》,岳谦厚、张玮译,中华书局2004年版,第219页。

④ 尚季芳:《控制与消解:从保甲长的难局看国民政府时期的地方基层社会》,《历史教学》2010年第6期。

⑤ 王树槐:《中国现代化的区域研究:江苏省,1860—1916》,台北:"中央研究院"近代史研究所,1984年版,第44页。

苏省出版的报纸已占全国的23%。1930年，江苏省拥有的图书馆占全国的10%，这无疑推动了江苏现代化的步伐。① 较为发达的经济和重视教育的传统，使得江苏省各类人才一直居于全国前列。与其他地区相比，江苏省较为发达的人文环境，更能为保甲实施提供所需的人才。即以战前江苏省乡镇保甲长群体构成而言，98%以上的乡镇长都能够识字（其中，受过小学、中学和大学等正式教育者约为45%），保长能够识字的比例为89%，甲长能够识字的比例为58%。与其他省区保长的识字率相比，江苏保长的识字率高于其他地区的平均比例。江苏保长的识字率高出四川的22%，高出河南的19%②，高出湖北的9%至19%。即使与"保长受教育程度属于上乘"的安徽相比，江苏保长的识字率也要高出安徽的7.2%。③ 再以甲长群体而论，与河南"甲长属文盲居多"④的状况相比，江苏甲长平均文化程度明显较高。与毗邻的安徽⑤相比，江苏甲长识字率仍要高出前者3%。显然，江苏省保甲人员具有较高的文化素质，这使得国家政令的传达较为顺畅。

---

① 王树槐：《中国现代化的区域研究：江苏省，1860—1916》，台北："中央研究院"近代史研究所，1984年版，第550~555页。

② 战前河南保长群体文化结构缺乏有效的数据，仅在行政院农复会调查中提及一句："保长多数没受过正式教育，不过粗通文字而已。"参见行政院农村复兴委员会：《河南省农村调查》，商务印书馆1934年版，第75页。不过，据魏华伟的研究，汝南作为河南省保甲实施最好的县份之一，其保长群体的识字率只有70%。参见魏华伟：《国民政府时期河南保长的群体分析》，华中师范大学2004年硕士论文，第21页。显然，全省保长平均识字程度不会高于这个数字。

③ 江苏保长识字率与四川、湖北和安徽的数据比较，是笔者根据王奇生的研究，并通过间接数据计算得出的。据王的研究，20世纪三四十年代，四川保长不识字者约占1/3，湖北保长不识字比例为20%~30%，安徽保长不识字比例为18.2%，那么，四川、湖北和安徽三省保长识字比例分别约为67%、70%~80%、81.8%。参见王奇生：《革命与反革命：社会文化视野下的民国政治》，社会科学文献出版社2010年版，第429~430页。

④ 朱德新：《二十世纪三四十年代河南冀东保甲制度研究》，中国社会科学出版社1994年版，第122页。

⑤ 战前安徽甲长不识字比例为45.1%，那么，该省甲长识字率应该为54.9%。参见《安徽省各县甲长年龄职业及教育程度百分比较图》，安徽省政府统计委员会编：《安徽省统计年鉴》，1934年版，第120页。

江苏省较为发达的人文环境,还有利于民众与国家的政治沟通。江苏处在沿海都市文明的辐射之下,较早接触了现代化的交通、工业、教育和技术等,社会风气较为开放,居于全国前列。现代性在乡村中开始缓慢而微弱地生长,推动农民逐步从封闭走向开放。①江苏保甲制度推行时,农民对保甲的态度充满了疑惧、敷衍和对抗,农民与保甲的冲突不断。当面临匪患、天灾和地方官吏的索诈时,农民又会与保甲进行不同程度的合作,通过国家政权来维护自己的利益,政府与民众之间的关系得以改善不少。淮海区党务指导员凌绍祖说:"在江北如果碰到汽车在路上坏的时候,一般农民都很愿意帮忙推动。这种情形若在别的地方不容易看见。"②另外一位官员也称道:"而在民众方面,其一种拥护政府与官民合作之精神,尤为近世所罕见"③。与较早接触现代文明的江苏相比,内陆不少地区的乡村依然封闭。河南和河北地区的一些乡村便是典型的例子。直到 30 年代,河南北部的区县单位才有报纸,乡民并不知道家门之外 30 里以外的大事。黄河岸边的孟津县的赛神仪式上,乡民们所悬挂的旗帜上还写着"大清国河南府孟津县东街公制"等字样。河北遵化县的乡民,不曾知道所发生过的十年内战和中原大战等事情。河北平山县,自从八路军进村后,农民才知道鱼可以吃。即使如此,农民最初杀鱼时是用开水泡泡,以为像杀鸡一样将毛拔掉。④更为闭塞的涿县三坡区和房山龙门台九区,直到抗战初期,乡民还穿着明代的服饰。⑤内陆地区农民的闭塞和落后的心理,严重地影响到保甲制度实施的成效。如 1934 年,河南省主席刘峙视察豫西各县时,曾在一个车站附近的村庄留宿。当遇到两个乡民后,刘峙要求乡民请当地的保甲长来见,乡民只是瞠目以对,并不知省主席是何物。不得已,刘峙只得

---

① 周晓虹:《传统与变迁:江浙农民的社会心理及其近代以来的嬗变》,三联书店 1998 版,第 107~108 页。

② 凌绍祖:《淮海面面观》,《淮海》第 5 期,1935 年 10 月。

③ 胡彦容:《查报户口异动之里层作用》,《江苏保甲》第 3 卷第 7 期,1937 年 5 月。

④ 朱德新:《二十世纪三四十年代河南冀东保甲制度研究》,中国社会科学出版社 1994 年版,第 201~202 页。

⑤ 陕缨:《创造和发展冀热察边游击战的平西根据地》,见河北省社会科学院历史研究所编:《晋察冀抗日根据地史料选编》上册,河北人民出版社 1983 年版,第 315 页。

改称督军,乡民这才明白刘的意思。次日,乡民回复说,保甲长早已离开村子,并不知下落。刘顿感无奈。①从上述对比中我们可以看出,江苏与内陆地区在保甲实施的民众基础上存在着很大的差异。

第三,陈果夫对实干作风的提倡及其对江苏政治的革新,使得各级官员在"实干"和"有为"理念下保持紧张感,这为江苏保甲的实施提供了一个相对高效的政权机器,也是其他各省保甲制度推行所不具备的优势。

陈果夫主政江苏后,他所期望的江苏是一个"模范"、"安乐"、"健康"、"富足"和"文化高尚"的地方。为了实现这个目标,陈多次在省府会议上提倡"实干"和"有为"的理念,公开反对那些虚浮和不切实际的风气。即以人事任用为例,陈选拔了一批富有能力又有"做事的抱负和做事的热诚"的青年担任县长,裁汰了一些庸碌和腐化的县长。陈不时鼓励国民党党员,从政要切实为人民谋幸福,以此作为革命者与官僚的区别。为了刷新地方政治,陈还鼓励中央政治学校的毕业生来充任县佐治人员。②如时人曾批评道,江苏的县长"总不免带有几分斯文之气"、"总不免带有几分党的气味"。③这种批评从反面证明了江苏省在相当程度上实现了国民党"以党治国"的理念。不仅如此,陈极力维护那些肯于实干的地方县长的权威,高度理解和信任这些县长,如他所说:"肯做事的县长,一定会得罪地方上一部分人,尤其是好的县长,要得罪坏人。"④在陈的支持下,各县县长依靠政权以威慑地方势力,较为顺利地推行了剿匪、征工导淮、禁烟运动和催征大户欠粮等事务。

即以保甲推行而论,江苏省的党政机关和社会团体展开了各种保甲宣传,增强了民众对于保甲制度的认识。与此同时,民政厅和各县县长不遗余力地加强保甲视导工作。如萧县县长姚雪怀能在雪夜里视察保长训练;铜山县长王公玙常常在乡下办理保甲;武进县长侯厚宗在保甲编查阶段每4天便下乡

---

① 天陶:《豫西一周记》,见沈松侨:《从自治到保甲:近代河南地方基层政治的演变,1908—1935》,《中央研究院近代史研究所集刊》第18期,第218~219页。

② 陈果夫:《苏政四年之回忆》,《服务》第1卷第1期,1939年3月。

③ 余井塘:《专谈我民政厅长任内的经验》,《服务》第1卷第1期,1939年3月。

④ 陈果夫:《苏政回忆》,台北:正中书局1951年版,第130页,南京图书馆藏。

视导一次；吴江县长徐幼川能够在"历任县长足迹不到之处"视察保甲；赣榆县长温晋城能够亲自检查保甲情况，后人尚能对此记忆犹新；在"天热如火，华氏温度100度左右，晒得焦头烂额"的条件下，睢宁县长费公侠仍在督促工作人员"汗流浃背，热眼昏花"地宣传和抽查保甲。在各县县长的频繁视导之下，区乡镇保甲长尚能保持紧张感，认真地执行各项任务。据南通专员郑亦同所说，南通有两个乡镇长以前从不出席什么会议，更不肯干什么事。经过保甲训练后，这两名乡镇长认真和热心地办理每件事情。郑问询了其中的原因，这两名镇长答道："官长尚且为了我们努力地干，我们好意思在家不干吗？"①更有甚者，有的乡保长能为编查保甲而累得咯血，有的为办教育而捐出自己的房子，有的为了乡村治安而大义灭亲等。由于各级官员的督导和以身作则，江苏省有相当一批乡镇保甲长尚能认真地执行任务。

与江苏省相比，其他地区的保甲制度则缺乏政治革新的驱动，保甲人员对于各项政令的敷衍情况不胜枚举。因此，保甲公文和表格只能在各级机构中"旅行"。如在河南，民政厅和县政府之间的公文往返周转，多数县长对于保甲编查多心存敷衍，县以下各级机关互相推诿，很少认真执行保甲任务，致使保甲效能无法发挥。②在江西，各县县长多不称职，他们对整理保甲的敷衍，致使该省保甲制度推行三年后还是仅有形式，缺乏实效。③在湖北，县长们很少认真办理保甲，更多习惯于县衙里编造空头报告。如当时有一位尚未赴任的县长，刚接到赶办保甲的命令，便让随行秘书在武昌一家旅馆编造保甲册子，编好后直接送呈省政府。省政府并不知晓，反而嘉奖该县办理保甲最快、最好。④到了1937年，湖北省官方不得不承认，各县县长能够切实办理保甲事务、表里

---

① 《郑委员在联合纪念周报告》，见江苏省政府秘书处编：《江苏省政府公报》第2061期，1935年8月30日。
② 朱德新：《二十世纪三四十年代河南冀东保甲制度研究》，中国社会科学出版社1994年版，第29页。
③ 王友才：《"赤"、"白"之间：赣西地区的中共革命、"围剿"与地方因应》，复旦大学2011年博士论文，第156页。
④ 王奇生：《革命与反革命：社会文化视野下的民国政治》，社会科学文献出版社2010年版，第400页。

如一者，尚不能超过一半，区长因循敷衍者更不在少数，政令难以推行，保甲废弛到了极点。①在甘肃，省政府官员习惯于制定法规，并不认真督察保甲事务。县政府人员更热衷于贪污腐败，对于保甲事项多敷衍了事，联保连坐在许多地方成了空头文章，户口异动能够及时呈报的县份寥寥无几，保甲实施的成效可想而知。②从上述对比来看，战前江苏省保甲制度能够较为有效地运作，与江苏地方政权高效的支撑有着密切的关系。

概而言之，政治核心区域的优势、相对发达的人文环境和江苏地方政权相对高效的运作，使得战前江苏保甲比其他地区的保甲更能有效地运作，乡村社会秩序化的进程因而较为顺利。不过，随着抗战的全面爆发，江苏省很快沦陷。为了应对战争，陈果夫为首的文官政府被顾祝同为首的军人政府所取代，战前江苏政治革新的结果昙花一现。此外，战时江苏保甲更多沦为国家实施征兵和摊派的工具，完全丧失了社会服务性。因此，民众对于保甲的憎恨和反抗日益增多，乡村秩序重新陷入混乱。当上述三种优势丧失后，即使作为国民党政权改造乡村政治最有效的实验，也随之失败。抗战胜利后，内战随之爆发，在浓重的战争阴影下，国民党将战略重心转向城市，不复再有改造乡村政治的机会，国民党保甲制度也在人民战争中迅速走向崩溃。

---

① 赵丽娜：《民国时期湖北保甲制度研究：1927—1937》，武汉大学 2005 年硕士论文，第 53~54 页。
② 卢毅彬：《控制与消解：国民政府时期甘肃保甲制度研究》，兰州大学 2006 年硕士论文，第 19~20 页。

参考文献 REFERENCE DOCUMENTS
ERSHI SHIJI ZHI ZHONGGUO

一、档案与档案资料汇编

《呈报乡镇保甲户口统计表》(1948年3月),江苏省档案馆藏,卷宗号:1002-乙-3134。

《催令各县办理保甲》(1933年1月9日),江苏省档案馆藏,卷宗号:1001-乙-821。

《电饬江南江北各县府切实编造保甲户口完成具报后如再发现有奸匪潜滋即惟该县长是问》(1946年5月),江苏省档案馆藏,卷宗号:1002-乙-3020。

《关于据报受考陈奉主席谕准备补闻及给县长甄审委员会的函》(1935年6月21日),江苏省档案馆藏,卷宗号:1002-甲-151。

《关于请求复议的呈文》(1934年1月6日),江苏省档案馆藏,卷宗号:1002-乙-447。

《为姚楼乡第二保保长放弃职守撤职惩戒由》(1937年1月),江苏省档案馆藏,卷宗号:5-30-059。

《江苏省公民训练实施细则》,江苏省档案馆藏,卷宗号:1054-1-490。

《江苏省江南两年来政情述要》(1937年至1940年),江苏省档案馆藏,卷宗号:MZ-1-261。

《江苏省救济办法大纲》,江苏省档案馆藏,卷宗号:1054-1-899。

《江苏省民政厅视导员要点》(1936年1月17日),江苏省档案馆藏,卷宗号:1054-1-490。

《江苏省政府二十六年度行政计划》,江苏省档案馆藏,卷宗号:1054-1-514。

《江苏省政府二十四年度行政计划》,江苏省档案馆藏,卷宗号:1054-1-899。

《江苏省政府二十五年度行政计划》,江苏省档案馆藏,卷宗号:1054-1-491。

《蒋主席元电限期举办保甲清查户口》(1929年9月27日),江苏省档案馆藏,卷宗号:1001-甲-348。

《内政部电请转饬迅将收复区实施户口清查办理情形报部以凭汇办》(1946年4月),江苏省档案馆藏,卷宗号:1002-乙-3020。

《如皋县政府保长训练各科应用讲义》,江苏省档案馆藏,卷宗号:1002-乙-3942。.

《为奸匪时隐江南各地河流湖泊请转饬各县按照保甲组织及连坐办法》(1946年4月),江苏省档案馆藏,卷宗号:1002-乙-3020。

《修正江苏省各县田赋征收规则》(1936年4月28日),江苏省档案馆藏,卷宗号:1054-1-491。

《扬中县土地陈报专刊》,江苏省档案馆藏,卷宗号:MZ-7-18。

《至各区关于重编保甲之训令》,江苏省档案馆藏,卷宗号:1002-乙-3020。

《镇江旅沪同乡会吴蕴齐等代电》,江苏省档案馆藏,卷宗号:1004-乙-6104。

《鲁苏两省对于逐水赵王河决口筑堤修闸及黄河改道事项发生争执处理

情形》,中国第二历史档案馆藏,卷宗号:1-1971-D1

《江苏省启东县农会》,中国第二历史档案馆藏,卷宗号,422(2)-86。

中国第二历史档案馆编:《中华民国史档案资料汇编》第五辑第一编政治(一),江苏古籍出版社1994年版。

中国第二历史档案馆编:《中华民国史档案资料汇编》第五辑第一编政治(四),江苏古籍出版社1994年版。

中国第二历史档案馆编:《国民党政府政治制度档案史料选编》(下),安徽教育出版社1994年版。

二、报刊

《澄清》,澄清社,1936年。

《东方杂志》,东方杂志社,1927—1937年。

《东海民教》,江苏省立东海民众教育馆,1935—1937年。

《淮海》,江苏省第六区党务指导员办事处,1935—1936年。

《江苏保安季刊》,江苏省保安处,1934—1937年。

《江苏保甲》,江苏省民政厅第二科江苏保甲编辑室,1935—1937年。

《江苏建设》,江苏省建设厅编委会,1934—1937年。

《江苏民政》,江苏省民政厅,1935年。

《江苏省政府公报》,江苏省政府秘书处,1927—1937年。

《江苏月报》,江苏月报社,1934—1935年。

《民教半月刊》,江苏省立清江民众教育馆,1934—1937年。

《申报》,1927—1937年部分。

《生力月刊》,生力月刊社,1935—1936年。

《苏衡》,苏衡月刊社,1935—1937年。

《乡村教育》,江苏省立大港乡村教育实验区,1936—1937年。

《行政研究》,行政院行政效率研究会,1936—1937年。

《政教合一》,江苏省南通县农民教育馆长兼区长办事处编辑委员会,1935年。

《新区政》，宜兴县政教实验区区公所，1935年。
《中国农村》，中国农村经济研究会，1934—1937年。
《服务》，中央政治学校毕业生指导部，1939年。
《实业统计》，实业部统计长办公处，1934年。
《铜山教育》，江苏省铜山县教育局，1934—1935年。
《苏农》，江苏省农民银行，1930—1931年。
《社会科学杂志》，中国社会科学研究会，1930年。
《农报》，中央农业实验所，1935—1937年。
《农行月刊》，江苏省农民银行，1935年。
《江苏研究》，江苏研究社，1935—1936年。
《统计月报》，国民政府统计处，1942年。
《内政消息》，内政部总务司，1934—1935年。

三、调查资料与资料汇编

蔡文国：《衢县镇江调查实习日记》，见萧铮主编：《民国二十年代中国大陆土地问题资料》第143辑，台北：成文出版社1977年版。

谌琨：《嘉定实习调查日记》，见萧铮主编：《民国二十年代中国大陆土地问题资料》第104辑，台北：成文出版社1977年版。

冯光烈：《连云港实习调查日记》，见萧铮主编：《民国二十年代中国大陆土地问题资料》第100辑，台北：成文出版社1977年版。

何梦雷：《苏州无锡常熟三县租佃制度调查》，见萧铮主编：《民国二十年代中国大陆土地问题资料》第63辑，台北：成文出版社1977年版。

何新铭：《盐城实习调查日记》，见萧铮主编：《民国二十年代中国大陆土地问题资料》第99辑，台北：成文出版社1977年版。

胡冠臣：《建德镇江调查实习日记》，见萧铮主编：《民国二十年代中国大陆土地问题资料》第142辑，台北：成文出版社1977年版。

蓝之章：《芜湖实习调查日记》，见萧铮主编：《民国二十年代中国大陆土地问题资料》第113辑，台北：成文出版社1977年版。

李范：《武进县乡村信用之状况及其与地权异动之关系》，见萧铮主编：《民国二十年代中国大陆土地问题资料》第88辑，台北：成文出版社1977年版。

李若虚：《江苏省常熟县湖北省大冶县实习调查日记》，见萧铮主编：《民国二十年代中国大陆土地问题资料》第99辑，台北：成文出版社1977年版。

李若虚：《江苏省地政局实习日记》，见萧铮主编：《民国二十年代中国大陆土地问题资料》第103辑，台北：成文出版社1977年版。

李盛唐：《丽水镇江调查实习日记》，见萧铮主编：《民国二十年代中国大陆土地问题资料》第142辑，台北：成文出版社1977年版。

林诗旦：《江苏省地政局实习调查报告日记》，见萧铮主编：《民国二十年代中国大陆土地问题资料》第113辑，台北：成文出版社1977年版。

缪启愉：《镇江市县实习调查日记》，见萧铮主编：《民国二十年代中国大陆土地问题资料》第100辑，台北：成文出版社1977年版。

潘泪：《江苏省地政局实习调查报告日记》，见萧铮主编：《民国二十年代中国大陆土地问题资料》第118辑，台北：成文出版社1977年版。

阮荫槐：《无锡实习调查日记》，见萧铮主编：《民国二十年代中国大陆土地问题资料》第98辑，台北：成文出版社1977年版。

阮荫槐：《无锡土地之整理》，见萧铮主编：《民国二十年代中国大陆土地问题资料》第35~36辑，台北：成文出版社1977年版。

施尔宜：《江苏省山西省实习调查报告》，见萧铮主编：《民国二十年代中国大陆土地问题资料》第113辑，台北：成文出版社1977年版。

王慕韩：《江苏盐垦区土地利用问题之研究》，见萧铮主编：《民国二十年代中国大陆土地问题资料》第45辑，台北：成文出版社1977年版。

魏译之：《江苏山西实习调查报告》，见萧铮主编：《民国二十年代中国大陆土地问题资料》第107辑，台北：成文出版社1977年版。

吴致华：《江都实习调查日记》，见萧铮主编：《民国二十年代中国大陆土地问题资料》第101辑，台北：成文出版社1977年版。

徐伯符：《太湖湖田整理处实习调查日记》，见萧铮主编：《民国二十年代中国大陆土地问题资料》第112辑，台北：成文出版社1977年版。

徐洪奎、沈时可：《嘉定县土地局实习总报告》，见萧铮主编：《民国二十年代中国大陆土地问题资料》第104辑,台北:成文出版社1977年版。

徐洪奎:《宜兴县乡村信用之概况与地权异动之关系》,见萧铮主编:《民国二十年代中国大陆土地问题资料》第88辑,台北:成文出版社1977年版。

张德先:《江苏省土地查报与田赋整理》,见萧铮主编:《民国二十年代中国大陆土地问题资料》第29辑,台北:成文出版社1977年版。

张德先:《溧阳实习调查日记》,见萧铮主编:《民国二十年代中国大陆土地问题资料》第105辑,台北:成文出版社1977年版。

张慧群:《江苏土地局南通盐垦公司实习总报告》,见萧铮主编:《民国二十年代中国大陆土地问题资料》第108辑,台北:成文出版社1977年版。

张维先:《常熟汉口武昌实习调查日记》,见萧铮主编:《民国二十年代中国大陆土地问题资料》第98辑,台北:成文出版社1977年版。

赵宗煦:《奉贤实习调查日记》,见萧铮主编:《民国二十年代中国大陆土地问题资料》第103辑,台北:成文出版社1977年版。

赵宗煦:《江苏省农业金融与地权异动之关系》,见萧铮主编:《民国二十年代中国大陆土地问题资料》第87辑,台北:成文出版社1977年版。

朱福成:《江苏财厅实习调查日记》,见萧铮主编:《民国二十年代中国大陆土地问题资料》第117辑,台北:成文出版社1977年版。

朱霄龙:《镇江及平湖实习调查日记》,见萧铮主编:《民国二十年代中国大陆土地问题资料》第141辑,台北:成文出版社1977年版。

(伪)嘉定县公署编:《嘉定县政概况》,1939年版,南京图书馆藏。

《昆山县县政报告》,上海:武进振群印刷公司,1936年版。

冯和法主编:《中国农村经济资料》,上海:黎明书局1935年版。

中国经济研究会编:《中国农村描写》,上海:新知书店1936年版。

国民政府内政部统计处编:《战时内务行政应用统计专刊第二种保甲统计》,1938年版。

黄彦编注:《革命方略》,广东人民出版社2007年版。

黄彦编注:《论民治与地方自治》,广东人民出版社2008年版。

江苏省档案馆编:《江苏农民运动档案史料选编》,中国档案出版社1983年版。

江苏省民政厅编:《江苏省保甲总报告》,1936 年版。

江苏省民政厅编:《江苏省禁烟概况》,1936 年版。

金山县政府编:《金山县政概况》,1948 年版,南京图书馆藏。

李文海、夏明方、黄兴涛主编:《民国时期社会调查丛编(二编)·乡村社会卷》,福建教育出版社 2009 年版。

李文海、夏明方、黄兴涛主编:《民国时期社会调查丛编·乡村社会卷》,福建教育出版社 2005 年版。

秦孝仪主编:《先总统蒋公思想言论总集》第 3、10、11 卷,台北:中国国民党中央党史委员会,1984 年版。

荣孟源主编:《中国国民党历次代表大会及中央全会资料》,光明日报出版社 1985 年版。

行政院农村复兴委员会编:《江苏省农村调查》,上海:商务印书馆 1934 年版。

熊式辉:《海桑集:熊式辉回忆录》,香港:明镜出版社 2008 年版,

许健:《萧县县政调查报告》,江苏省民政厅,1935 年版,南京图书馆藏。

章有义编:《中国近代农业史资料》第 3 辑,北京:生活·读书·新知三联书店 1957 年版。

中国国民党浙江省执行委员会宣传部编:《保甲运动丛刊》,1931 年版。

中国国民党中央执行委员会宣传部编:《保甲运动宣传纲要》,1929 年版。

四、史 志

常熟市志编纂委员会编:《常熟市志》,上海人民出版社 1990 年版。

丹阳市地方志编纂委员会编:《丹阳县志》,江苏人民出版社 1992 年版。

赣榆县地方志编纂委员会编:《赣榆县志》,中华书局 1997 年版。

高邮县编史修志领导小组:《高邮县志》,江苏人民出版社 1990 年版。

邗江县地方志编纂委员会编:《邗江县志》,江苏人民出版社 1995 年版。

湖北省地方志编纂委员会编:《湖北省志·大事记》,湖北人民出版社 1990 年版。

淮阴县志编纂委员会编:《淮阴县志》,上海社会科学院出版社1996年版。

建湖县地方志编纂委员会编:《建湖县志》,江苏人民出版社1994年版。

江都县地方志编纂委员会编:《江都县志》,江苏人民出版社1996年版。

江苏省地方志编纂委员会编:《江苏省志·大事记》,江苏古籍出版社2001年版。

江苏省地方志编纂委员会编:《江苏省志·地理志》,江苏古籍出版社1999年版。

江苏省地方志编纂委员会编:《江苏省志·教育志》,江苏古籍出版社2000年版。

江苏省地方志编纂委员会编:《江苏省志·民政志》,方志出版社2002年版。

江苏省地方志编纂委员会编:《江苏省志·政府志》,江苏人民出版社2005年版。

江苏省沛县地方志编纂委员会编:《沛县志》,中华书局1995年版。

江苏省铜山县县志编纂委员会编:《铜山县志》,中国社会科学出版社1993年版。

金坛县地方志编纂委员会编:《金坛县志》,江苏人民出版社1993年版。

溧水县地方志编纂委员会编:《溧水县志》,江苏人民出版社1990年版。

南通市地方志编纂委员会编:《南通市志》,上海社会科学院出版社1999年版。

启东县志编纂委员会编:《启东县志》,中华书局1993年版。

上海市奉贤县县志修编委员会编:《奉贤县志》,上海人民出版社1987年版。

上海市嘉定县志编纂委员会编:《嘉定县志》,上海人民出版社1992年版。

上海市上海县县志编纂委员会编:《上海县志》,上海人民出版社1993年版。

泗阳县地方志编纂委员会编:《泗阳县志》,江苏人民出版社1995年版。

睢宁县地方志编纂委员会编:《睢宁县志》,中国社会科学出版社1994年版。

太仓县志编纂委员会编:《太仓县志》,江苏人民出版社1991年版。
泰县县志编纂委员会编:《泰县志》,江苏古籍出版社1993年版。
泰兴县志编纂委员会编:《泰兴县志》,江苏人民出版社1993年版。
无锡市地方志编纂委员会编:《无锡市志》,江苏人民出版社1995年版。
吴县地方志编纂委员会编:《吴县志》,上海古籍出版社1994年版。
萧县地方志编纂委员会主编:《萧县志》,中国人民大学出版社1989年版。
盐城市地方志办公室编:《盐城人物志》,江苏教育出版社1991年版。
朱保和主编:《上海市宝山县志》,上海人民出版社1992年版。
朱鸿伯主编:《上海市川沙县志》,上海人民出版社1990年版。

五、文史资料与回忆录

陈果夫:《苏政回忆》,台北:正中书局1951年版,南京图书馆藏。
邓翔海:《七十浮生尘影录》,见沈云龙主编:《近代中国史料丛刊续编》第84辑,台北:文海出版社1981年版。
管文蔚:《管文蔚回忆录》,人民出版社1985年版。
郭寿明主编:《靖江风情》,江苏人民出版社1995年版。
黄绍竑:《黄绍竑回忆录》,广西人民出版社1991年版。
《江苏人民革命斗争群英谱·海门分卷》编辑委员会编:《江苏人民革命斗争群英谱·海门分卷》,江苏人民出版社2000年版。
《江苏人民革命斗争群英谱·涟水分卷》编辑委员会编:《江苏人民革命斗争群英谱·涟水分卷》,江苏人民出版社1999年版。
《江苏人民革命斗争群英谱·泗洪分卷》编辑委员会编:《江苏人民革命斗争群英谱·泗洪分卷》,江苏人民出版社1999年版。
王湛主编:《江苏人民革命斗争群英谱·泰兴分卷》,江苏人民出版社1999年版。
《江苏人民革命斗争群英谱·徐州分卷》编纂委员会编:《江苏人民革命斗争群英谱·徐州分卷》,江苏人民出版社2000年版。
宗菊如主编:《江苏人民革命斗争群英谱·无锡分卷》,江苏人民出版社

1999年版。

《涟水刀会暴动》,见中共涟水县委党史办公室编:《涟水党史资料》第1辑,1983年版。

《清廪贡生朱际云》,见政协涟水县文史资料研究委员会编:《涟水文史资料》第7辑,1990年版。

蔡分、姚恩荣、蒋世俊:《爱国绅士高醉园》,见中国人民政治协商会议江苏省射阳县文史资料研究委员会编:《射阳县文史》第3辑,1989年版。

柴林、王朝阳:《灌云县行政区划基层政权及其它》,见政协灌云县委员会文史资料委员会编:《灌云文史资料》第8辑,1998年版。

仇学元:《龙大头轶事》,见阜宁县政协文史资料研究委员会编:《阜宁文史资料》第4辑,1989年版。

吴县党史办供稿,杨泉英、袁震整理:《吴县早期农民抗租暴动》,见中国人民政治协商会议江苏省吴县委员会文史资料征集委员会编:《吴县文史资料》第3辑,1986年版。

董宝森:《镇江市禁毒始末》,见中国人民政治协商会议镇江市委员会文史资料委员会编:《镇江文史资料》第25辑,1993年版。

董尧整理:《王公玙在萧县》,见中国人民政治协商会议萧县文史资料研究委员会编:《萧县文史资料》第3辑,1986年版。

杜有志口述、吕芝平整理:《站在人生的十字路口》,见中国人民政治协商会议江苏省仪征县委员会文史资料研究委员会编:《仪征文史资料》第5辑,1988年版。

范叔虞:《旧社会"四害"肆虐,解放后治绩卓著》,见中共如皋县委党史资料征集小组办公室编:《如皋文史资料》第5辑,1982年版。

封必琉:《岑池河民工暴动记略》,见中国人民政治协商会议江苏省灌云县委员会文史资料研究委员会编:《灌云文史资料》第2辑,1985年版。

高胡:《革命五十年的回顾》,见中国人民政治协商会议江苏省金湖县委员会文史资料研究委员会编:《金湖文史》第5辑,1992年版。

胡次威:《国民党反动统治时期的"新县制"》,见中国人民政治协商会议全国委员会文史资料委员会《文史资料选辑》编辑部编:《文史资料选辑》第29

辑,1995年版。

胡茂功:《我所听说的胡修珍》,见中国人民政治协商会议江苏省泗阳县委员会文史资料委员会编:《泗阳文史资料》第8辑,1992年版。

贾铭:《辛亥革命后睢宁政局的演变》,见政协睢宁县文史资料研究委员会编:《睢宁文史资料》第4辑,1988年版。

蒋希文:《简述抗战前CC特务组织在江苏省的初建、发展及其瓦解》,见江苏省政协文史委员会编:《江苏文史资料存稿选编·政治卷》(中),江苏人民出版社2007年版。

李冰:《抗战前夕铜北三区爆发的一场群众斗争》,见政协江苏省铜山县委员会编:《铜山文史资料》第2辑,1983年版。

李鸾章:《回忆李春露先生》,见政协涟水县文史资料研究委员会编:《涟水文史资料》第8辑,1993年版。

李朴:《爱国人士王泽民献房办学纪实》,见政协大丰县文史委员会编:《大丰县文史资料》第12辑,1995年版。

李希洛:《回忆先父李根源在吴县的岁月》,见中国人民政治协商会议江苏省吴县委员会文史资料征集整理委员会编:《吴县文史资料》第2辑,1985年版。

李仰华整理:《陈家集小记》,见仪征县政协文史资料研究委员会编:《仪征文史资料》第1辑,1984年版。

陆桐生、郑凤石:《解放前太仓县行政区划的变迁》,见中国人民政治协商会议江苏省太仓县委员会编:《太仓文史资料辑存》第2辑,1984年版。

潘同仁:《沭阳忆旧录》,见政协淮阴市委员会文史资料研究委员会编:《淮阴文史资料》第5辑,1986年版。

邱贤伦口述、叶明整理:《仪征旧县衙的钱粮柜》,见中国人民政治协商会议江苏省仪征县委员会文史资料研究委员会编:《仪征文史资料》第3辑,1986年版。

邱子玉:《冯沛三县长在宿主政三四事》,见政协宿迁县文史资料研究委员会编:《宿迁文史资料》第7辑,1986年版。

邱子玉:《国民党统治时期宿迁县政片段》,见政协宿迁县文史资料研究委员会编:《宿迁文史资料》第3辑,1984年版。

求真:《王氏"四大庭院"的破灭》,见政协响水县文史资料研究委员会编:《响水文史资料》第9辑,1994年版。

任纪生:《金坛县旧行政机构概略》,见中国人民政治协商会议金坛县委员会文史资料研究委员会编:《金坛文史资料》第7辑,1989年版。

沈谦:《记季惠人先生二三事》,见政协如东县文史资料研究委员会编:《如东文史资料》第3辑,1987年版。

沈显荣:《北伐后如皋县建区、并区及区长培训任用概况》,见中国人民政治协商会议江苏省如皋县委员会文史资料委员会编:《如皋文史资料》第3辑,1987年版。

时垣卿:《邱锡康其人》,见政协睢宁县文史资料研究委员会编:《睢宁文史资料》第3辑,1986年版。

曙东:《淮宝地区小刀会活动简介》,见中国人民政治协商会议江苏省淮阴县委员会文史资料委员会编:《淮阴文史资料》第4辑,1990年版。

司马中原:《乡情琐忆》,见江苏省政协文史资料委员会、淮阴市政协文史资料委员会编:《淮阴文史资料》第11辑,1995年版。

宋振亚:《我所知道的江浦刀会》,见政协江浦县委员会文史资料研究委员会编:《江浦文史》第4辑,1989年版。

孙春华、戴曙:《洪康燮与农民教育》,见中国人民政治协商会议扬中市委员会文史资料委员会编:《扬中文史资料》第9辑,1996年版。

孙燮成:《不屈的王秉同》,见政协涟水县文史资料研究委员会编:《涟水文史资料》第2辑,1983年版。

孙宜武:《往事六则》,见政协赣榆县文史资料研究委员会编:《赣榆文史资料》第6辑,1988年版。

唐清平、刘彦洪:《城西反土地陈报斗争的经过》,见中国人民政治协商会议砀山县文史资料研究委员会编:《砀山文史资料》第1辑,1986年版。

退庵:《旧时代炮车的八大害》,见政协新沂县文史资料研究委员会编:《新沂文史资料》第1辑,1985年版。

万迪光、赵振云:《安丰镇建制沿革大略》,见政协兴化市文史资料委员会编:《兴化文史资料》第13辑,1988年版。

万汉勋:《从清末到抗战开始县行政机构及县属地方组织变迁》,见政协涟水县文史资料研究委员会编:《涟水文史资料》第1辑,1982年版。

王公玬:《我在铜山任上》,见政协江苏省铜山县委员会文史资料研究委员会编:《铜山文史资料》第5辑,1985年版。

王化:《陈家港谢氏宗族史话》,见政协响水县文史资料委员会编:《响水文史资料》第9辑,1994年版。

王克:《邳南统一战线工作对刘德彰及其所部的影响》,见中国人民政治协商会议江苏省邳县委员会文史资料委员会编:《邳县文史资料》第7辑,1989年版。

王乃扬:《民国时期涟水导淮工地拾零》,见中国人民政治协商会议江苏省淮阴市委员会文史资料研究委员会编:《淮阴文史资料》第2辑,1988年版。

宿迁县文史资料研究委员会:《国民党宿迁县长冯沛三》,见政协宿迁县文史资料研究委员会编:《宿迁文史资料》第2辑,1983年版。

夏如爱:《关于渔沟暴动的回忆》,见中国人民政治协商会议江苏省淮阴县委员会文史资料研究委员会编:《淮阴文史资料》第1辑,1982年版。

鲜月林:《我记忆中的崔凤五先生》,见中国人民政治协商会议江苏省金湖县委员会文史资料委员会编:《金湖文史资料》第4辑,1988年版。

丹阳县志办供稿:《丹阳县历代行政区划概述》,见中国人民政治协商会议江苏省丹阳县委员会文史资料研究委员会编:《丹阳文史资料》第2辑,1984年版。

肖崇干、郑凤石、狄斗南:《1917—1949年太仓历任县长简历》,见中国人民政治协商会议江苏省太仓县委员会编:《太仓文史资料辑存》第2辑,1984年版。

谢锡祺:《我的爸爸谢玉芝的一生》,见政协江苏省委员会文史资料研究委员会编:《江苏文史资料选辑》第20辑,1987年版。

徐冠群:《沛县抗战前末任县长——杨国镇》,见中国人民政治协商会议江苏省沛县委员会文史资料委员会编:《沛县文史资料》第4辑,1987年版。

徐家杰:《缅怀先父徐润芝》,见六合县政协文史资料研究委员会编:《六合文史资料》第2辑,1985年版。

许道宜:《吴曜东先生事略》,见宿迁县政协文史资料研究委员会编:《宿迁文史资料》第8辑,1987年版。

杨秉衡:《高资吴氏三凶》,见政协丹徒县文史资料研究委员会编:《丹徒文史资料》第2辑,1985年版。

杨伯举、刘大卫:《我们所了解的郭培师先生》,见滨海县政协文史工作委员会编:《滨海文史资料》第3辑,1993年版。

杨春圃、杨秋农:《旧社会扬中教育片段》,见中国人民政治协商会议江苏省扬中县委员会文史资料研究委员会编:《扬中文史资料》第6辑,1987年版。

杨过、洪夫:《为政勤勉的鲍思信》,见中国人民政治协商会议宝山区委员会文史资料委员会编:《宝山史话(续集)》,1991年版。

杨美春:《顾秉琪其人》,见中国人民政治协商会议江苏省扬中县委员会文史资料研究委员会编:《扬中文史资料》第7辑,1990年版。

杨秋心、宋元春:《孙基士被枪决之后》,见中国人民政治协商会议江苏省丰县委员会文史资料委员会编:《丰县文史资料》第10辑,1992年版。

杨欣吾:《泗阳股匪洗劫益林》,见中国人民政治协商会议江苏省阜宁县委员会文史资料研究委员会编:《阜宁文史资料》第1辑,1984年版。

姚恩荣、蒋世俊:《爱国绅士高醉园》,见中国人民政治协商会议江苏省射阳县文史资料研究委员会编:《射阳县文史》第3辑,1989年版。

易团九:《老圩局的往事》,见兴化市政协文史资料委员会编:《兴化文史资料》第13辑,1988年版。

于家驹:《国民党在如皋县的组织沿革及其活动的概况》,见中国人民政治协商会议江苏省如皋县委员会文史资料委员会编:《如皋文史》第1辑,1985年版。

张典焕:《回忆四祖父张立瀛》,见江苏省政协文史资料委员会、镇江市政协文史资料委员会编:《镇江文史资料》第30辑(下),1997年版。

张化远:《旧泗阳的黑暗与丑恶片段》,见中国人民政治协商会议江苏省泗阳县委员会文史资料研究委员会编:《泗阳文史资料》第4辑,1986年版。

张济忠:《西坝杂忆》,见中国人民政治协商会议江苏省淮阴县委员会文史资料研究委员会编:《淮阴文史资料》第1辑,1992年版。

张景良:《"大爷"的画像》,见涟水县政协文史资料研究委员会编:《涟水文史资料》第3辑,1984年版。

张荣轩:《解放前鸦片在我县的流毒和当时的禁烟政策》,见宿迁县政协文史资料研究委员会编:《宿迁文史资料》第6辑,1985年版。

张荣轩:《宿迁匪祸四十年》,见宿迁县政协文史资料研究委员会编:《宿迁文史资料》第6辑,1985年版。

赵兴让:《回忆家兄二三事》,见新沂县政协文史资料研究委员会编:《新沂文史资料》第3辑,1988年版。

郑克明:《宿迁小刀会始末》,见中国人民政治协商会议淮阴县文史资料研究委员会编:《淮阴县文史资料》第2辑,1988年版。

周涤尘:《一九三五年萧县土地陈报概略》,见中国人民政治协商会议萧县文史资料研究委员会编:《萧县文史资料》第3辑,1986年版。

周甫:《汪承俊先生事略》,见政协响水县文史资料研究委员会编:《响水文史资料》第9辑,1994年版。

周庆禄:《"黑脸太岁"张其沄》,见高邮县政协文史资料研究委员会编:《高邮文史资料》第4辑,1986年版。

朱宏涌:《费仲深先生事略》,见苏州市政协文史资料研究委员会主编:《苏州文史资料》第16辑,1987年版。

六、论　著

[法]莫里斯·迪韦尔热:《政治社会学——政治学要素》,杨祖功、王大东译,华夏出版社1987年版。

[美]艾森斯塔特:《帝国的政治体系》,阎步克译,贵州人民出版社1992年版。

[美]安东尼·奥罗姆:《政治社会学——主体政治的社会剖析》,张华青、孙嘉明等译,上海人民出版社1989年版。

[美]巴林顿·摩尔:《民主和专制的社会起源》,拓夫、张东京、杨念群、刘鸿辉译,华夏出版社1987年版。

[美]戴维·波普诺:《社会学》,李强等译,中国人民大学出版社1999年版。

[美]戴维·伊斯顿:《政治生活的系统分析》,华夏出版社1989年版。

[美] 米格代尔:《农民、政治与革命——第三世界政治与社会变革的压力》,李玉琪、袁宁译,中央编译出版社1996年版。

[美]乔纳森·特纳:《社会学理论的结构》,邱泽奇等译,华夏出版社2001版。

[美]塞缪尔·P.亨廷顿、琼·纳尔逊:《难以抉择——发展中国家的政治参与》,汪晓寿、吴志华等译,华夏出版社1989年版。

[美]塞缪尔·P.亨廷顿:《变动社会的政治秩序》,张岱山、聂振雄等译,上海译文出版社1989年版。

[美]詹姆斯·C.斯科特:《农民的道义经济学:东南亚的反叛与生存》,程立显、刘建译,译林出版社2001年版。

[美]詹姆斯·C.斯科特:《弱者的武器》,郑广怀、张敏、何江穗译,译林出版社2007年版。

[美]詹姆斯·R.汤森、布兰特利·沃马克:《中国政治》,顾速、董方译,江苏人民出版社1994年版。

[美]邹谠:《二十世纪中国政治:从宏观历史与微观行动的角度看》,香港:牛津大学出版社1994年版。

施雪华:《政府权能理论》,浙江人民出版社1998年版。

[加拿大]伊莎贝尔·柯鲁克、[英]大卫·柯鲁克:《十里店——中国一个村庄的革命》,龚厚平译,上海人民出版社2007年版。

[加拿大]伊莎贝尔·柯鲁克、[英]大卫·柯鲁克:《十里店——中国一个村庄的群众运动》,安强、高健译,上海人民出版社2007年版。

[美]白凯:《长江下游地区的地租、赋税与农民的反抗斗争:1840—1950》,林枫译,上海书店2005年版。

[美]陈志让:《军绅政权》,生活·读书·新知三联书店1980年版。

[美]杜赞奇:《从民族国家拯救历史:民族主义话语与中国现代史研究》,王宪明、高继美、李海燕译,江苏人民出版社2009年版。

[美]杜赞奇:《文化、权力与国家:1900—1942年的华北农村》,王福明译,

江苏人民出版社1994年版。

[美]费正清、费维恺主编：《剑桥中华民国史》，中国社会科学出版社1994年版。

[美]费正清：《美国与中国》，世界知识出版社1999年版。

[美]弗里曼、毕可伟、塞尔登：《中国乡村，社会主义国家》，社会科学文献出版社2002年版。

[美]韩丁：《翻身——一个中国村庄的革命纪实》，韩倞等译，北京出版社1980年版。

[美] 韩起澜：《苏北人在上海，1850—1980》，卢明华译，上海古籍出版社2004年版。

[美]何炳棣：《明初以降人口及其相关问题(1368—1953)》，生活·读书·新知三联书店2000年版。

[美]黄仁宇：《从大历史角度解读蒋介石日记》，九州出版社2007年版。

[美]黄宗智：《长江三角洲小农家庭与乡村发展》，中华书局1992年版。

[美]黄宗智：《华北的小农经济与社会变迁》，中华书局1986年版。

[美]吉尔伯特·罗兹曼等：《中国的现代化》，江苏人民出版社1995年版。

[美] 孔飞力：《中华帝国晚期的叛乱及其敌人：1796—1864年的军事化与社会结构》，谢亮生、杨品泉、谢思炜译，中国社会科学出版社1990年版。

[美]李丹：《理解农民中国：社会科学哲学的案例研究》，张天虹、张洪云、张胜波译，江苏人民出版社2008年版。

[美]李怀印：《华北村治——晚清和民国时期的国家和乡村》，岁有生、王士皓译，中华书局2008年版。

[美]李侃如：《治理中国：从革命到改革》，胡国成、赵梅译，中国社会科学出版社2010年版。

[美]裴宜理：《华北的叛乱者与革命者》，池子华、刘东译，商务印书馆2007年版。

[美]彭慕兰：《腹地的构建：华北内地的国家、社会和经济(1853—1937)》，马俊亚译，社会科学文献出版社2005年版。

[美]石约翰：《中国革命的历史透视》，王国良译，东方出版社1998年版。

[美]王国斌:《转变的中国:历史变迁与欧洲经验的局限》,李伯重、连玲玲译,江苏人民出版社1998年版。

[美]魏斐德:《大门口的陌生人:1839—1861年间华南的社会动乱》,王小荷译,中国社会科学出版社1988年版。

[美]徐中约:《中国近代史:1600—2000年中国的奋斗》,世界图书出版社2008年版。

[美]杨懋春:《一个中国村庄:山东台头》,张雄、沈炜、秦美珠译,江苏人民出版社2001年版。

[美]易劳逸:《流产的革命:1927—1937年国民党统治下的中国》,陈谦平、陈红民等译,中国青年出版社1992年版。

[美]张信:《二十世纪初期中国社会之演变:国家与河南地方精英,1900—1937》,岳谦厚、张玮译,中华书局2004年版。

[美]周荣德:《中国社会的阶层与流动:一个社区中士绅身份的研究》,学林出版社2000年版。

[日]长野朗:《中国社会组织》,朱家清译,上海:光明书局1930年版。

[日]韩敏:《回应革命与改革:皖北李村的社会变迁与延续》,陆益龙、徐新玉译,江苏人民出版社2007年版。

[日]家近亮子:《蒋介石与南京国民政府》,王士花译,社会科学文献出版社2005年版。

[英]贝思飞:《民国时期的土匪》,徐有威等译,上海人民出版社1992年版。

蔡少卿主编:《民国时期的土匪》,中国人民大学出版社1993年版。

曹锦清:《黄河边的中国:一个学者对乡村社会的观察与思考》,上海文艺出版社2000年版。

曹余濂:《民国江苏权力机关史略》,江苏文史资料编辑部1994年版。

陈柏心:《地方自治与新县制》,上海:商务印书馆1942年版。

陈柏心:《中国的地方制度及其改革》,广西建设研究会,1939年版。

陈柏心:《中国县制改造》,重庆:国民图书出版社1942年版。

陈果夫主编:《江苏省政述要》,见沈云龙主编:《近代中国史料丛刊续编》第97辑,台北:文海出版社1983年版。

陈明明主编:《革命后社会的政治与现代化》,上海辞书出版社 2002 年版。
陈毅:《怎样动员农民大众》,上海杂志公司 1937 年版。
陈之迈:《中国政府》,上海:商务印书馆 1946 年版。
从翰香主编:《近代冀鲁豫乡村》,中国社会科学出版社 1995 年版。
崔之清:《国民党政治与社会结构之演变》,社会科学文献出版社 2007 年版。
董浩:《现行保甲制度》,上海:春明书店 1942 年版。
段本洛、单强:《近代江南农村》,江苏人民出版社 1994 年版。
费孝通:《江村经济:中国农民的生活》,商务印书馆 2001 年版。
冯和法:《农村社会学大纲》,上海:黎明书店 1934 年版。
胡必亮:《中国村落的制度变迁与权力分配》,山西经济出版社 1996 年版。
胡次威:《乡镇自治提要》,上海:大东书局 1947 年版。
黄强:《中国保甲实验新编》,南京:正中书局 1935 年版。
黄万纶:《费孝通"农村调查"的反动本质》,上海人民出版社 1958 年版。
黄宗智主编:《中国乡村》第 1 辑,商务印书馆 2003 年版。
江苏社会科学院《江苏史纲》课题组编:《江苏史纲·近代卷》,江苏古籍出版社 1993 年版。
江苏省中共党史学会编:《江苏省中共党史论丛》第 1 辑,中共党史出版社 2006 年版。
江苏省中国现代史学会编:《江苏省中国现代史学会——1982 年学术讨论会论文选》,1982 年。
金太军、施从美:《乡村关系与村民自治》,广东人民出版社 2002 年版。
孔庆泰等:《国民党政府政治制度》,安徽教育出版社 1998 年版。
李德芳:《民国乡村自治问题研究》,人民出版社 2001 年版。
李学昌主编:《20 世纪常熟农村社会变迁》,华东师范大学出版社 1998 年版。
李宗黄:《现行保甲制度》,上海:中华书局 1945 年版。
刘苇仙:《农村民众教育》,上海:大华书局 1934 年版。
罗荣渠、牛大勇主编:《中国现代化历程的探索》,北京大学出版社 1992 年版。
潘敏:《江苏日伪基层政权研究:1937—1945》,上海人民出版社 2006 年版。
千家驹编:《中国农村经济论文集》,上海:中华书局 1936 年版。

乔志强主编:《近代华北农村社会变迁》,人民出版社1998年版。

冉绵惠、李慧宇:《民国时期保甲制度研究》,四川大学出版社2005年版。

冉绵惠:《民国时期四川保甲制度与基层政治》,社会科学文献出版社2010年版。

任吉东:《多元性与一体化:近代华北乡村社会治理》,天津社会科学出版社2007年版。

阮毅成:《地方自治与新县制》,台北:台湾联经出版社1978年版。

商务印书馆编辑部编:《外国资产阶级对于中国现代史的看法》,商务印书馆1962年版。

上海市新四军暨华中抗日根据地历史研究会编:《纪念新四军建军五十周年第三届年会论文集》,1988年版。

邵德门:《中国政治制度史》,吉林人民出版社1988年版。

苏辽:《民国匪祸录》,江苏古籍出版社1996年版。

孙中山:《孙中山全集》第7卷,中华书局1985年版。

台湾"教育部"编:《中华民国建国史》,台北:"国立"编译馆1985年版。

邰爽秋、黄振祺等编:《中国普及教育问题》,上海:商务印书馆1938年版。

王懋功:《江苏省政府政情述要》,见沈云龙主编:《近代中国史料丛刊续编》第97辑,台北:文海出版社1983年版。

庄孔韶:《银翅:中国的地方社会与文化变迁:1920—1990》,生活·读书·新知三联书店2000年版。

朱德新:《二十世纪三四十年代河南冀东保甲制度研究》,中国社会科学出版社1994年版。

周中一:《保甲研究》,南京:独立出版社1947年版。

周晓虹:《传统与变迁:江浙农民的社会心理及其近代以来的嬗变》,三联书店1998年版。

张鸣:《乡村社会权力和文化结构的变迁(1903—1953)》,广西人民出版社2001年版。

张立瀛:《江苏保甲》,江苏省民政厅,1948年版,南京图书馆藏。

袁成毅:《民国浙江政局研究:1927—1949)》,中国社会科学出版社2007

年版。

于建嵘:《岳村政治:转型时期中国乡村政治结构的变迁》,商务印书馆2001年版。

游海华:《重构与整合:1934—1937赣南闽西社会重建研究》,经济日报出版社2008年版,

叶木青:《中国保甲制度之发展与运用》,上海:世界书局1936年版。

杨奎松:《中国近代通史》第8卷《内战与危机》,江苏人民出版社2007年版。

许纪霖、陈达凯主编:《中国现代化史》第一卷(1800—1949),学林出版社2006年版。

夏明方:《民国时期自然灾害与乡村社会》,中华书局2000年版。

吴毅:《村治变迁中的权威与秩序》,中国社会科学出版社2002年版。

吴晗、费孝通主编:《皇权与绅权》,上海观察社1949年版。

吴必虎:《历史时期苏北平原地理系统研究》,华东师范大学出版社1996年版。

闻钧天:《中国保甲制度》,上海:商务印书馆1935年版。

魏光奇:《官治与自治:20世纪上半期的中国县制》,商务印书馆2004年版。

卫春回:《张謇评传》,南京大学出版社2001年版。

韦庆远、柏桦:《中国政治制度史》,中国人民大学出版社2005年版。

王兆刚:《国民党训政体制研究》,中国社会科学出版社2004年版。

王先明:《变动时代的乡绅——乡绅与乡村社会结构变迁(1901—1945)》,人民出版社2009年版。

王树槐:《中国现代化的区域研究:江苏省,1860—1916》,台北:"中央研究院"近代史研究所,1984年版。

王奇生:《革命与反革命:社会文化视野下的民国政治》,社会科学文献出版社2010年版。

王奇生:《党员、党权与党争——1924—1949年中国国民党的组织形态》,上海书店出版社2003年版。

王培棠编:《江苏省乡土志》,上海:商务印书馆1938年版。

王铭铭:《村落视野中的文化与权力:闽台三村五论》,生活·读书·新知三联书店1997年版。

周敦礼:《宝应县保甲须知汇编》,江苏省民政厅,1934年版,南京图书馆馆藏。

"中央研究院"近代史所编:《近代中国区域史研讨会论文集》,1986年版。

中共江苏省委党史工作办公室编:《陈丕显在苏南》,中共党史出版社1998年版。

郑德荣编:《国共政权十年对峙史(1927—1937)》,高等教育出版社1990年版。

赵如珩编:《江苏省鉴》,新中国建设学会,1935年版。

章益校:《农村教育》,上海:黎明书局1934年版。

章开沅:《张謇传》,中华工商联合出版社2000年版。

张仲礼:《中国绅士:关于其在十九世纪中国社会中作用的研究》,李荣昌译,上海社会科学院出版社2002年版。

张玉法:《中国现代史》,台北:东华书局1977年版。

张宪文编:《中华民国史纲》,河南人民出版社1985年版。

七、论　文

[美]盖斯白著、徐有威译:《从冲突到沉寂:1927—1937年间江苏省国民党党内宗派主义和地方名宿》,《史林》1993年第2期。

陈明明:《论南京国民政府腐败的政治根源》,《南京师范大学学报》1997年第3期。

陈明胜:《革命话语的分歧:从1927年"清党"前后打倒土豪劣绅谈起》,《党史文苑》2011年第2期。

程郁华、李复:《南京国民政府时期保甲制度述评》,《探索》2008年第4期。

邓若华:《20世纪前半期常熟地方精英考察》,华东师范大学2004年硕士论文。

董建波、李学昌:《1940年代后期江浙农村社会失控的历史思考》,《华东师范大学学报》2004年第2期。

纪程:《"国家政权建设"与中国乡村政治变迁》,《河南社会科学》2006年第2期。

李巨澜:《失范与重构:1927—1937年苏北地方政权秩序化研究》,华东师范大学2005年博士论文。

李涛:《士绅阶层衰落化过程中的乡村政治——以20世纪二三十年代的浙江省为例》,《南京师大学报》2010年第1期。

刘椿:《论国民党政府农村县制改革》,《深圳大学学报》2003年第4期

卢毅彬:《控制与消解:国民政府时期甘肃保甲制度研究》,兰州大学2006年硕士论文。

毛园芳:《试析国民党南京政府保甲制度的反动作用》,《湖州师专学报》1990年第2期。

冉绵惠:《近年来国内有关民国时期保甲制度研究的新趋势》,《民国档案》2007年第9期。

尚季芳:《控制与消解:从保甲长的难局看国民政府时期的地方基层社会》,《历史教学》2010年第6期。

沈成飞:《近十年来民国保甲制度研究述评》,《福建论坛》(人文社会科学版)2003年第6期。

沈成飞:《抗战时期中共广东政权与国民党保甲制度》,《中共党史研究》2009年第4期。

沈松侨:《从自治到保甲:近代河南地方基层政治的演变(1908—1935)》,台北:《中央研究院近代史研究所集刊》第18期,1989年6月。

王春英:《民国时期的县级行政权力与地方社会控制:以1928—1949年川康地区县政整改为例》,四川大学2004年博士论文。

王奇生:《民国时期县长的群体构成与人事嬗递——以1927年至1949年长江流域省份为中心》,《历史研究》1999年第2期。

王奇生:《战前中国的区乡行政——以江苏省为中心》,《民国档案》2006

年第 1 期。

王清:《张謇"地方自治"研究》,《历史教学问题》1998 年第 1 期。

王先明:《辛亥革命后中国乡村控制体制的演变——民国初期的乡制演变与保甲制的复活》,《社会科学研究》2003 年第 6 期。

王先明:《中国近现代乡村史研究及展望》,《近代史研究》2002 年第 2 期。

王友才:《"赤"、"白"之间:赣西地区的中共革命、"围剿"与地方因应》,复旦大学 2011 年博士论文。

魏华伟:《国民政府时期河南保长的群体分析》,华中师范大学 2004 年硕士论文。

武乾:《南京国民政府的保甲制度与地方自治》,《法商研究》2001 年第 6 期。

谢增寿:《国民党南京政府保甲制度述论》,《西华师范大学学报》1984 年第 4 期。

徐勇:《乡村社会变迁与权威、秩序的建构——对两部乡村政治研究著作的评价和思考》,《中国农村观察》2002 年第 4 期。

赵丽娜:《民国时期湖北保甲制度研究:1927—1937》,武汉大学 2005 年硕士论文。

赵小平:《国民党保甲制述论》,《许昌学院学报》1990 年第 3 期。

朱德新:《民国保甲制度研究述评》,《安徽史学》1996 年第 1 期。

后 记

ERSHI SHIJI ZHI ZHONGGUO

三年前，当我离开熟悉的上海，独自一人北上求学时，尚难以割舍过去的学习生活。不仅如此，很多以前的朋友也不理解我的选择。但我有自己的想法，我想在更广阔的学术原野里驰骋，正如我在另一篇日志《写在京沪间》中所说，"因为喜欢上海才要远离上海，我怕自己的思想会像温水中的青蛙，怕会被喜欢的东西一点一滴给凝固，更不愿受制于那种庐山上观察庐山的局限。也许能够避免这一切的似乎是来京了，尽管情感上是勉强的，理智上却是必需的。"中国人民大学博士毕业后，我告别了熟悉的北京，来到了天津，走上了仰慕已久的大学讲台，继续自己的学术之旅。蓦然回首，即将出版的博士论文算是对自己十年大学生活的一个总结。

2006年，我进入名师云集的华东师大读研，有幸听了王家范、杨奎松、沈志华等学者的讲课，受到了实证研究、严密推理和以小见大等方面的学术训练，开始感受到历史研究的无穷魅力。2008年初，我开始关注民国江苏保甲，手抄了图书馆所藏的《江苏建设月刊》，用了半年时间整理出《申报》关于民国江苏乡村的报道、江苏各县县志和文史资料。北上求学期间，2011年10月至12月期间，我在国家图书馆又手抄了《江苏保甲》和《江苏省政府公报》数十万字的史料，拓展和印证了上海求学所整理的史料，近百万字的史料为以后的研究奠定了坚实的基础。

论文写作过程中的艰辛，可谓"如鱼饮水，冷暖自知"。自 2011 年 7 月下旬至 12 月期间，多少个苦思冥想的夜晚，多少个散步和吃饭的间隙，我都会拼命思考论文写作。我敢说，那一阵苦熬的日子，真犹如剑客独孤求败在一个山洞里修炼武学最高境界一样。当思路比较顺畅时，我会忙至晚上 11 点多仍不知疲倦，随着键盘声滴滴地响起，行文如流水掠过，生命的华章就在孤独与深沉中书写。当思路未能打开时，我常常夜不能寐，睡前醒后，反复思考，拼命在脑子里搜索那思维的桥梁，毕竟"一万年太久，只争朝夕"。写作过程中，身体付出了不小的代价，先是视力迅速下降，脱离不了眼镜了；接着是颈椎疼痛，每隔一阵便会出现；最后是腰部疼痛，大概是坐太久了的缘故吧。当论文完成后我才明白，离开学术，其实我不知自己还能做什么？正如《肖申克的救赎》中描述的那样，一个长期渴望离开监狱的人，一旦真要走出监狱，他却会选择自杀。学术对于我来说，何尝又不是这样？长期的学术训练和追求，自己已习惯了这种思维方式，不自觉地认同了这种生活。

值本书出版之际，我要向曾给自己诸多支持和帮助的师友和亲人表示诚挚的感谢。

感谢我的博导郭双林教授。我在中国人民大学读书期间，三载门下受教，郭老师对我的学习和生活给予了许多指导和帮助。郭老师对学术之虔诚、思考之敏锐、视野之开阔，使我深深地感受到一个学者的真正魅力。在郭老师的引导下，我读了许多思想史、社会史和外国理论著作，整理相关笔记，已有数十万字。课上课下，他与我们谈论了很多话题，如民主、自由、启蒙、现代性、合法性等，常常鼓励我们应具有超越、反思和批判意识，只有站在相关研究的顶峰上，才会具有"一览众山小"的抱负。思想史学习方面，自己能从一个门外汉到融合思想史与社会史的初步尝试，自我学术之路的逐步转型，自然与郭老师的启发与指导是分不开的。

感谢我的硕导董建波副教授、华东师大李蓓蓓教授和南开大学王先明教授。董老师最先将我带入学术研究的殿堂，引领我关注 20 世纪中国农村社会变迁。如今虽南北相隔，他所强调的论从史出和大胆质疑的治学精神，仍然鼓励着我前行。读研期间,李蓓蓓老师对我的关心和帮助,犹如母亲般温暖,令我十分感动,终生难忘。论文完成之际,得到了素未谋面的南开大学王先明教授的厚爱,王老师鼓励我将论文出版,并将其列入"二十世纪之中国——乡村与城市社会的历史变迁"丛书。这对于一个初出茅庐的学子来说,无疑是极大的鼓舞。王老师和山西人民出版社蒙莉莉、刘小玲编辑,为拙著的出版付出了许多心血和汗水,本人感激之情,难于言表。

感谢中国人民大学的夏明方教授、马克锋教授、王续添教授,中国社会科学院近代史所左玉河研究员、邹小站研究员,清华大学蔡乐苏教授。他们对我的学术工作给予了悉心的指导和无私的帮助,其渊博的学识与严谨的作风,是我终生学习的榜样。人大闫润鱼教授、朱浒副教授、杨雨青副教授,北师大张皓教授、李帆教授,首都师大迟云飞教授、方敏教授,曾对我的论文提出了不少宝贵意见和建议,这使我获益匪浅。中国人民大学历史学院党委副书记方玉萍老师,是一位热心、负责的好老师。她常为我排忧解难,激励我成长进步。在此,我也要感谢方老师对我的帮助。

感谢天津外国语大学思政部主任张秀英和同事。博士毕业后,我到天津外国语大学思政部工作,部门同事都非常关心我的工作和生活,这让我感受到天津外国语大学大家庭的温暖,不再有漂泊之感。借此机会,我要向张秀英、郑海呐、王淑莉、许美华、赵学珍、陈海平、刘龙喜、宋戈、何伶俐、吴倩、李鹏等同事表示深深的感谢。此外,感谢朱华、吕为光、牛尚鹏、李兰珍、庞红敏、侯丽静等天津外国语大学同事,他们让我在工作之余度过了快乐的时光。

感谢与我多年共同学习生活的同门和同学。人民大学同门温金童、王东仓、董笑寒、史敏、王博、董习、杨延,华师大同门李灿、鹿春艳、郑捷、巫亮、陈玲、陈璐灵等,人民大学同学崔洪健、丁德超、张树军、吴鹏、曾洁、陈力、姜金顺、卢祥亮、李爱军、王义夫、谢茂发、白平则等,华师大同学郭林、许威、翟杰、薛明、安月雷、陈刚、吴超、王传、李秋生、刘新北等,河南大学同学王振中、曾辉、张伟涛、赵磊、陈志宏、郭辉、张尧娉、谢媚、周一良、史云波、张银星等。大家一起畅谈历史、人生和社会,不时迸发思想火花。生活中,大家互相鼓励和帮助,共同进步,用激情咏叹未来。一路上有你们,我的求学生涯充满了诗情画意。这无疑是我人生中十分宝贵的一笔财富。

最后，我要深深地感谢远在家乡的父母。正是他们含辛茹苦地供我读书，自己才有幸在校园里读书，他们赋予了我农村人固有的朴实与刻苦。求学多年，自己带给父母的只是沉重的经济负担，未曾去报答他们。自己每前进一小步，家里都要付出很大的代价。为了供自己读书，年过60岁的父亲，还不得不靠体力外出打工。想起苍老的父母还在为自己操心和劳作，心底就会涌出一阵酸楚，希望以后可以好好报答他们。感谢我的女友于飞，不是她的相伴，不是她的关心和鼓励，我很难从困顿中看到崛起的曙光。

自2002年入大学以来，我先后在河南大学、华东师大和人民大学求学，改变的只是地方，不变的是自己的奋斗。记得前年11月从上海返回北京时，我曾在列车上念叨着："不管是身在烟雨中的江南，还是在寂寥的华北，我都渴望自己能默默地走着，像一个朝圣者一样去体会生活的节奏和感受生命的脉搏。"为了伸出更强硬的拳头去奏响生命的鼓曲，我必须得以高昂的斗志迈进。加油，期盼用不懈的努力跨越新的地平线！

杨红运

2013年9月